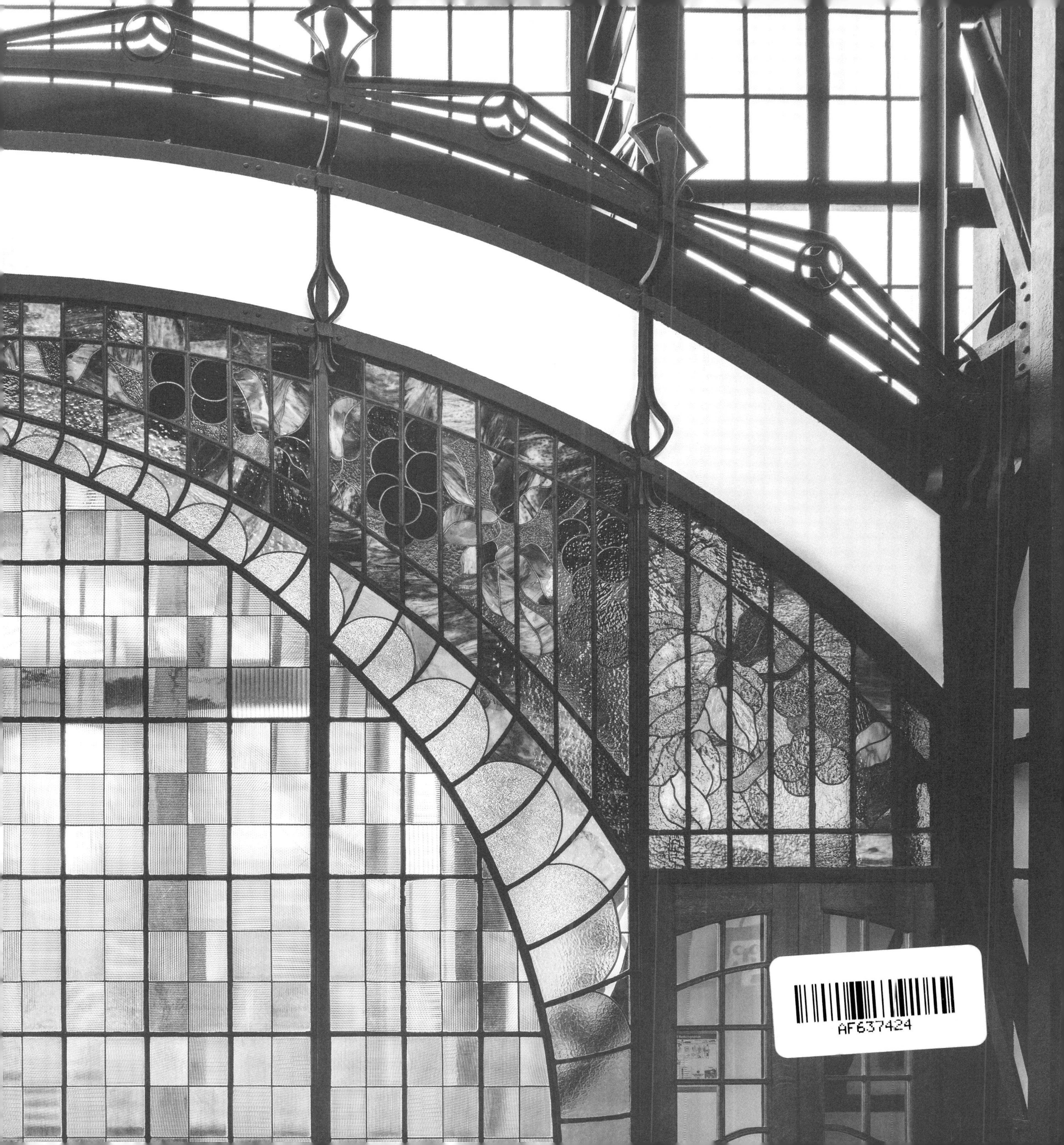

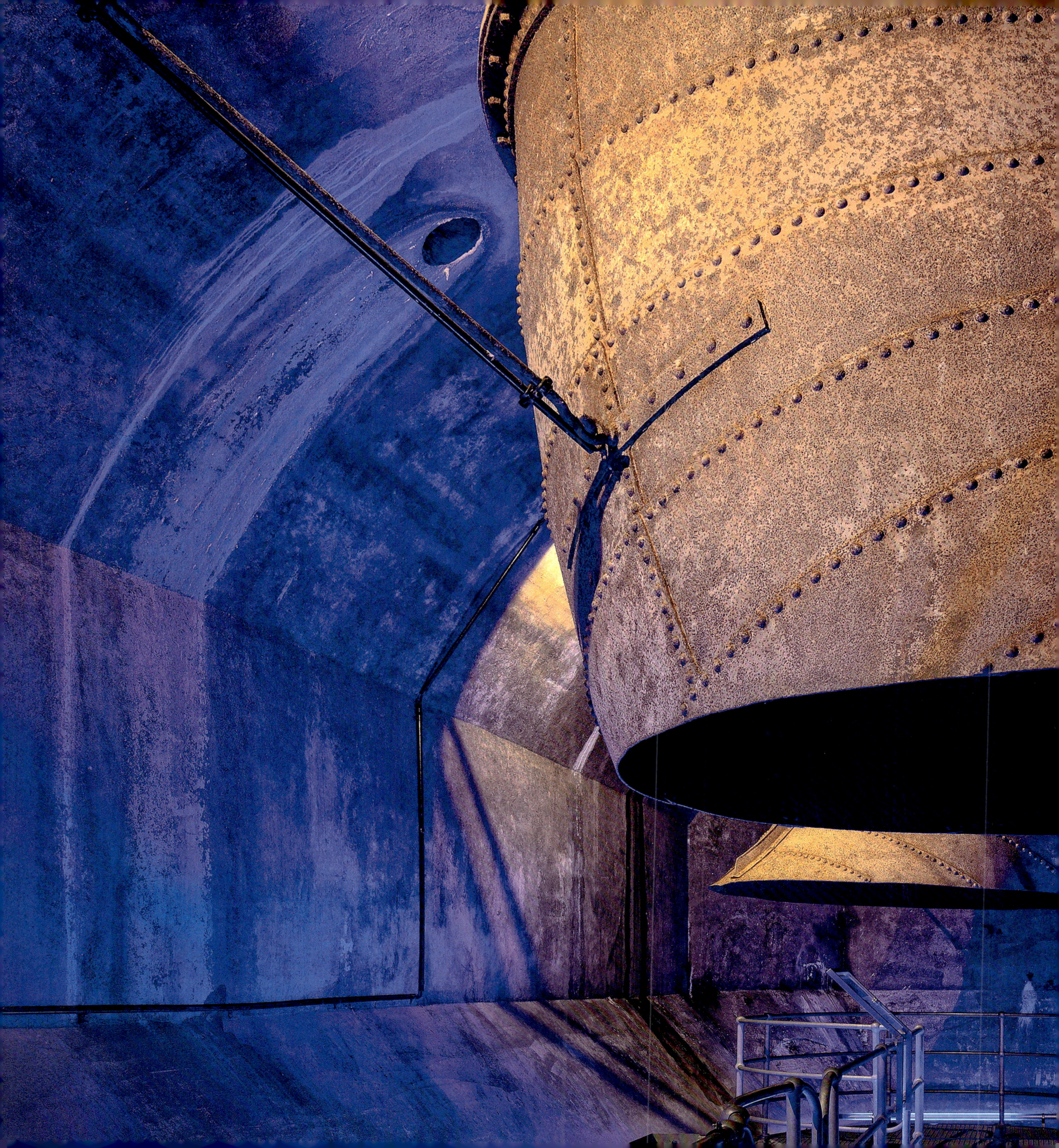

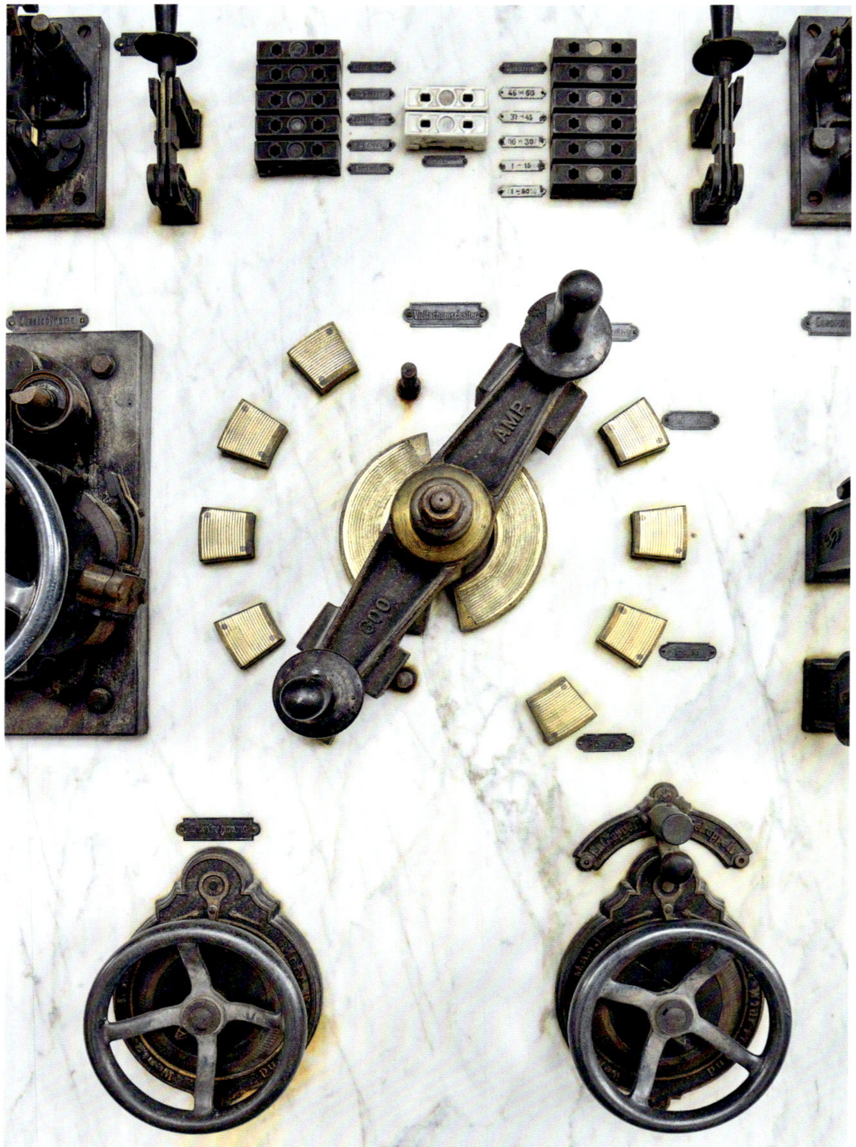

» Schaue vorwärts,
nicht zurück

Mottospruch in der Lohnhalle der Zeche Zollern

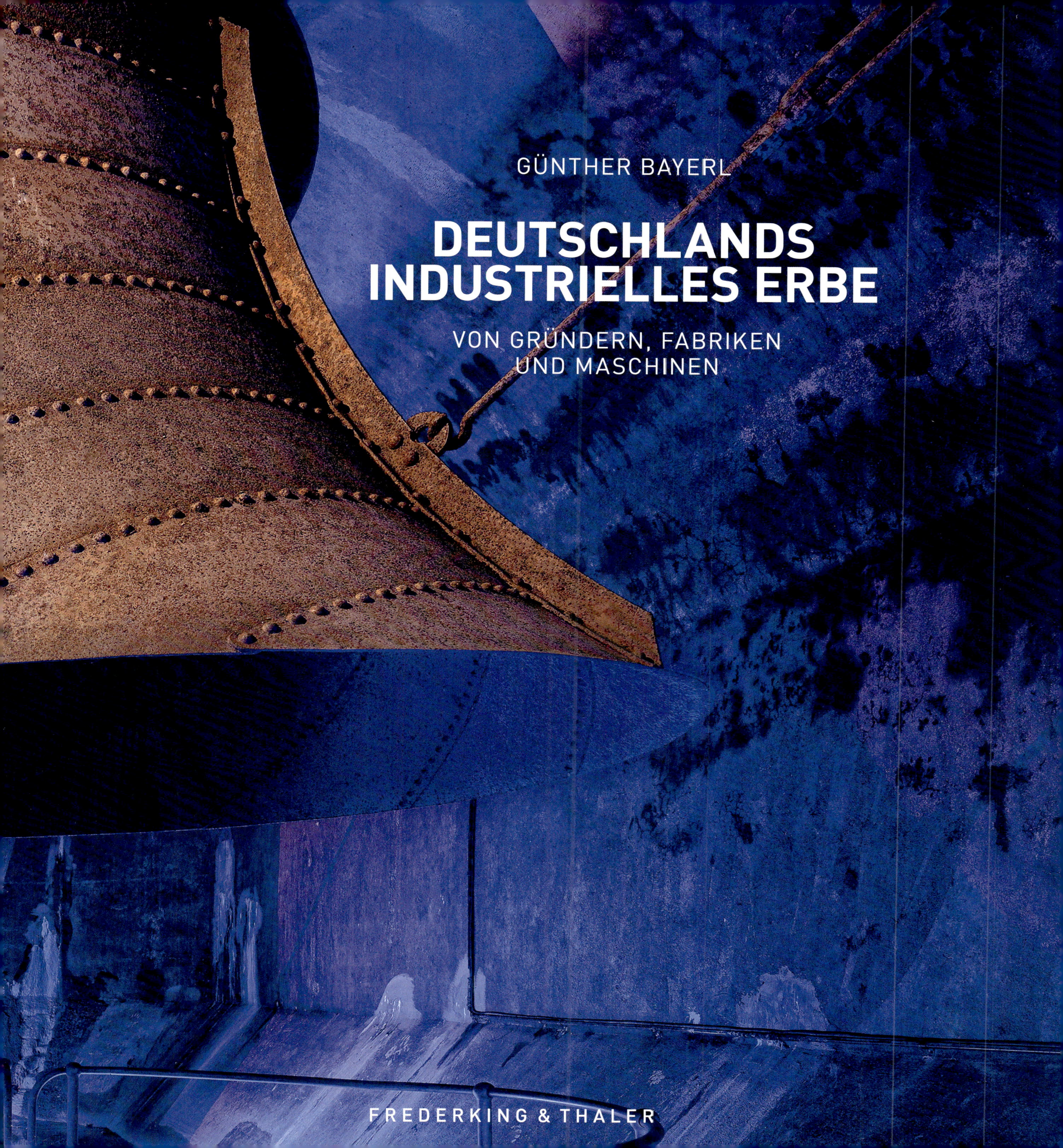

GÜNTHER BAYERL

DEUTSCHLANDS INDUSTRIELLES ERBE

VON GRÜNDERN, FABRIKEN UND MASCHINEN

FREDERKING & THALER

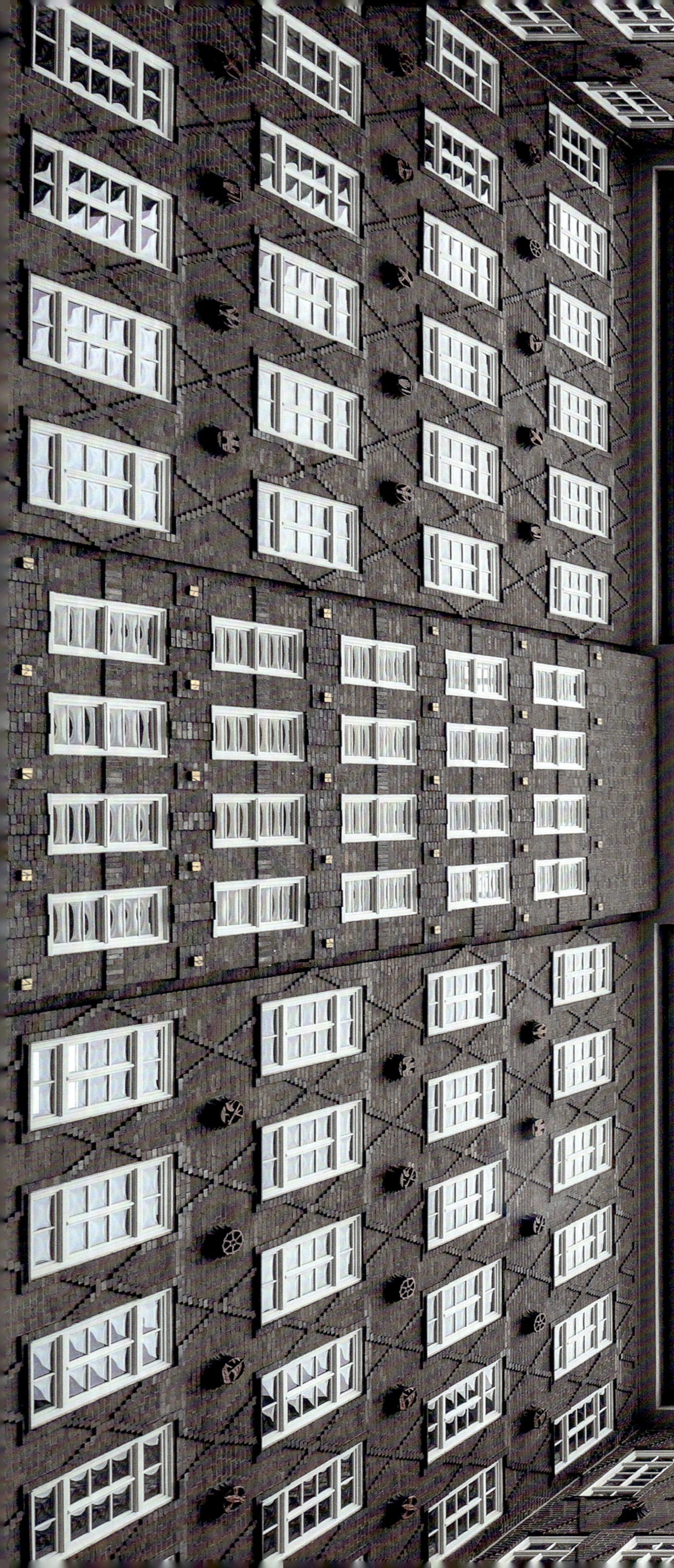

INHALT

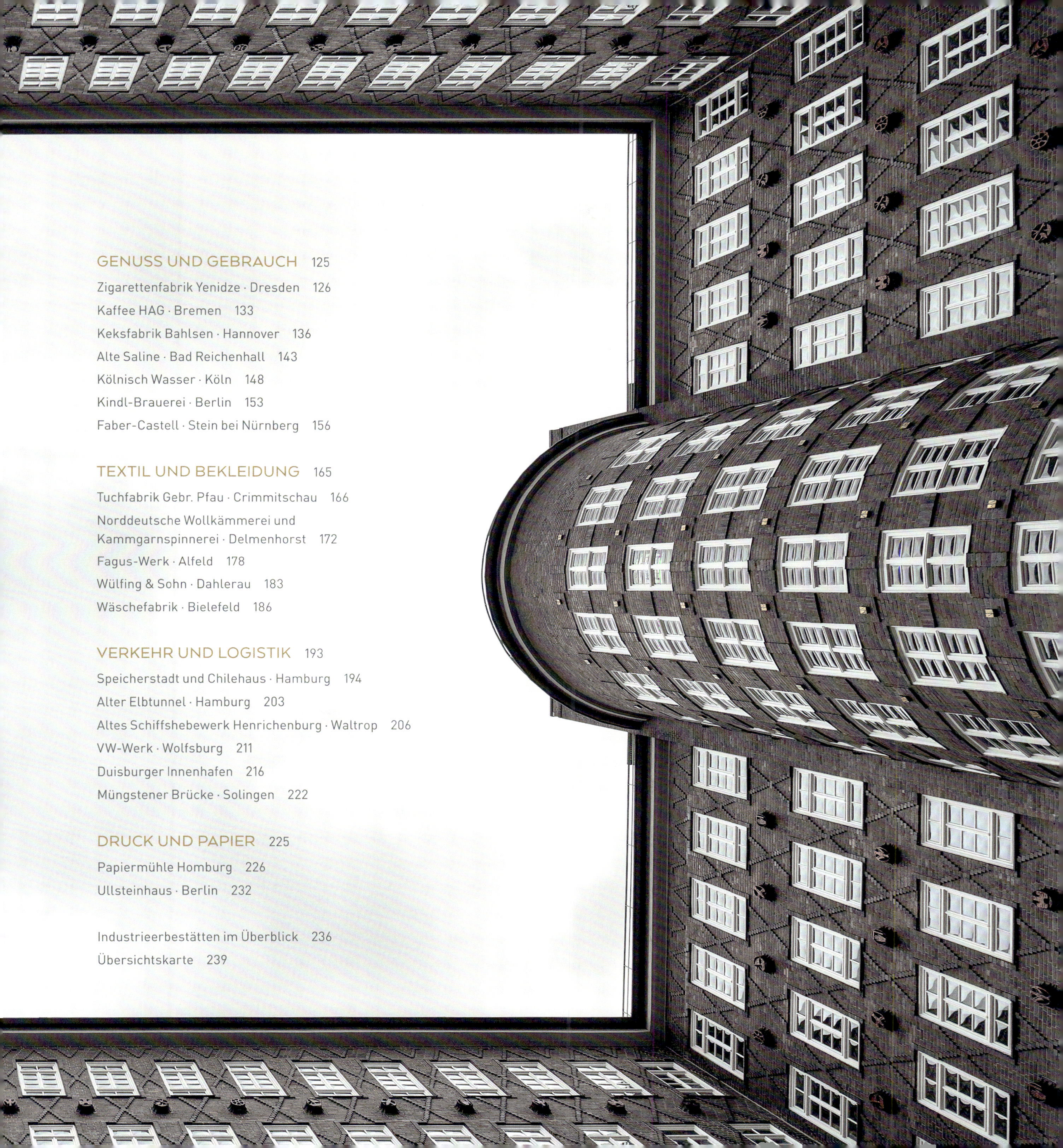

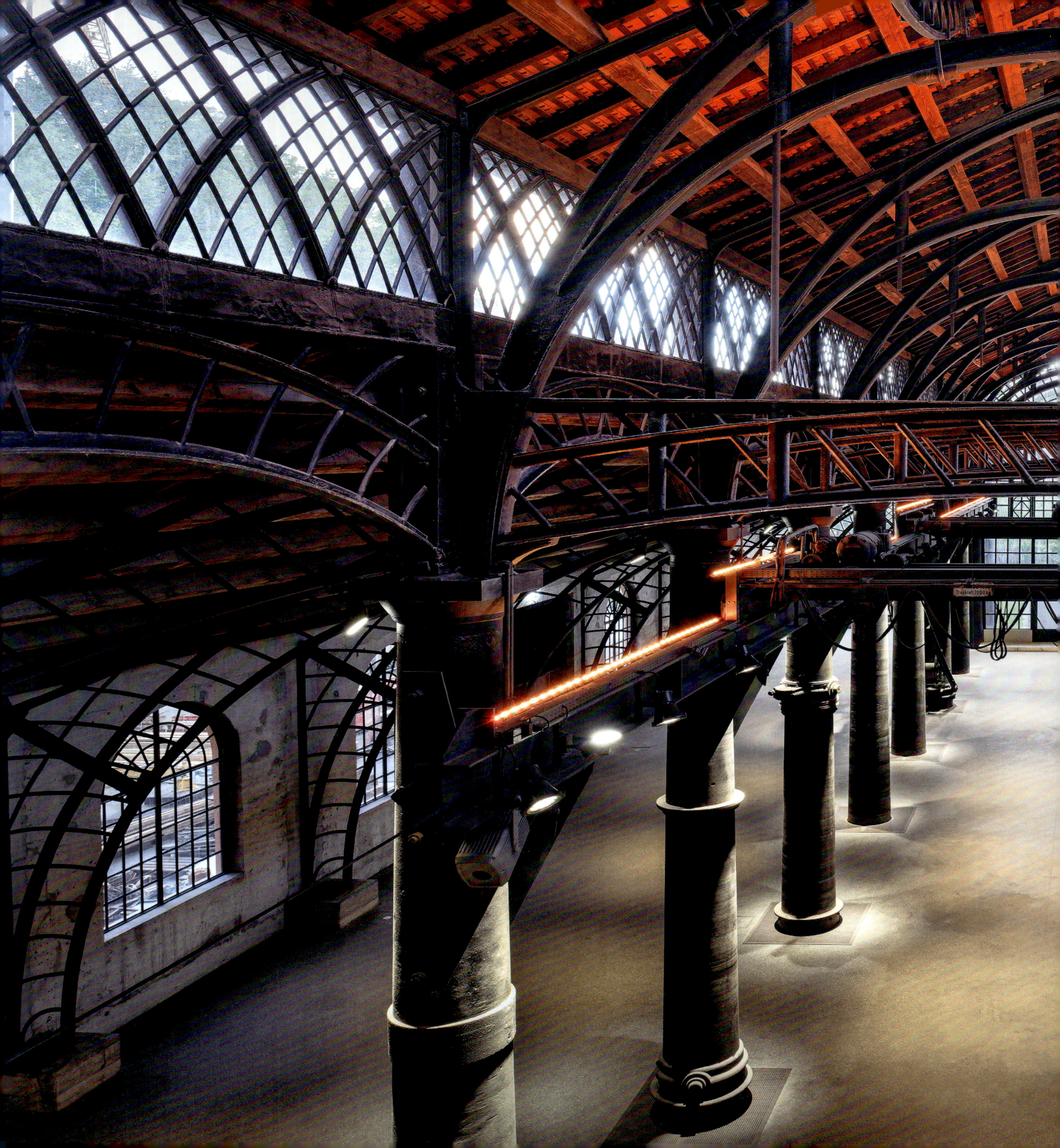

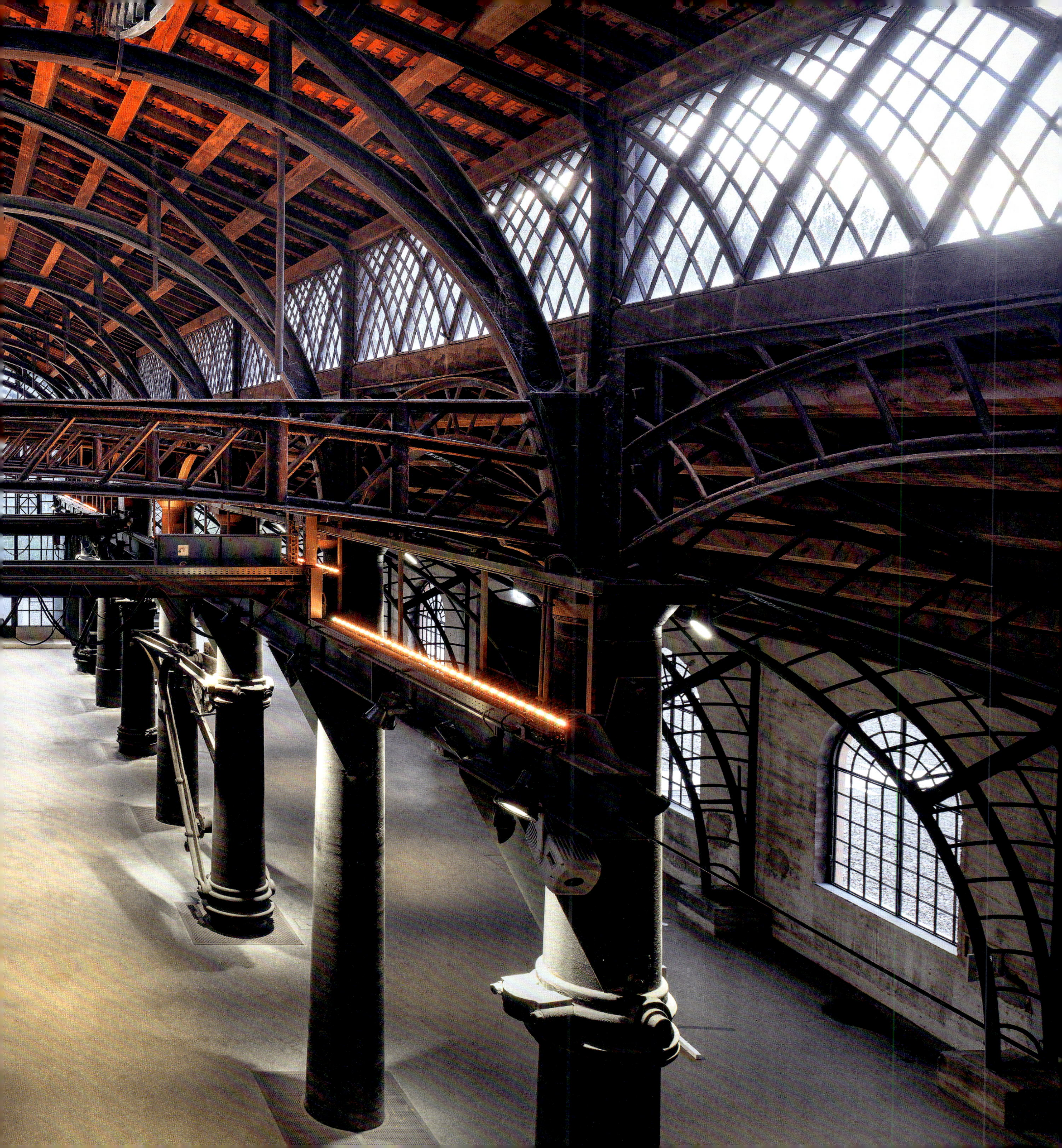

Liegengelassen und von der Zeit vergessen: Werkzeuge, Ersatzteile und Maschinen in der Völklinger Hütte

EINLEITUNG

DEUTSCHLAND – EIN INDUSTRIELAND IM WANDEL

Deutschland war ein Spätzünder. Hatte die Industrielle Revolution Westeuropa, angefangen mit Großbritannien, schon ab Ende des 18. Jahrhunderts erfasst, nahm sie hier erst nach der politischen Einigung 1871 richtig Fahrt auf. Dabei konnte Deutschland auf eine reiche vorindustrielle Erfahrung bauen. Beispiele dafür sind der Bergbau im Erzgebirge, die Metallherstellung in Westfalen, das Wassermanagement im Oberharz oder in Augsburg, Salzgewinnung wie in Bad Reichenhall, Papierherstellung, und, im »Land Gutenbergs«, natürlich Druckereien. In der ersten Hälfte des 19. Jahrhunderts kam die Textilproduktion hinzu. Spinnereien und Webereien erlebten besonders in Sachsen einen starken Aufschwung. Motor der Industrialisierung aber war die Eisenbahn. Als Verkehrsmittel erschloss sie das ganze Land und befeuerte gleichzeitig die Nachfrage nach Kohle, Eisen, Stahl und Maschinen.

AUF WELTNIVEAU

Um 1900 hatte das Deutsche Reich Großbritannien und Frankreich hinter sich gelassen und war nach den USA nun zweitstärkste Wirtschaftsmacht der Welt. Montan- und Schwerindustrie sowie der Maschinenbau produzierten viel und schnell. Daneben brillierten Chemie, Elektrotechnik, Optik, Feinmechanik und dann der Automobilbau. Schlecht bezahlte Arbeitskräfte stiegen zu begehrten Facharbeitern auf, die durch soziale Vergünstigungen wie Werkswohnungen ihrem Arbeitgeber verpflichtet waren. Die Arbeitsbedingungen besserten sich: Von den 1860er-Jahren bis zum Ersten Weltkrieg verringerte sich die durchschnittliche Arbeitszeit für Industriearbeiterinnen und -arbeiter pro Tag von 14–15 Stunden auf 9,5 Stunden, mindestens sechs Tage in der Woche.

Anfang des 21. Jahrhunderts spielt Deutschland nach wie vor in der ersten Liga der entwickelten Volkswirtschaften. Fast vier Fünftel des Bruttoinlandsprodukts werden allerdings mit Dienstleistungen erwirtschaftet. Der Industriesektor kam 2019 mit 27,1 Prozent der nationalen Wirtschaftsleistung auf exakt denselben Anteil wie 1868 – nur dass damals die Landwirtschaft die größte Rolle spielte. In den 1970er-Jahren setzte die Deindustrialisierung in Westdeutschland ein, nach der Wiedervereinigung auch mit Macht in den ostdeutschen Ländern. Industrielle Massenproduktion ist heute in andere Weltregionen ausgelagert und durch komplizierte Lieferketten weltweit vernetzt. Vor Ort lassen deutsche Industrieunternehmen häufig nur noch forschen, entwickeln, verwalten, Endprodukte fertigen und diese kontrollieren.

Was aber ist vom industriellen Erbe geblieben, als schwere Technik aus den Werkhallen geschoben wurde oder auch Erfindungen wie Dynamomaschine (Siemens), Keks (Leibniz), Bleistift (Faber-Castell) oder Echt Kölnisch Wasser (Mülhens) ihren internationalen Siegeszug antraten? Sind die Unternehmenspioniere im kollektiven Gedächtnis geblieben? Gibt es ihre Firmen überhaupt noch? Was haben ihre Architekten hinterlassen?

VERSCHWUNDENE RUINEN, VERLASSENE HALLEN, MODERNER ERSATZ

Viele Produktionsstätten verfielen, bevor sie abgerissen wurden und ganz aus dem Blick verschwanden, andere wurden sorgfältig demontiert, um anderswo neu errichtet zu werden, wie Hütten- und Stahlwerke aus Dortmund in China. Nach der Abtragung von Altlasten

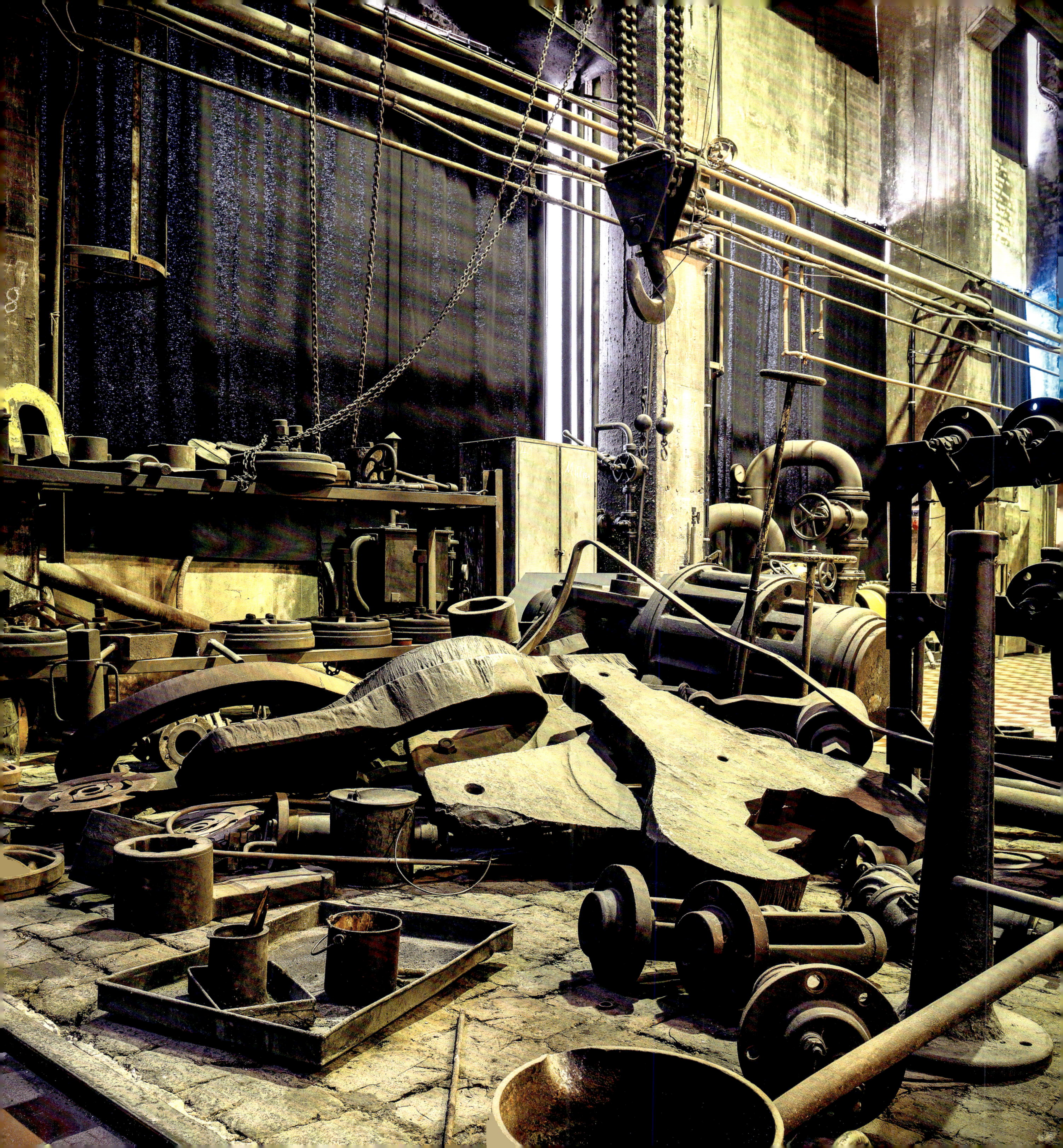

Im Industriezeitalter machten Maschinen Massenproduktion möglich: im kleinen Maßstab (Schraubenfabrik Graba in Saalfeld, Papiermühle Homburg) wie in großen Dimensionen (Tuchfabrik Gebr. Pfau in Crimmitschau, Zeche Zollern II/IV in Dortmund)

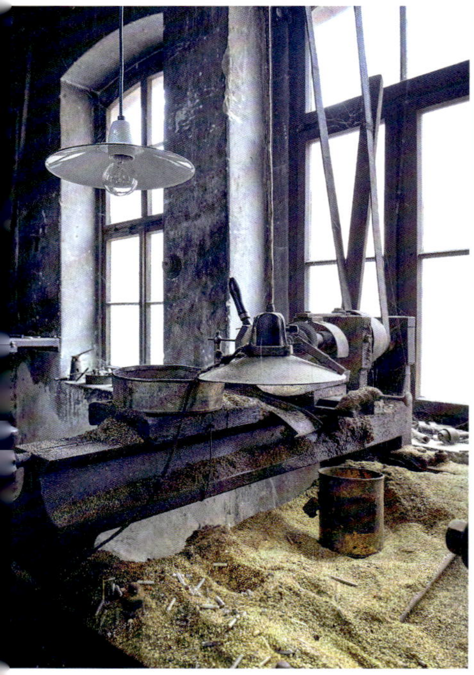

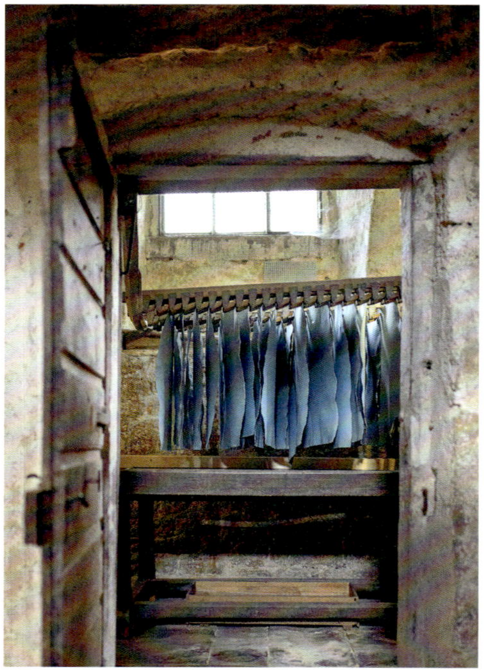

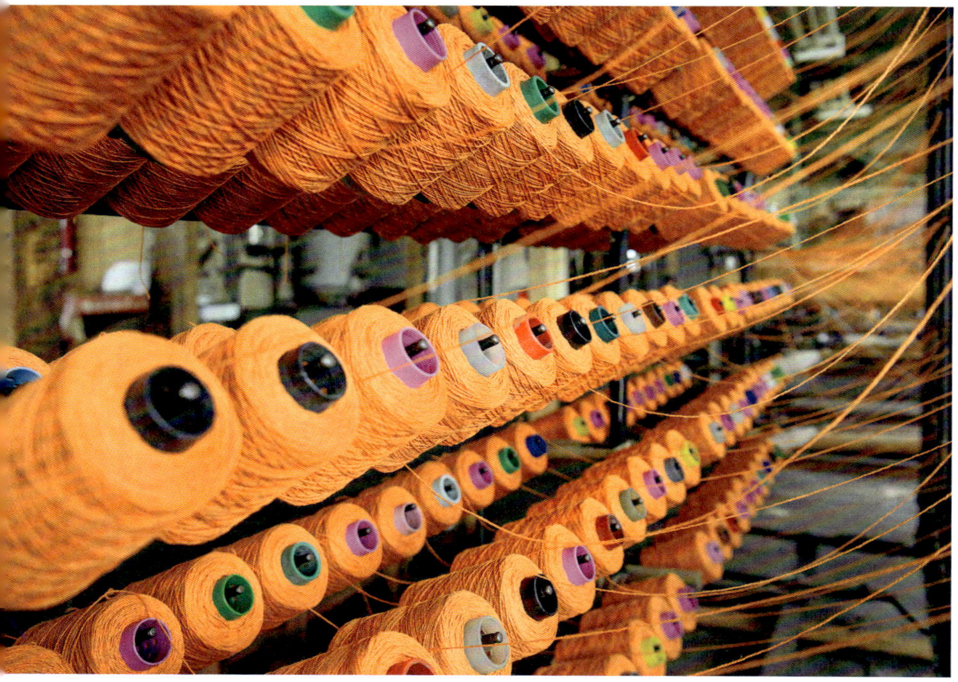

entstanden auf den ehemaligen Industriearealen »hochwertige« Wohnungen und Büros, Shoppingmalls und Freizeitflächen. Erhalten blieben häufig nur repräsentative Firmenverwaltungen, Unternehmensvillen oder, dank privater Initiativen, einige »Kolonien«, heute begehrte Wohngebiete.

Auch Erfolg und Wachstum begruben Tradition, neue Produktionsstätten ersetzten alte. Beispiele dafür liefern besonders die Chemie- und Automobilbranche. Moderne »Chemieparks« breiten sich aus, Roboter schweißen Autos punktgenau zusammen. In ganz wenigen Fällen wird an Ort und Stelle noch so gearbeitet wie früher, etwa in Alfeld (Fagus-Werk) und Meiningen (Dampflokwerk). Auf der Müngstener Brücke über dem Tal der Wupper fahren immer noch Züge.

Einige Betriebe reduzierten Produktpalette und Personal, überstanden Krisen und wurden, als gar nichts mehr ging, Knall auf Fall stillgelegt, so die Juhl'sche Wäschefabrik in Bielefeld, die Schraubenfabrik Graba in Saalfeld/Thüringen oder die Energiefabrik Knappenrode in Hoyerswerda. Vom Leben verlassen, blieben sie als unverfälschte »Industriedenkmale« erhalten.

BLITZENDE INDUSTRIEKULTUR

Die Veredelung zur »Industriekultur« hat seit den 1990er-Jahren zahlreiche Stätten des industriellen Erbes nicht nur bewahrt, sondern ihnen neuen Sinn und Zweck gegeben: als Wohn- und Arbeitsraum oder als Kultur-, Bildungs-, Veranstaltungs-, Ausstellungs- und Freizeitstätte. Viel Platz in einer Umgebung, die, nun sauber hergerichtet und durch moderne Infrastruktur ergänzt, den Charme des Industriezeitalters verströmt. Für Industriekultur stehen vor allem Zeugnisse der Montanindustrie wie das UNESCO-Welterbe Zeche und Kokerei Zollverein in Essen, die Völklinger Hütte und die Sayner Hütte, aber auch einstige Großbrauereien wie Kindl in Berlin, Bauten der Wasser- und Energieversorgung wie das Gaswerk in Augsburg oder die Speicherstadt in Hamburg.

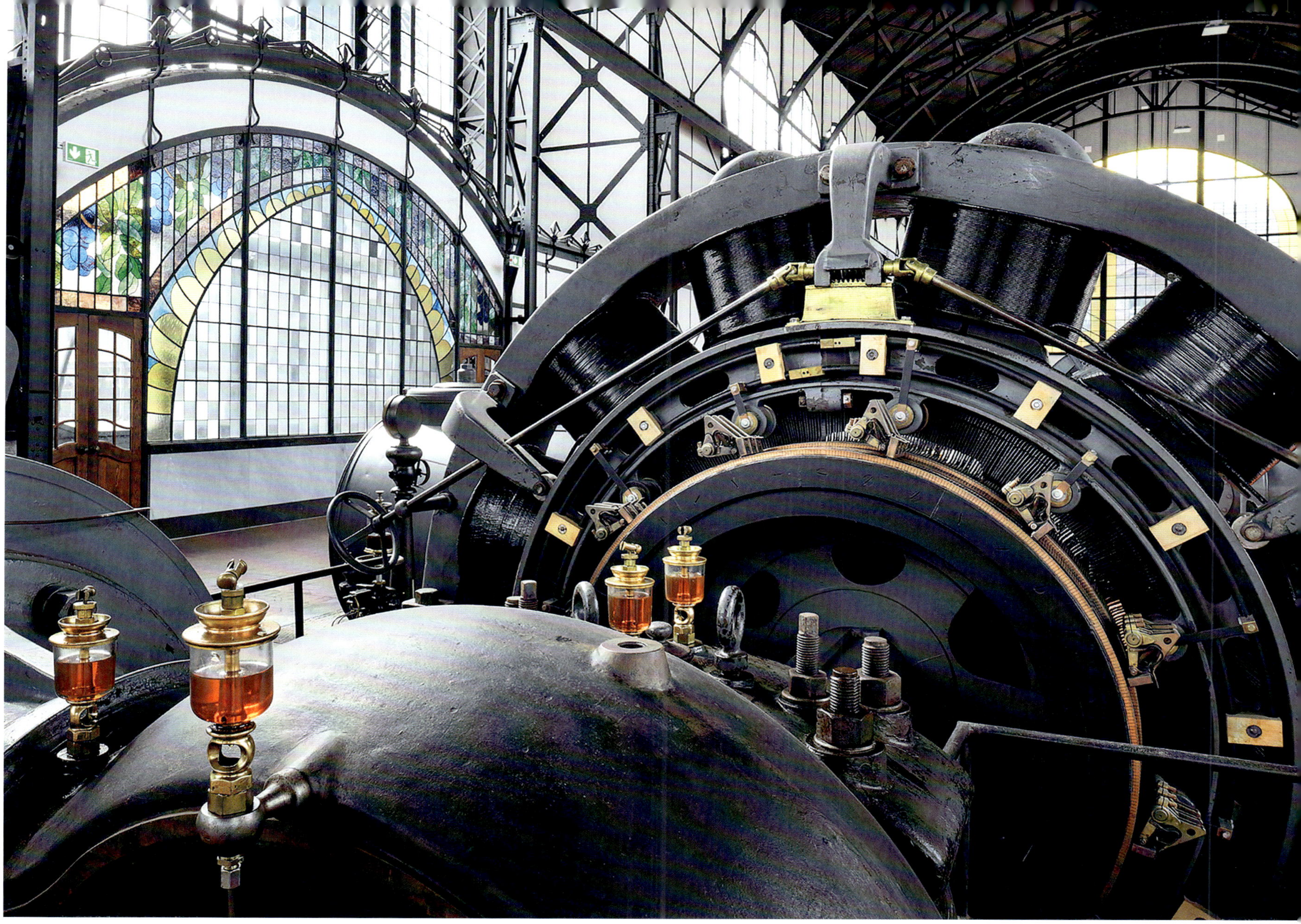

Der Fotograf Günther Bayerl hat rund vierzig Stätten unseres industriellen Erbes in ganz Deutschland besucht, dabei viele Kilometer, auch zu Fuß, zurückgelegt und die Atmosphäre der Hochindustrialisierung im Panorama wie im Detail eingefangen. Verwickelte Eigentumsverhältnisse, zeitliche Restriktionen und nicht zuletzt die Einschränkungen infolge der Corona-Pandemie erschwerten ihm die Arbeit. Sein Einsatz hat sich gelohnt.

In sieben Kapiteln entführt Sie *Deutschlands industrielles Erbe* mit einer erlesenen Auswahl von »Tempeln der Arbeit« in eine Welt von gestern. Das meiste lässt sich besichtigen und erkunden: Bauten von Hofbaumeistern, »Blitzarchitekten« und Bauhaus-Stars, Produktionsstraßen, Werkzeuge, große und kleine Maschinen, prächtige Unternehmenszentralen, Lagerhäuser, Hochhaus-Schaltwerke und vergessene Hallen mit dem Staub und Geruch vergangener Tage, als findige Unternehmer mit Durchsetzungswillen und genug Kapital die Grundlagen für manchen Global Player legten. Lernen Sie bekannte und unbekannte Firmen kennen, erleben Sie Geschichten von Aufstieg, Erfolg und Niedergang. Verfolgen Sie das Schicksal der Gründer und ihrer Familien, indem sie über Bild und Text in das industrielle Erbe eintauchen.

» Um 1900 war Deutschland die stärkste Wirtschaftsmacht Europas.

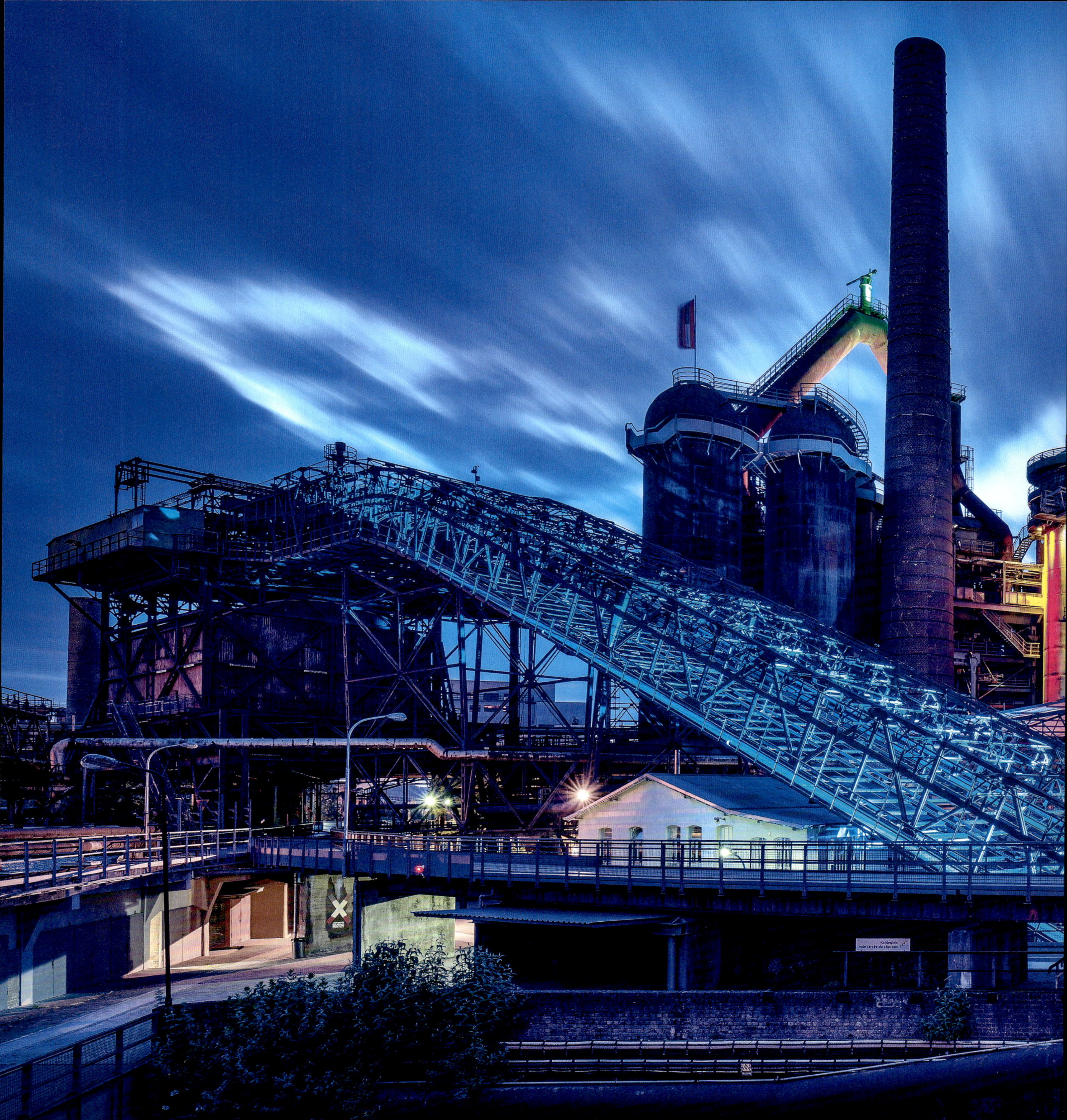
Kohlegleis
voie ferrée du charbon

BERGBAU, EISEN UND STAHL, CHEMIE

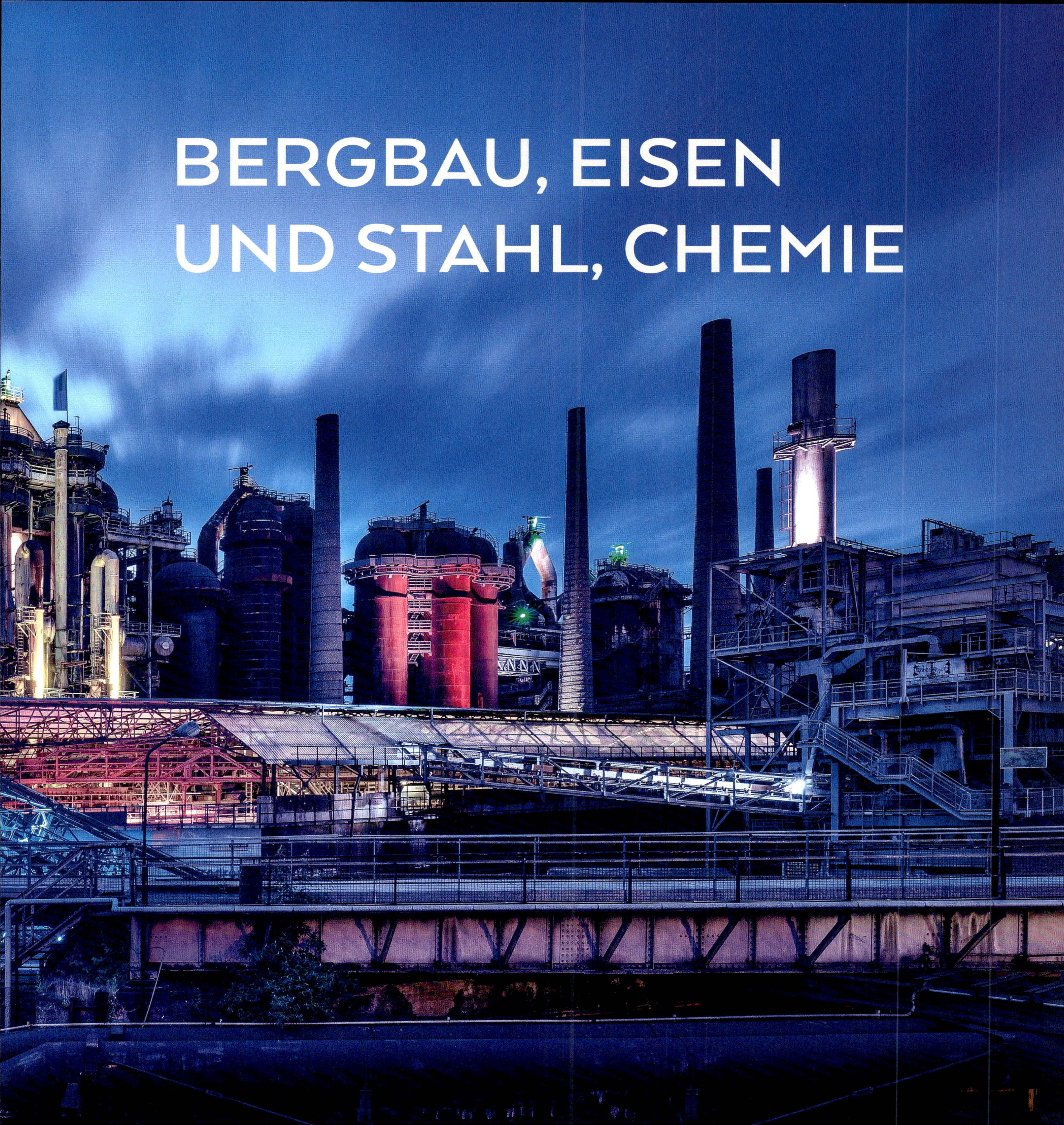

Einst Arbeitsstätte für Tausende, ist das abends kunstvoll erleuchtete Gelände des ehemaligen Hüttenwerks heute ein beeindruckendes Industriedenkmal.

LANDSCHAFTSPARK DUISBURG-NORD

ERHOLUNG ZWISCHEN HOCHÖFEN UND ERZBUNKERN

Als Silhouette weithin sichtbar sind die Hochöfen des ehemaligen Meidericher Hüttenwerks über dem Norden der Stadt Duisburg. Eingebettet in ein Landschaftsareal von rund 180 Hektar sind sie zum einen gigantische Zeugen für die Blütezeit von Eisen und Stahl im Ruhrgebiet und zum anderen ein leuchtendes Beispiel für die Verbindung von Industriegeschichte und modernem Erlebnisraum unter freiem Himmel.

»Willkommen in der schönsten Großstadtoase Deutschlands«, so wirbt der Landschaftspark Duisburg-Nord für seine Reize. Und tatsächlich: Mit der Reanimierung der Industriebrache Anfang der 1990er-Jahre gelang ein großartiges und für den Strukturwandel auch international wegweisendes Projekt. Das weitläufige Gelände zwischen den Stadtteilen Hamborn und Meiderich mit seinen architektonischen Dinosauriern in Form von Hochöfen, Erz- und Koksbunkern, Verladebrücken, Kläranlagen und Gasometer erfüllt viele Funktionen. Es ist ein gern besuchtes Naherholungsgebiet für die Duisburger Bevölkerung, ein neues Zuhause für Tiere und Pflanzen, ein Eldorado für Sport- und Freizeitmöglichkeiten aller Art, ein Kulturraum für Theater und Konzerte und nicht zuletzt ein lebendiges Industriedenkmal, das an die Geschichte des Eisenhüttenwesens erinnert und den Aufbau und die technischen Abläufe eines Hüttenwerkes noch einmal veranschaulicht. Schließlich wurden hier vor Ort von Tausenden kräftiger Hände nicht weniger als 37 Millionen Tonnen Roheisen produziert.

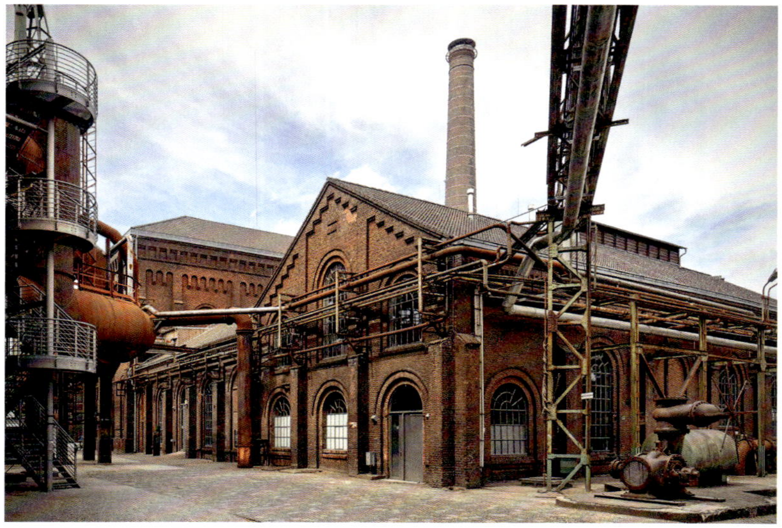

DIE EISENHÜTTE – EIN STÄHLERNER GIGANT

Die Erfolgsgeschichte von Eisen und Stahl im Ruhrgebiet ist eng mit der Kohle verbunden. Der professionelle Abbau von Kohle entlang der Ruhr ab Anfang des 19. Jahrhunderts brachte die Industrialisierung rasch in Gang. Kokereien verarbeiteten die Kohle zu Koks, der dann zur Eisen- und Stahlerzeugung in Hüttenwerken genutzt wurde. Um 1900 gab es auch aufgrund der ehrgeizigen kaiserlichen Pläne zum Flottenbau eine große Nachfrage nach Stahl. Roheisen, das Ausgangsprodukt des Stahls, war knapp und so entschloss sich Montanunternehmer August Thyssen (1842–1926), in Duisburg nahe seiner Kohlefelder ein Hüttenwerk zu errichten. 1903 war der erste Hoch-

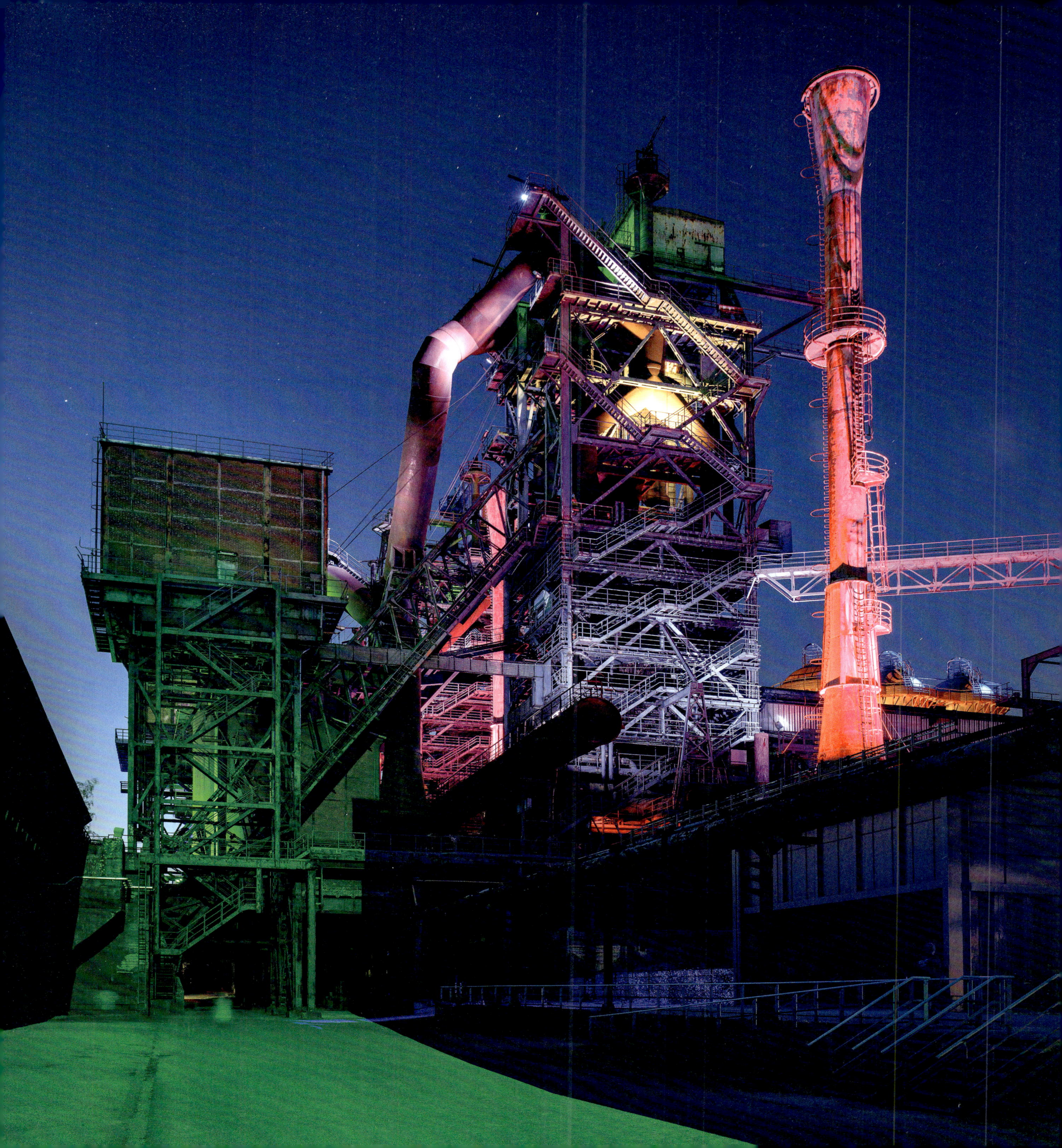

Heute sind noch drei der ursprünglich fünf Hochöfen erhalten. Im Rahmen von Führungen ist es möglich, auch hinter die Kulissen der stählernen Kolosse zu blicken und so die Roheisenproduktion an Originalschauplätzen nachzuvollziehen.

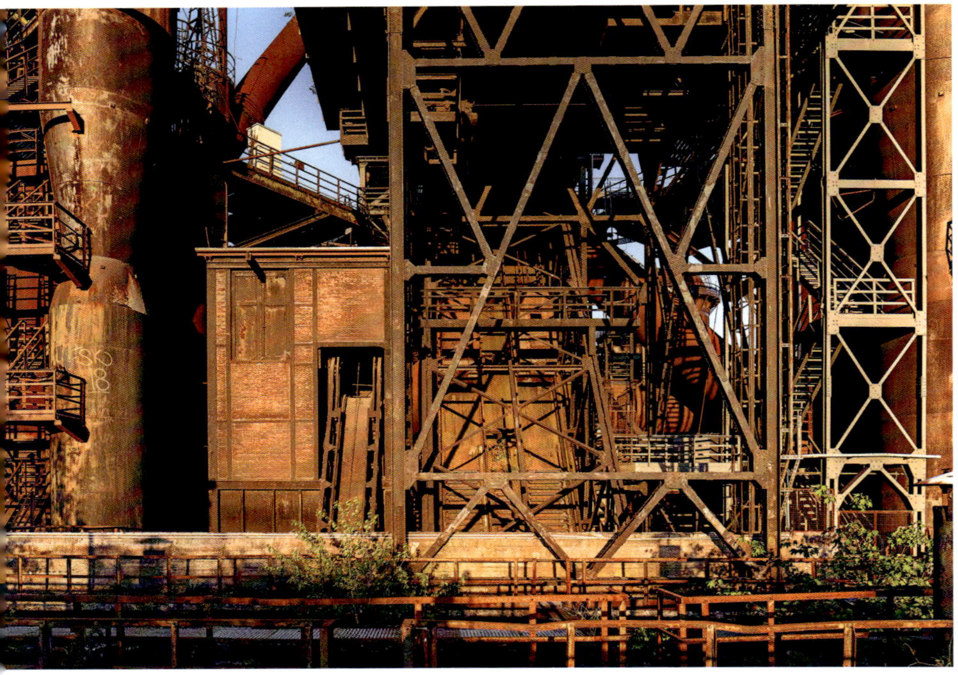

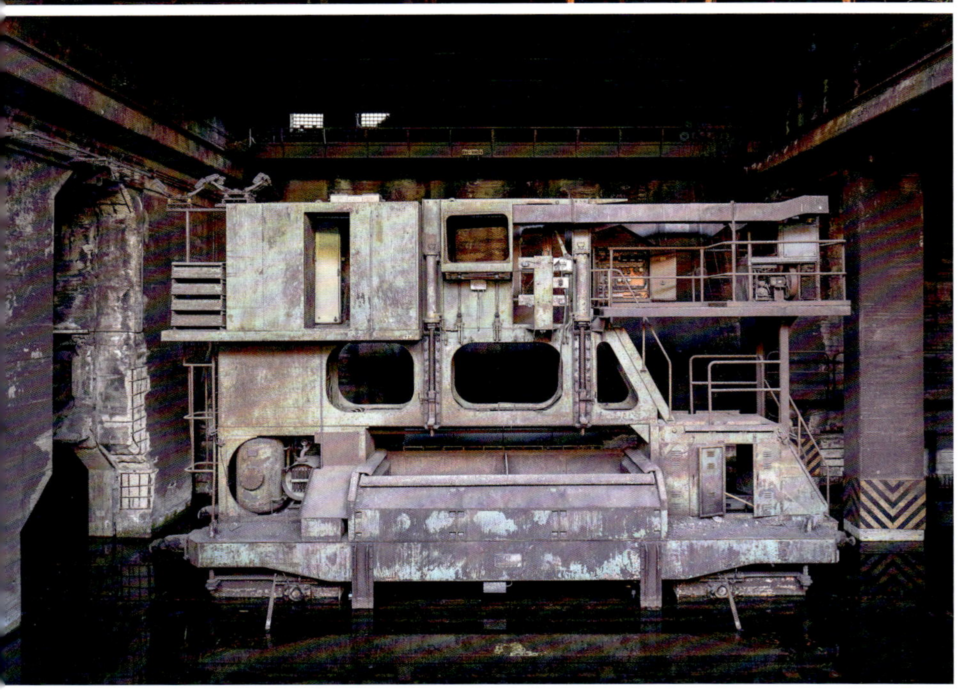

ofen fertig, 1912 schmolzen dann fünf Öfen Eisenerz zu Roheisen. Die gesamte Anlage vergrößerte sich immer weiter: Magazingebäude, Schreinerei, Werkstatt, Gießerei, Dampfgebläsehalle, Kraftzentrale, Doppelkühlwerk, Koksdrahtseilbahn und weitere Gebäude kamen hinzu.

Das Geschäft boomte und verlangte nach immer mehr Arbeitskräften, die sich aber in der ländlich geprägten und nur dünn besiedelten Umgebung des Hüttenwerks nicht finden ließen. So warb man Arbeiter aus anderen Regionen an. Um ihnen die schwere und gefährliche körperliche Arbeit zum Beispiel als Schmelzer in den Hochöfen schmackhaft zu machen und sie möglichst fest an das Unternehmen zu binden, errichtete man Werkswohnungen, die sich zu kompletten Arbeitersiedlungen entwickelten. Waren die Meisterwohnungen für die Zeit einigermaßen komfortabel ausgestattet, lebten in den 70–80 Quadratmeter großen Arbeiterwohnungen der meist dreigeschossigen Mehrfamilienhäuser in der Regel jeweils zehn Personen. Die Toiletten befanden sich auf dem Hinterhof, später gab es Etagenklos. Jedes Haus verfügte über einen kleinen Garten, wo Kleinvieh gehalten und Obst und Gemüse angebaut werden konnte. Alles Weitere zum Leben wie Geschäfte für den täglichen Bedarf, Kindergärten, Schulen, aber auch Kneipen lagen in unmittelbarer Nähe, sodass die Wohnquartiere wie ein kleiner in sich geschlossener Kosmos waren.

MODERNISIERUNG, RATIONALISIERUNG, STILLLEGUNG

Hatte sich die Erzeugung von Roheisen in den ersten Produktionsjahren des Hüttenwerks schnell vervierfacht, kam das Unternehmen während der Weltkriege in schweres Fahrwasser. Entweder waren die Rohstoffe knapp und oder es mangelte an Arbeitskräften, weil große Teile der Belegschaft Kriegsdienst leisten mussten. In beiden Kriegen wurden deshalb Kriegsgefangene als Arbeiter im Meidericher Werk eingesetzt. In der Weltwirtschaftskrise (ab 1929) hatte man mit Absatzmangel zu kämpfen, weil die Nachfrage eingebrochen war.

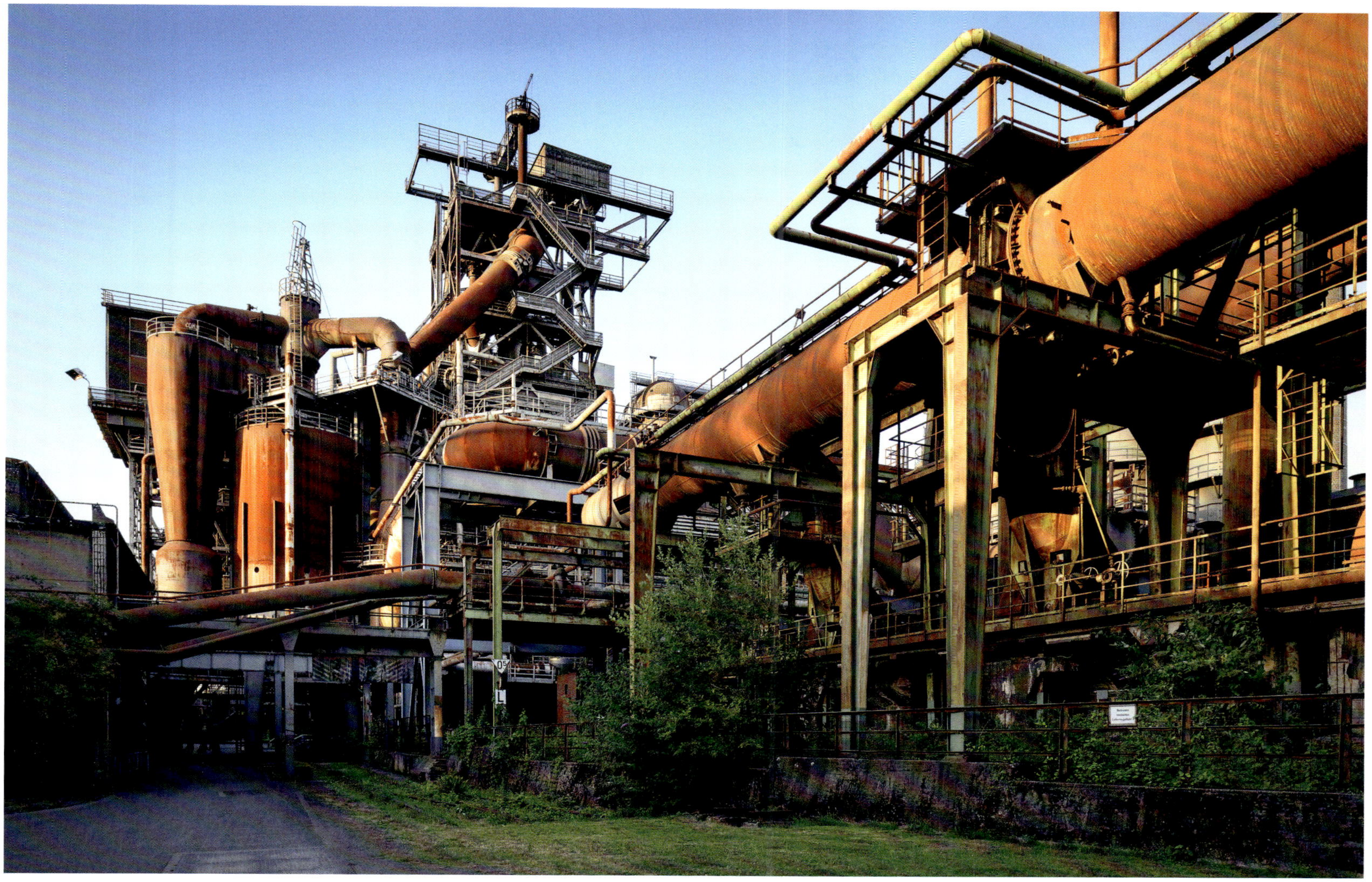

Nach großen Zerstörungen im Zweiten Weltkrieg wurde das Hüttenwerk wieder aufgebaut und in den folgenden Jahren stetig modernisiert. Im Zuge des »Wirtschaftswunders« warb man auch ausländische Mitarbeiter an. In den 1970er-Jahren war man auch durch den Druck der internationalen Konkurrenz darum bemüht, die Produktivität zu erhöhen. Teile des Werkes wurden abgebaut oder stillgelegt und die Zahl der Beschäftigten drastisch verringert. Die Stahlkrise mit ihren Überkapazitäten auf dem europäischen Markt führte schließlich zur endgültigen Stilllegung des Betriebs: Am 4. April 1985 gingen nach 84 Betriebsjahren Lichter und Feuer aus. Dennoch blieb Duisburg mit den Unternehmen ThyssenKrupp Stahl und Hüttenwerke Krupp Mannesmann (HKM) Europas größter Stahlstandort.

VON DER INDUSTRIEBRACHE ZUM GRÜNEN FREIRAUM

In Meiderich rostete derweil ein Stahlgigant auf einer 200 Hektar großen Industriebrache mit diversen Altlasten vor sich hin. Was tun? Zur Debatte standen die Demontage der Anlagen und ihr Verkauf ins Ausland oder ein Abriss. Doch gegen diese Pläne sprachen zum einen die zu erwartenden Kosten, zum anderen die Bedeutung des Hüttengeländes für das gesamte Stadtbild und insbesondere den Norden Duisburgs. Über Jahrzehnte hinweg hatten die Hochöfen Leben und Arbeit geprägt. Das Hüttenwerk war so etwas wie der zentrale Kern gewesen, um den herum sich Bebauung und Infrastruktur entwickelt hatten. Es bildeten sich Bürgerinitiativen und Interessengemeinschaf-

Die Natur hat sich das riesige Industrieareal wieder zurückerobert und es zu einer grünen Wildnis gemacht. Im Landschaftspark finden sich mittlerweile über 700 verschiedene Pflanzenarten.

ten, die für den Erhalt der Anlage eintraten. Unterstützung erhielten sie vom Land Nordrhein-Westfalen, das die wirtschaftlich schwache Emscher-Region fördern und den Strukturwandel nach dem Niedergang der Montanindustrie vorantreiben wollte. Als 1988 die Internationale Bauausstellung Emscher Park (IBA) zur ökologischen, wirtschaftlichen und sozialen Erneuerung gegründet wurde, erwarb das Land das Gelände des stillgelegten Hüttenwerks und machte es zu einem Projekt der IBA.

Aus der Industriebrache sollte ein grüner Landschaftspark werden. Die Ausschreibungen dazu gewann der Landschaftsarchitekt Peter Latz, der es verstand, eine frei zugängliche Freizeitlandschaft zu entwerfen, die auf geradezu spektakuläre Weise Industriegeschichte, Natur und Kultur miteinander verbindet. 1994 wurden erstmals Teile des Geländes der Öffentlichkeit wieder zugänglich gemacht. Viele der alten Gebäude sind erhalten geblieben und werden nun neu genutzt: das Hauptschalthaus als Besucherzentrum und Restaurant, die Gebläsehalle und Gießhalle als multifunktionale Spielstätten, die Alte Verwaltung als Jugend- und Ausbildungshotel, der Gasometer als künstliche Taucherwelt und die Bunkeranlagen als Klettergarten. Zwischen den Stahl- und Betonbauten ist viel Platz – auch für Tiere wie Fledermäuse, Kröten, Käfer und Vögel, die sich hier einen Lebensraum erobert haben, und für Bäume und andere Pflanzen, die von Menschenhand oder von der Natur selbst in die ehemals brache Erde gebracht wurden. Besonders eindrucksvoll zeigt sich der Landschaftspark auch in der Dunkelheit, wenn unzählige bunte Lichter, eine Kreation des britischen Lichtkünstlers Jonathan Park, die Hochofenkulisse zum Leuchten bringen.

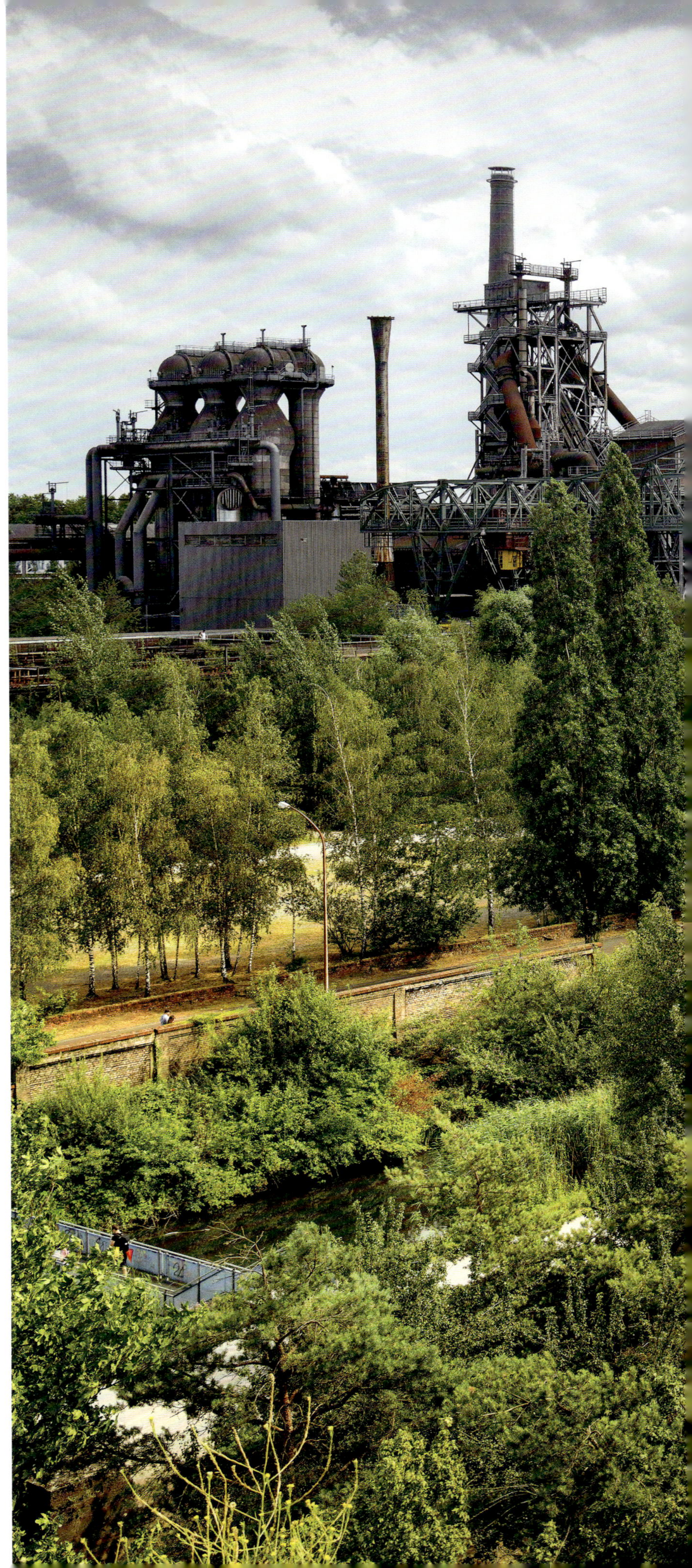

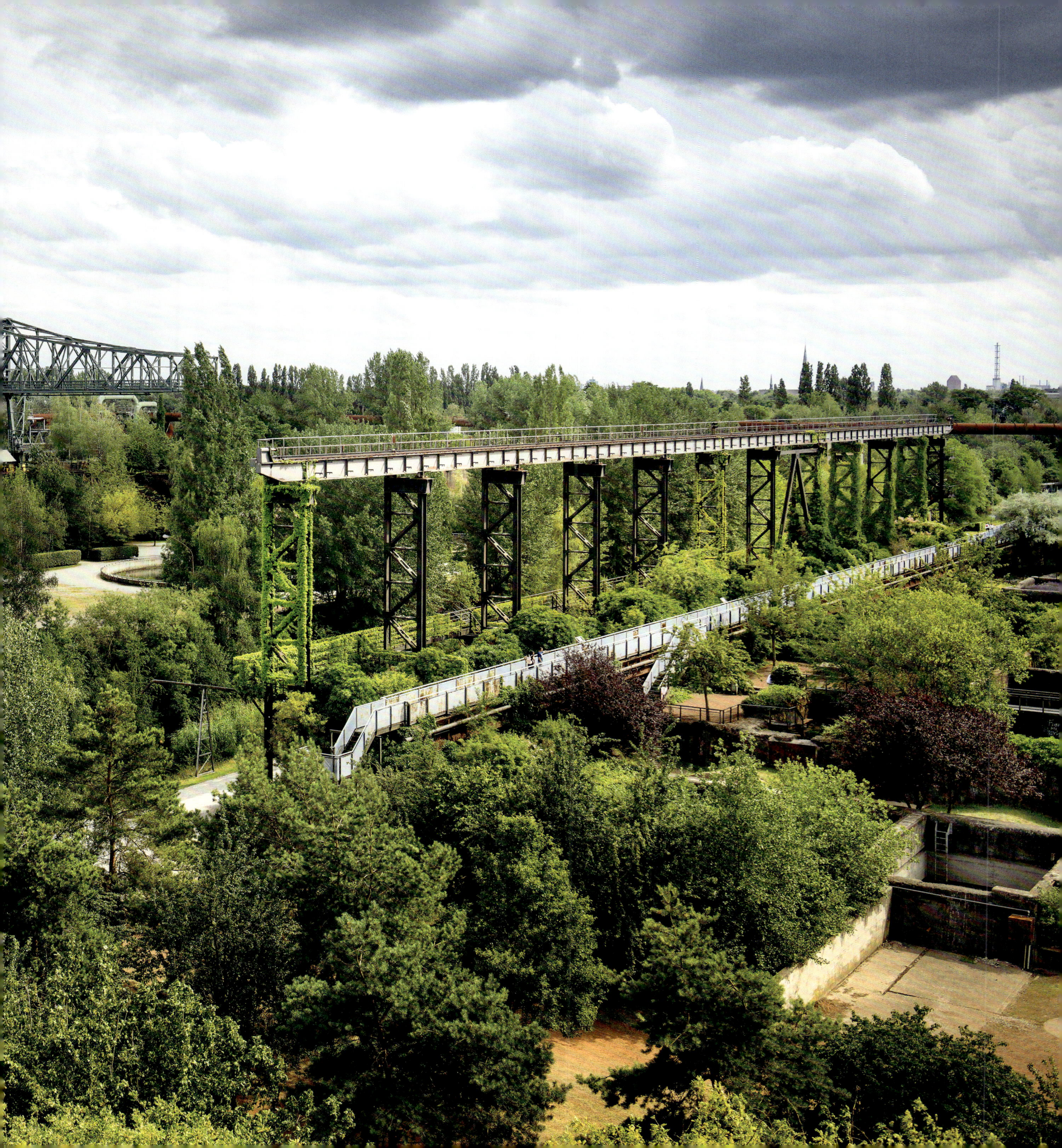

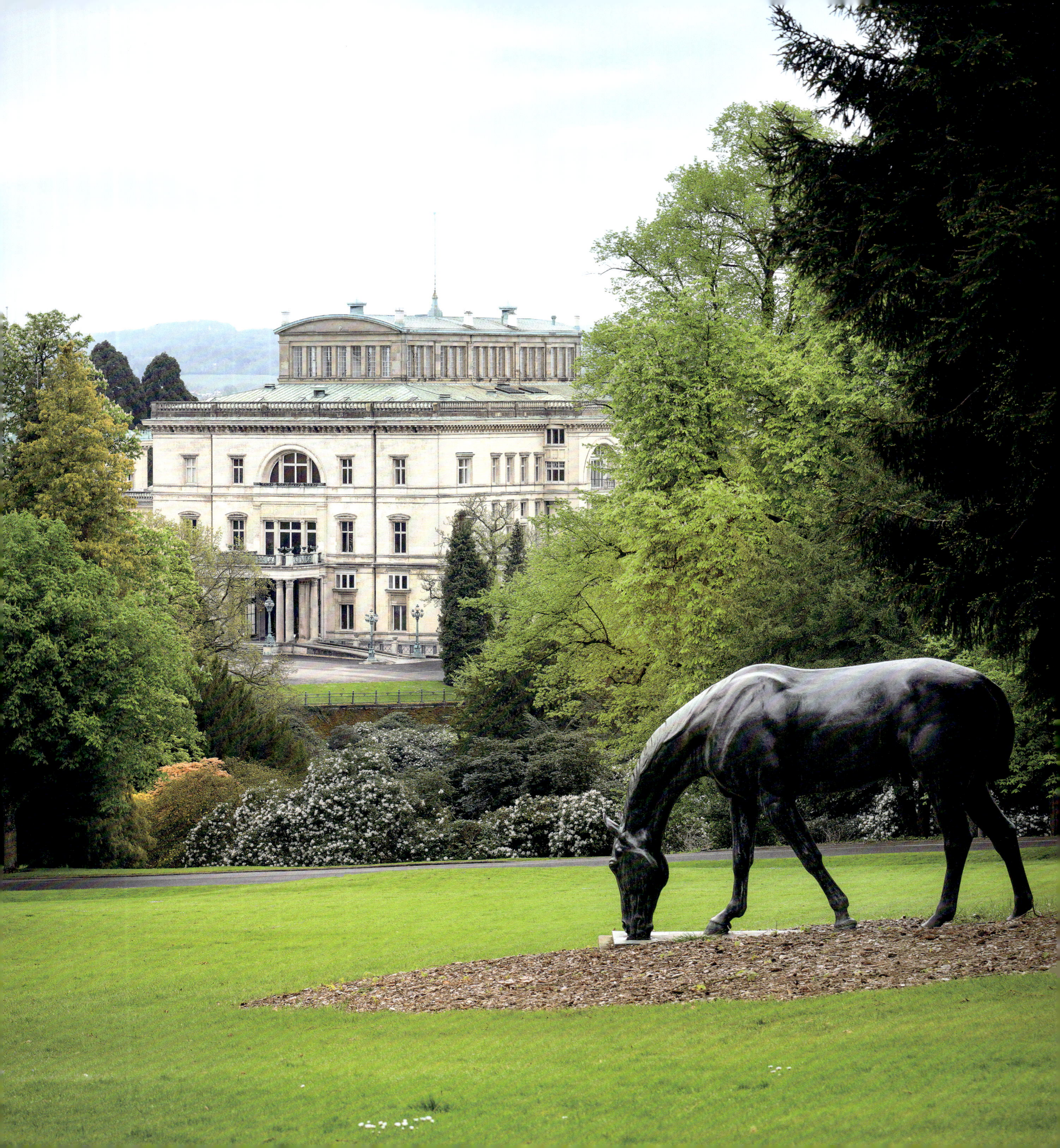

Der Wohnsitz der Familie Krupp war kein gemütliches Eigenheim, sondern diente der Repräsentation einer einflussreichen Familie. ◁ Großes Haus mit Belvedere: die imposante Halle im Erdgeschoss ▽

VILLA HÜGEL · ESSEN

GROSSE FESTE UND LUKRATIVE GESCHÄFTE

Die Villa Hügel, der hochherrschaftliche Wohnsitz der Familie Krupp im Süden von Essen, war Schauplatz großer Gesellschaften und weitreicher wirtschaftspolitischer Entscheidungen. Die Spitzen des Staats wurden hier empfangen, Kaiser Wilhelm II., aber auch Adolf Hitler. Heute ein Kulturzentrum, zieht die Villa ein breites Publikum an.

Erbauer der Villa, die die Familie dann gut 70 Jahre bewohnte, war Alfred Krupp (1812–1887), der Sohn des Firmengründers Friedrich Krupp (1787–1826). Alfred Krupp brachte die Gussstahlfabrik an der Altendorfer Straße in die Gewinnzone und machte sie zu einem der bedeutendsten Industrieunternehmen des 19. Jahrhunderts. Sein Erfolg verdankt sich der – später sprichwörtlich gewordenen – Qualität des Kruppstahls sowie seinem Erfindungsgeist. 1853 gelang ihm die Entwicklung eines nahtlosen und bruchsicheren Radreifens für die Eisenbahn, der infolge der wachsenden Bedeutung des damals neuen Verkehrsmittels reißenden Absatz fand. Bereits 1847 hatte Krupp erstmals eine Kanone aus Gussstahl hergestellt. Sie begründete die umfangreiche Waffen- und Geschützproduktion der Firma, die bald als »Waffenschmiede des Reichs« galt.

REPRÄSENTATION UND MODERNE TECHNIK

Wie viele Fabrikanten des 19. Jahrhunderts wohnte Krupp mit seiner Familie in einem Haus auf dem Fabrikgelände. Doch angesichts des Aufschwungs der Firma plante er den Bau einer Villa, die den zunehmenden repräsentativen Ansprüchen entsprechen und den wirtschaftlichen Erfolg des Unternehmens demonstrieren sollte. 1864 kaufte er ein weitläufiges, auf einem Hügel gelegenes Areal in Bredeney und ließ dort nach eigenen Entwürfen 1870 bis 1873 eine Villa errichten, die sich hoch über das Ruhrtal erhebt.

Die Villa Hügel besteht aus einem dreigeschossigen Großen Haus, dem Wohnsitz der Familie, und einem Kleinen Haus, das als Gästehaus diente. Zwischen beiden liegt ein Verbindungstrakt, der zunächst als Wintergarten genutzt wurde. Im Erdgeschoss wie im ersten Stock des Wohnhauses bildet jeweils eine große Halle das Zentrum. Um die Untere Halle gruppierten sich die Gesellschaftsräume, in der ersten Etage befanden sich die Privaträume und das Arbeitszimmer des Fabrikherrn. Das Große Haus krönt ein Belvedere, durch das über ihre Glasdecke Licht in die Obere Halle fällt. Die Villa verfügte insgesamt über 269 Räume und 8100 Quadratmeter Wohnfläche und war von ei-

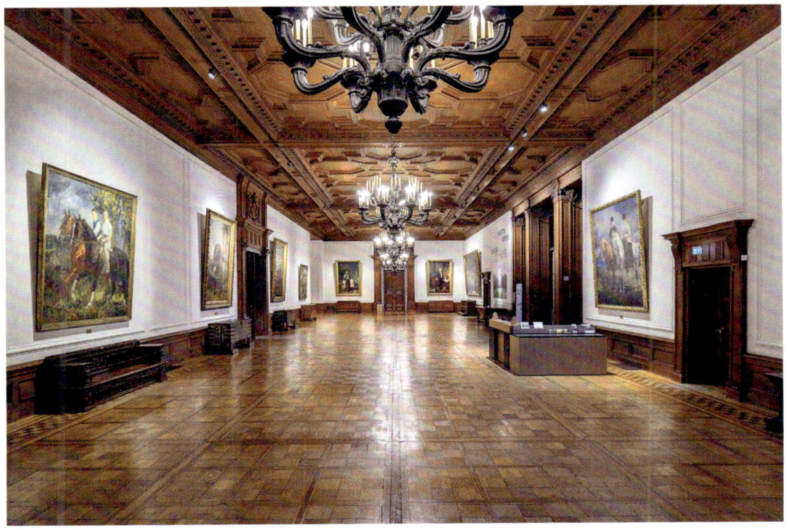

Die festliche Obere Halle erhält ihr Licht über eine Glasdecke.

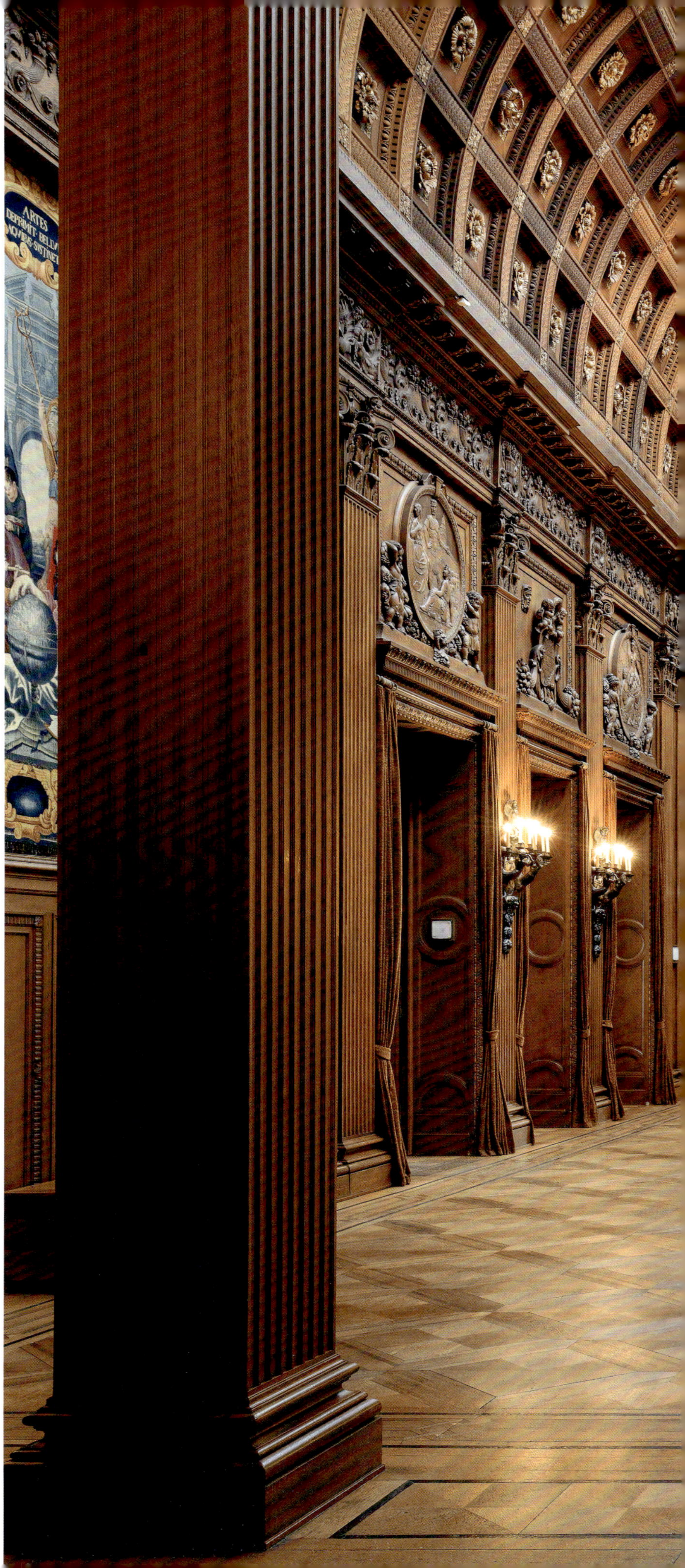

nem 28 Hektar großen Park umgeben. Auf dem Anwesen befanden sich zudem Wirtschaftsgebäude, Stallungen, Gärtnereien und Wohnungen für Angestellte. Alfred Krupp legte Wert auf eine innovative Haustechnik. Er entwickelte eine neuartige Heizungs- und Belüftungsanlage, die allerdings erst nach mehrmaligem Umbau funktionierte. Die Villa erhielt die damals noch neuen Gaslampen, es gab Speiseaufzüge – die Küche lag im Keller – und ab 1887 einen Telefonanschluss.

Die Innenausstattung war zunächst eher schlicht. Das änderte sich unter Alfreds Sohn Friedrich Krupp (1854–1902) und seiner Frau Margarethe. Sie gestalteten die Räume wohnlicher und prächtiger, u.a. durch Holzvertäfelungen und Stuckverkleidungen, und begründeten die Kunst- und Wandteppichsammlung der Familie. Ihr heutiges Aussehen erhielt die Villa 1913 bis 1916. Bertha Krupp (1886–1957), die Erbin Friedrichs, und ihr Mann, der Diplomat Gustav von Bohlen und Halbach (1870–1950), gaben Umbauten und eine aufwendige Ausstattung in Auftrag. Seitdem zieren kostbare flämische Wandteppiche und ein auf sie abgestimmtes Interieur die Obere Halle und den Verbindungsbau. Die ausgesuchte Inneneinrichtung bezeugte den gehobenen Wohnstil und die großbürgerliche Lebensweise der Krupps. Ihre Villa spiegelte das stete Wachstum der Firma, die kurz vor Ausbruch des Ersten Weltkriegs als das mit Abstand größte deutsche Unternehmen galt und hohe Gewinne erzielte.

ILLUSTRE GÄSTE, LOYALES PERSONAL, VERSCHLEPPTE ZWANGSARBEITER

Die Villa Hügel lieferte ihnen den glanzvollen Rahmen, um Kontakte zu hochrangigen Persönlichkeiten und Kunden zu pflegen und um Geschäfte anzubahnen. Unternehmer und Politiker aus aller Welt, Könige und der deutsche Kaiser Wilhelm II, Künstler und Wissenschaftler waren bei den Krupps zu Gast.

Ein so großes Haus zu führen, setzte das entsprechende Personal voraus. Die Anzahl der Beschäftigten stieg bis 1914 auf 648 Angestellte. Zu ihnen gehörten u.a. der Verwalter und die Hauswirtschafterin, Ärzte

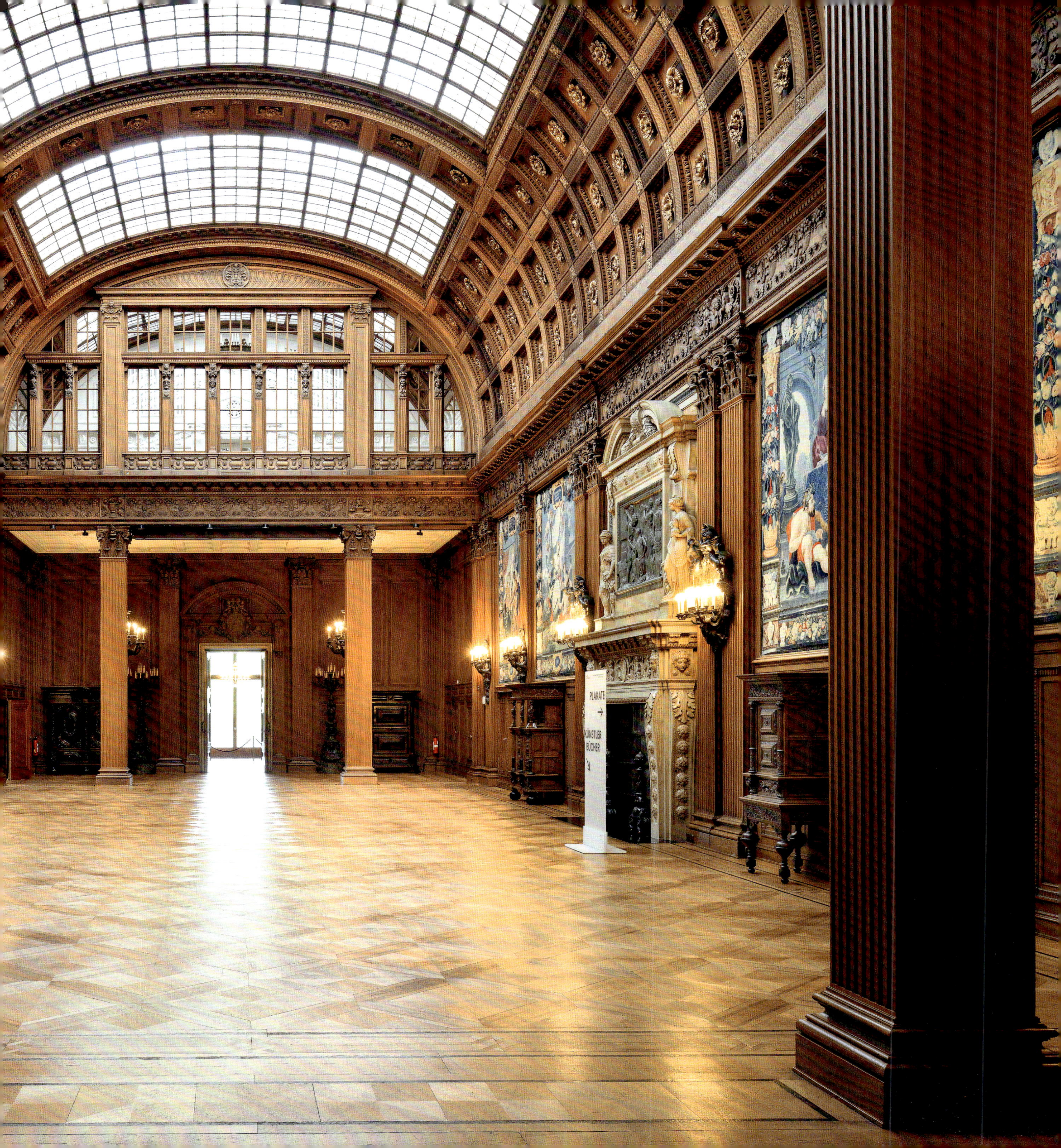
PLAKATE
KÜNSTLER
BÜCHER

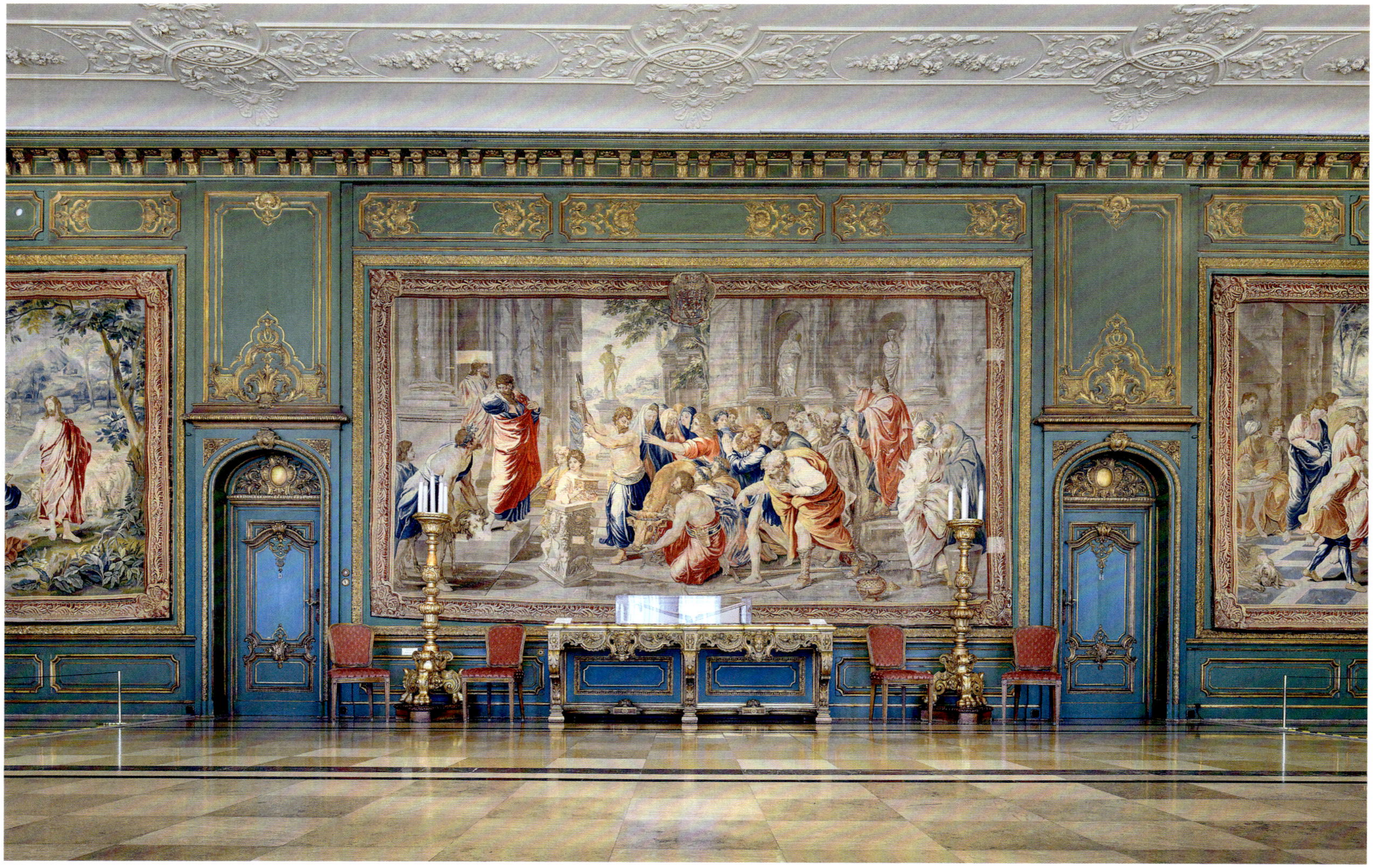

und Gärtner, Erzieherinnen und Kammerzofen, Stallknechte und Hausdiener. In der Villa wie der Firma stellte die Familie hohe Ansprüche an ihre Angestellten. Sie verlangte Disziplin und Fleiß, Loyalität und absolute Verschwiegenheit – und untersagte ihnen eine Betätigung für die Gewerkschaften oder die Sozialdemokraten. Dafür bot sie hohe Löhne und Sozialleistungen, die weit über das damals Übliche hinausgingen.

Die Krupps waren Vorreiter in der betrieblichen Sozialpolitik. Sie gründeten eine Kranken- sowie eine Invaliditäts- und Altersversicherung, sie sorgten für Witwen und bauten ein eigenes Krankenhaus, sie ließen zahlreiche Werkswohnungen und -siedlungen errichten. In Notfällen sprang die Familie ein, auch kam sie mehrfach für die Ausbildung der Kinder von Villa-Angestellten auf. Im sozialen Handeln der Krupps verband sich eine paternalistische Fürsorgeverpflichtung mit dem Firmeninteresse. Ihnen lag daran, die Beschäftigen an sich zu binden und qualifizierte, loyale Arbeiter zu halten. Der Arbeitsplatz Villa Hügel wurde offenbar geschätzt: Viele Angestellte blieben jahrzehntelang, nicht selten nahmen auch ihre Kinder eine Stellung auf dem Anwesen an.

Der Krupp-Konzern suchte von Beginn an die Nähe zum Staat, was sich in umfangreichen Aufträgen auszahlte. Trotz anfänglicher Vorbehalte arrangierten sich Bertha und Gustav Krupp von Bohlen und Halbach auch mit den Nationalsozialisten. Hitler wurde viermal in der Villa Hügel empfangen, das Unternehmen profitierte von der Autarkie- und Rüstungspolitik der Nazis. Im Zweiten Weltkrieg wurde die Produktion, wie schon im Ersten, weitgehend auf Rüstung umgestellt. Zudem setzte

Gartensaal im Verbindungstrakt mit der Wandteppichfolge »Szenen aus der Apostelgeschichte« ◁
Denkmal für den Erbauer der Villa und Arbeitszimmer des Fabrikherrn im Großen Haus ▽

Großes Haus, Verbindungstrakt und Kleines Haus mit Blick auf den Park ▽▽

das Unternehmen mindestens 100 000 Zwangsarbeiterinnen und -arbeiter ein, also verschleppte Zivilisten aus den besetzten Gebieten, Kriegsgefangene und Häftlinge aus Konzentrationslagern. Auch in der Villa Hügel waren Zwangsarbeiter beschäftigt, Kriegsgefangene aus Frankreich und Zivilisten aus dem okkupierten Osteuropa. Über ihre Behandlung ist wenig bekannt. Für Krupp'sche Betriebe hingegen ist belegt, dass die zur Arbeit Gezwungenen schikaniert und misshandelt wurden.

NEUE BESTIMMUNG: KULTURZENTRUM

Für die Ausbeutung von Zwangsarbeitern musste sich Alfried Krupp von Bohlen und Halbach (1907–1967) verantworten, der Sohn von Bertha und Gustav, der seit dem Rücktritt seines Vaters im Jahr 1943 Alleininhaber der Firma Krupp war. Nach dem Einmarsch amerikanischer Truppen wurde er im April 1945 in der Villa verhaftet und 1948 von einem US-Militärgericht zu mehrjähriger Haft verurteilt. Nach seiner Entlassung 1951 und der Rückgabe des 1945 beschlagnahmten Anwesens wandelten die Krupps die Villa Hügel in ein Kulturzentrum um.

Seit 1953 finden im Großen Haus viel beachtete Kunstausstellungen, Konzerte und Kulturveranstaltungen statt. Von den einstigen Bewohnern künden Repräsentations- und Wohnräume sowie die Ausstellung über Familie und Firma im Kleinen Haus. Dort lagert auch das 1905 gegründete umfangreiche Werks- und Familienarchiv der Krupps.

Mit ihren Exponaten und Dokumenten beleuchtet die Villa Hügel Leben und Wirken der Krupps, einer der reichsten, ihre Zeit prägendsten und schillerndsten deutschen Unternehmerdynastien. Damit vermittelt sie zugleich ein Bild von entscheidenden Kapiteln deutscher (Industrie-)Geschichte.

» Die Villa bot einen glanzvollen Rahmen, um Kontakte zu pflegen und Geschäfte anzubahnen.

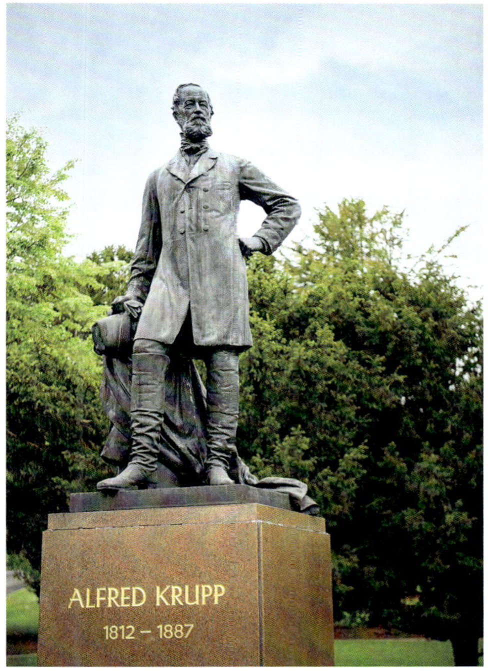

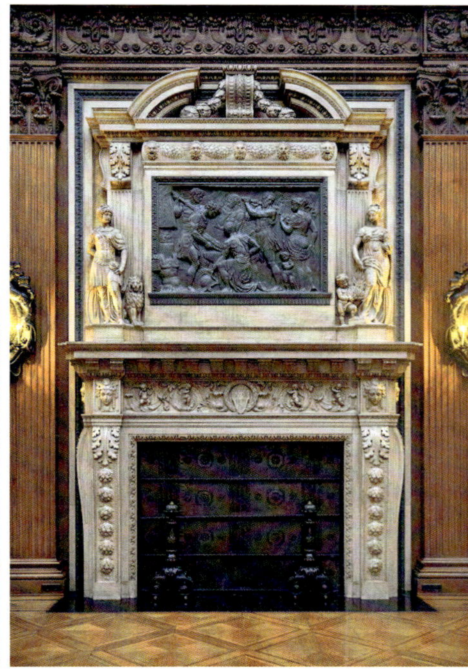

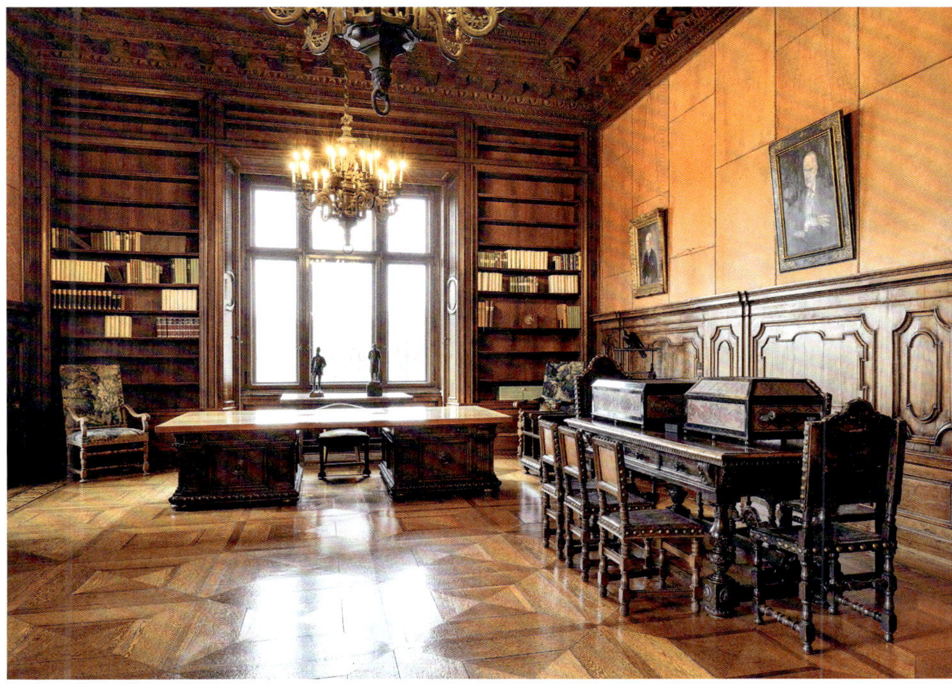

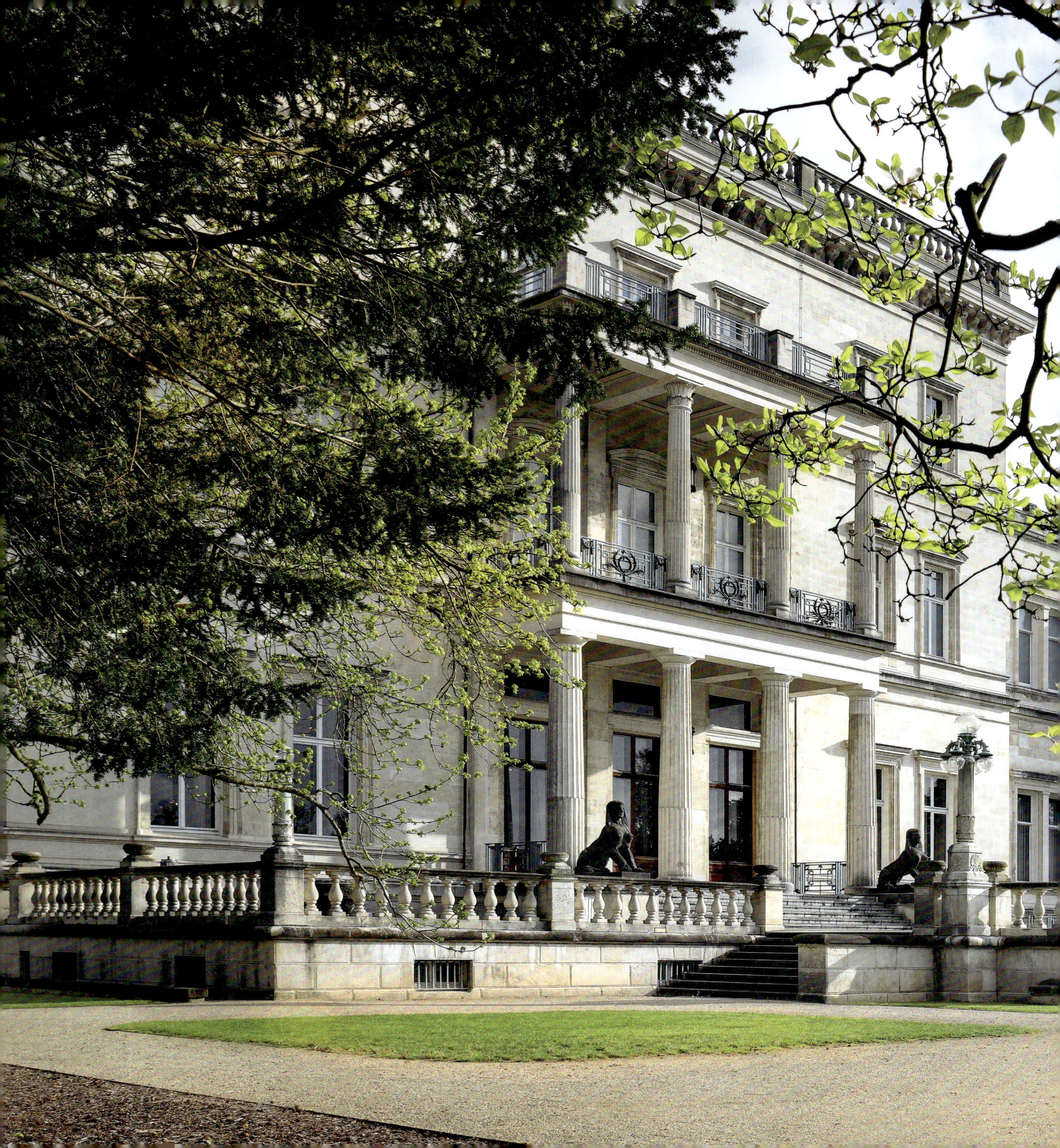

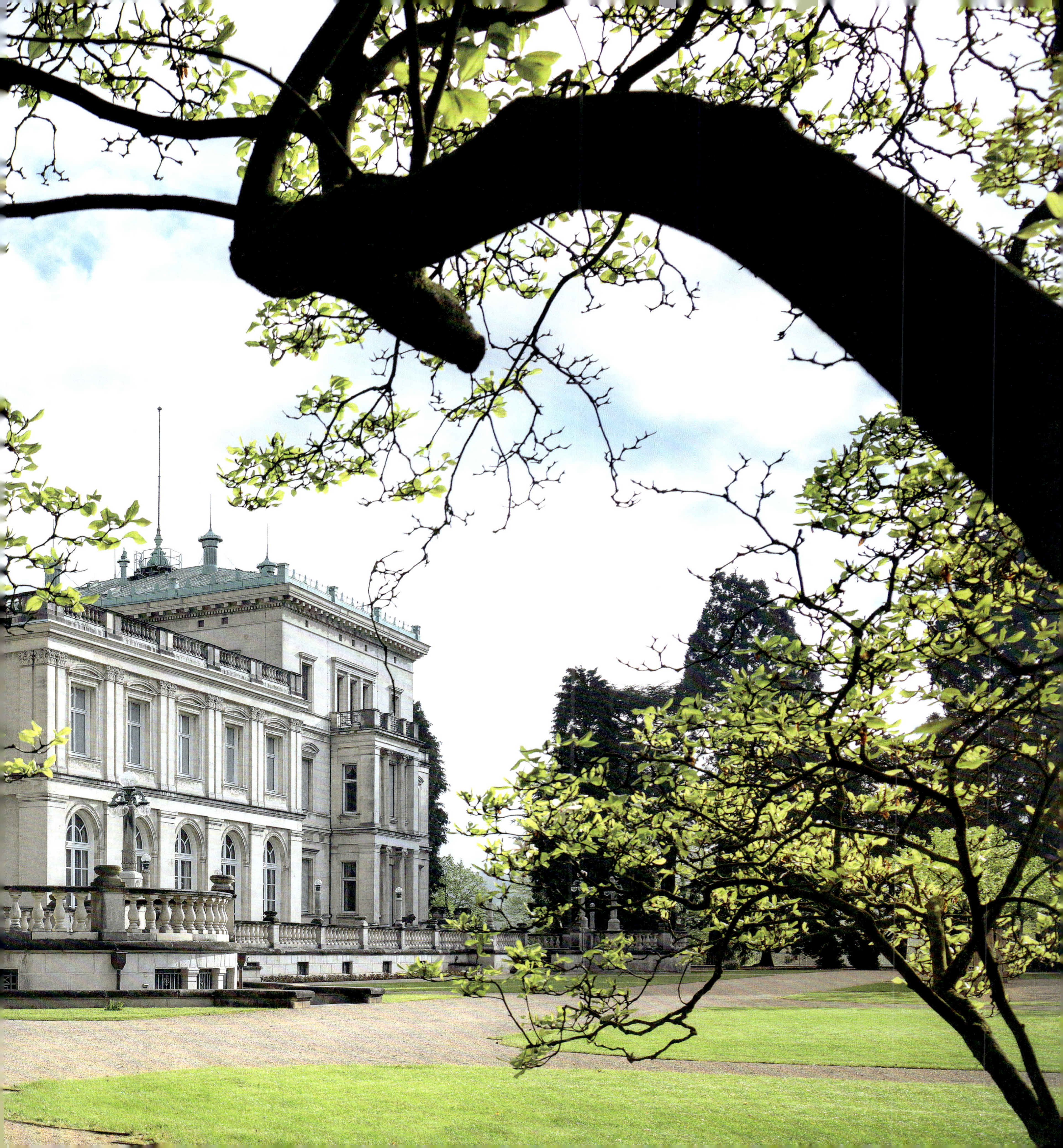

Im Schneeberger Stadtteil Neustädtel steht das Museumsensemble Siebenschlehener Pochwerk unter Denkmalschutz. ▽
Die historische, von Pferden angetriebene Förderanlage, der sogenannte Pferdegöpel, wurde im Waldhufendorf Lauta nördlich von Marienburg wieder neu aufgebaut. ▷

MONTANREGION ERZGEBIRGE

GLÜCK AUF!

Der altbekannte Gruß der Bergleute stammt aus dem Erzgebirge, einer einzigartigen Industrie- und Kulturlandschaft entlang der deutsch-tschechischen Grenze. Auf beiden Seiten finden sich hier zahlreiche Bergbaustätten, deren Ursprünge im Mittelalter liegen und deren Einfluss europa- und sogar weltweit bis in die Moderne reicht. 2019 wurden 17 deutsche und fünf tschechische Teilgebiete zum UNESCO-Welterbe ernannt.

Angefangen hatte alles 1168 mit dem »Berggeschrey«: In der Nähe der heutigen Stadt Freiberg entdeckten Klosterarbeiter bei der Rodung des Urwalds reiche Silbererzvorkommen. Der Fund machte schnell die Runde und zog Bergleute, Händler, aber auch Köhler und Abenteurer in das unwirtliche Gebiet. Ermuntert wurden sie von Markgraf Otto von Meißen, der den Neuankömmlingen das Recht zum Erzabbau zugestand. In kurzer Zeit erblühte der Landstrich. Er zog viele Menschen auf ihrer Suche nach Arbeit und Wohlstand wie magnetisch an. Ein zweites Berggeschrey wurde Ende des 15. Jahrhunderts durch weitere große Silbererzvorkommen am Schreckenberg ausgelöst. Bis zum 16. Jahrhundert war das Erzgebirge die bedeutendste Quelle für Silber in ganz Europa. Immer mehr metallische und nichtmetallische Rohstoffe wurden gefunden, es entstanden immer mehr Siedlungen und Gruben. Die reichen Vorkommen an Zinn, Blei, Eisen, Kobalt, Nickel und Uran, aber auch Kalk, Ton, Kaolin oder Steinkohle wurden immer professioneller abgebaut und auch exportiert. Zu dieser Zeit entstanden Städte wie Freiberg, Sankt Joachimsthal (Jáchymov), Annaberg-Buchholz und Schneeberg. Auf dem Höhepunkt des Erzabbaus war das Erzgebirge das am dichtesten besiedelte Gebirge der Erde.

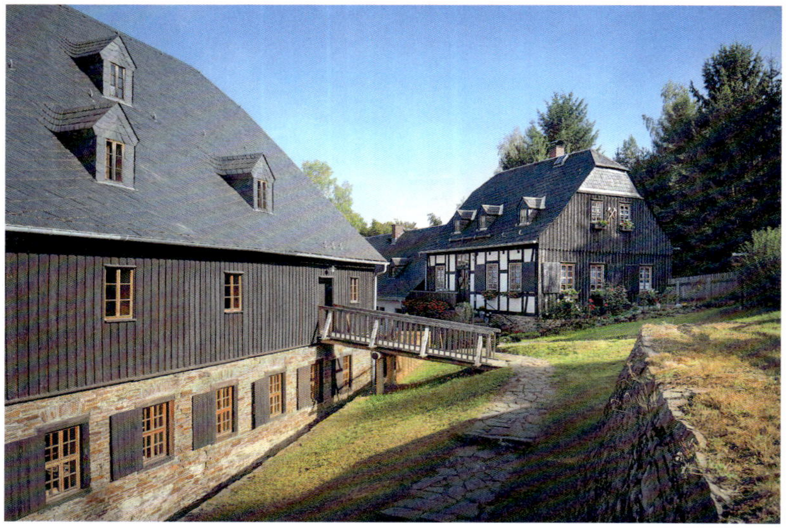

NEUER AUFSCHWUNG IM 18. JAHRHUNDERT

Mit dem Dreißigjährigen Krieg endete die Erfolgsgeschichte. Wie woanders in Deutschland wurden auch hier Städte verwüstet und geplündert. Zahlreiche Gruben wurden zerstört oder verfielen, weil die Menschen fehlten, die sie hätten bedienen können. Erst im 18. Jahrhundert erholte sich die Region davon. Die neue Bergakademie in Freiberg, heute Technische Universität, betrieb Grundlagenforschung und errang einen internationalen Ruf in den geologischen Wissenschaften.

Nun wurden andere Metalle als Silber abgebaut. Kobalt vor allem sorgte für den Aufschwung. In der Produktion von Blaufarben

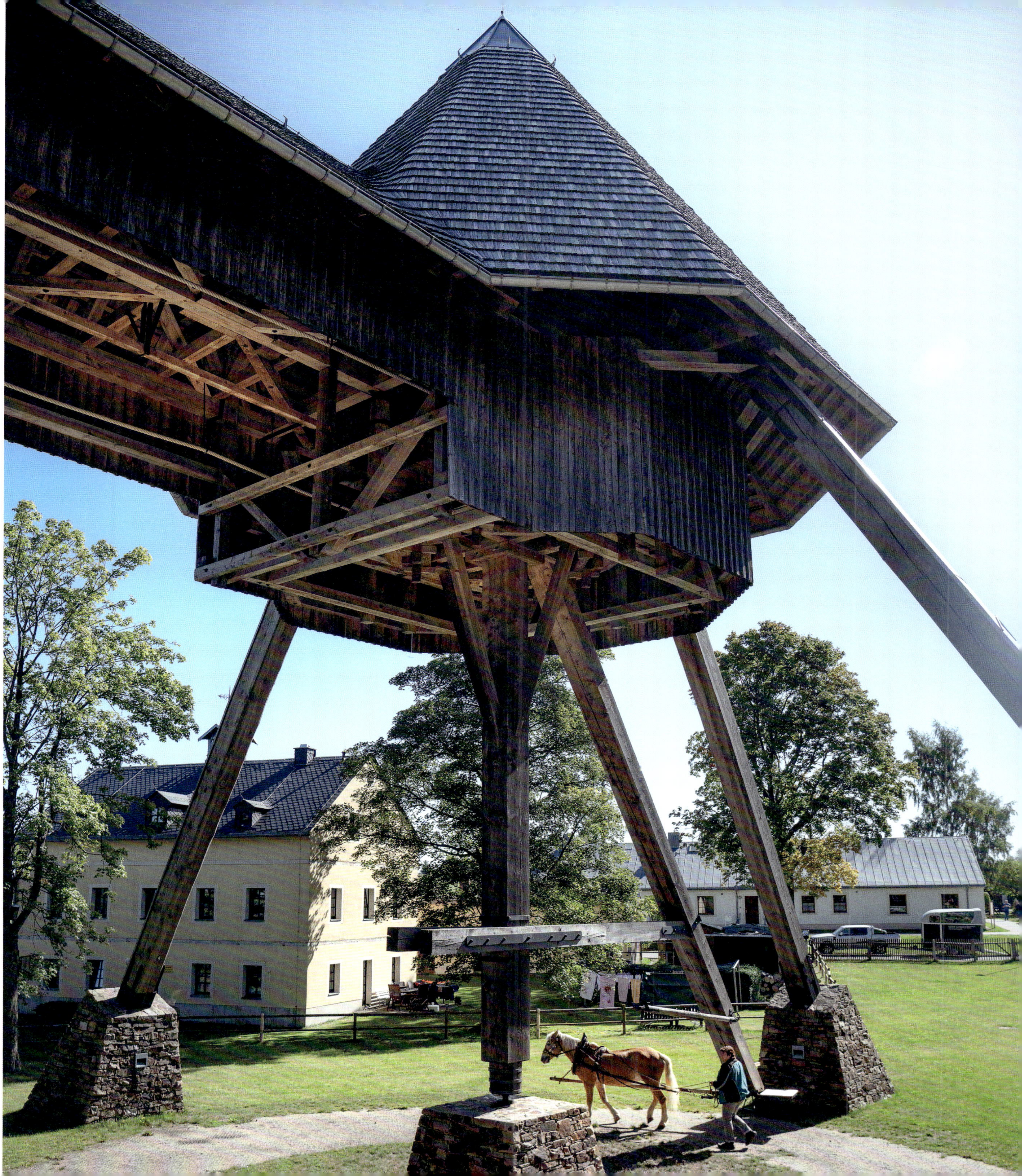

Die verwinkelte Altstadt von Schneeberg hat ihr Zentrum am neugotischen Rathaus mit dem 2006 angebrachten Glockenspiel aus Meissner Porzellan am 32 Meter hohen Turm.

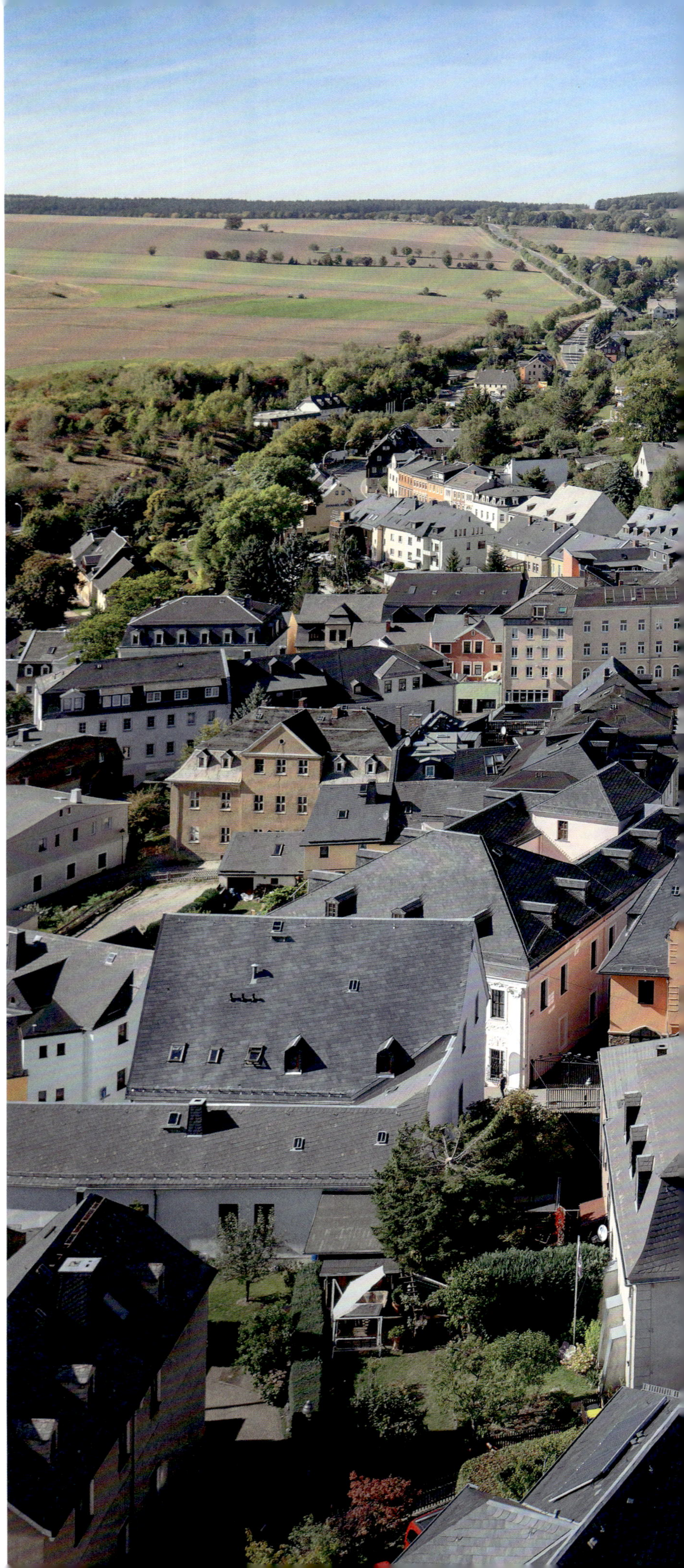

war die Region europaweit führend. Kobaltblau schmückte nicht nur das neue Meissner Porzellan, Kobaltpigment war in der venezianischen und böhmischen Glasherstellung zu finden und wurde bei den Delfter Kacheln aus Holland und sogar in chinesischem Porzellan verwendet.

Ab dem 19. Jahrhundert gewannen die Uranvorkommen an Bedeutung. Bis in die DDR-Zeit galt das Erzgebirge als wichtiger weltweiter Standort für das Metall. Sankt Joachimsthal entwickelte sich dank der radonhaltigen Quellen, die Anfang des 20. Jahrhunderts gefunden wurden, zu einer Kurstadt, dem ältesten Radiumsol-Heilbad der Welt.

SILICON VALLEY DER FRÜHEN NEUZEIT

Von der Montanregion Erzgebirge gingen bis ins 19. Jahrhundert Impulse aus der Bergbautechnik in die ganze Welt, die jahrhundertlange Erfahrung schuf technische Standards und Maschinentypen: Die Kolbenpumpe entwässerte die Gruben, der Nasskolben verringerte den Metallverlust beim Erzzerkleinern. Das Feldgestänge übertrug die Energie des Wasserrads über manchmal mehr als einen Kilometer. Ausgedehnte Wasserwirtschaftssysteme wie das im Freiberger Revier mit seinen über 1000 Erzgängen erstreckten sich über 70 Kilometer. Der Frohnauer Hammer in Annaberg, in dem Silber, Kupfer und Eisen geschmiedet wurde, zeugt von diesen ausgeklügelten Bewässerungssystemen. In Altenberg steht noch die historische Wäsche IV, heute eine Schauanlage, in der das Erz einst durch Nasspochen zerkleinert wurde. Zschorlau besitzt einer der ältesten noch aktiven Farbenfabriken der Welt: Das Blaufarbenwerk »Schindlerswerk« verarbeitet bis heute Kobalterze und stellt u. a. gewerbliche Farbpigmente her, die in Anstrichstoffen oder Wäscheblau verwendet werden. Der Uranabbau lieferte weitere wissenschaftliche Erkenntnisse und Innovationen. Sie wurden im Erzgebirge erstmals systematisch beschrieben. Mit Uranproben aus Joachimsthal entdeckten Marie Curie und ihr Mann die chemischen Elemente Radium und Polonium.

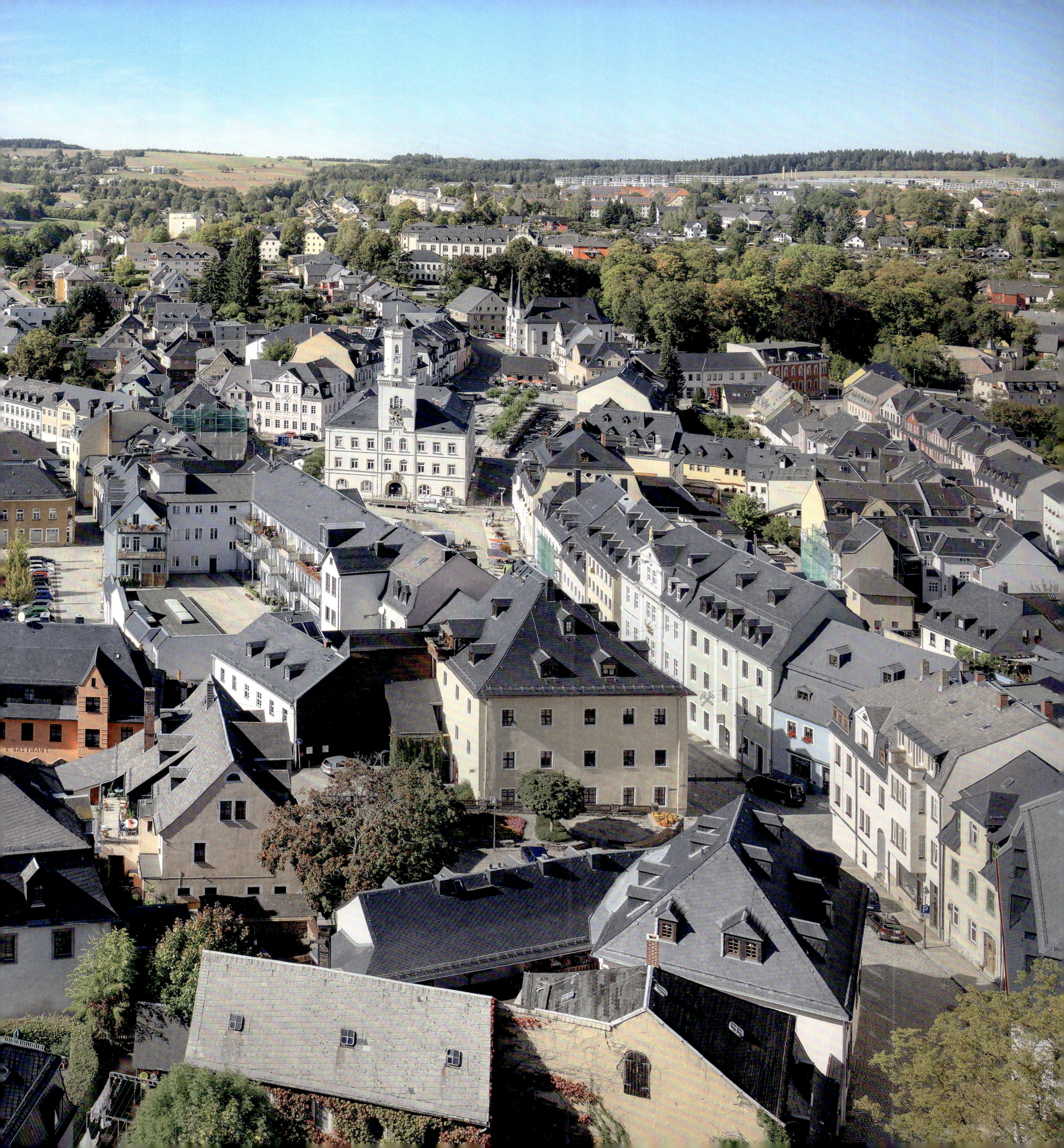

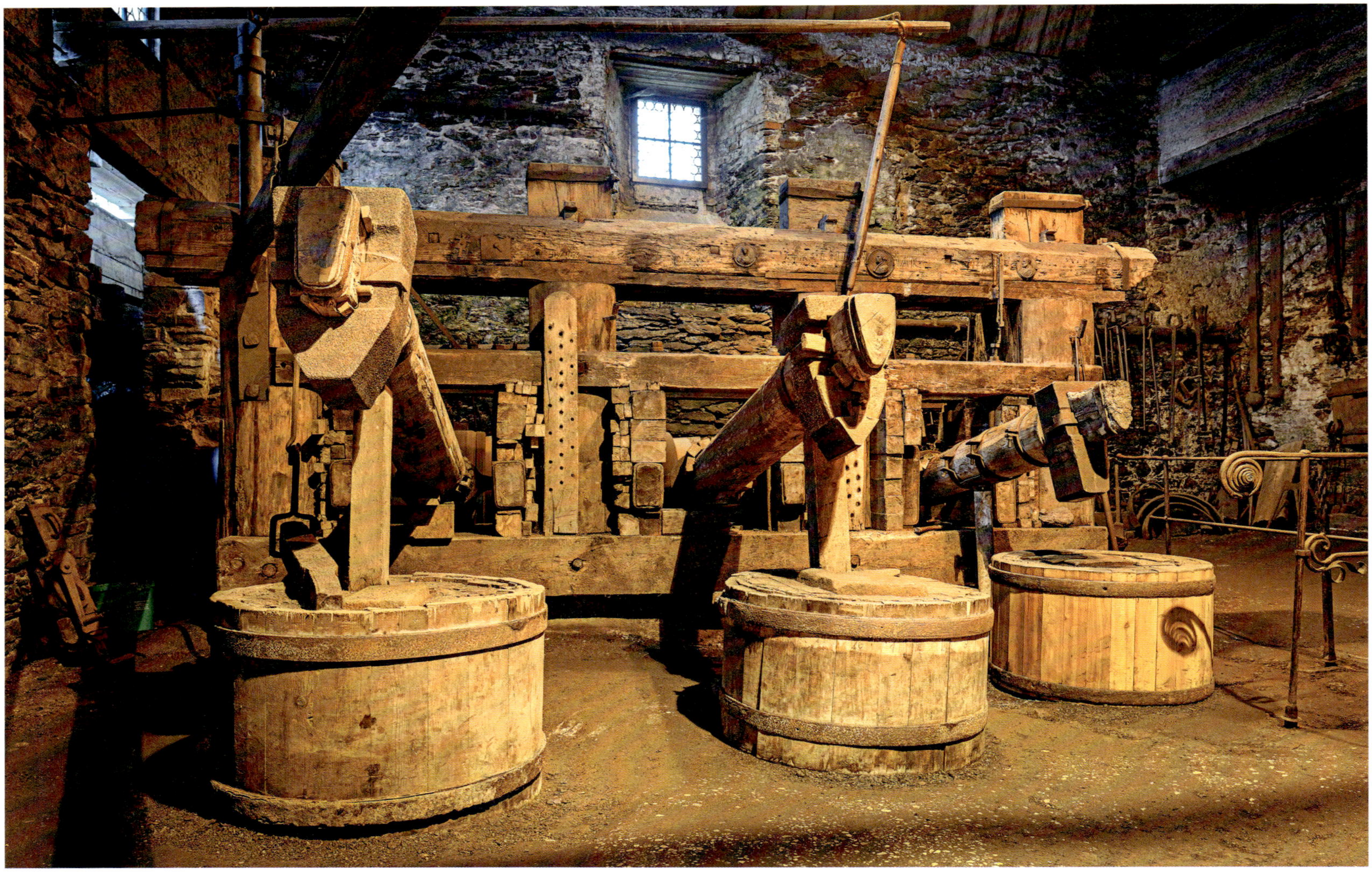

HAUER, POCHER UND WÄSCHER

Der intensive Bergbau setzte auch Maßstäbe in der Wirtschaft, Verwaltung und Arbeitsorganisation. Und wohl kaum einer weiß, dass der Ursprung des Dollars im Erzgebirge liegt. Im 16. Jahrhundert wurde eine Silbermünze als Zahlungsmittel geprägt, die nach ihrem Entstehungsort Joachimsthal »Taler« genannt wurde. Schon bald stand der Taler für das Münzsystems in ganz Europa – und fand schließlich auch den Weg über den Atlantik.

Angesichts klangvoller Namen und Superlative darf nicht vergessen werden, unter welch harten Bedingungen die Bergleute schufteten. Bevor große Maschinen zum Einsatz kamen, war der Erzabbau Handarbeit und erforderte den vollen Körpereinsatz. Ganze Heerscharen von Hauern, Zimmerleuten, Knappen, Schachtbuben, Knechten, Scheidern, Pochern und Wäschern hauten das Metallerz aus dem Berg, transportierten es hinaus und verarbeiteten es weiter. Typische Krankheiten waren Rheuma, Staublunge, Schwindsucht, Bronchitis und Fehlhaltungen. Die vielen Stunden unter Tage in den engen feuchten Stollen forderten Tribut.

Auch in späteren, modernen Zeiten war die Arbeit gefährlich: So erkrankten mehr als 90 Prozent der sogenannten Wismut-Arbeiter, die in der DDR-Zeiten in Johanngeorgenstadt Uranerz abgebaut hatten, an Lungenkrebs und Silikose, da sie ungeschützt radioaktiver Strahlung ausgesetzt waren. Keine leichten Arbeitsbedingungen hatten auch diejenigen, die nicht unmittelbar vom Bergbau profitierten. Nach dem

Der Frohnauer Hammer in Annaberg ist eines der noch erhaltenen sächsischen Hammerwerke. ◁
Ein echtes Original ist die Zinnerz-Aufbereitungsanlage Wäsche IV in Altenberg. Das Bergmanns-Denkmal steht in Freibergs historischer Altstadt. Der sanierte, 35 Meter hohe Förderturm des Arno-Lippmann-Schachts gehört zu den Wahrzeichen des Altenberger Bergbaus. ▽
Die Altenberger Pinge ist ein beeindruckendes Zeugnis der Bergbaugeschichte. ▽▽

Ende des ersten Aufschwungs suchten sich die Menschen Anfang des 17. Jahrhunderts neue Erwerbsmöglichkeiten und fanden sie im Klöppelhandwerk, der Holzschnitzkunst, dem Instrumentenbau und der Spielzeugherstellung. Heute sind die Holzpyramiden, Schwibbögen, Nussknacker und Räuchermänner aus dem Erzgebirge eine weltbekannte Weihnachtsdekoration.

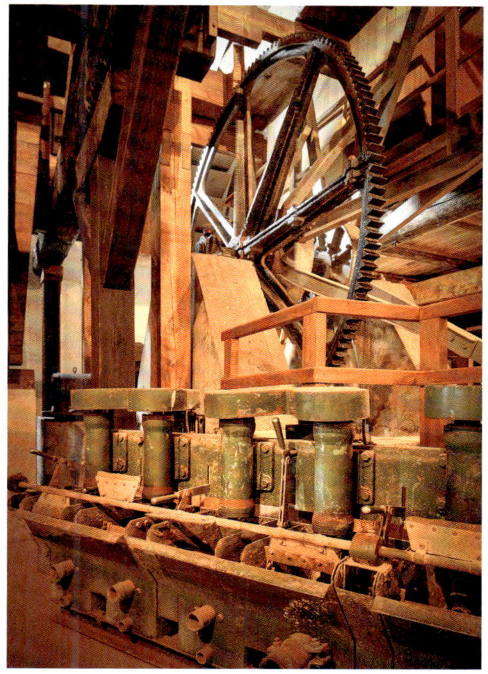

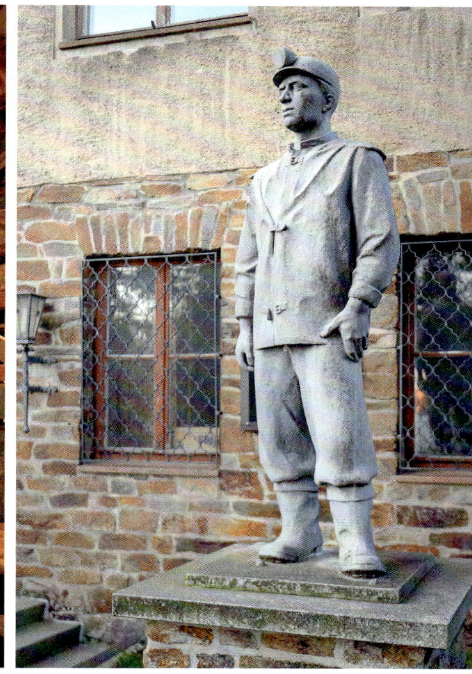

ALLES KOMMT VOM BERGWERK HER

Die Menschen im Erzgebirge sind stolz auf ihre Montanvergangenheit, was sich auch an den zahlreichen Festen und Umzügen ablesen lässt, in denen der Bergmann immer die Hauptrolle spielt. Gerade zur Weihnachtszeit fällt auf, wie strahlend und festlich die Orte und Städte leuchten: Schneeberg gilt gar als Weihnachtsstadt und in Annaberg-Buchholz findet jedes Jahr die Große Bergparade statt, bei der rund 1000 Teilnehmer in Bergmannskluft musizierend durch die Stadt ziehen. Dem Licht kommt, wo die Bergleute mehr als ihr halbes Leben unter Tage verbrachten, eine ganz besondere Bedeutung zu. Ob Mettenschicht, Hutzenabend oder Lichtmess, viele Weihnachtsbräuche haben unmittelbar mit dem Bergbau zu tun. Und die Mondputzer von Zschorlau, die sich auf eine Legende aus dem 18. Jahrhundert beziehen, sorgen dafür, dass in der Vorweihnachtszeit in jedem Vorgarten ein strahlendes Mondgesicht steht.

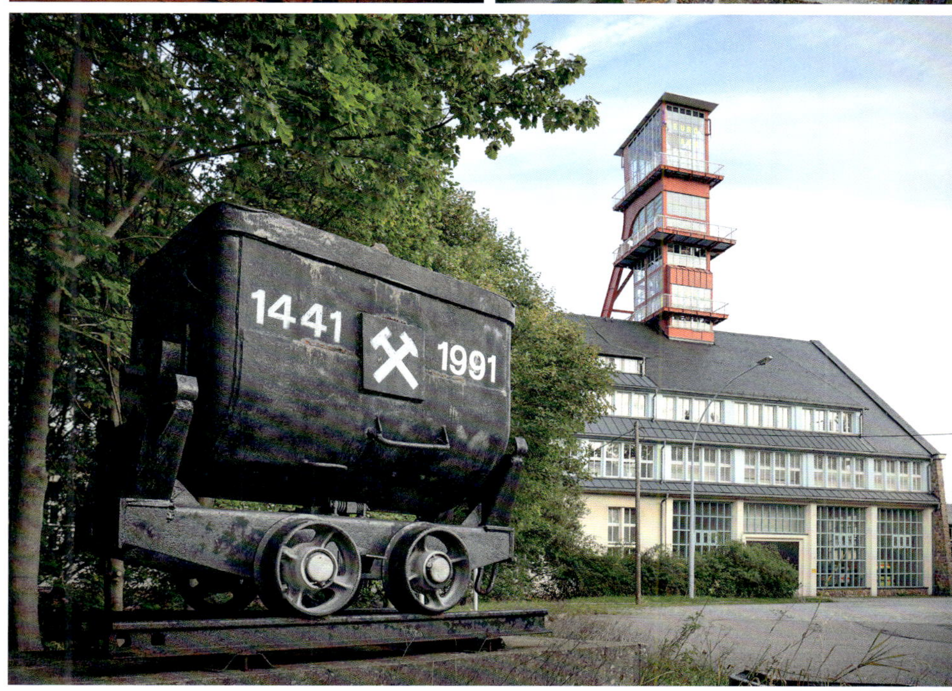

Pyramiden, Schwibbögen und Spieldosen gibt es auch zur Osterzeit. Das Steigerlied wurde aus dem Erzgebirge auch ins Ruhrgebiet, den Harz und ins Saarland getragen und hat sogar Eingang in die Fußballstadien und SPD-Parteitage gefunden.

Nicht zuletzt sei auf den berühmten Christstollen verwiesen, der zwar überall in Sachsen hergestellt wird, aber im Erzgebirge ganz explizit auf die Bergbautradition verweist. Im Besucherbergwerk Zinngrube auf dem Sauberg in Ehrenfriedersdorf lagert eine hiesige Bäckerei ihren Stollen sogar in einem »echten« Stollen: Der Bergmannsstollen gilt aufgrund des besonderen Klimas, in dem er reift, als besonders saftig.

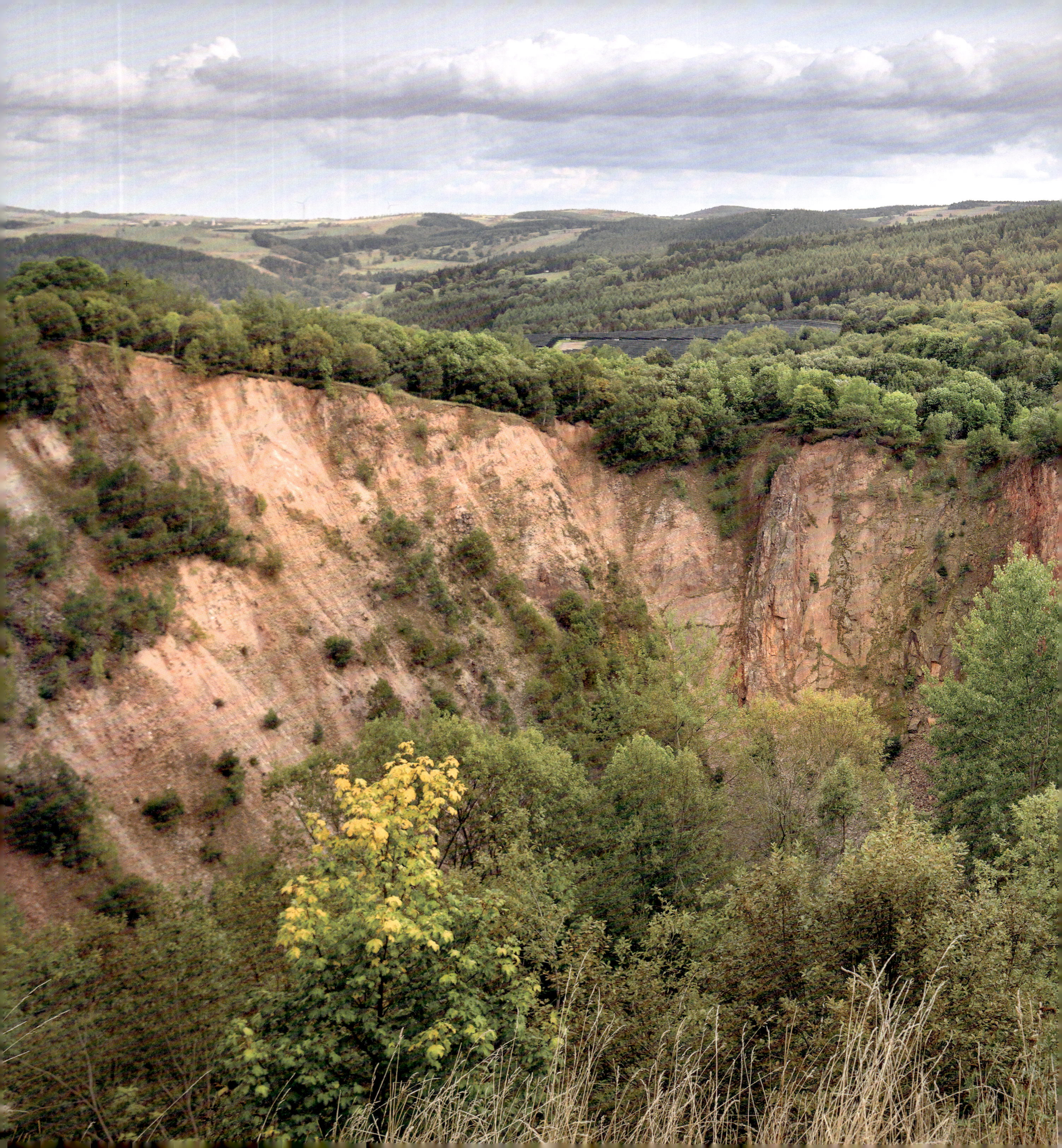

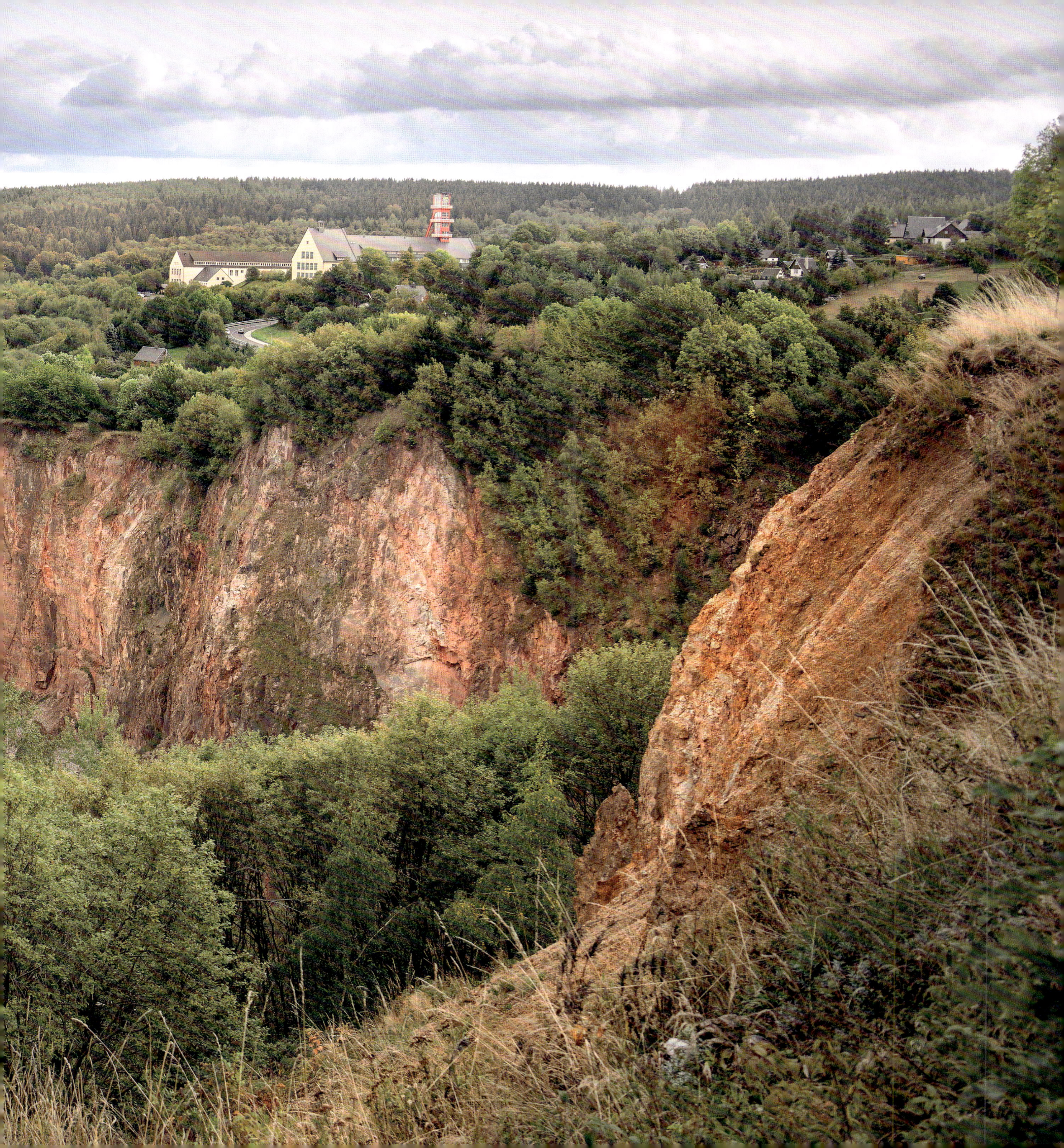

Das weithin sichtbare Doppelbockfördergerüst und streng geometrisch gestaltete Industriebauten wie das ehemalige Kesselhaus (unten) prägen die Schachtanlage XII.

ZECHE UND KOKEREI ZOLLVEREIN · ESSEN

MALOCHE IM ZEICHEN DES DOPPELBOCKFÖRDERGERÜSTS

Pioniergeist und Innovation prägen die Geschichte der Zeche Zollverein im Essener Norden und machten sie zu einem der größten und leistungsstärksten Steinkohlebergwerke der Welt. Heute ist Zollverein sowohl Sinnbild für die wachsende Bedeutung des Ruhrbergbaus, die mit der Industrialisierung Mitte des 19. Jahrhunderts einsetzte, als auch für die erfolgreiche Transformation eines alten Zechengeländes in einen Kultur- und Tourismusstandort. Schon der Name des 1847 gegründeten Bergwerks ist Programm. Er geht auf den Deutschen Zollverein von 1834 zurück, der die Zollschranken zwischen den deutschen Klein- und Kleinststaaten aufhob und damit Handel und Wirtschaft nachhaltig förderte. Der verheißungsvolle Namenszug prangt weithin sichtbar auf dem Schachthaus des wuchtigen Doppelbockfördergerüsts, das zum Wahrzeichen des Bergwerks wurde.

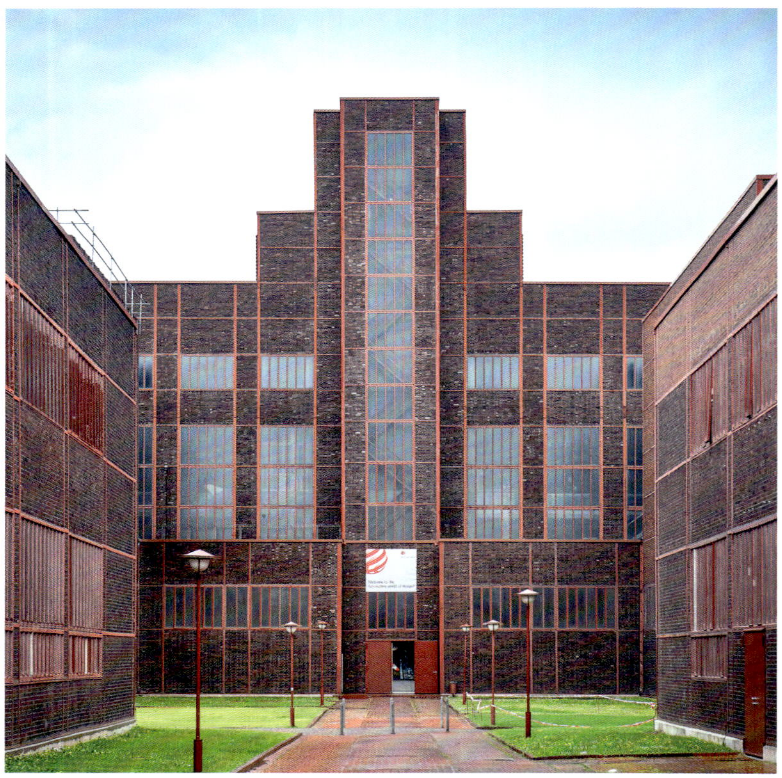

INDUSTRIEPIONIER HANIEL

Der Gründer, Franz Haniel (1779–1868) aus Ruhrort (heute Duisburg), gehört zu den Unternehmern, die den Ruhrbergbau und die Industrialisierung des Rheinisch-Westfälischen Reviers maßgeblich vorantrieben. Der Sohn einer Kaufmannsfamilie war im Kohlehandel und der Ruhrschifffahrt tätig, mit seinem Bruder und zwei Schwägern investierte er in drei Eisenhütten und eine Werft. Mit der gemeinsamen Firma baute er Dampfmaschinen, Schiffe und Lokomotiven. In den Bergbau stieg Haniel ein, um Kohle für seinen Handel und Koks zur Eisenverhüttung zu gewinnen. 1834 gelang es unter seiner Leitung zum ersten Mal, mit einer senkrechten Bohrung die bis dahin als undurchdringlich geltende Mergelschicht zu durchstoßen, die Deckschicht der reichen, tief liegenden Kohlenflöze. Das Tiefbauverfahren und der Einsatz von Maschinen bildeten entscheidende Voraussetzungen für den Aufschwung des Kohlebergbaus wie des gesamten Ruhrgebiets.

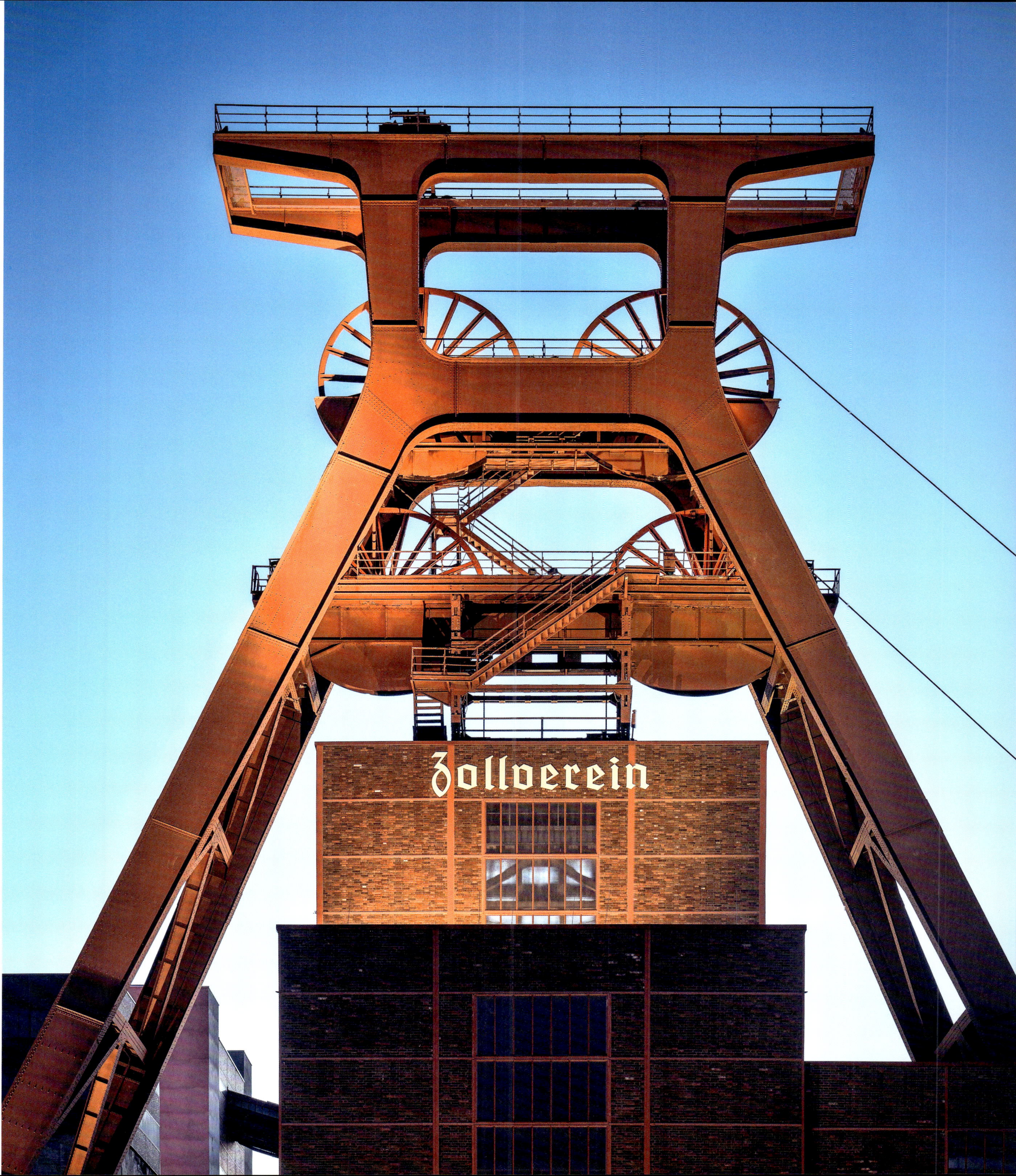
Zollverein

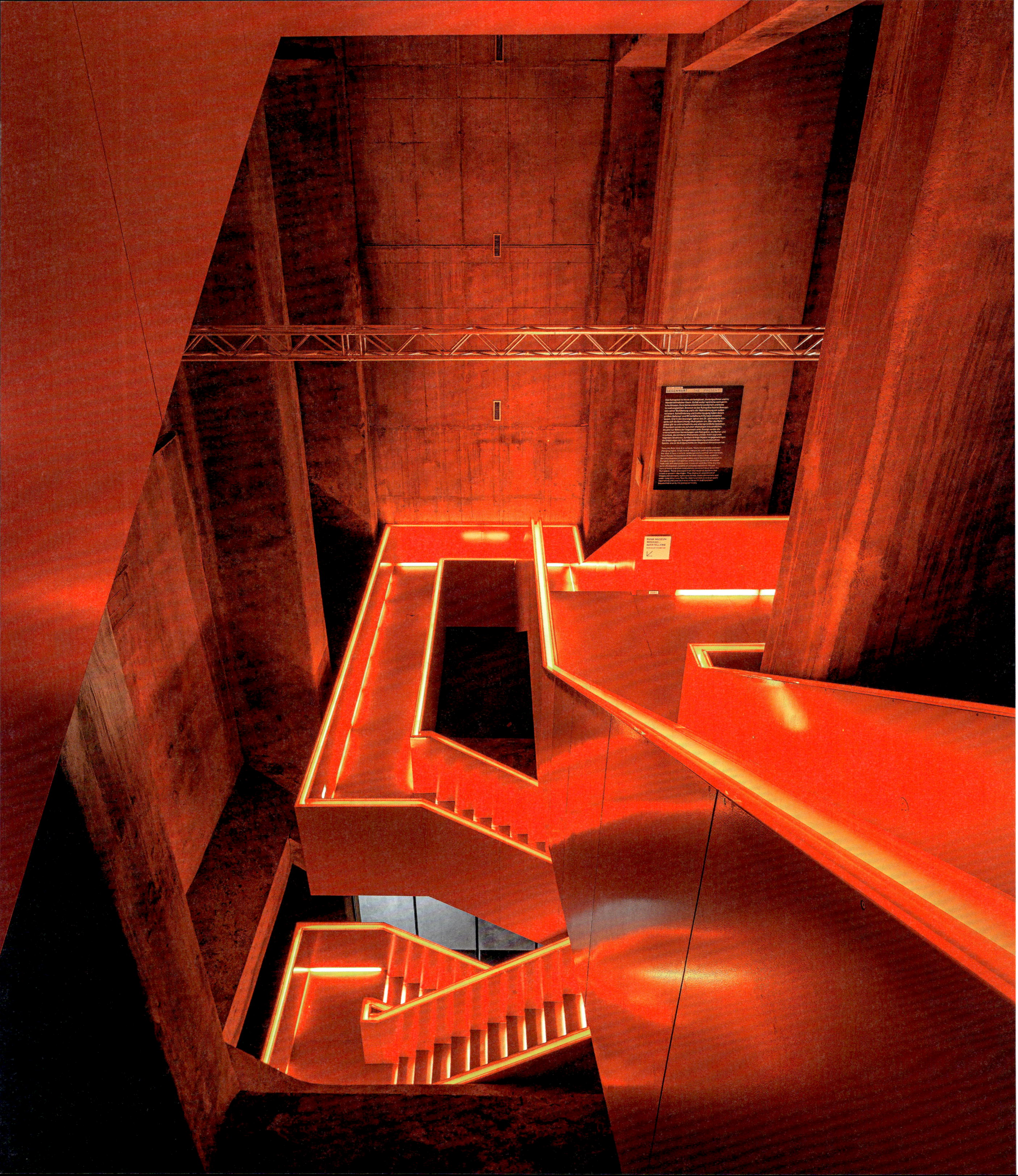

Treppenhaus des Ruhr Museums in der ehemaligen Kohlenwäsche, das sich der Geschichte des Ruhrgebiets widmet ◁
Platz unter dem Doppelbockfördergerüst mit Rolltreppe zum Ruhr Museum ▽

1847 begannen die Abteufarbeiten für den ersten Schacht der Zeche Zollverein. In der Umgebung des Geländes, für das Haniel Bohrrechte besaß, hatten bereits erfolgreiche Bohrungen stattgefunden. Zudem sprach die nah gelegene neue Köln-Mindener-Eisenbahnstrecke für den Standort. 1850 wurde ein weiterer Schacht abgeteuft, um das Grubenwasser zu regulieren, und 1851 nahm die Zeche die Förderung auf. Infolge des stetig steigenden Kohlebedarfs wurde sie in den folgenden Jahrzehnten mehrfach erweitert und technisch nachgerüstet. 1920 verfügte das Bergwerk über zehn Schächte auf vier separaten Schachtanlagen.

EIFFELTURM DES RUHRGEBIETS

Ende der 1920er-Jahre begann ein umfangreicher Um- und Neubau der Anlage. Der neue Besitzer, die Vereinigte Stahlwerke AG, der damals größte Montankonzern in Europa, wollte die Produktivität der inzwischen veralteten Zeche erhöhen und die Kosten senken, was auch den Abbau von Arbeitsplätzen im Übertagebetrieb einschloss. Zudem ging es dem Konzern darum, architektonisch ein Zeichen zu setzen. Den Auftrag erhielten zwei junge Architekten, Fritz Schupp (1896–1974) und Martin Kremmer (1895–1945), die seit 1921 ein gemeinsames Büro in Essen betrieben und bereits Erfahrung im Industriebau besaßen.

Der Kern der Modernisierung der Zeche bestand darin, die Kohleförderung, die sich bislang auf mehrere Schächte verteilte, in einer Zentralschachtanlage zu konzentrieren. Bei der Planung arbeiteten Architekten und Werksingenieure zusammen, sodass eine genau auf die Arbeitsabläufe abgestimmte Anlage entstand. Für den neuen zentralen Schacht schufen Schupp und Kremmer ein rund 55 Meter hohes Doppelbockfördergerüst, das anstelle der früher üblichen Gitterkonstruktionen aus vollwandigen Trägern bestand und das sich über einem 1000 Meter tiefen Schacht erhebt. Es wurde bald »Eiffelturm des Ruhrgebiets« genannt und seine markante Silhouette entwickelte sich zu einem Markenzeichen des Reviers.

Die weiteren Gebäude der neuen Schachtanlage XII, wie die Kohlenwäsche, das Kesselhaus und die Lesebandhalle, reihen sich in symmetrischer Anordnung längs zweier Achsen. Die eine führt auf das Fördergerüst zu, die andere im rechten Winkel auf das Kesselhaus mit seinem (nicht erhaltenen) hohen Schornstein. Die Gebäude wurden nicht in Massivbauweise errichtet, sondern bestehen aus einem Stahlskelett mit vorgehängten Stahlfachwerkwänden. Sie weisen glatte, geometrisch strukturierte Fassaden auf.

ZECHE DER SUPERLATIVE

Mit ihrem ebenso funktionsgerechten wie harmonisch wirkenden Architekturensemble gelang es Schupp und Kremmer, die Gestaltungskonzepte des Bauhauses bzw. des neuen Bauens, das die Form aus der Funktion ableitet, kongenial im Industriebau umzusetzen. Die Schachtanlage XII gilt als das bedeutendste gemeinsame Werk der beiden Architekten und wurde richtungweisend für den weiteren Zechenbau. Nach seiner Inbetriebnahme im Jahr 1932 förderte Schacht

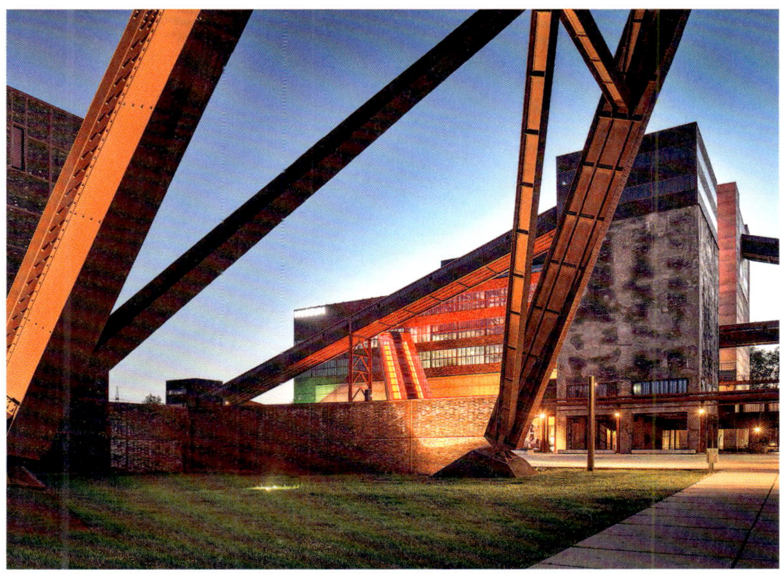

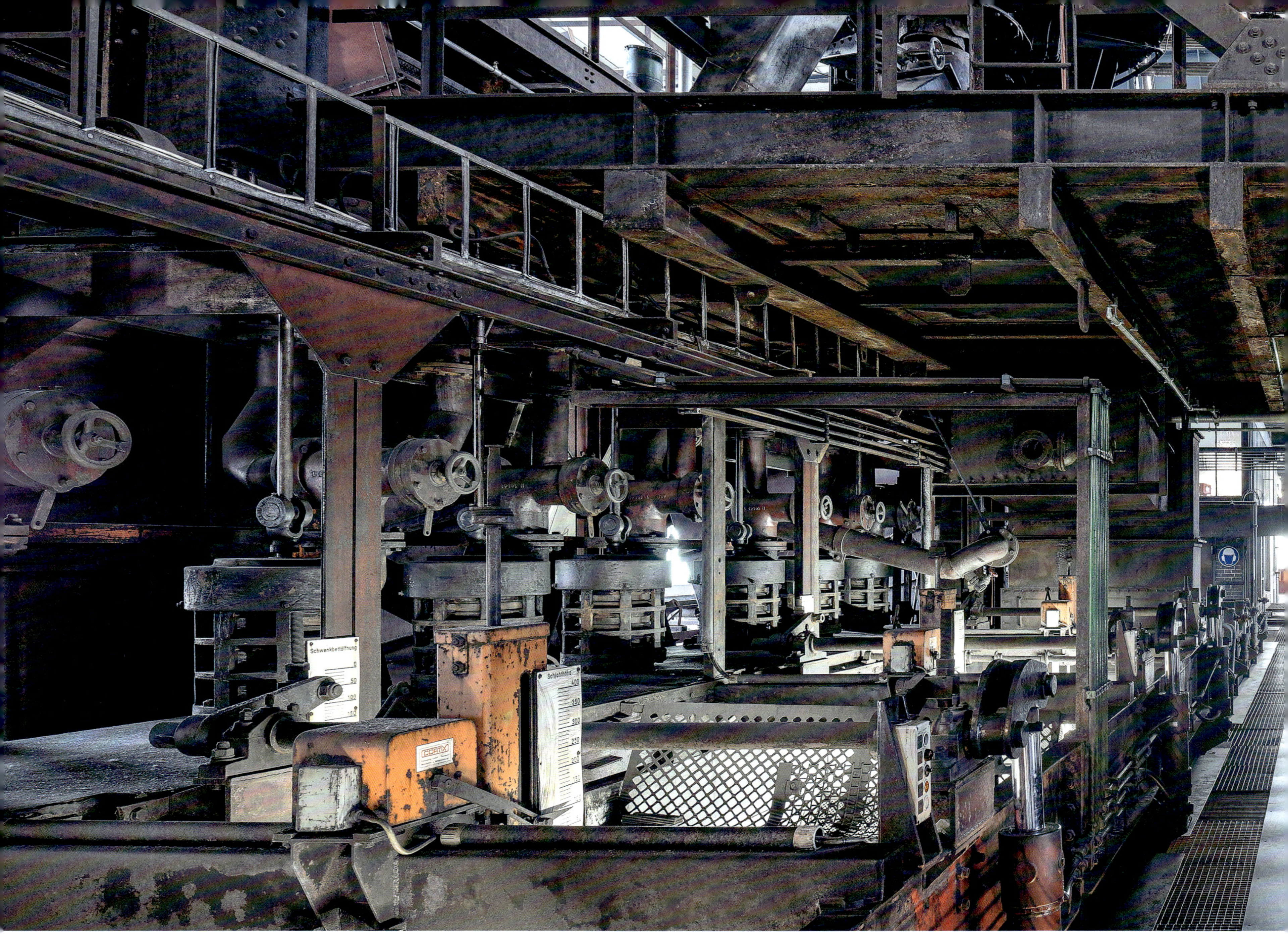

XII täglich 12 000 Tonnen verwertbarer Steinkohle zu Tage – das Drei- bis Vierfache anderer Betriebe. Und in Hochkonjunkturzeiten waren mehr als 5000 Bergleute auf der Zeche Zollverein beschäftigt.

Nicht nur unter Tage, sondern auch über Tage war die Arbeit schmutzig, laut und anstrengend. An den so genannten Lesebändern etwa sortierten die Beschäftigten mit der Hand Fremdkörper aus der an ihnen vorbeigleitenden Kohle aus. Diese Tätigkeit wurde älteren Bergleuten, die nicht mehr unter Tage arbeiten konnten, und noch sehr jungen Bergmännern übertragen.

Etwa 20 Jahre nach Schacht XII baute Fritz Schupp, ebenfalls im funktionalen Stil, die Zentralkokerei der Zeche, die 1961 in Betrieb ging und erst 1993 geschlossen wurde. Mit ihren 304 Öfen galt sie als eine der modernsten Kokereien Europas. Auf der sogenannten schwarzen Seite stellten bis zu 1000 Beschäftigte aus der geförderten Kohle Koks für die Stahlindustrie her, auf der Weißen Seite wurden anfallende Nebenprodukte wie Teer und Ammoniak weiterverarbeitet.

Ab den späten 1950er-Jahren hatte der Ruhrbergbau zunehmend mit Absatzeinbrüchen zu kämpfen und immer mehr Zechen wurden

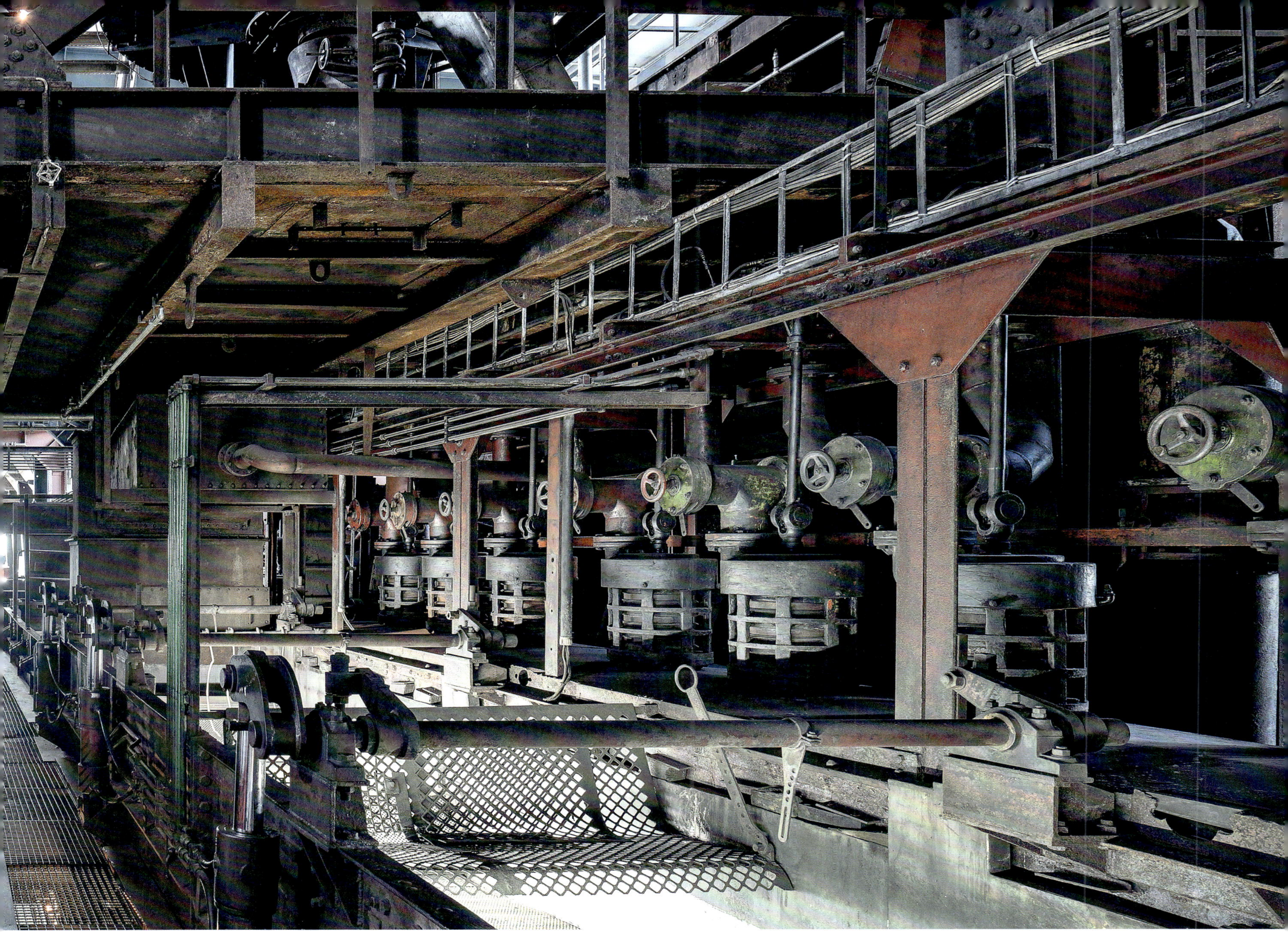

stillgelegt. 1986 stellte auch das Steinkohlebergwerk Zollverein nach 135 Jahren die Förderung ein. Doch das bedeutete nicht das Aus, wie für viele stillgelegte Zechen zuvor. Die weitläufige Industrieanlage kam unter Denkmalschutz und das Land Nordrhein-Westfalen, das sie dem letzten Eigentümer, der Ruhrkohle AG, abgekauft hatte, ließ sie denkmalgerecht sanieren. Kultur wurde nun anstelle der Kohle zum neuen Motor der Entwicklung.

In die restaurierten Gebäude zogen Museen, Kultureinrichtungen und Künstler ein, auf dem Zechengelände laden Ausstellungen, Auf-

Die Aufbereitung der nach oben geförderten Kohle, wie das Aussortieren von Fremdkörpern, das Sieben und Waschen, erfolgte teils manuell und teils maschinell wie in der Kohlenwäsche.

Kokerei Zollverein: Koksöfen mit Transportbrücken

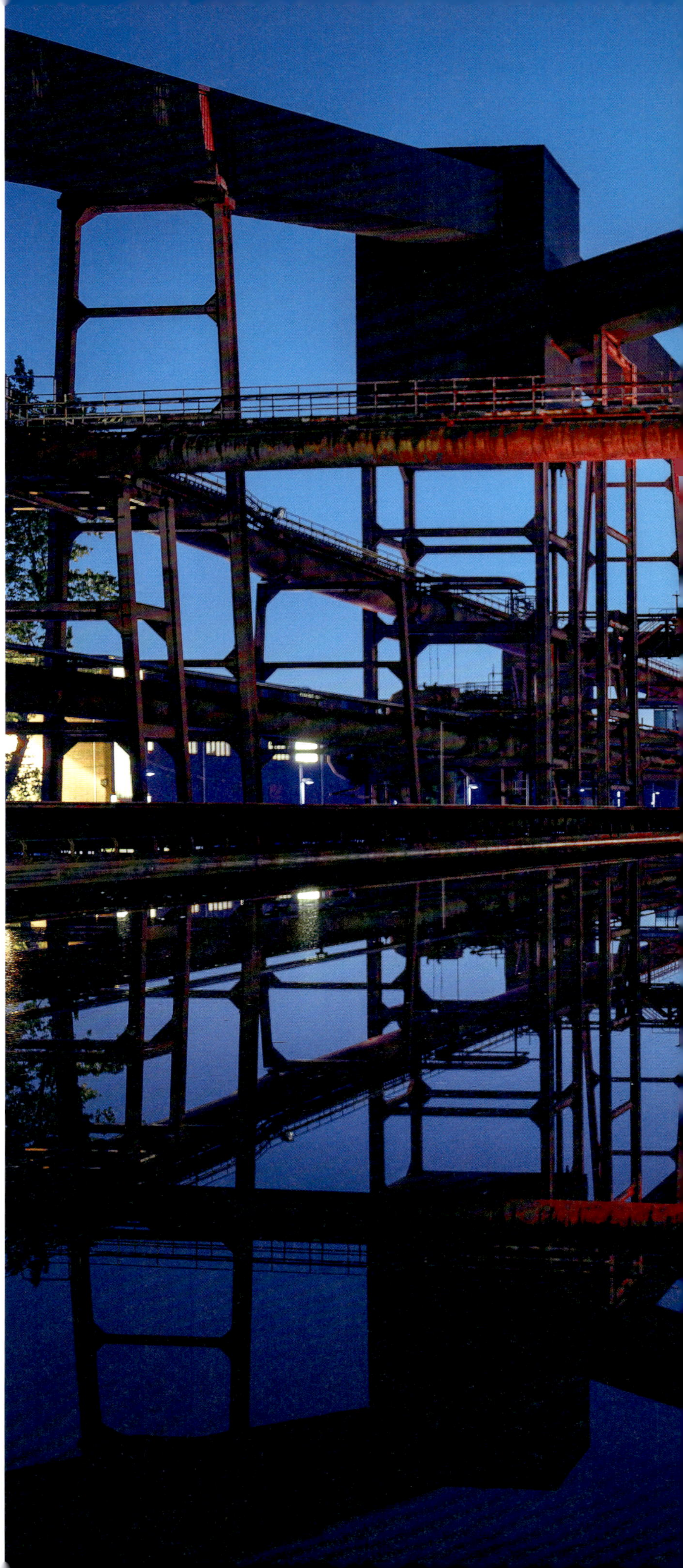

führungen und Veranstaltungen zu Besuchen ein. Im einstigen Kesselhaus, das von Sir Norman Foster umgebaut wurde, siedelten sich das Red Dot Design Museum und das Design Zentrum NRW an. In der ehemaligen Kohlenwäsche eröffnete 2010 das neue Ruhr Museum seine Dauerausstellung zur Geschichte des Ruhrgebiets.

Der Denkmalpfad Zollverein führt an original erhaltenen Schächten, Maschinen, Transportbändern und Förderwagen vorbei. Er macht anschaulich, wie einst Kohle gefördert und zu Koks verarbeitet wurde und wie hart, beschwerlich und oft gefährlich die Arbeit der Kumpel unter und über Tage in Dunkelheit, Lärm und Staub war. Die Zeche vermittelt einen Einblick in eine Industrie und Arbeitswelt, die das Revier viele Jahrzehnte prägte und das Leben zahlloser Bergwerksfamilien bestimmte.

Die UNESCO würdigte diese Denkmalspflege, indem sie Zollverein 2001 als Sinnbild einer bedeutenden Wirtschaftsepoche und Architekturdenkmal für die Gestaltungskonzepte der Moderne in die Liste des Weltkulturerbes aufnahm.

Die alte Zeche hat eine neue Bedeutung gewonnen: als Industriedenkmal, als Kulturstandort und Touristenattraktion, als Erfolg versprechendes Beispiel für die Neunutzung einer stillgelegten Industrieanlage.

›› Zollverein: Eine Zeche der Superlative wird Weltkulturerbe.

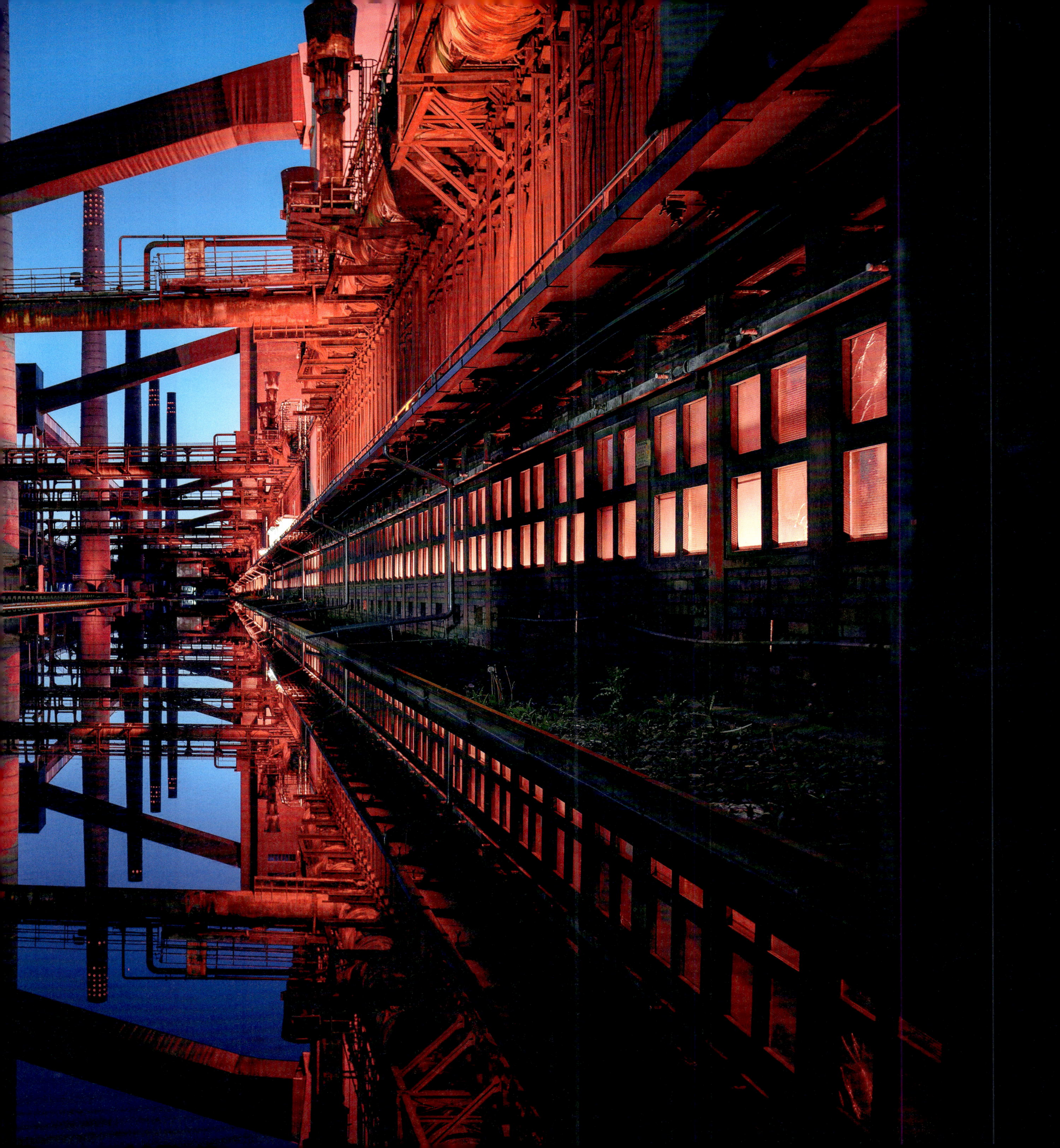

Jeden Moment könnte sich der Transmissionsriemen wieder in Bewegung setzen. ▽
Montieren auf kleinstem Raum: Der Originalzustand der Schraubenfabrik verdeutlicht auch die engen Arbeitsverhältnisse. ▷

SCHRAUBENFABRIK GRABA · SAALFELD

KLEINOD DER INDUSTRIEGESCHICHTE

Hier ist die Zeit im wahrsten Sinne des Wortes stehen geblieben. In den Räumlichkeiten der ehemaligen Schraubenfabrik in Saalfeld stapeln sich Metallspäne oder Rechnungsbücher, liegen Werkzeuge, Ölkännchen und alte Lappen zwischen Fräsmaschinen und Gewindeschneidmaschinen herum, finden sich im Kontor noch einzelne Schrauben verstreut auf einer alten Waagschale. Jeden Moment könnten die Arbeiter wieder hereinkommen und ihre Tätigkeit aufnehmen.

Natürlich kommt keiner, denn die Fabrik wurde nach der Wende endgültig geschlossen. Fast ein Jahrhundert lang hatte sie Schrauben, Muttern und andere Faconteile produziert, die dann in Feuerzeugen, Füllhaltern, aber auch in Kriegswaffen verarbeitet wurden. Begonnen hatte alles im Jahr 1910. Da gründete der aus Suhl stammende Ernst Zehner die Schraubenfabrik Graba in Saalfeld am Fuße des Thüringer Waldes. Während die Schrauben anfangs in Nähmaschinen oder anderen Haushaltgeräten ihren Einsatz fanden, lieferte Zehner im Ersten Weltkrieg Material für Maschinengewehre.

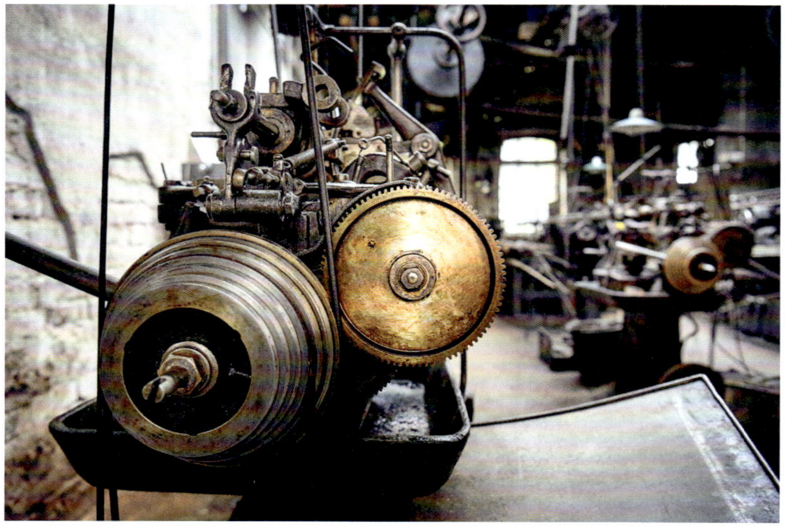

Zu Beginn der 1930er-Jahre erweiterte man den schlichten Klinkerbau um zwei Maschinensäle, einen Antriebsraum sowie das Kontor und Sozialräume. Seit dieser Zeit gab es keine wesentliche bauliche Veränderung mehr, alles ist noch genauso wie vor 90 Jahren. Mit Beginn des Zweiten Weltkrieges sattelte die Produktion, wie schon 25 Jahre zuvor, auf Rüstungsnachschub um.

Nach Kriegsende wurden kontinuierlich Arbeitsplätze abgebaut, bis 1970 von den einst 25 Arbeitern neben dem Firmeninhaber nur noch ein weiterer Mitarbeiter beschäftigt war. Mit der Wiedervereinigung kam dann 1990 das endgültige Aus für die Fabrik, das Werk wurde stillgelegt. Allerdings restaurierte einige Jahre später der Verein Industriearchäologie Thüringen e. V. mithilfe der Deutschen Stiftung Denkmalschutz die Anlage; seitdem ist sie zu besichtigen.

KRAFT DURCH TRANSMISSIONSSYSTEM

Die Metallschraubenfabrik gilt aufgrund ihrer unveränderten Ausstattung als das einzige deutschlandweit erhaltene Industriedenkmal dieser Art. Alles ist original, so gut wie nichts wurde hinzugefügt oder entnommen. Besucher können bei einer Führung auf speziell am Boden verlegten Lochplatten durch die weitgehend unberührten Maschinensäle laufen und sich ein eigenes Bild von den damaligen Arbeits- und Produktionsbedingungen machen.

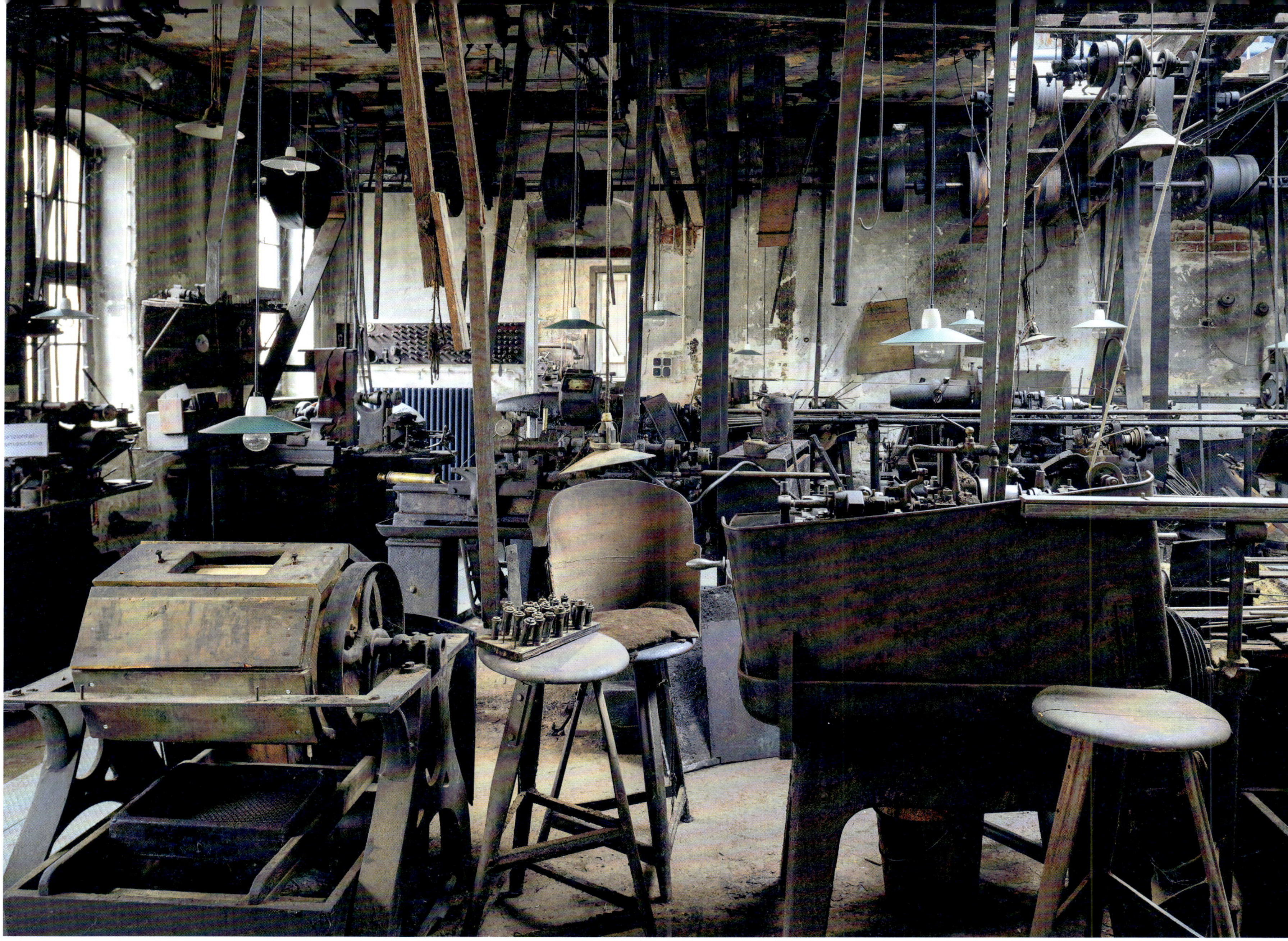

Etwa 45 Werkzeugmaschinen umfasst der Maschinenpark, die meisten davon sind Drehmaschinen mit unterschiedlichem Automatisierungsgrad, aber auch Fräs-, Gewindeschneid-, Bohr- und Schleifmaschinen. Das Besondere an dem Ganzen ist das sogenannte Transmissionssystem: Statt über elektromotorischen Einzelantrieb bezogen die Maschinen ihre Antriebskraft über einen Transmissionsriemen, sodass sie über eine mechanische Kupplung zu- oder abgeschaltet werden konnten.

An der Decke befestigte Wellen und Räder leiteten die Energie von einer zentralen Kraftmaschine zur jeweiligen Werkzeugmaschine. Der Elektro-, später Dieselmotor steht heute noch.

ANALOGE ZEITEN

Die ganze Anlage ist ein bemerkenswertes Beispiel für ein klassisches Fabriksystem um die Wende von 19. zum 20. Jahrhundert. Neben den Maschinenräumen sind auch die Büroräume erhalten. Sie präsentieren sich gleichfalls wie anno dazumal: Schreibtisch, Panzerschrank, Telefonanlage und Umkleidespinde erlauben einen Einblick in die erste Hälfte des 20. Jahrhunderts, alles noch Welten entfernt vom heutigen digitalen Büroalltag. Gerade deshalb fesselt den Besucher die stille Regsamkeit der Fabrik, in der jederzeit die Arbeit wieder aufgenommen werden könnte – vorausgesetzt, es fände sich noch jemand, der imstande wäre, die Werkzeugmaschinen fachgerecht zu bedienen.

Detail der Deckenkonstruktion der 15 Meter hohen Lohnhalle ▽
Die Maschinenhalle, ein funktionaler Stahlfachwerkbau, dessen tragende Konstruktion außen wie innen deutlich erkennbar ist, mit ihrem berühmten von Bruno Möhring entworfenen Jugendstil-Eingangsportal ▷

ZECHE ZOLLERN · DORTMUND

SCHLOSS DER ARBEIT – IKONE MODERNER ZECHENARCHITEKTUR

Einst als Musterzeche gepriesen, ist Zollern II/IV in Dortmund-Bövinghausen heute ein viel beachtetes Museum zur Bergbaugeschichte im Ruhrgebiet. Ihr herausragendstes Bauwerk ist die Maschinenhalle. Sie war bei ihrer Inbetriebnahme architektonisch wie technisch die modernste Industriehalle des Reviers und wurde später als erster Industriebau der Bundesrepublik unter Denkmalschutz gestellt.

Der Name der Zeche bezieht sich auf die Dynastie der Hohenzollern, aus der die preußischen Könige und deutschen Kaiser stammten, und ist als patriotisches Statement zu verstehen. Die Zahlenangaben hängen mit der ungewöhnlichen Entstehungsgeschichte zusammen. Schacht Zollern II war ursprünglich als Wetterschacht, also für eine bessere Belüftung zur Verringerung der Explosionsgefahr unter Tage, auf Zeche Zollern I in Dortmund-Kirchlinde gedacht. Doch als man 1898 beim Abteufen auf ergiebige Fettkohleflöze stieß, beschloss die Betreibergesellschaft, die Gelsenkirchener Bergwerks AG, eine komplett neue Zechenanlage mit Schacht II als Hauptförderschacht und Schacht IV als Wetterschacht zu errichten.

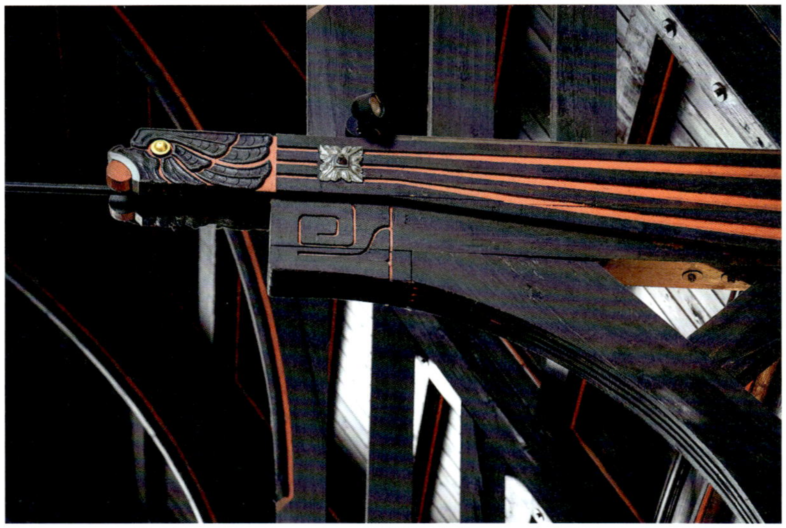

FRISCHER MUT BRINGT NEUES GLÜCK

Zechenanlagen galten damals nicht bloß als Wirtschaftsbetriebe, sie dienten auch der Repräsentation und Selbstdarstellung. Die Bergwerks AG und ihr ambitionierter Generaldirektor Emil Kirdorf (1847–1938), unter dessen Leitung die Gesellschaft zum größten deutschen Bergbauunternehmen aufstieg, planten deshalb sowohl eine technisch hochmoderne wie architektonisch aufwendig gestaltete Anlage. Zollern II/IV sollte beeindrucken und im Wettbewerb der Zechenbetreiber die eigene Wirtschaftskraft unterstreichen.

Mit Paul Knobbe (1867–1956) berief die Gesellschaft einen renommierten Architekten, der dann 1901–1906 auch der Bauabteilung der Bergwerks AG vorstand. Im Stil des Historismus, wie er für zahlreiche Repräsentationsbauten des 19. Jahrhunderts charakteristisch ist, entwarf er ein einheitliches Bauensemble aus roten Backsteingebäuden mit opulenten neogotischen Staffelgiebeln und Zwiebeltürmen. Das Verwaltungsgebäude, die Lohnhalle, Waschkaue, Werkstätten,

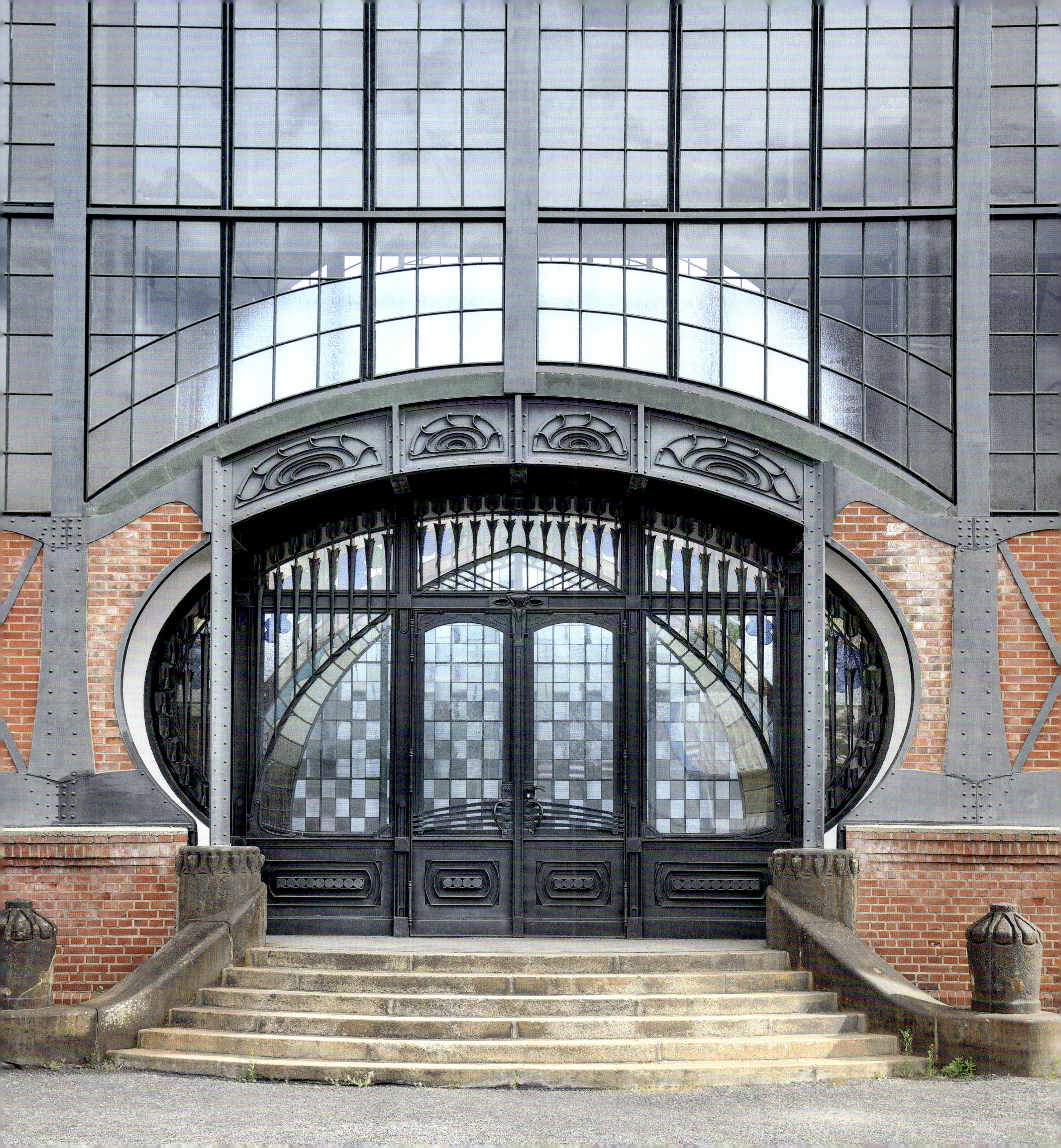

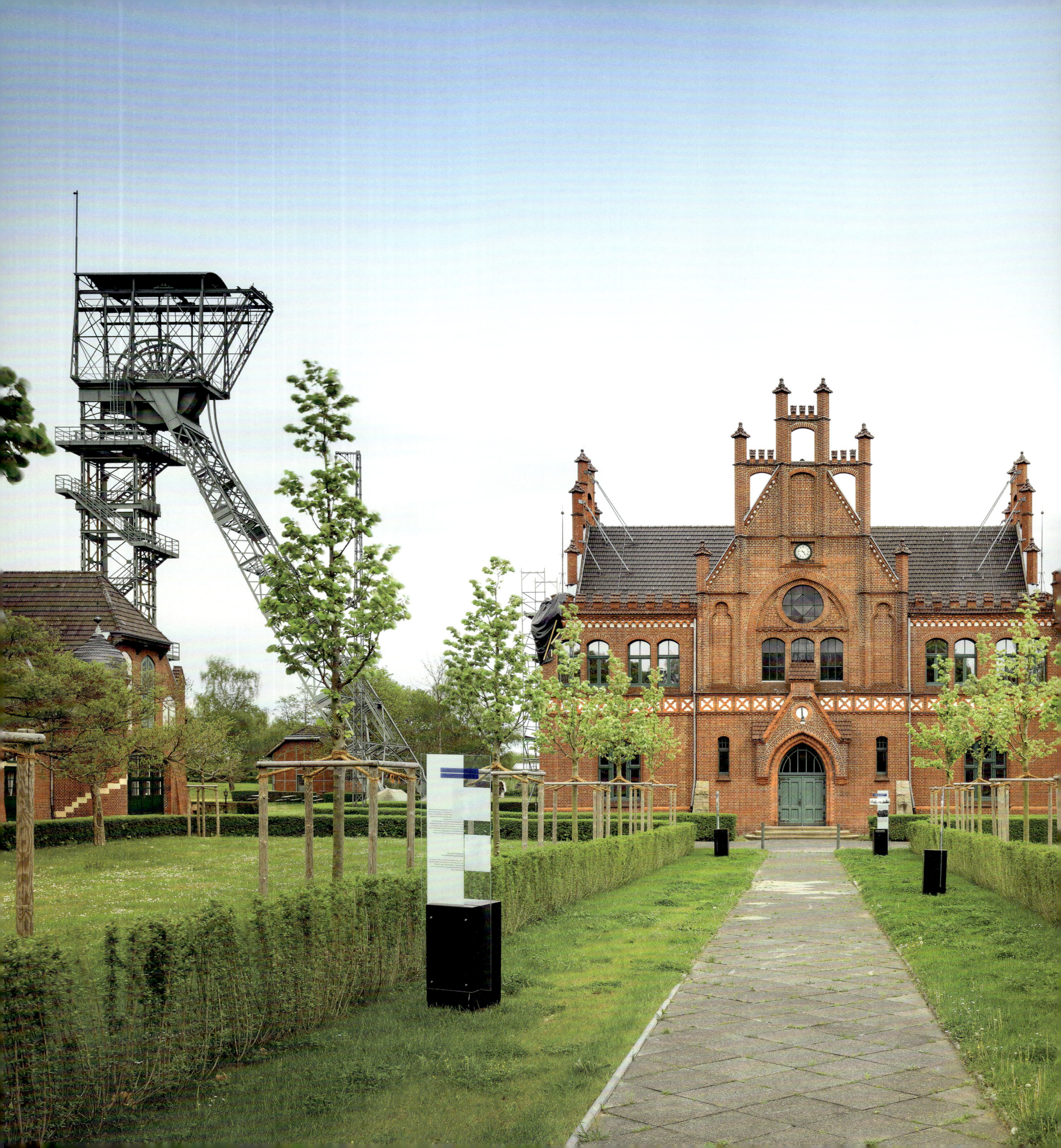

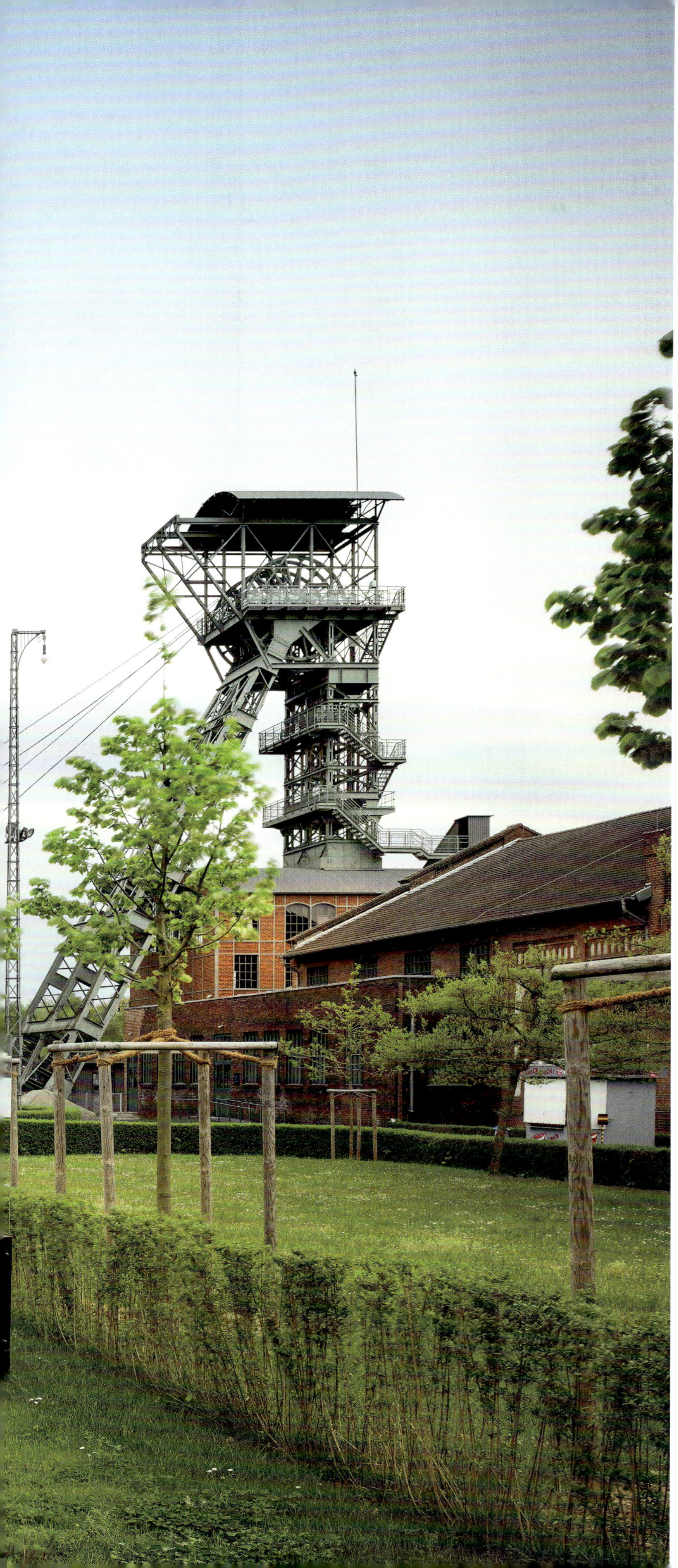

Das von Paul Knobbe im Stil des Historismus opulent gestaltete Verwaltungsgebäude, in dem die Zechenleitung saß; die beiden neben ihm stehenden Fördergerüste sind nicht mehr die originalen, sondern baugleiche von anderen Zechen.

der Pferdestall und das Torhaus gruppieren sich um einen begrünten Innenhof, der an den Ehrenhof einer dreiflügeligen Schlossanlage erinnert. Vom Eingang fällt der Blick sogleich auf das durch einen Mittelrisalit gegliederte Verwaltungsgebäude, den Sitz der Zechenleitung. Die seitlich gelegene Lohnhalle, in der die Löhne ausgezahlt wurden, ist im Innern 15 Meter hoch. An ihrer Decke sind »Motivationssprüche« zu lesen wie »Arbeit ist des Bürgers Zier« oder »Frischer Mut bringt neues Glück«.

VOLLELEKTRISCH IM STAHLSKELETT

Beim Bau der Maschinenhalle vollzog sich eine spektakuläre Wende: Anstelle des von Knobbe geplanten Massivbaus in Backsteingotik ließ der Bauherr die erste Industriehalle des Ruhrgebiets aus Stahlfachwerk errichten. Vorbild war ein Pavillon der Gutehoffnungshütte auf der Düsseldorfer Industrie- und Gewerbeausstellung von 1902, der diese für das Deutsche Reich neuartige Bauweise vorführte und damit großes Aufsehen hervorrief. Folgerichtig ging der Auftrag für die Maschinenhalle an die Gestalter des Ausstellungspavillons, den Konstrukteur Reinhold Krohn (1852–1932) und den Jugendstil- und Industriebauarchitekten Bruno Möhring (1863-1929). Für ihre Stahlskelettkonstruktion sprach neben der Modernität auch die kürzere Bauzeit.

Die neue Halle aus unverkleidetem Stahlfachwerk und großen Glasflächen ist fast 100 Meter lang und steht direkt hinter dem Verwaltungsgebäude. Möhring versah sie mit schmückenden Jugendstilelementen und schuf mit der kunstvollen Farbverglasung des Eingangsportals ein im europäischen Industriebau einzigartiges Werk. In der Halle befindet sich gegenüber dem Portal eine lange Instrumenten- und Schalttafel aus Marmor, von der aus der gesamte Zechenbetrieb gesteuert wurde. Die prachtvolle Ausstattung bringt die Bedeutung der Halle als Schalt- und Maschinenzentrale der Zeche zum Ausdruck, änderte allerdings nichts am Lärm und der Hitze, die in einer Maschinenhalle herrschen.

In der lichtdurchfluteten Maschinenhalle waren alle Maschinen installiert, die der Zechenbetrieb mitsamt zweier Fördertürme erforderte. Sie wurden über eine Instrumenten- und Schaltwand (mit Jugendstil-Uhr) gesteuert. In der Lohnhalle mit ihrem imposanten Tonnengewölbe aus Holz erhielten die Bergleute ihren Lohn.

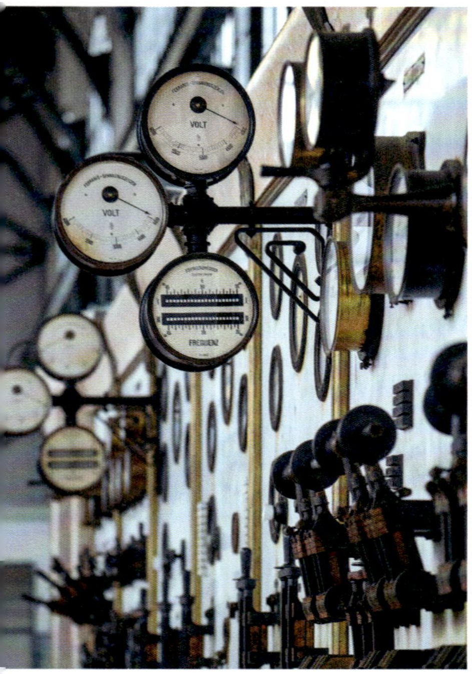

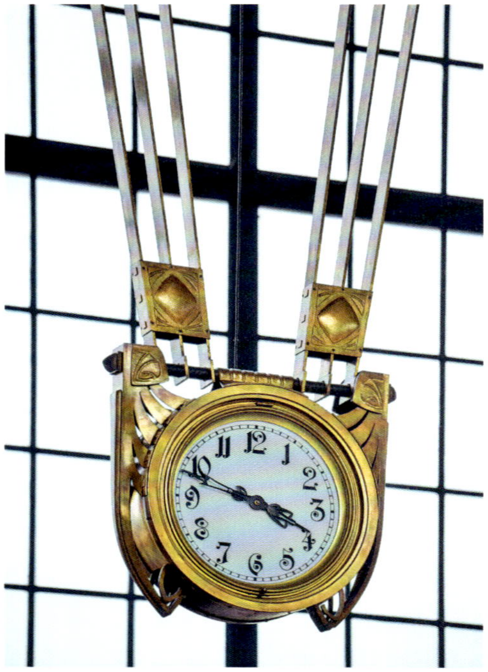

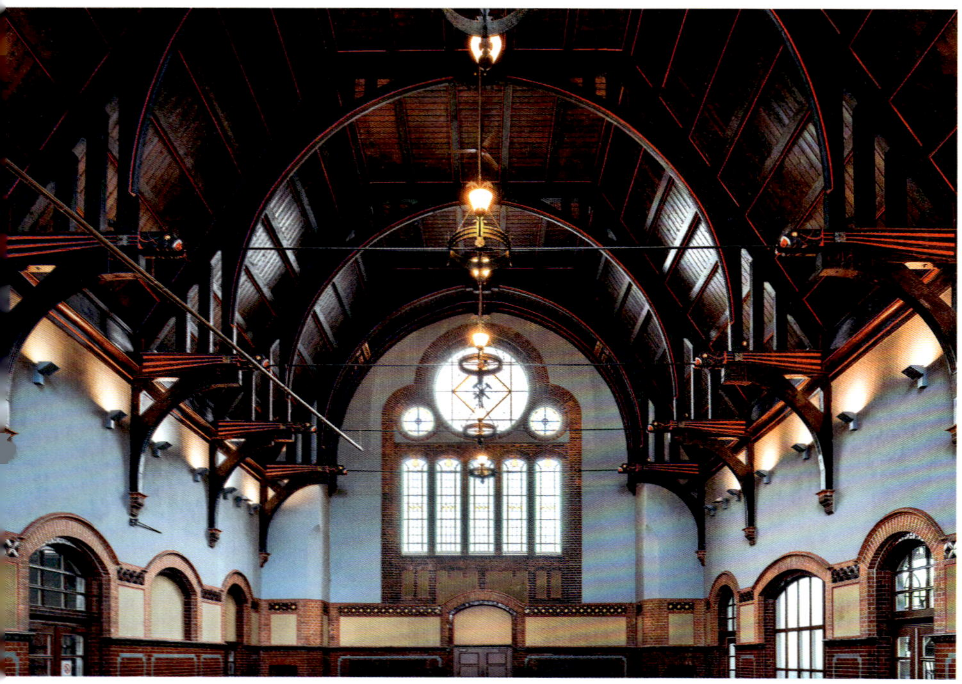

Der Modernität der Architektur entsprach die Modernität der technischen Ausstattung. In der Halle wurde nicht nur eine der ersten großen elektrisch betriebenen Fördermaschinen installiert, auch alle anderen Maschinen wurden von Dampfantrieb auf elektrischen Strom umgestellt. Damit war Zollern II/IV die erste voll elektrifizierte Zeche im Ruhrgebiet. Die Maschinenhalle setzte einen neuen Maßstab für die Zechenarchitektur. Mit ihr vollzog sich der Wandel zur modernen funktionsgerechten Industriearchitektur des 20. Jahrhunderts.

Von Anfang an gehörte zu Zollern II/IV auch eine Siedlung mit Werkswohnungen, die Kolonie Landwehr. Sie wurde vor den Toren der Zeche im Stil einer Gartensiedlung nach englischem Muster erbaut und bestand aus einer Reihe zum Teil repräsentativ gestalteter Häuser für die Belegschaft vom Hauer bis zum Betriebsführer. Solchen Werkssiedlungen kam damals eine große sozialpolitische Bedeutung zu. Denn in den Städten war Wohnraum knapp, als Folge der Bevölkerungszunahme durch die Industrialisierung.

Viele Arbeiterfamilien hausten in Mietskasernen auf engstem Raum und in unhygienischen Verhältnissen. Die Werkswohnungen der Zechen hingegen waren geräumiger und preisgünstiger, sie lagen nah am Arbeitsplatz und verfügten zudem meist über einen kleinen Garten. Die Kolonien boten den Beschäftigten also viele Vorteile, sollten sie aber auch an die Zeche binden.

ERHALT IN LETZTER MINUTE

1902 nahm Zollern II/IV die Kohleförderung auf. Ein halbes Jahrhundert später, 1955, wurde die Förderung eingestellt und 1966 die Zeche komplett stillgelegt. Da sie im Vergleich zu Großschachtanlagen schon länger als unrentabel galt, war in die einst hochmoderne Anlage kaum noch investiert worden. Deshalb hatte sie, wenn auch ab 1955 einige wichtige Bestandteile wie die Fördergerüste verschrottet wurden, ihren ursprünglichen Bau- und Maschinenbestand zu großen Teilen bewahrt. Der Erhalt der Zeche nach der Stilllegung ist dem Einsatz engagierter Bürgerinnen und Bürger zu verdanken. In einer Zeit, in der sich gerade

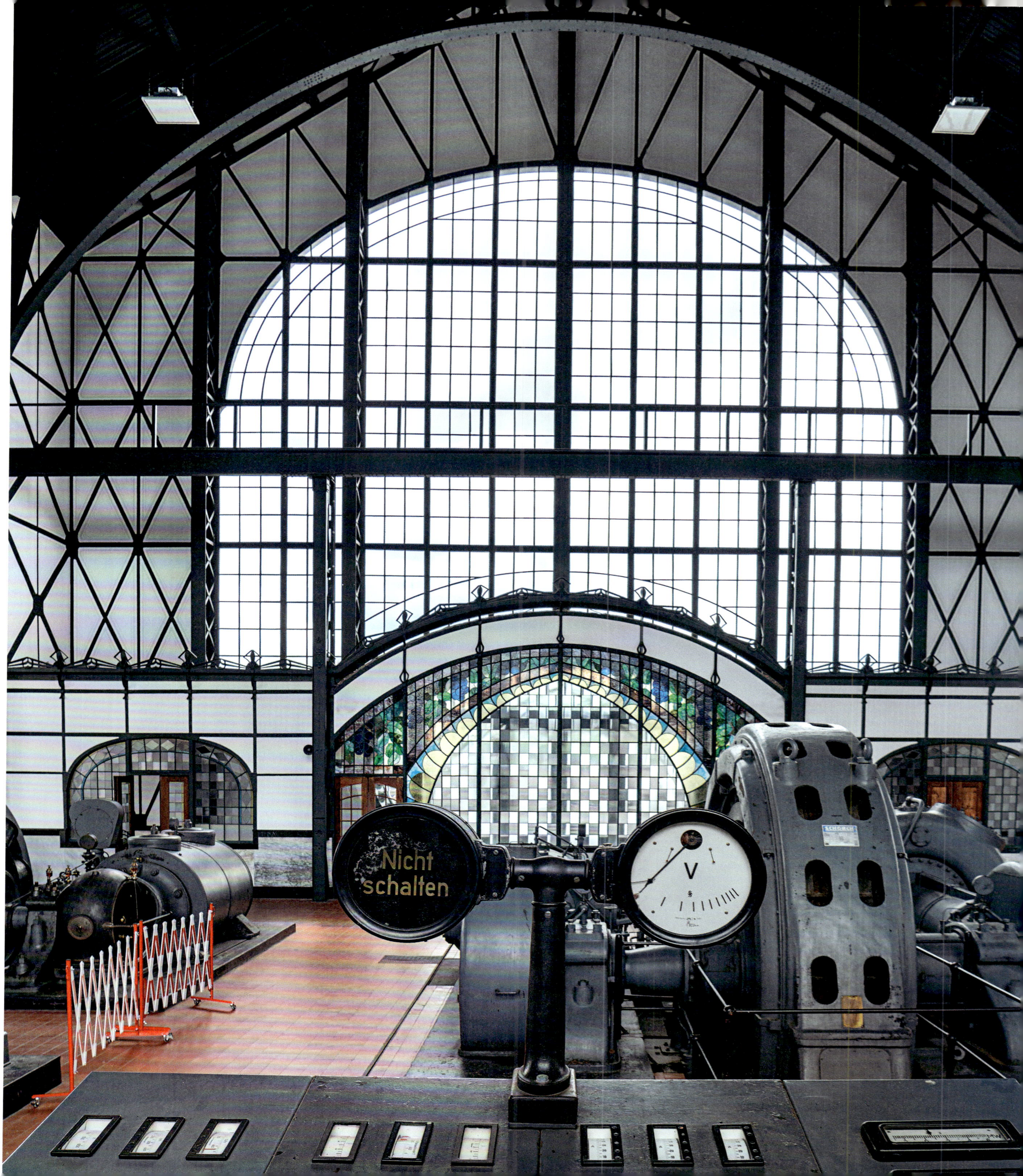
Nicht
schalten

In der Waschkaue der Zeche konnten die Bergleute ihre Straßenkleidung hoch unter die Decke ziehen und nach ihrer Schicht im Brausegang duschen.

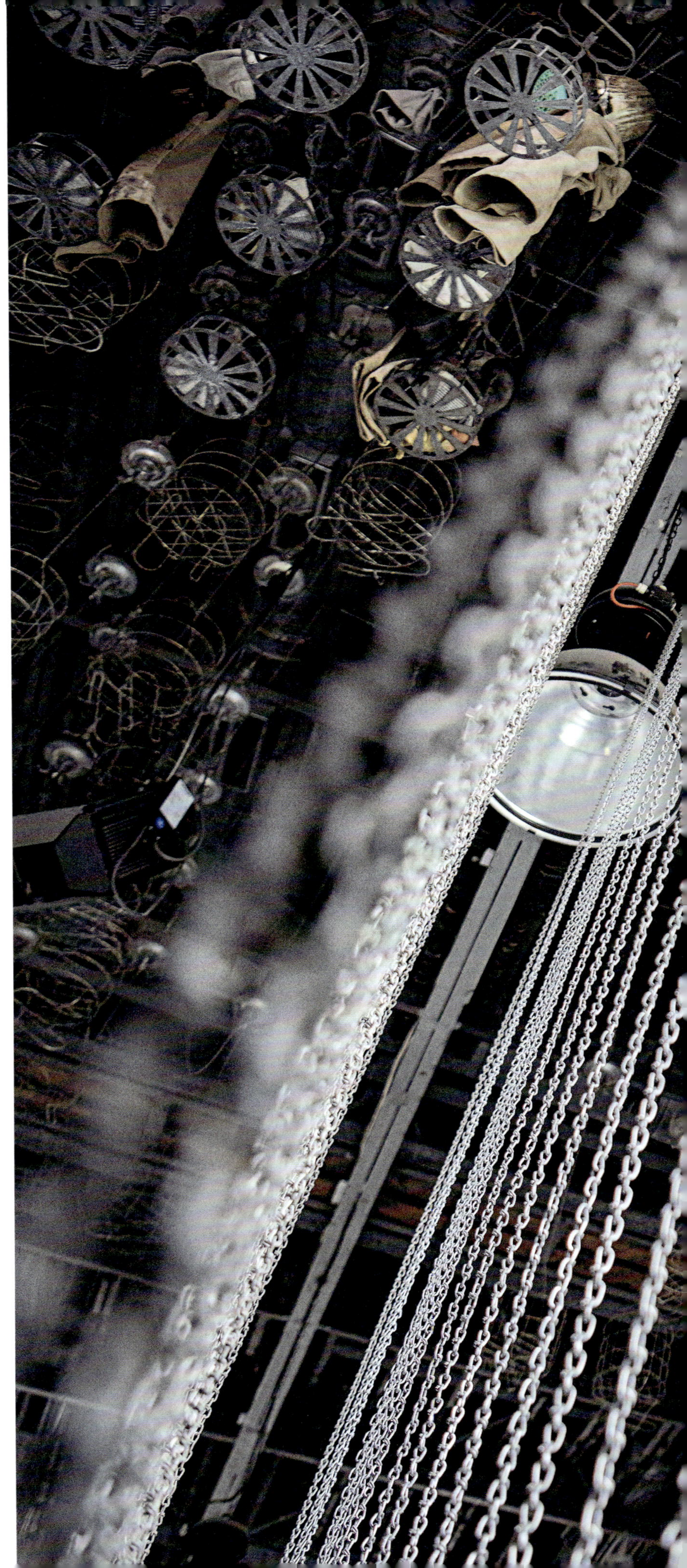

erst ein Bewusstsein dafür entwickelte, dass auch Industriebauten Kulturdenkmale sind, hatten sie den Wert der Musterzeche erkannt. 1969 erreichten sie kurz vor dem bereits geplanten Abriss der Maschinenhalle, die heute als Ikone der Industriekultur gilt, dass die Halle unter Denkmalschutz gestellt wurde – als erstes Industriebauwerk in der Bundesrepublik Deutschland. Damit markiert die Maschinenhalle neben ihrer architektonischen und technischen Bedeutung auch den Beginn hiesiger Industriedenkmalpflege.

Nach umfangreichen Restaurierungsarbeiten und der Sammlung von Exponaten wurde Zollern II/IV 1999 als Museum eröffnet. Die Dauerausstellung, die sich über mehrere Gebäude erstreckt, erzählt die Geschichte der Zeche und rückt mit Fotos und Interviews die Menschen in den Mittelpunkt, die früher dort arbeiteten, sei es als Hauer, Steiger oder Direktor. Der Schwerpunkt der Ausstellung liegt auf dem Zechenalltag. So macht sie beispielsweise erfahrbar, wie viel ein Bergmann unter Tage mit seiner Grubenlampe sehen konnte, dokumentiert mit ihrer Übersicht über die 161 tödlichen Unfälle, die die Zeche zu beklagen hatte, aber auch, wie gefährlich die Arbeit im Bergwerk stets war. Die Zechenanlage vermittelt ein anschauliches Bild von der Arbeit und dem Leben auf Zollern II/IV und sie bewahrt eine nach wie vor beeindruckende Architektur. Die Musterzeche von einst hat sich zu einem bedeutenden Museum zur Sozial-, Industrie- und Architekturgeschichte des Ruhrgebiets entwickelt.

» Die Maschinenhalle ist der erste Industriebau in Deutschland, der unter Denkmalschutz gestellt wurde.

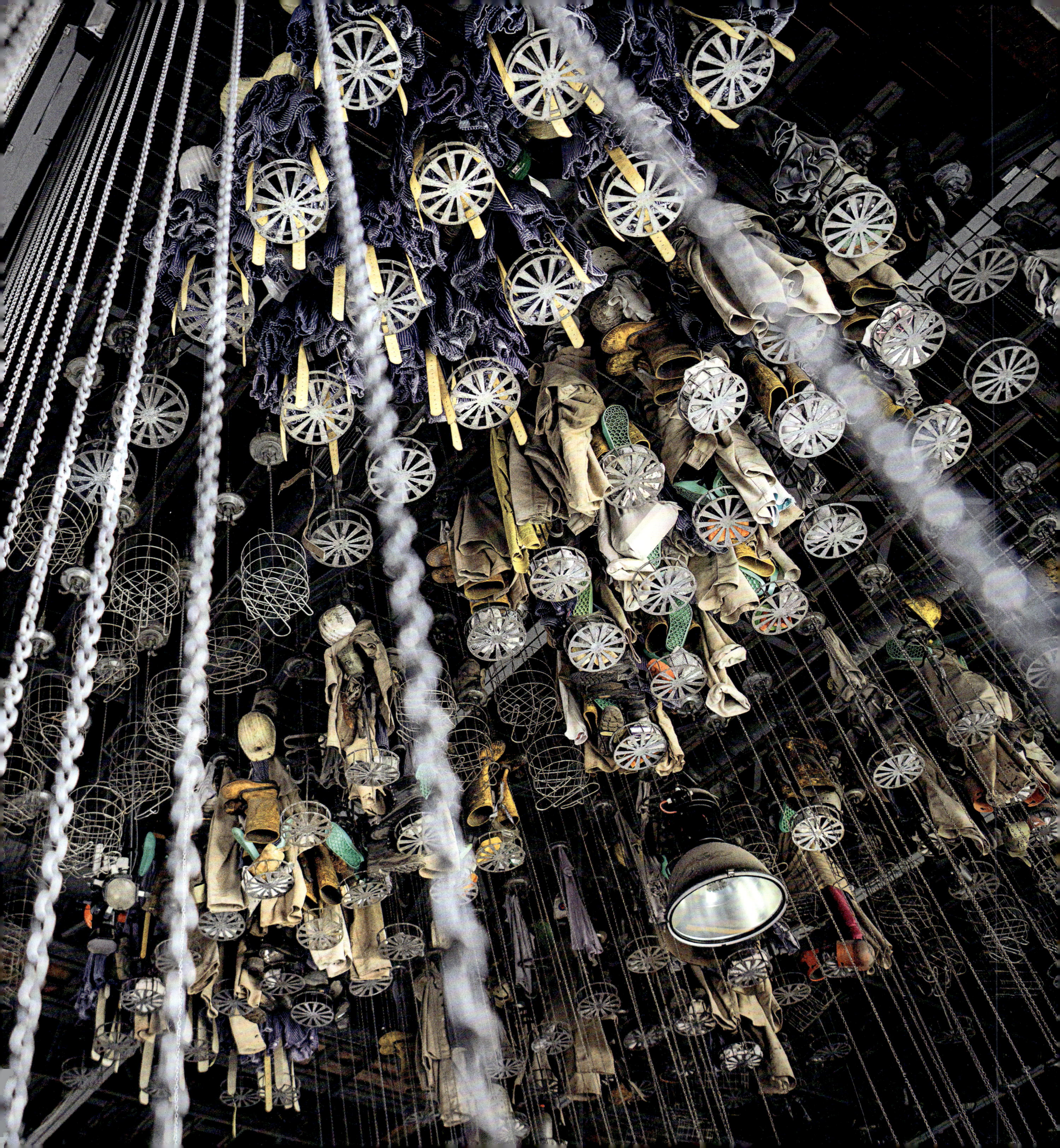

Das rund 90 Meter lange und durch zwei Aufzugstürme gegliederte ehemalige Hauptlagerhaus der Gutehoffnungshütte dient heute als Depot des LVR-Industriemuseums, das Zeugnisse der Arbeitswelt des Industriezeitalters bewahrt.

GUTEHOFFNUNGSHÜTTE · OBERHAUSEN

EIN LAGERHAUS ALS PRESTIGEOBJEKT

Die Gutehoffnungshütte hat die Geschichte ihres Standorts Oberhausen wie des gesamten Ruhrgebiets nachhaltig geprägt. Mit ihrem 1925 vollendeten Hauptlagerhaus schuf Peter Behrens (1868–1940) einen herausragenden Architekturbau der frühen Moderne, der als Depot des LVR-Industriemuseums eine kongeniale neue Nutzung erhielt.

1920 gewann Behrens, einer der stilprägenden Architekten der damaligen Zeit, den Wettbewerb der Gutehoffnungshütte zur Gestaltung eines neuen Zentrallagers und eines Hauptverwaltungsgebäudes. Ihr Vorstandsvorsitzender Paul Reusch (1886–1956) verfolgte einen Modernisierungs- und Rationalisierungskurs, zu dem u.a. eine zentrale Warenbestellung und -aufbewahrung für alle Unternehmenszweige gehörte. Das geplante Zentrallager sollte sowohl allen funktionalen Anforderungen gerecht werden als auch mit seiner Architektur beeindrucken. Der Vorstand sah auch den Tätigkeitsbereich der Arbeiter als Prestigeobjekt an. Deshalb entschied er sich für Behrens' Entwurf, der vor allem mit seinen ästhetischen Qualitäten überzeugte.

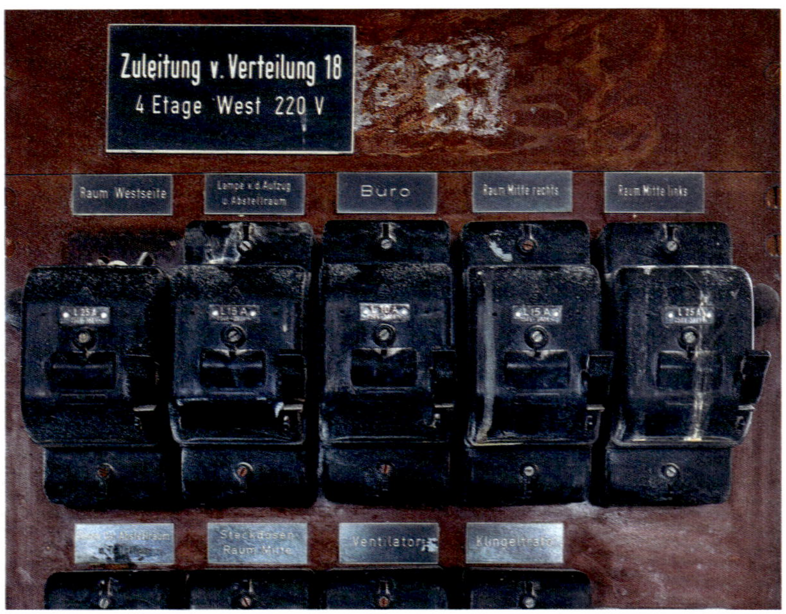

STABILER GEHT'S NICHT

Das Hauptlagerhaus dominiert den gesamten Baukomplex an der Essener Straße. Es besteht aus einem Stahlskelett, das mit einem Ziegelmauerwerk verkleidet wurde und für das 1000 Tonnen Stahl aus konzerneigener Produktion verbaut wurden. Die 86 Meter lange Front teilen zwei hohe Aufzugstürme in einen breiten Mittelblock und zwei kürzere Seitenabschnitte. Die ersten drei Etagen mit bündig eingesetzten Fenstern sind glatt gestaltet, während die folgenden zwei Geschosse treppenförmig jeweils ein Stück zurücktreten. Die Tragfähigkeit der Decken nimmt nach oben ab, von 5000 bis 500 Kilogramm pro Quadratmeter. Vor dem Erdgeschoss befinden sich auf der Vorder- wie der Rückseite Rampen für die Anlieferung und Verladung der Waren mit einer weit vorragenden Überdachung.

An das Zentrallager schließt sich das etwas kleinere, aber ähnlich gestaltete Verwaltungsgebäude an; ein Lager für Fette und Öle und ein Tor mit Pförtnerloge runden das Ensemble ab.

Nach seiner Fertigstellung im Jahr 1925 lagerte die Gutehoffnungshütte in ihrem neuen Magazin alle Ersatzteile und Verbrauchsgüter, die ein Unternehmen mit rund 80000 Beschäftigten benötigte.

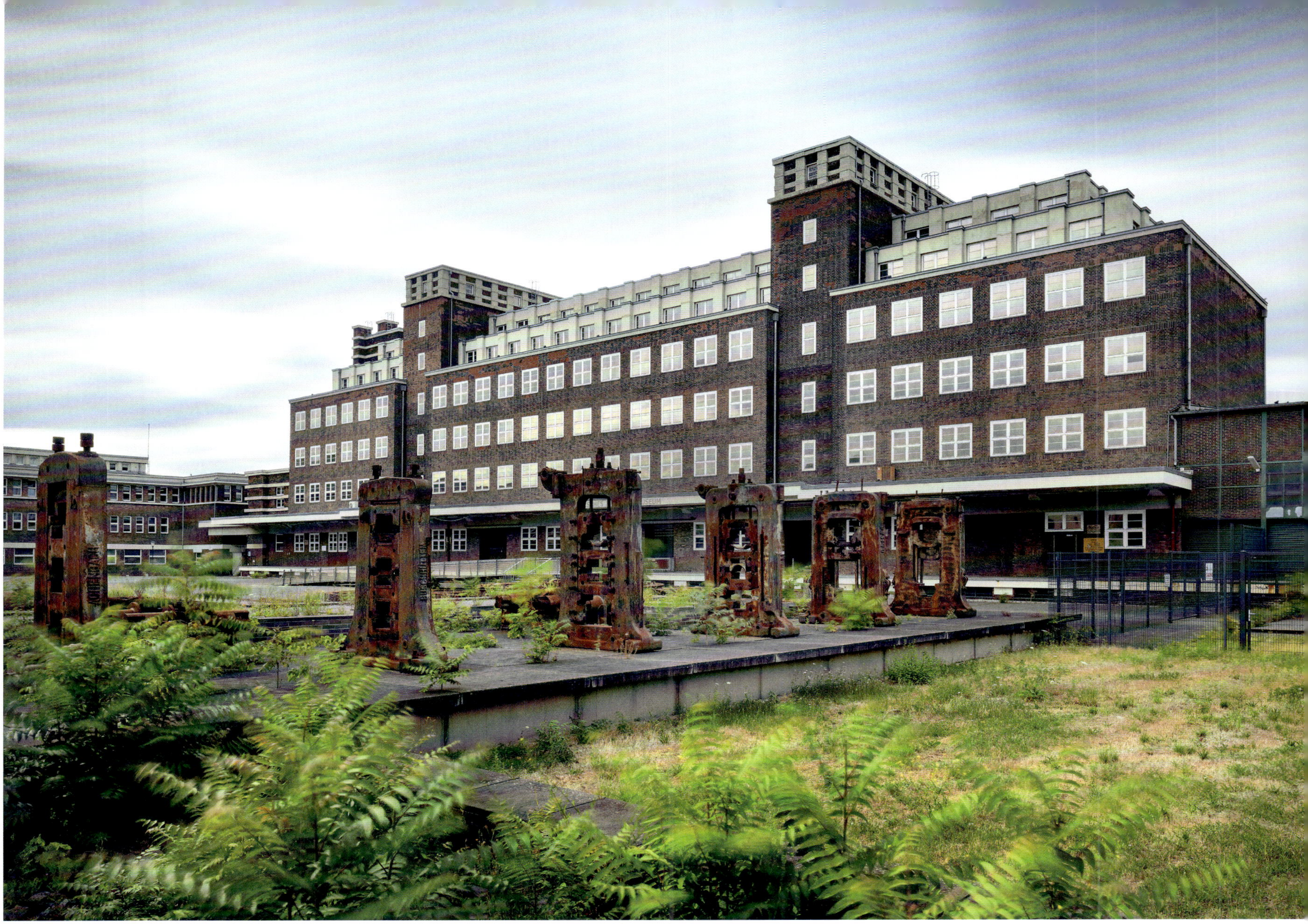

EINE WIEGE DER RUHRINDUSTRIE

Die Gutehoffnungshütte hatte sich zu einem der ganz großen montanindustriellen Konzerne des Ruhrgebiets entwickelt. Ihre Anfänge reichen bis 1758 zurück, dem Gründungsjahr der Hütte St. Antony, der ersten Eisenhütte des Reviers und damit eine Wiege der Ruhrindustrie. 1782 entstand ebenfalls auf dem Gebiet des heutigen Oberhausen die namengebende Hütte Gute Hoffnung. Die Hütten bildeten den Grundstock eines Konzerns, der bald auch eine Werft, Zechen sowie Walz- und Stahlwerke umfasste und der mit dem Bau von Dampfmaschinen und Dampfschiffen, Lokomotiven und Brücken maßgeblich zur Industrialisierung des Ruhrgebiets wie zur Entwicklung der Stadt Oberhausen beitrug.

Mit der 1958 einsetzenden Kohle- und Stahlkrise verlor das Hauptlagerhaus nach und nach seine Funktion. Als bedeutender Bau der Industriearchitektur wurde es jedoch 1989 unter Denkmalschutz gestellt und entging so einem Abriss.

Seit 1998 nutzt das LVR-Industriemuseum das einstige Hauptlagerhaus, seinem früheren Zweck vergleichbar, als zentrales Sammlungsdepot. Seine mehr als 300 000 Exponate stammen zum Teil aus stillgelegten Fabriken. Sie vermitteln, wie das Gebäude selbst, ein anschauliches Bild von Arbeit und Leben im Ruhrgebiet seit Beginn der Industrialisierung. Eine Dauerausstellung ist Peter Behrens gewidmet, dem Wegbereiter des modernen, an einer sachlichen Formensprache orientierten Designs und Industriebaus.

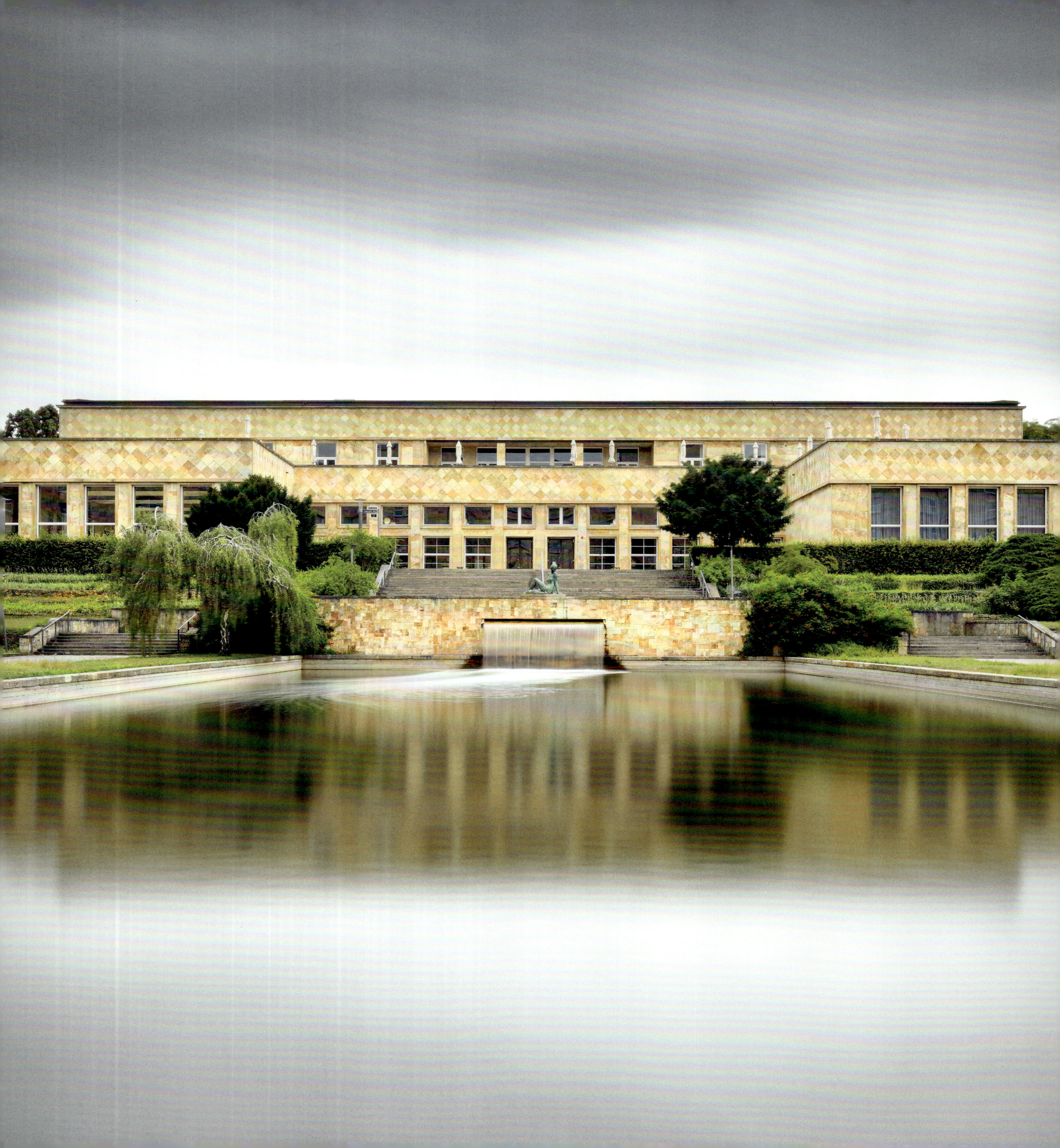

Blick vom Hauptgebäude über den Park mitsamt Wasserbecken auf das zweistöckige Kasino, die heutige Mensa ◁
Vorderfront des imposanten, von Querflügeln durchbrochenen Verwaltungsgebäudes mit dem Haupteingang, der genau in ihrer Mitte liegt und den ein Pfeilerportikus hervorhebt ▽

IG FARBEN-HAUS · FRANKFURT AM MAIN

LICHT UND SCHATTEN HINTER 2000 FENSTERN

Der markante Gebäudekomplex im Frankfurter Westend beeindruckt bis heute mit seiner Architektur Bis in die 1950er-Jahre galt er als modernstes Bürohaus Europas. Aber in der einstigen Firmenzentrale der I.G. Farben wurde auch Geschichte geschrieben.

1925 schlossen sich die größten deutschen Chemieunternehmen zur »Interessengemeinschaft Farbindustrie AG«, kurz I.G. Farben zusammen. Sie wollten ihre internationale Wettbewerbsfähigkeit stärken und stiegen durch ihre Fusion zum damals viertgrößten Chemiekonzern der Welt auf. Carl Duisberg, der als Direktor von Bayer den Zusammenschluss initiiert hatte, wurde Vorsitzender des Verwaltungsrats, Carl Bosch, zuvor Vorstandschef der BASF, erhielt den Vorsitz im Aufsichtsrat. Zum Hauptstandort bestimmte die I.G. Farben Frankfurt am Main. Dort sollte auch ihre neue Firmenzentrale entstehen – ein repräsentativer Bau, der die wirtschaftliche Bedeutung und den Geltungsanspruch des neuen Großunternehmens zum Ausdruck brachte.

PALAST DES GELDES

Der Konzern lud sechs international bekannte Architekten ein, einen Entwurf für das geplante Verwaltungsgebäude vorzulegen. Er entschied sich für die Konzeption von Hans Poelzig (1869–1936), eines hochangesehenen Architekten, der im Stil des Expressionismus wie der Neuen Sachlichkeit baute.

Sein Frankfurter Verwaltungsgebäude besteht aus einem siebenstöckigen, 250 Meter langen und 10,9 Meter breiten Hauptbau, der von sechs radial angelegten Querflügeln durchbrochen wird. Die Wucht des Gebäudekomplexes wird durch die leicht geschwungene Form des Hauptbaus und die von unten nach oben abnehmende Geschosshöhe gemildert. Das Verwaltungshaus hat ein Stahlskelett, das mit Ziegeln ausgefacht wurde. Die Fassaden erhielten eine Verkleidung aus hellen Travertinplatten und sind durch die Fenster klar gegliedert. Die langen Fensterfronten trugen dem Bau den Namen »2000-Fenster-Haus« ein. Der einzige Eingang genau in der Mittelachse wurde durch einen vorgebauten Pfeilerportikus hervorgehoben. Er führt in eine großzügige Eingangshalle mit zwei geschwungenen Treppenaufgängen. Sie mündet genau gegenüber dem Eingang in einen verglasten Rundpavillon. Von dort fällt der Blick auf das auf einem Hügel erbaute Casino, wie damals eine Kantine hieß. Die Gebäude liegen inmitten eines Parks, der als grüner Rahmen in die Gesamtkonzeption einbezogen war.

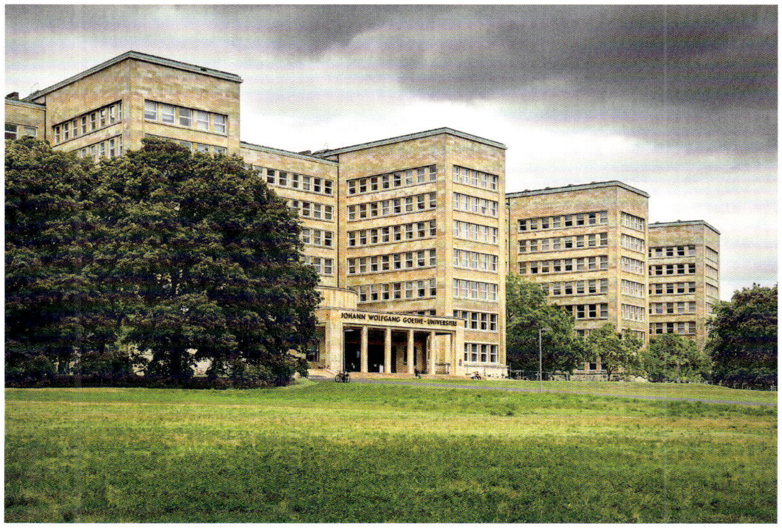

Die Wände der großzügigen Eingangshalle des Verwaltungsgebäudes sind mit Marmor verkleidet, nach oben führen zwei geschwungene Treppen. ▽

Auch die Innenausstattung des Verwaltungssitzes, für die Marlene Moeschke-Poelzig verantwortlich zeichnete, entsprach dem Prinzip der Funktionalität und zeichnet sich oft durch eine schlichte Eleganz aus. ▷

Im Innern zeichnet sich das monumentale Gebäude durch große Funktionalität aus. Ein zentraler Flur läuft durch den gesamten Komplex und verbindet die einzelnen Flügel miteinander. Die Ausrichtung der Gebäude ermöglicht die lange Nutzung des Tageslichts, die Fußböden bestanden aus einem schalldämpfenden Material. Zur Büroausstattung gehörten u. a. Aktenaufzüge, Altpapierschlucker und Glastrennwände.

Die Innenausstattung und das Raumkonzept stammten von der Architektin Marlene Moeschke-Poelzig (1894–1985), Poelzigs zweiter Ehefrau. Das Paar hatte ein gemeinsames Bauatelier gegründet und bereits mehrfach erfolgreich zusammengearbeitet.

Das 1931 vollendete Verwaltungsgebäude wurde bald »Palast des Geldes« genannt. Heute gilt Poelzigs funktionaler Bau, der den Stil der Neuen Sachlichkeit mit neoklassizistischen Elementen verbindet, als hervorragendes Beispiel der Architektur der 1920er-Jahre.

VERSTRICKUNG IN NS-UNRECHT

In der neuen Firmenzentrale nahmen ca. 2000 Angestellte ihre Arbeit auf und auch der Verwaltungsrat, der die wichtigen Konzernentscheidungen traf, tagte hier. Zwei Jahre nach der Fertigstellung des Verwaltungsgebäudes kamen die Nationalsozialisten an die Macht. Sie errichteten ein Unrechts- und Terrorregime, in das sich die I.G. Farben immer tiefer verstrickte. Jüdische Mitarbeiter wurden entlassen, jüdische Vorstandsmitglieder gedrängt, ihre Mandate niederzulegen.

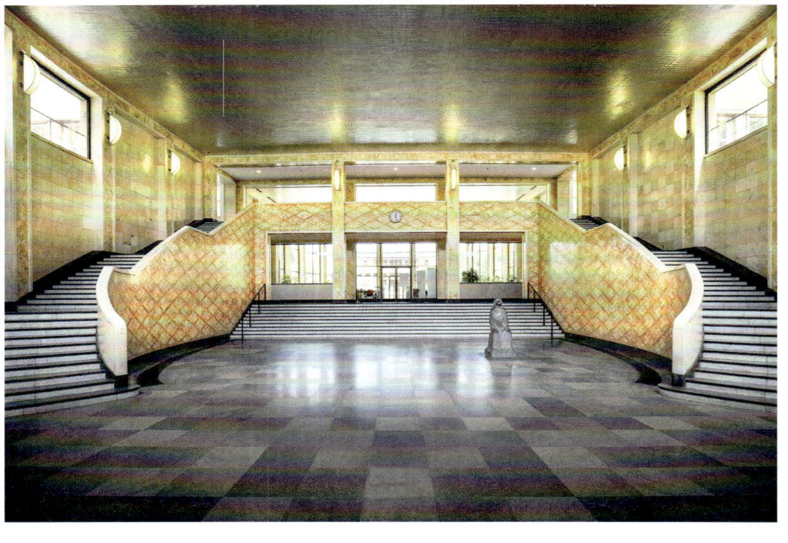

Nachdem Hitler-Deutschland den Zweiten Weltkrieg entfesselt hatte, stellte der Konzern seine Produktion in enger Zusammenarbeit mit dem Regime auf Kriegsbedarf um und eignete sich in den eroberten Gebieten spartengleiche Unternehmen an. In ihren Werken setzte die I.G. Farben aufgrund des Arbeitskräftemangels zunehmend Kriegsgefangene sowie Zwangsarbeiterinnen und Zwangsarbeiter aus Osteuropa ein.

Aber die Kooperation mit den Nationalsozialisten ging noch weiter: Ab 1942 betrieb die I.G. Farben zusammen mit der SS, die in der NS-Diktatur u. a. für die Bewachung der Konzentrationslager zuständig war, das KZ Buna-Monowitz (Auschwitz III). Der Konzern hatte zuvor begonnen, in unmittelbarer Nähe des Konzentrationslagers Auschwitz eine Fabrik zu errichten, die Buna, den für die Rüstungsindustrie wichtigen synthetischen Kautschuk, herstellen sollte. Auf der Baustelle mussten KZ-Häftlinge arbeiten. Um sie direkt auf dem Werksareal unterzubringen, beschloss der Konzern den Bau eines firmeneigenen Konzentrationslagers. Die meisten Häftlinge, die zum I.G. Farben-Gelände abkommandiert wurden, überlebten Lager und Zwangsarbeit nicht. Sie kamen durch unmenschliche Arbeitsbedingungen, Hunger und Krankheiten zu Tode oder wurden, wenn sie nicht mehr arbeitsfähig waren, in den Gaskammern von Auschwitz-Birkenau ermordet. Das tödliche Gas Zyklon B, mit dem Hunderttausende meist jüdische Menschen umgebracht wurden, stammte von der Firma Degesch, an der die I.G. Farben beteiligt war.

An die Opfer dieser skrupellosen Konzernstrategie und des verbrecherischen NS-Regimes erinnern heute Gedenktafeln vor dem Haupteingang des einstigen I.G. Farben-Hauses und das Norbert-Wollheim-Memorial im Park.

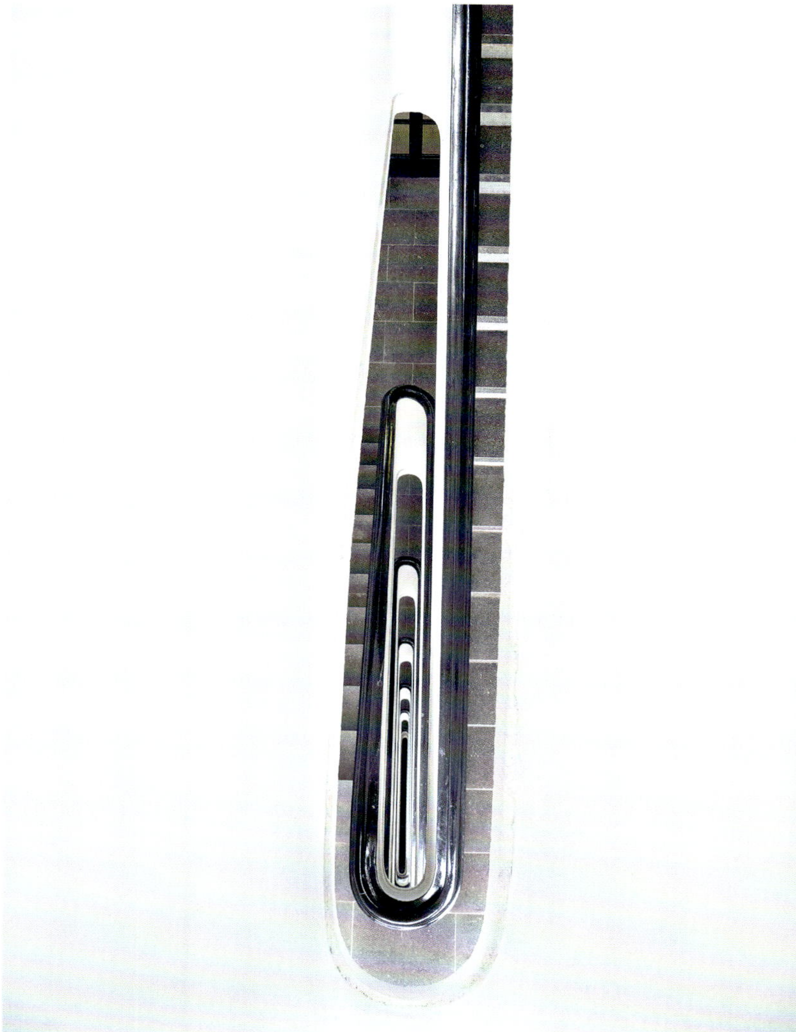

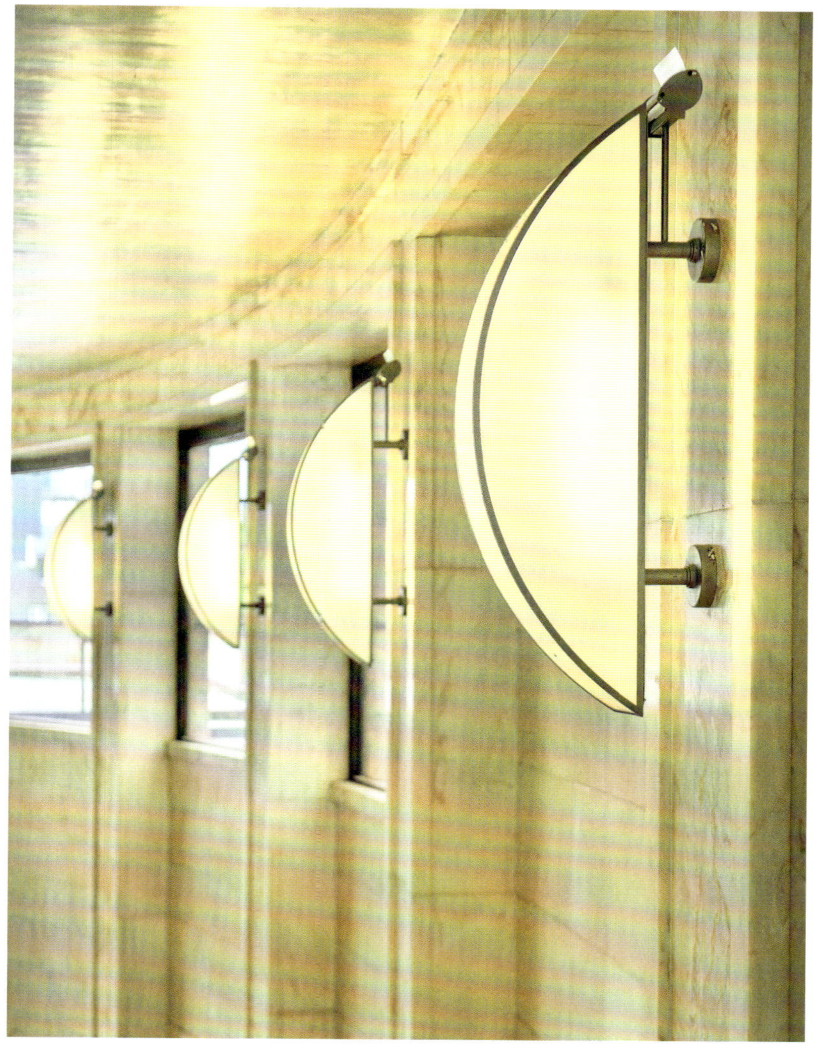

WEICHENSTELLUNG FÜR DIE ZUKUNFT

Ende März 1945 nahmen amerikanische Truppen Frankfurt ein und der alliierte Oberbefehlshaber General Dwight D. Eisenhower, der spätere Präsident der USA, richtete im I.G. Farben-Haus, da es kaum Kriegsschäden aufwies, das amerikanische Hauptquartier ein. In den folgenden Jahren fanden dort entscheidende Weichenstellungen für die Zukunft Deutschlands statt, das die vier Siegermächte USA, Großbritannien, Frankreich und UdSSR 1945 in vier Besatzungszonen geteilt hatten.

Am 1. Juli 1948 erhielten die Ministerpräsidenten der Westzonen den Auftrag, eine Versammlung einzuberufen, die die Verfassung für die zu gründende Bundesrepublik Deutschland erarbeiten sollte. Zuvor hatten sich die Westmächte angesichts der zunehmenden Systemkonfrontation zwischen dem demokratisch marktwirtschaftlichen Westen und dem kommunistischen Osten dafür ausgesprochen, aus den drei Westzonen einen Staat zu bilden. Als am 23. Mai 1949 das Grundgesetz für den Weststaat verkündet wurde, war damit gleichzeitig die Bundesrepublik Deutschland gegründet. Am 7. Oktober 1949 folgte die Gründung der DDR, die sich eine eigene Verfassung gegeben hatte.

Nach der Wiedervereinigung und den politischen Umbrüchen in Osteuropa gaben die USA das Frankfurter Hauptquartier auf. 1996 erwarb das Land Hessen das I.G. Farben-Gebäude und stellte es der Johann-Wolfgang-Goethe-Universität zur Verfügung. Als Campus Westend, als Ort des Forschens, Lehrens und Lernens, hat der Poelzig-Bau zu Beginn des 21. Jahrhunderts eine neue Bestimmung gefunden.

Die riesigen Schwungräder in der Gebläsehalle trieben die Gasgebläsemaschinen an, die mit Gichtgas Wind für die Hochöfen erzeugten. ▽
Die aus sechs, durch die Gichtbühne verbundene Hochöfen bestehende Hochofengruppe bildet das Herzstück des Hüttenwerks. ▷

VÖLKLINGER HÜTTE

KATHEDRALE FÜR EISEN UND STAHL

1994 nahm die UNESCO die Völklinger Hütte in die Liste des Welterbes auf – als erstes Industriedenkmal überhaupt. Die mächtige Anlage aus dem 19. und 20. Jahrhundert ist das einzige, noch vollständig erhaltene Eisen- und Stahlwerk aus dieser Zeit in Westeuropa und Nordamerika.

Kohlenbergbau und Hüttenindustrie prägen das Saarland seit Langem. Ohne diese würde es als eigenes Bundesland vielleicht gar nicht existieren. Bereits 1446 wurde Kohle im Tagebau gewonnen. Die Förderung von Steinkohle in größerem Stil begann Ende des 18. Jahrhunderts. Nach Gründung der Saarbergwerke AG 1957 waren noch 18 Gruben in Betrieb. Mit der Einstellung der Förderung im Bergwerk Saar endete 2002 die Ära – Kohle von der Saar war international nicht mehr konkurrenzfähig. Untrennbar mit dem Bergbau verbunden ist die Hüttenindustrie in der Region. Sie konnte auch auf die Minette-Eisenerzvorkommen im benachbarten Lothringen zurückgreifen.

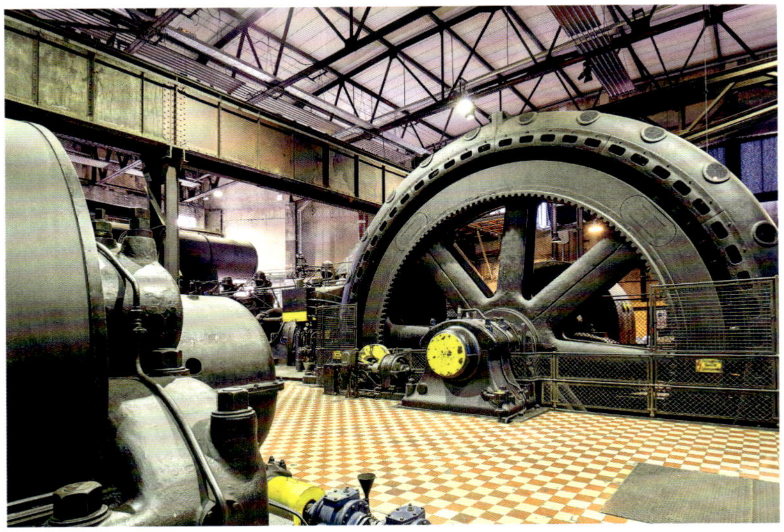

Noch bis Mitte des 20. Jahrhunderts befanden sich acht Produktionsstätten der Eisen- und Stahlindustrie im Saarland, darunter die Völklinger Hütte. Heute ist nur noch die 1809 gegründete Dillinger Hütte übrig, wo aus Roheisen vor allem Grobbleche hergestellt werden.

EINE GESCHICHTE VON AUF- UND ABSTIEG

1873 entstand das erste Stahlwerk auf dem Gelände der Völklinger Hütte. 1881 wurde die »Völklinger Eisenhütte, Aktiengesellschaft für Eisenindustrie« an Carl Röchling (1827–1910) verkauft, der die »Röchling'schen Eisen- und Stahlwerke« gründete. 1883 wurde der erste Hochofen angeblasen. 1890 waren die Werke bereits größter und modernster Eisenträgerhersteller Deutschlands. 1891 führte Röchling das Thomas-Verfahren ein, mit dem die Minette aus Lothringen verhüttet wurde. In den Folgejahren entstanden weitere Anlagen. Sohn Hermann Röchling (1872–1955) führte fortschrittliche soziale Maßnahmen in seinem Unternehmen ein.

Dunkle Schatten wirft die Zeit während des Zweiten Weltkriegs. Als Förderer rüstungstechnischer Entwicklungen wurde Röchling von der NSDAP zum »Wehrwirtschaftsführer« ernannt. Etwa 12 000 ausländische Zwangsarbeiter und Kriegsgefangene mussten in der Völklinger Hütte und ihren Nebenbetrieben schuften. Unter menschenunwürdigen Arbeitsbedingungen kamen mehr als 250 zu Tode.

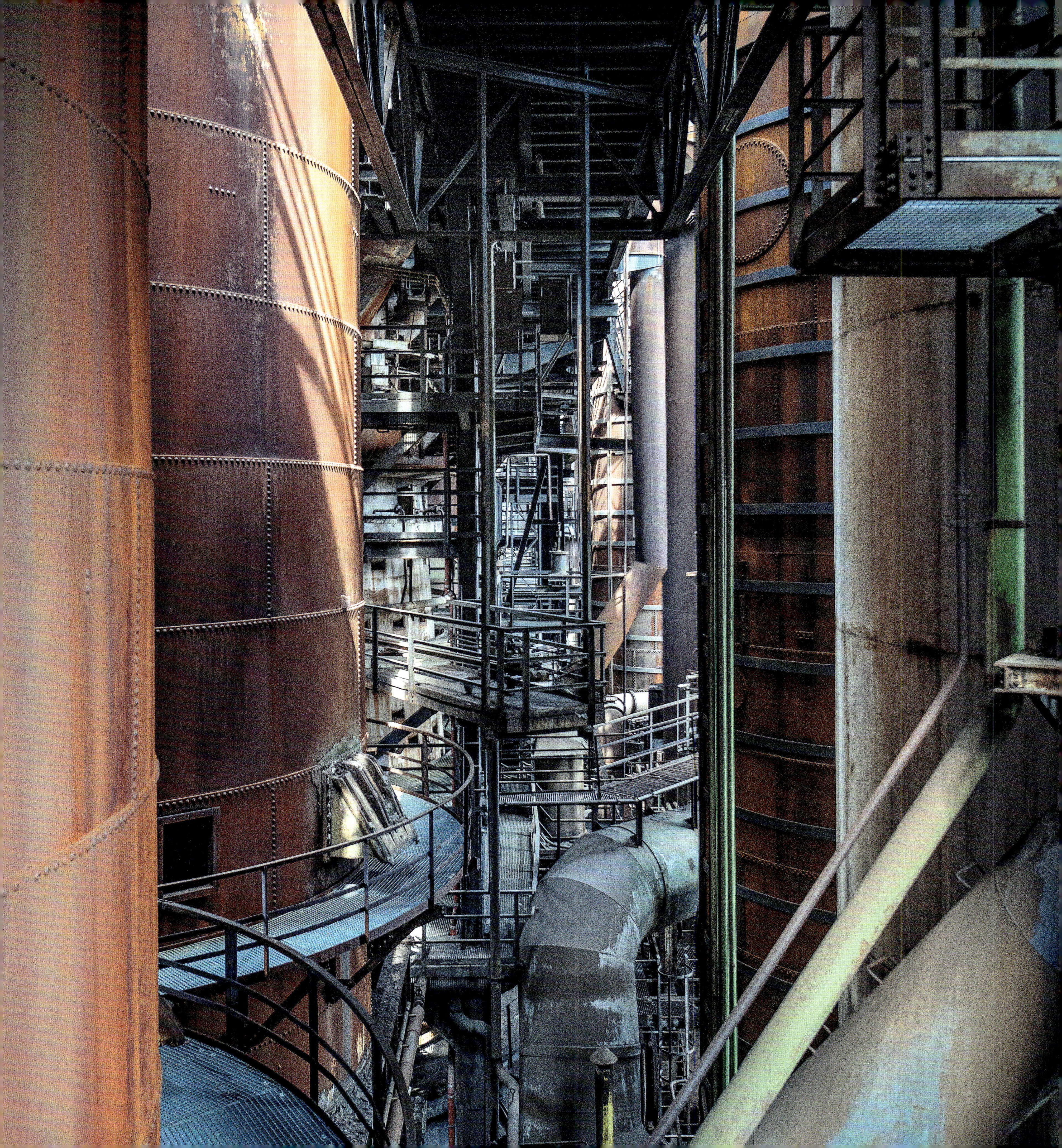

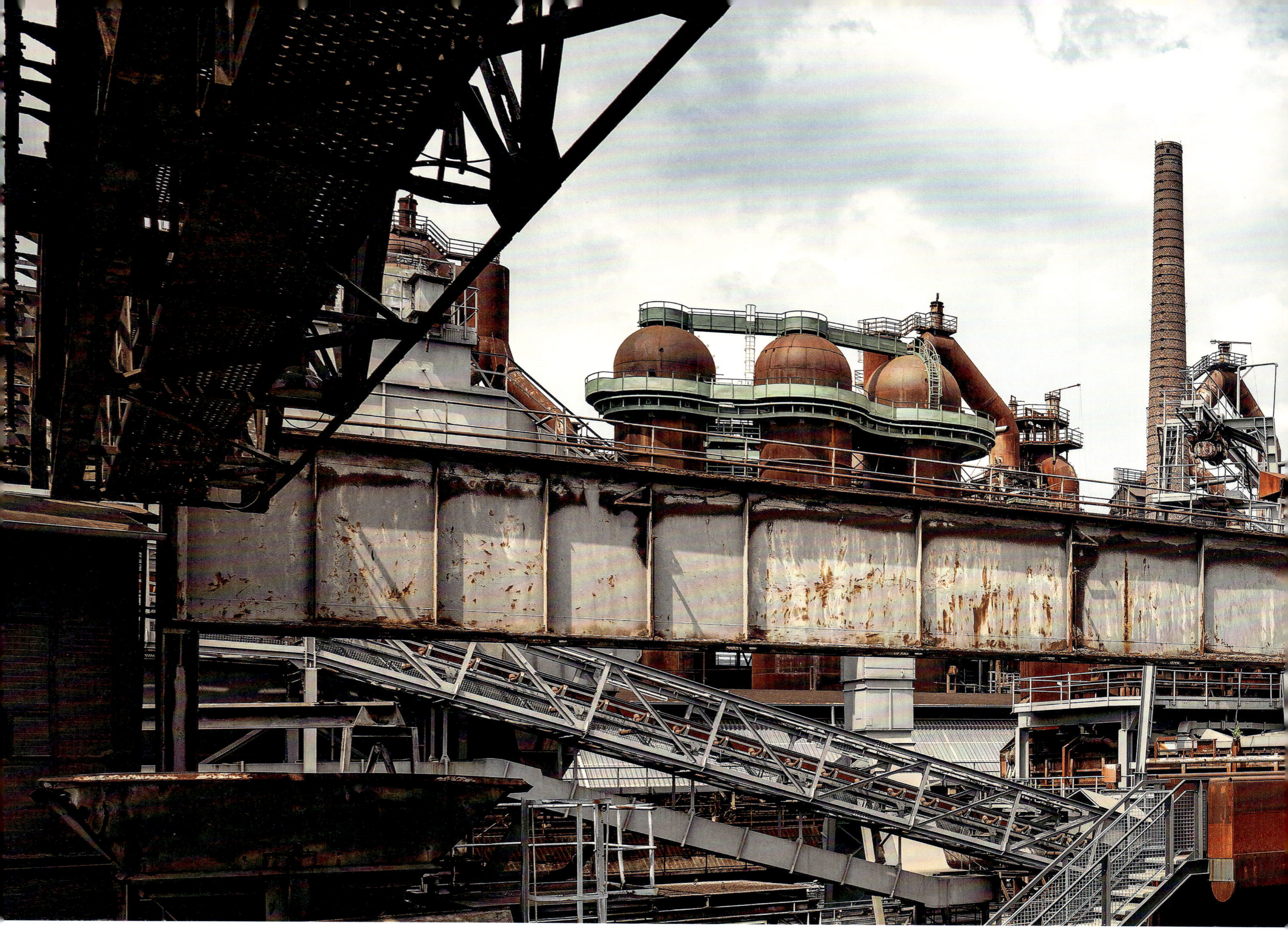

In der Nachkriegszeit erreichte das Werk seinen Produktionshöchststand, Mitte der 1950er-Jahre arbeiteten sechs Hochöfen, fünf Thomaskonverter, drei Siemens-Martin-Öfen und ein Elektrostahlwerk. 1965 waren mehr als 17000 Menschen in der Völklinger Hütte beschäftigt. Zehn Jahre später brach die Produktion mit der weltweiten Stahlkrise ein. Die Völklinger Hütte fusionierte mit anderen Werken, 1982 entstand die Arbed Saarstahl GmbH, seit 1989 Saarstahl AG. 1986 endete die Roheisenproduktion in der Völklinger Hütte, die zum Industriedenkmal erklärt und 1994 zum Weltkulturerbe der UNESCO ernannt wurde. In die Welt von Eisen und Stahl führte nun das ScienceCenter Ferrodrom®. Über 100 Erlebnisstationen nehmen die Besucher auf eine Zeitreise durch das Hüttenwerk mit und veranschaulichen die harte Arbeits- und Lebenswelt der mit der Hüttenindustrie verbundenen Menschen.

Im Unterschied zum Roheisen wird in Völklingen weiterhin Stahl produziert. Das Werk der Saarstahl AG, direkt dem alten Hüttenwerk gegenüber, besteht aus einem modernen Stahlwerk und einem Walzwerk. Rund 800 Mitarbeiter produzieren dort bis zu 2,7 Millionen Tonnen Stahl pro Jahr.

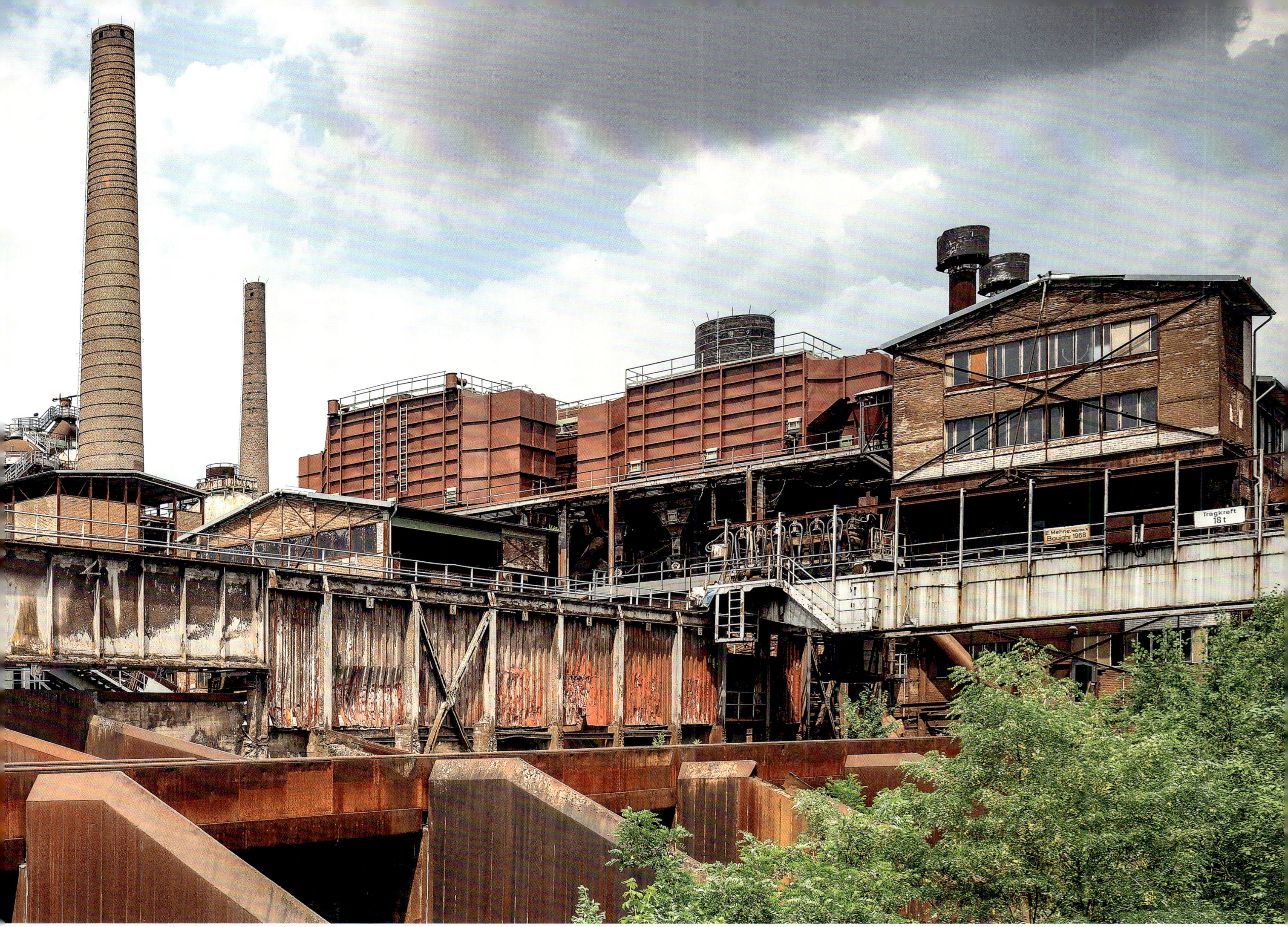

VON KOHLE UND ERZ ZU KOKS UND EISEN

Ein sechs Kilometer langer Rundgang führt zu den sieben wichtigsten Stationen der Welterbestätte. Der Eintrittsbereich mit multimedialer Einführungsschau befindet sich in der 1928 erbauten Sinteranlage mit ihren riesigen Ventilatoren und Sintermaschinen. Sie dienten dem Recycling der bei der Verhüttung anfallenden Abfallprodukte wie Feinerz oder Gichtstaub. Station 2, die zwischen 1900 und 1903 erbaute Erzhalle, wird als Ausstellungs- und Kulturhalle genutzt. In einem de- ältesten Gebäude der Hütte lagerten gewaltige Mengen an Eisenerz in

Die gewaltige Hüttenanlage aus dem 19. und 20. Jahrhundert, die sich auf einer Fläche von 600 000 Quadratmetern erstreckt, wurde 1994 als erstes Industriedenkmal von der UNESCO zum Welterbe erklärt und ist heute Schauplatz kultureller Veranstaltungen.

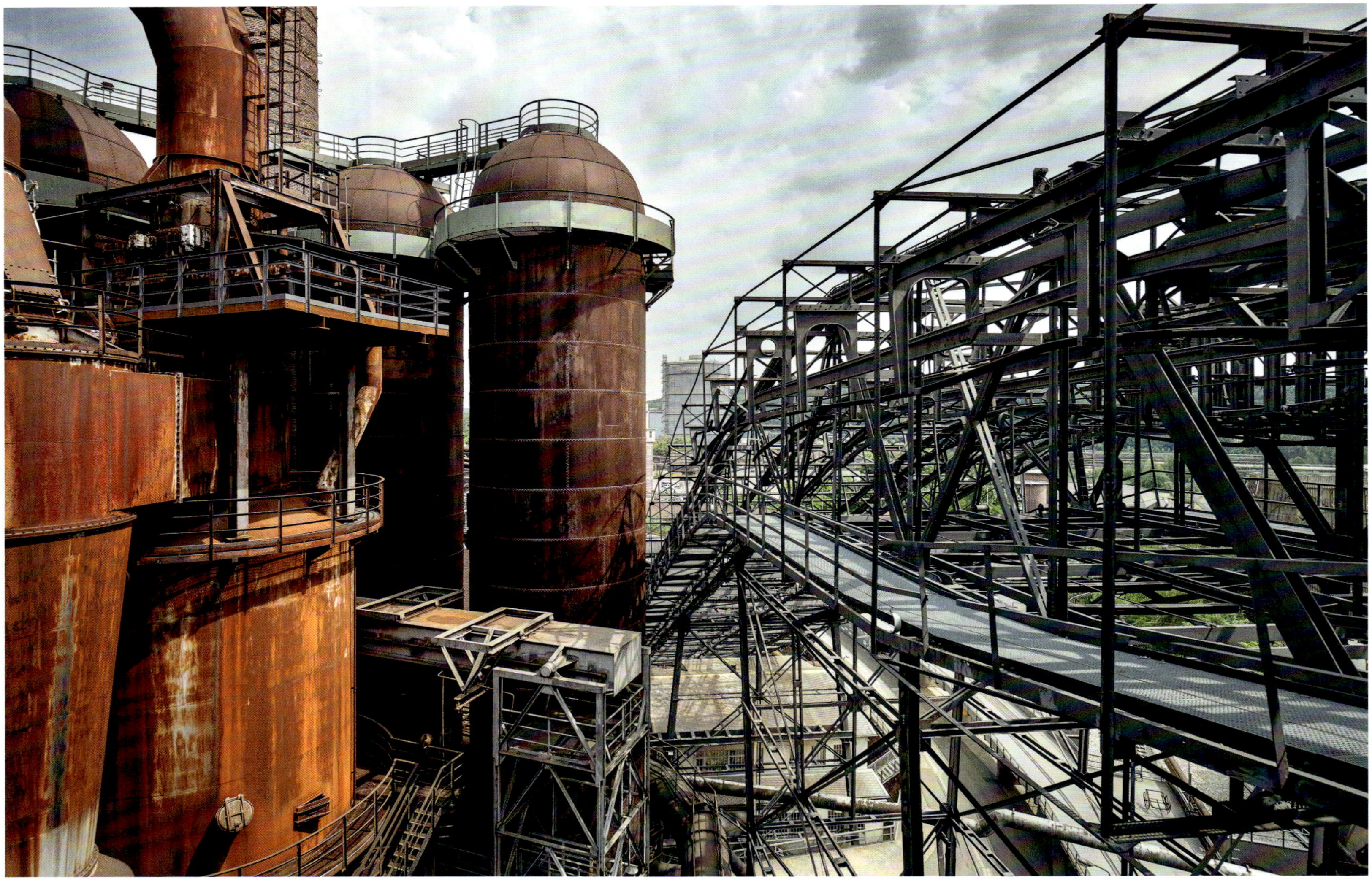

großen Silos. Von ihrem Dach bietet sich ein weiter Blick über die Stadt Völkingen, die Gleisanlagen und das gegenüberliegende Stahlwerk. Die riesige Möllerhalle, Station 3, in der in der aktiven Zeit rund 12 000 Tonnen Rohstoffe lagerten, ist heute ebenfalls ein Ausstellungsraum. In die obere Ebene fuhren Züge mit unterschiedlichen Rohmaterialien ein, in der unteren Ebene wurden die Hängebahnwagen beladen, die dann zu den Hochöfen fuhren. Als Möller wird ein Gemisch aus Erz, Koks und Zuschlagstoffen bezeichnet, das bei der Roheisenerzeugung eingesetzt wird. Die 1911–13 errichtete Halle war eine der ersten Stahlbetongroßbauten ihrer Art.

Station 4 umfasst die Hochofengruppe. Die 1911 errichtete 240 Meter lange, heute begehbare Gichtbühne verbindet in 27 Meter Höhe die sechs Öfen miteinander. In 45 Meter Höhe bietet eine Plattform auf den Winderhitzern einen guten Überblick über die Hüttenanlage. Dann führt der Weg hinab zur Abstichebene mit dem flüssigen Roheisen. Alle zwei- bis zweieinhalb Stunden fand das gefährliche Ereignis statt. In einer Rinne, dem Fuchs, wurde das Roheisen von der Schlacke getrennt. Die drei Trockengasreinigungen (1911–22) reinigten das im Hochofen entstehende Gichtgas.

Mit dem Rostcharme des Hüttenwerks korrespondiert der Landschaftsgarten »Paradies« zwischen dem Gelände der ehemaligen Kokerei (Station 5) und der Saar. Hier darf sich die Natur ihren Platz zurückerobern. Schließlich bildete sich die Kohle in einem langen Entwicklungsprozess aus den im Karbon vor mehr als 300 Milli-

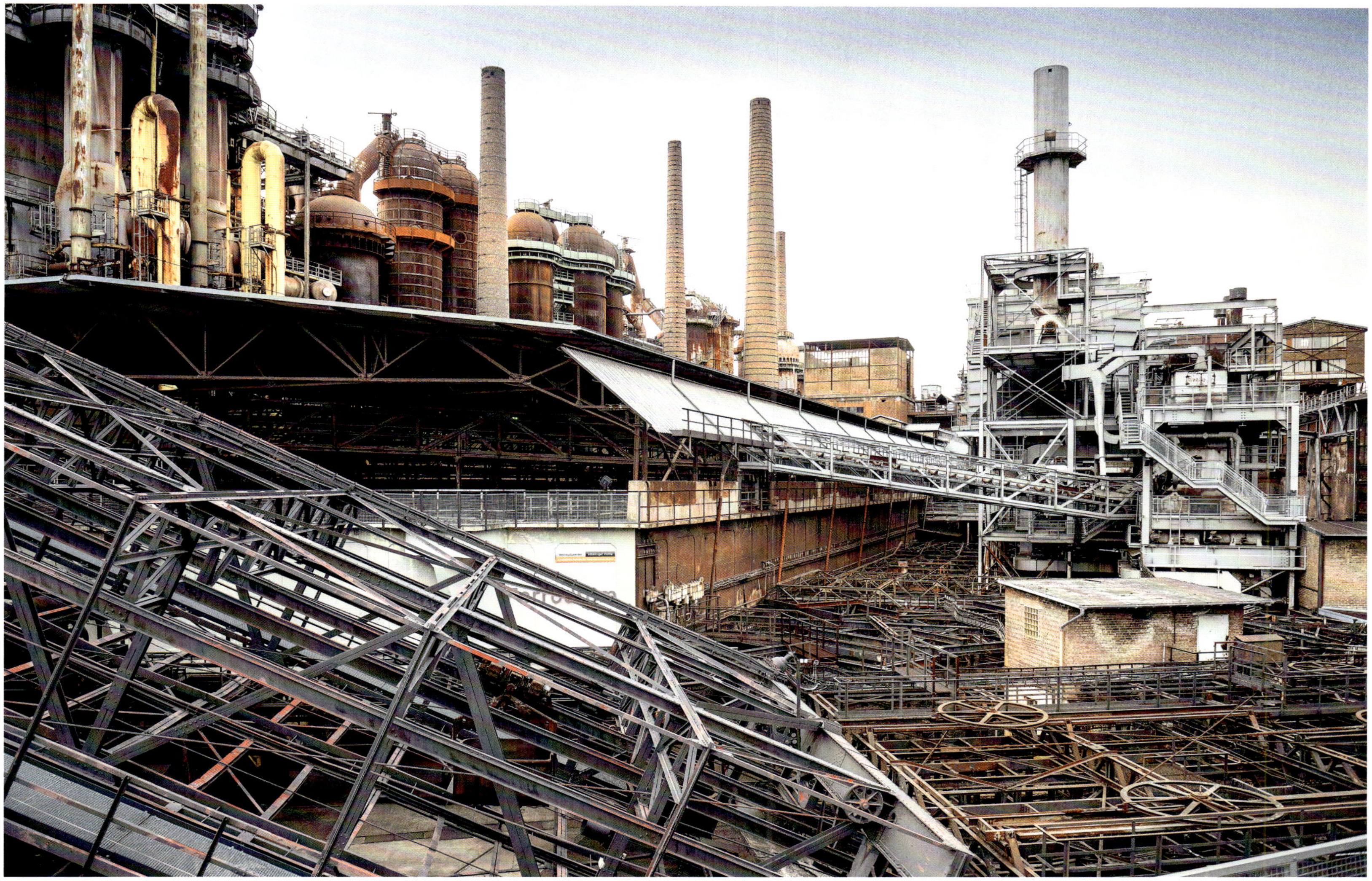

onen Jahren gedeihenden Pflanzen. Das Konzept für das in zwölf Themenbereiche unterteilte Areal stammt von der Landschaftsarchitektin Catherina Ruffing-Bernadotte. Inmitten der alten Koksbatterien wachsen Birken und Schmetterlingsflieder und im ehemaligen Teerbecken haben sich Fische angesiedelt. Street-Art-Künstler hinterließen an den Wänden der Kokerei ihre Spuren. In der Kokerei herrschten damals die vielleicht härtesten Arbeitsbedingungen. 1897 wurden die ersten von mehr als 100 Koksöfen angeheizt. Bei 1300 Grad Celsius verwandelte sich Steinkohle in das benötigte Koks. Die Umlenkstation, in der die Kohle zum Stahlbetonkohlenturm transportiert wurde, wird derzeit saniert. Sie sitzt über dem historischen Kohlenturm von 1896.

In den kuppelförmigen Winderhitzern wurde die Luft auf rund 1300 °C erhitzt und durch Rohre den Hochöfen zugeführt. ◁
Der 1911 errichtete Erzschrägaufzug – eine technische Innovation – führt von der Möllerhalle zur Gichtbühne. △

Der 1914 von dem Maschinenbauunternehmen Demag gebaute Gichtgasmotor hatte eine Leistung von 2710 PS und trieb in der Gebläsehalle die Lüfter für die Hochöfen an. Die viel leistungsfähigeren Gasmotoren ersetzten die zuvor genutzten Dampfmaschinen.

Das Kohlegleis führt am 1911 errichteten innovativen Erzschrägaufzug vorbei zu Station 6 , dem Ferrodrom, in der Möllerhalle. Mit dem Aufzug, unter den das Büro des Hochofenchefs eingefügt ist, war die Beschickung aller Hochöfen möglich.

Den Abschluss macht Station 7, die 2009 sanierte Gebläsehalle von 1900. Sie wird ebenfalls für Ausstellungen und Veranstaltungen genutzt. Dort produzierten zehn gewaltige, mit Gichtgas angetriebene Gasmaschinen Wind für die Hochöfen – in Spitzenzeiten bis zu 300 000 Kubikmeter. Der Wasserhochbehälter, eine Eisenbetonkonstruktion von 1918, und das benachbarte Pumpenhaus sollen einmal den neuen Eingangsbereich zur Hütte bilden. Das im Wasserturm gespeicherte Saarwasser diente als Reserve zur Wasserversorgung beim Verhüttungsprozess. In der Handwerkergasse vor dem Wasserhochbehälter hatten die Betriebshandwerker ihre Werkstätten. Heute werden die Gebäude von der Hochschule der Bildenden Künste Saar genutzt.

AUSSTELLUNGEN UND LICHTKUNST

Jährlich rund 200 000 Besucher lockt das einzigartige Denkmal der Industriegeschichte an, nicht nur die technischen Anlagen, sondern auch die hochkarätigen Ausstellungen, Konzerte, Theateraufführungen und Performances vor außergewöhnlicher Kulisse. Besuchermagneten waren die Großausstellungen »Pharaonengold« oder »Die Kelten«. Abends verwandeln Lichtinstallationen des Berliner Künstlers Hans-Peter Kuhn die Hochofengruppe der Völklinger Hütte in ein Farben- und Lichtspiel. In blauem Licht erstrahlen allabendlich Wasserhochbehälter und Pumpstation.

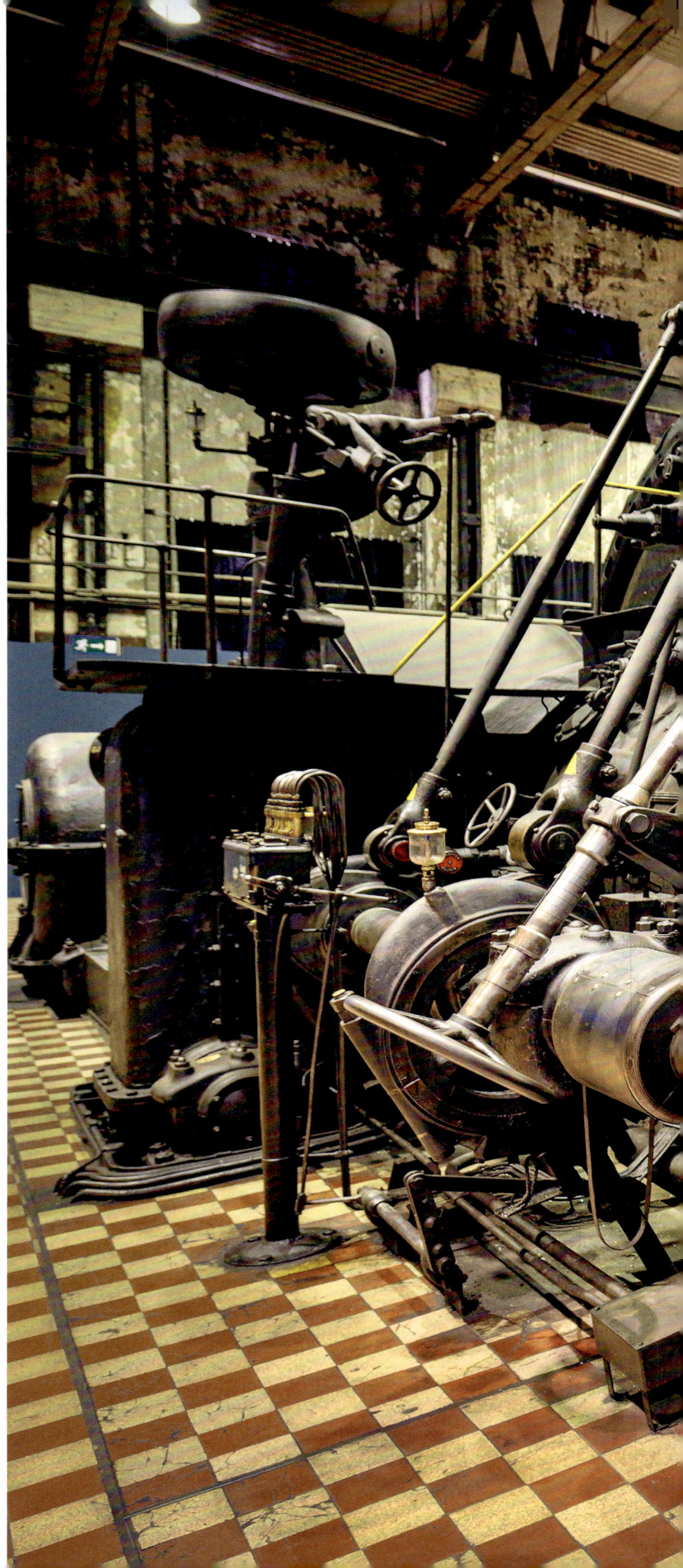

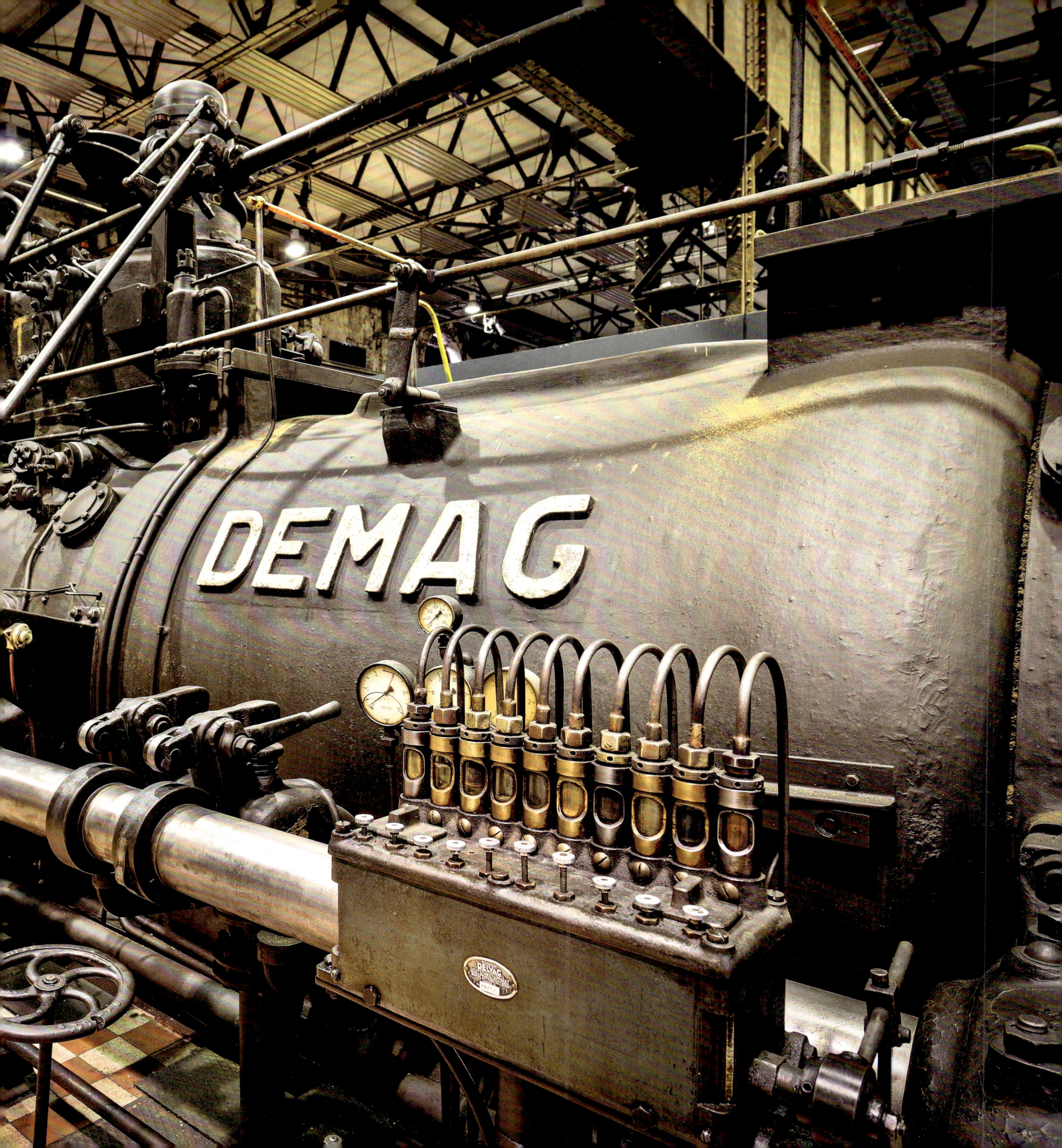
DEMAG

In der filigran anmutenden Gießhalle der Sayner Eisenhütte verbindet sich kunstvoll Glas mit Eisen. Die Hütte hatte sich früh auf den Eisenkunstguss spezialisiert, der 1828 bis 1830 beim Bau der Gießhalle aus vorgefertigten Eisenguss-Bauelementen selbst zum Einsatz kam.

SAYNER HÜTTE · BENDORF

EINE BASILIKA AUS EISEN

Die Gießhalle des Hüttenwerks Sayn in Bendorf ist eine filigrane Schönheit. Nur dank einer Bürgerinitiative konnte der schon beschlossene Abriss verhindert werden. Die sakral anmutende Eisen-Glas-Konstruktion strebt nun eine Nominierung als UNESCO-Weltkulturerbe an.

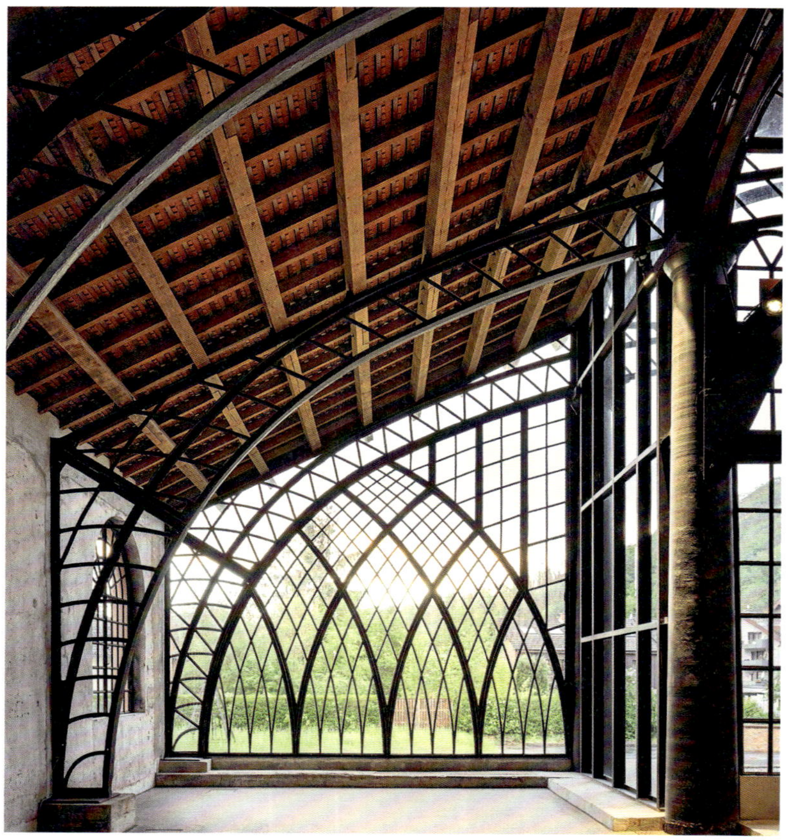

Das Denkmalareal der Sayner Hütte im rheinland-pfälzischen Bendorf besteht aus der 1830 erbauten Gießhalle mit der Hochofenanlage sowie der nach ihrem damaligen Besitzer benannten Krupp'schen Halle von 1908/09. In dem Backsteingebäude wurden ursprünglich Eisenteile maschinell weiterverarbeitet. Heute ist darin das Besucherzentrum mit einer Dauerausstellung zur Geschichte der Sayner Hütte. Ein Modell vermittelt einen guten räumlichen Eindruck des Hüttengeländes. Bevor das Rheinische Eisenkunstguss-Museum sein endgültiges Domizil in der Sayner Hütte gefunden haben wird, werden in der Halle Teile der Sammlung präsentiert.

In der Gießhalle lässt eine virtuelle Hochofen-Inszenierung die Besucher einen Hochofenabstich miterleben. Sie wirft einen Blick auf die Arbeitsbedingungen bei dieser gefährlichen Tätigkeit. Zum Ensemble zählen auch das Arkadengebäude, in dem sich früher die Eisenkunstguss-Manufaktur befand, das ehemalige Wohnhaus des Architekten und Leiters der Hütte und das Comptoir, ein Beamtenhaus aus dem Jahr 1769.

MEISTERWERK AUS EINEM GUSS

Das gesamte Denkmalareal ist eingebettet in einen Kulturpark. In der Anlage erhebt sich oberhalb der Sayner Hütte die Stammburg der Grafen von Sayn. Am Fuß des Burgbergs erstreckt sich die barocke, später neugotisch umgestaltete Anlage von Schloss Sayn. Im Fürstlichen Park wurde 1987 der von Gabriela zu Sayn-Wittgenstein-Sayn initiierte »Garten der Schmetterlinge Schloss Sayn« angelegt. In die Zeit der Grafschaft Sayn fällt um 1200 die Gründung des Prämonstratenserklosters Sayn.

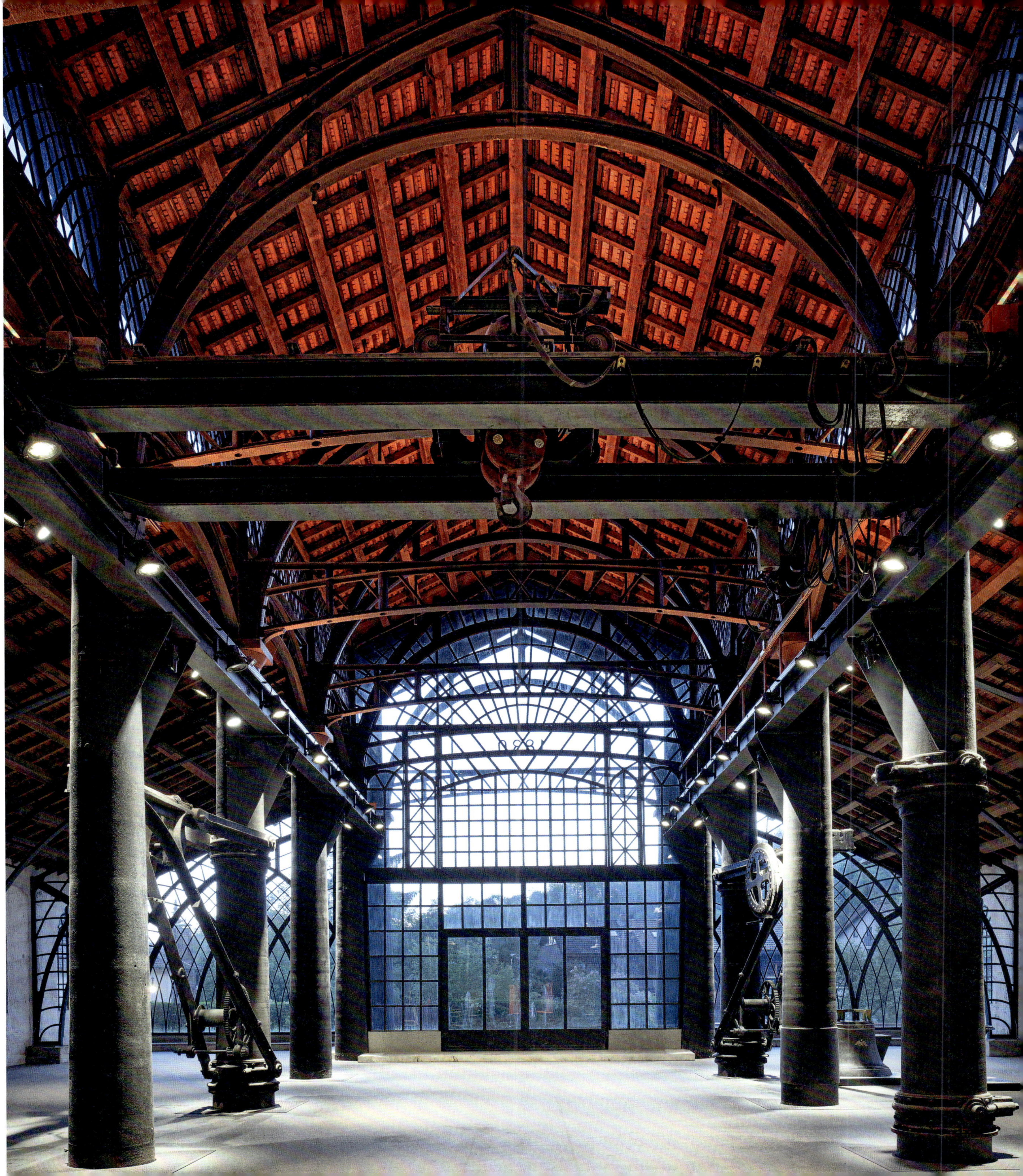

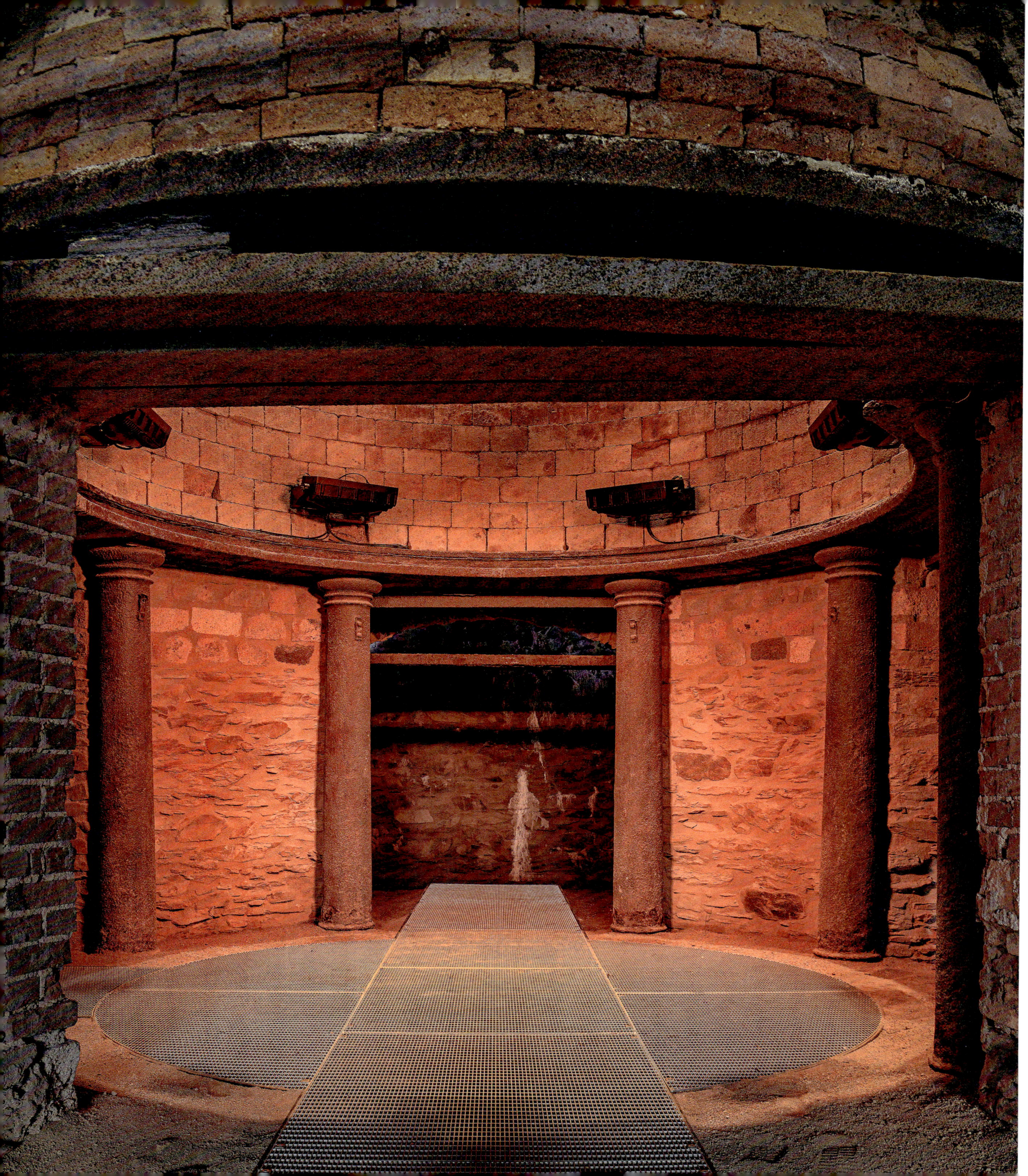

2018 wurde der Hochofentrakt wirkungsvoll in Szene gesetzt. ◁ Das Denkmalareal umfasst neben der Gießhalle mit ihrem neuen schwarzen Anstrich auch den Backsteinbau der restaurierten Krupp'schen Halle. Die Glocke mit dem preußischen Adler wurde 1833 gegossen. ▽

Die historische Gießhalle, der 2010 von der Bundesingenieurkammer der Titel »Historisches Wahrzeichen der Ingenieurbaukunst« verliehen wurde, gilt als erster Industriebau mit einer tragenden Gusseisenkonstruktion. Ihr Architekt Carl Ludwig Althans (1788–1864), ein preußischer Bergbaubeamter, leitete ab 1818 das königlich preußische Hüttenwerk Sayn. Sein Meisterstück war die 1828–30 vollständig aus vorgefertigten Eisengussteilen errichtete Gießhalle. Die weit gespannten Pfeiler, Bögen und Verbindungen konnten direkt vor Ort gefertigt werden und gingen eine formschöne Verbindung mit den Glasfeldern ein, die für Licht sorgten und als Rauchabzug dienten. Vier gusseiserne Wasserräder trieben Blasebälge beiderseits des Hochofens an. Die Sayner Hütte diente der modernen Industriearchitektur als Prototyp. Ihre Bauweise wurde stilprägend für spätere Hallenbauten und kam auch beim Brückenbau und bei Aussichtstürmen zum Einsatz.

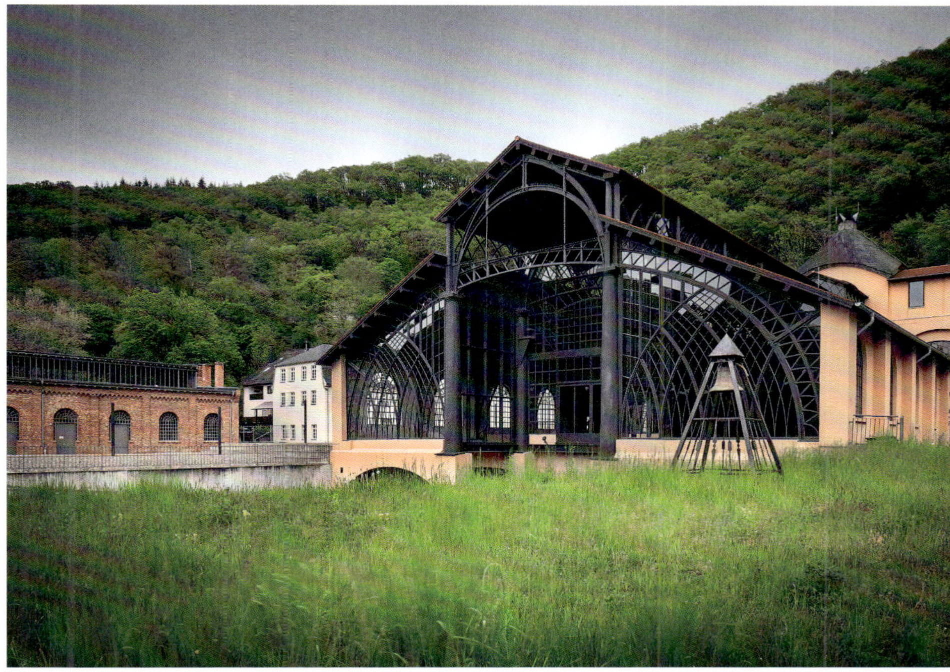

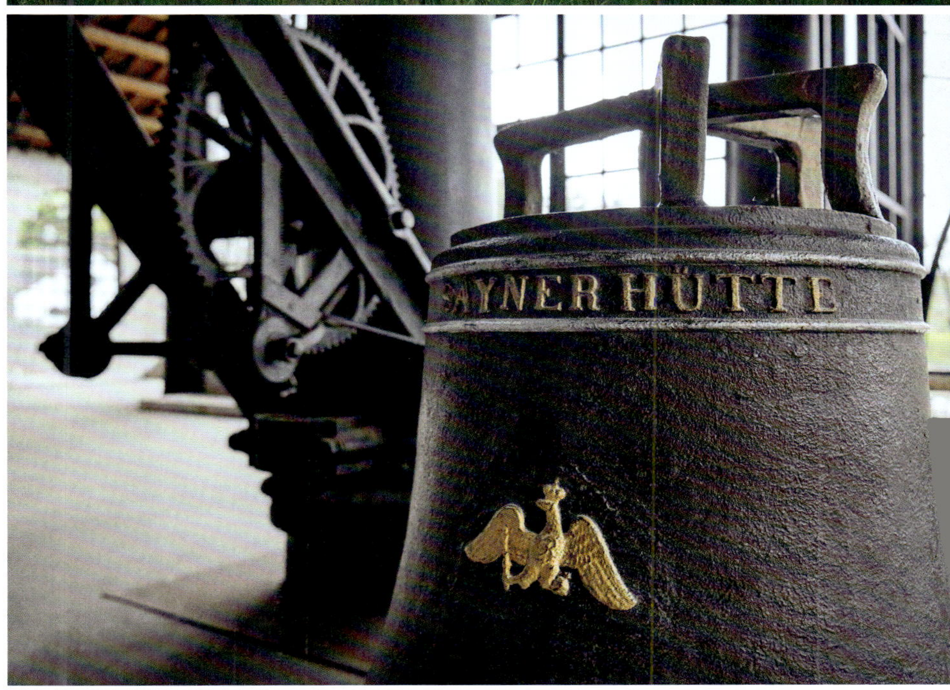

VON ALTHANS ZU KRUPP

Der Grundriss der Gießhalle hat die Form einer Basilika mit einem erhöhten Haupt- und zwei Nebenschiffen und dem Hochofentrakt als Apsis. Getragen wird die knapp 45 Meter lange und mehr als 22 Meter breite Konstruktion von zwölf, später 16 Hohlsäulen mit dorischen Kapitellen, über die sich in Längs- und Querrichtung Eisenbänder spannen. Vor dem Hochofen stützen zwei Fischbauchträger die Gichtbühne, über die der Hochofen beschickt wurde. An den Säulen des Mittelschiffs waren die Schwenkkräne befestigt, die schwere Gussstücke in die Seitenschiffe hoben. Durch die gesamte Halle führte ursprünglich in Längsrichtung eine begehbare Transportstraße, die durch Treppen mit der Ofengicht und der Gießebene verbunden war. Erst kurz vor Fertigstellung der Gießhalle entschied sich Architekt Althans, die Westfront im Stil der Neugotik vollends zu verglasen, anstatt sie zuzumauern – ein Geniestreich.

Die reichen Eisenlagerstätten, der Waldreichtum und die Wasserkraft im unteren Westerwald schufen schon früh die Grundlage für die Eisenverhüttung. Im Raum Bendorf entstanden ab 1608 mehrere

Die auf Kugellagern ruhenden Schwenkkräne in der Gießhalle dienten dem Transport der schweren Eisengussteile. ▽
Das gesamte Hüttengelände – hier die Westfront der illuminierten Gießhalle – wird heute gern für kulturelle Veranstaltungen genutzt. ▷

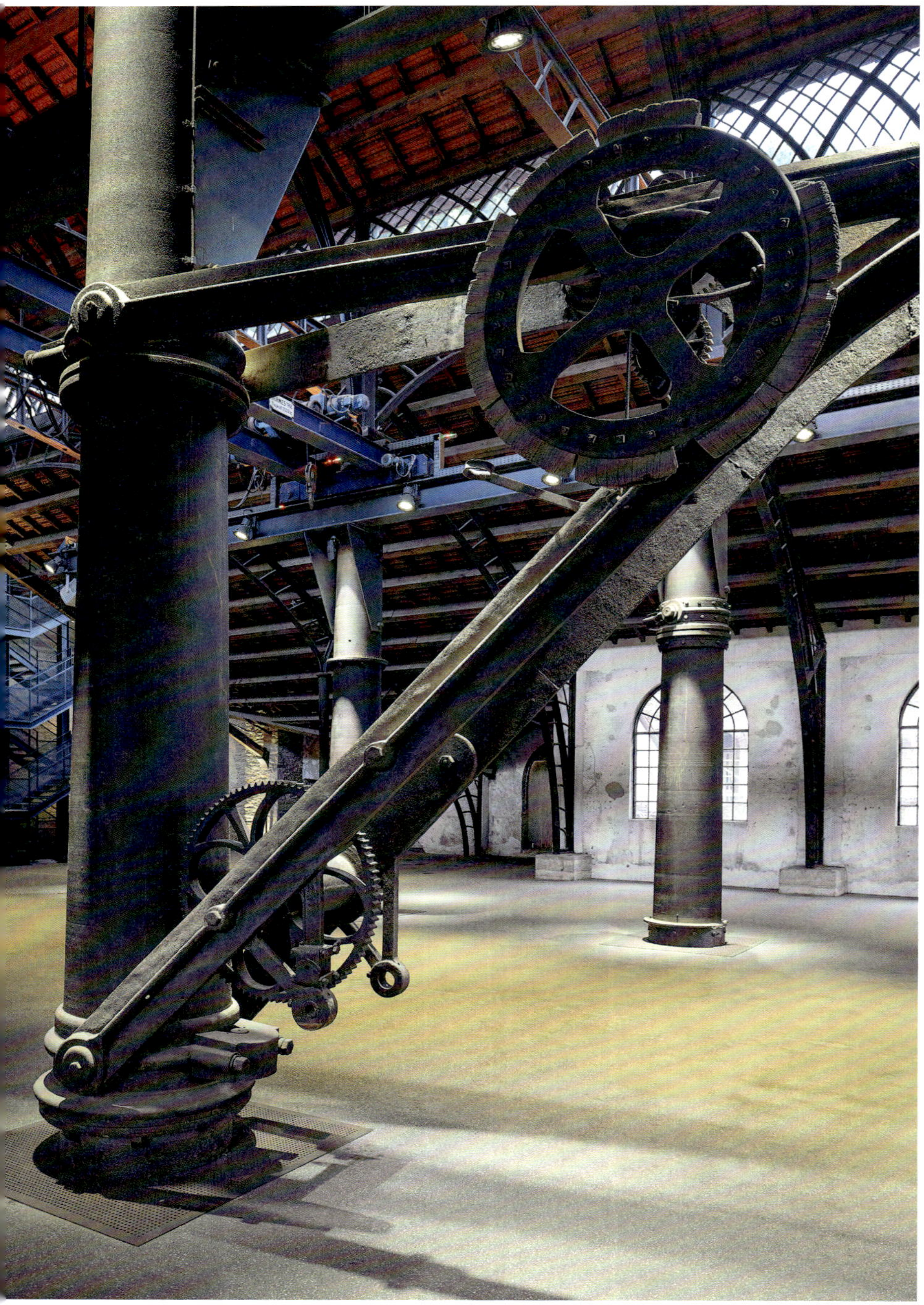

Eisenhütten, darunter auch die 1993 stillgelegte Concordiahütte von 1838, deren Werkhalle heute ebenfalls ein Industriedenkmal ist. Der Trierer Erzbischof und Kurfürst Clemens Wenzeslaus ließ 1769/70 im Tal des Saynbachs eine Eisenhütte errichten. Aus dieser Zeit stammt das Comptoir, der älteste Teil des Denkmalareals. 1815 ging das Rheinland samt der Hütte in preußischen Besitz über.

Die Sayner Hütte war bekannt für die Herstellung von Baueisen, Kanonen und Munition für preußische Festungen wie Ehrenbreitstein im nahe gelegenen Koblenz. 1818 übernahm Carl Ludwig Althans die Hütte und spezialisierte sie auf die Kunstgussproduktion. 1865 kaufte der Unternehmer Alfred Krupp vom preußischen Staat das »Eisenhüttenwerk zu Sayn« mitsamt »den Eisensteingruben bei Horhausen«.

ERFOLGREICHE RETTUNG

Nach ihrer Stilllegung ging die Hütte 1927 in den Besitz der Stadt Bendorf über; die Gebäude verfielen. 1976 erwarb der Unternehmer Heinrich Strüder Teile des Areals. Er bewahrte die Gießhalle vor dem schon beschlossenen Abriss. Bis 2003/04 nutzte seine Firma die Gebäude, danach ging das Areal wieder in den Besitz der Stadt Bendorf über. Nun machte sich eine Bürgerinitiative zum Ziel, das einzigartige Industriedenkmal einer breiteren Öffentlichkeit bekannt zu machen. Maßgeblicher Berater bei der erfolgreichen Umsetzung war der Städteplaner Karl Ganser, der schon den Abriss der Zeche und Kokerei Zollverein in Essen verhindern konnte. Bis 2014 war die Gießhalle komplett restauriert und mit einem modernen Beleuchtungssystem ausgestattet. 2017 erfolgte der Rückbau der Krupp'schen Halle. 2018 wurde der Hochofentrakt neu gestaltet. Weitere Bauvorhaben im Denkmalareal, darunter eine Gestaltung mit Sichtachsen und Plätzen, laufen noch.

In der Antike löste Eisen als Werkstoff die Bronze ab. Gusseisen war in China schon seit etwa 500 v. Chr. bekannt, in Europa wurde das Verfahren dank neuer Schachtöfen erst im Hochmittelalter bekannt.

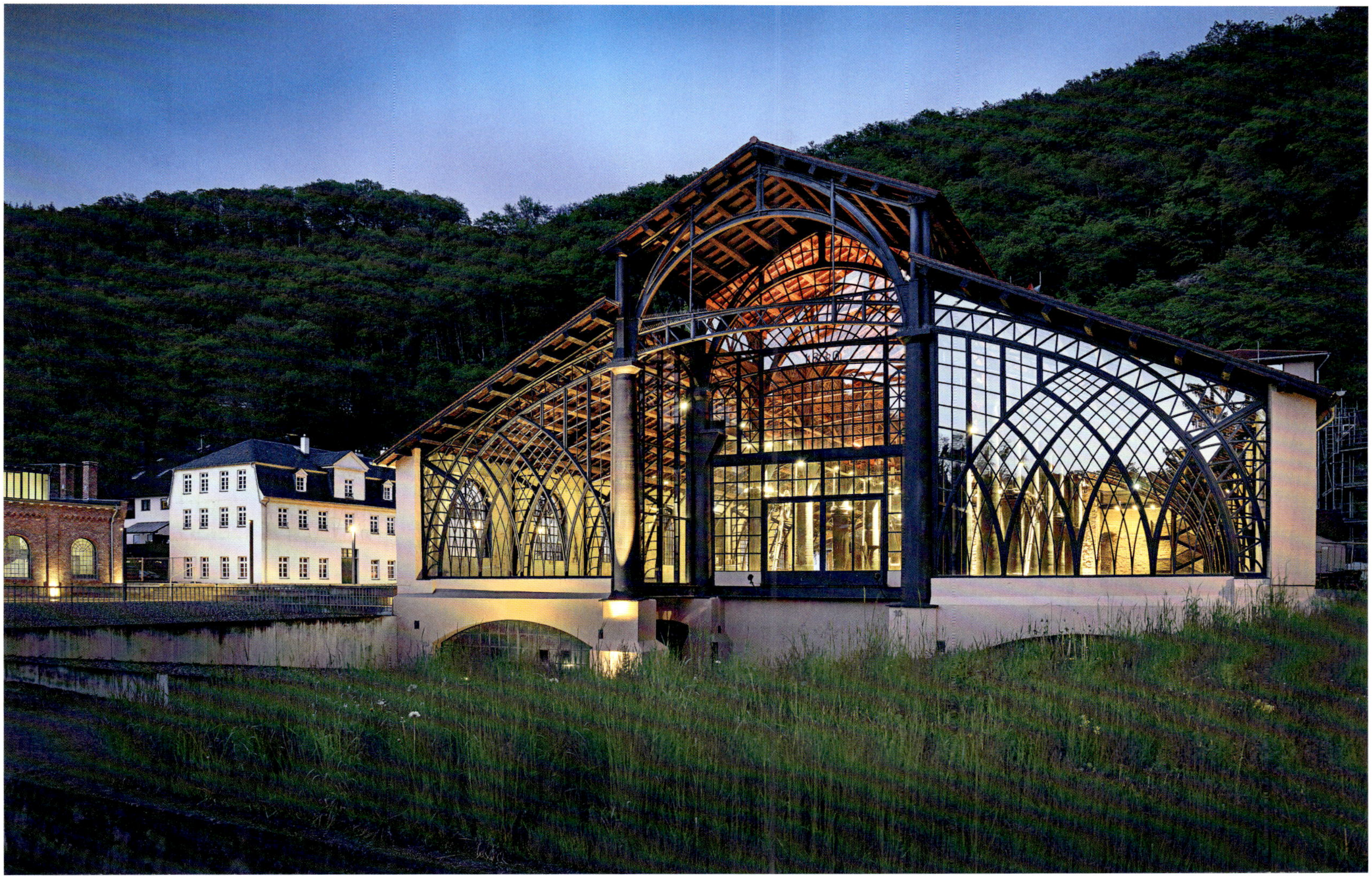

Gusseisen, das einen hohen Kohlenstoffanteil besitzt, lässt sich gießen, aber nicht schmieden. Zum Einsatz kam das Verfahren zunächst beim Glockenguss, später beim Bau von Kanonen. Mit dem Beginn des Industriezeitalters wurde Gusseisen zu einem wichtigen Konstruktionswerkstoff. In der Sayner Hütte kamen neuartige Funktionsabläufe beim Verhütten und Gießen zum Einsatz, was die Gebrauchseisen- und Kunstgussproduktion leistungsfähiger machte. Ab 1817 dominierte der Kunstguss. Die Musterbücher der damaligen Zeit zeigen Schreibzeug, Uhrhalter, Leuchter, Teller und feinen Schmuck. Beliebt waren seinerzeit Neujahrskarten in Form von gegossenen Reliefplaketten, die meist Motive von Bau- und Kunstdenkmälern aus dem Rheinland und aus Westfalen zeigten.

Die Arbeits- und Lebensbedingungen in der Sayner Hütte werden im Besucherzentrum und als Installation beim Hochofentrakt in der Gießhalle gezeigt. Familien mit Kindern erfahren auf einer »Hüttenrallye« akustisch und visuell viele Details über die Arbeit in der Hütte. Schon nach der Gründung der Hütte durch den reformfreudigen Trierer Kurfürsten 1769 galt die Sayner Hütte als Musterbetrieb mit fairen Arbeitsbedingungen. Doch musste die Hütte Tag und Nacht in Betrieb sein, was nur in Zwölf-Stunden-Schichten funktionierte. Die Frauen der Hüttenarbeiter betrieben Landwirtschaft im Nebenerwerb. Wer mehr über den Arbeitstag auf der Sayner Hütte vor hundert Jahren und das Leben der Arbeiter und ihrer Familien erfahren will, schließt sich dem »Hüttenjungen Toni« an.

ENERGIE UND VERSORGUNG

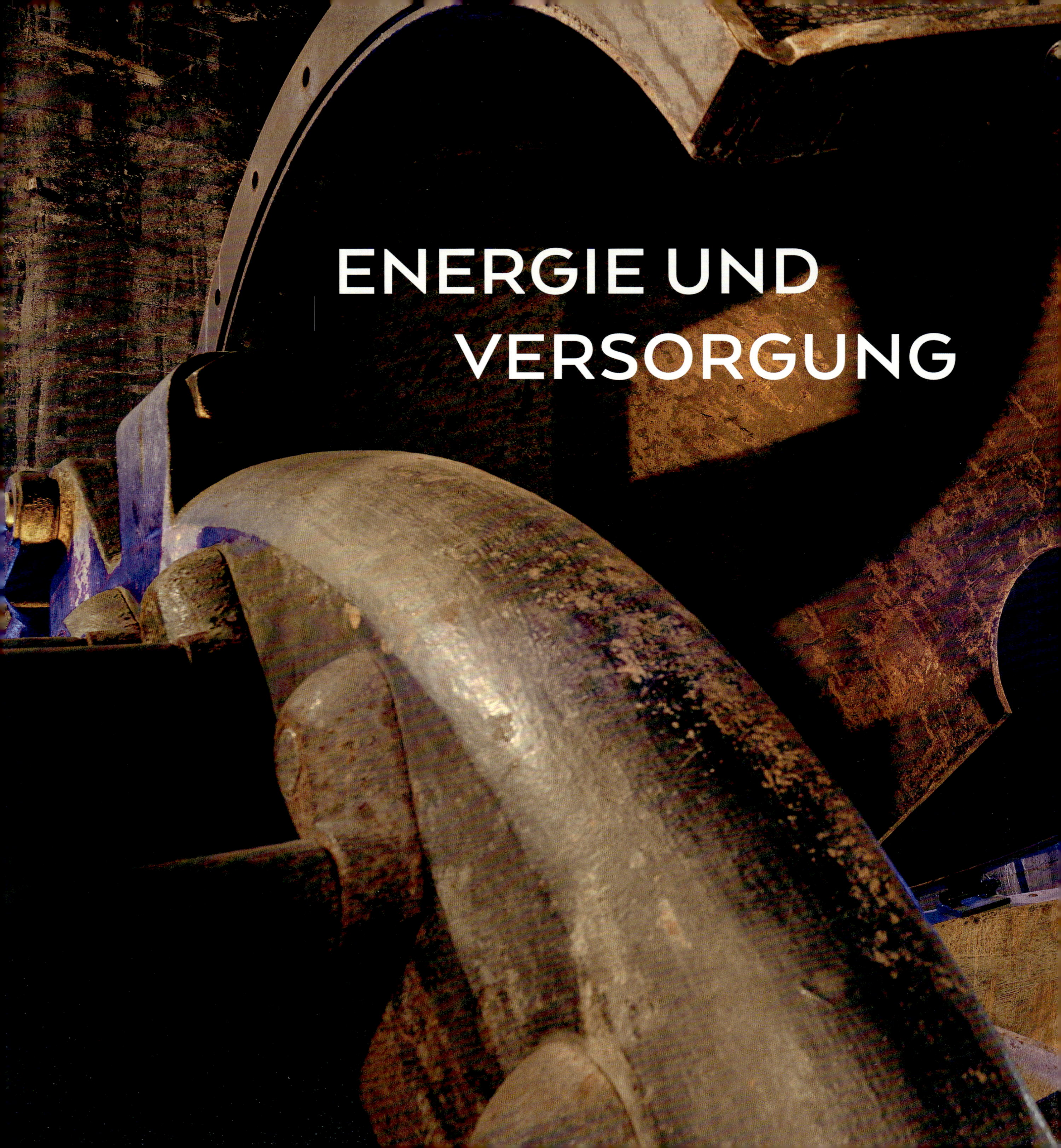

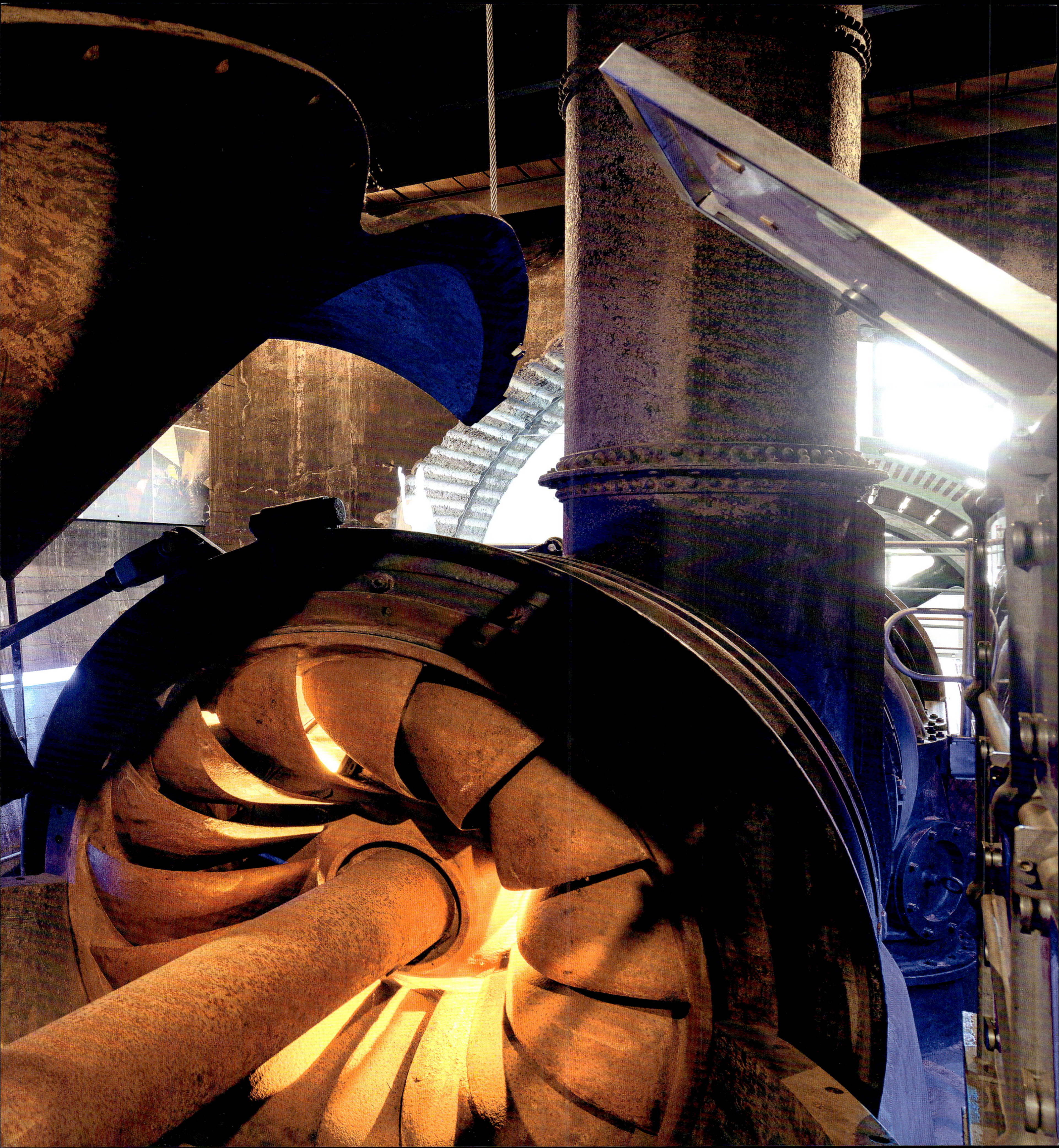

Die ins Stadtzentrum führenden Stromkabel passierten die Isar über den filigranen Kabelsteg, die Praterinsel und die Mariannenbrücke. ▽

Das im Jugendstil errichtete Muffatwerk mit dem markanten Schornstein ist eines von vier Kraftwerken am Auer Mühlbach und an der Isar, die München mit Strom versorgten. ▷

MUFFATWERK · MÜNCHEN

STROM UND WÄRME AUS OCKERGELBEN MAUERN

Die Stromerzeugung durch Wasserkraft hat in München eine lange Tradition. Das Muffatwerk, das erste Dampf- und Wasserkraftwerk der Isarmetropole, wurde 1893 in Betrieb genommen. Es versorgte München bis 1973 mit Elektrizität und nach der Umgestaltung seit 1993 mit Kunst, Kultur und Unterhaltung. Mit seinem hoch aufragenden Jugendstilschornstein setzt das Ensemble am Isarhochufer eine deutliche Landmarke.

Das Muffatwerk liegt wie auch drei weitere Kraftwerke am idyllischen Auer Mühlbach. Dieser sieben Kilometer lange, zum größten Teil kanalisierte Münchener Stadtbach wird beim Isar-Werkkanal nahe des Tierparks Hellabrunn, den er durchfließt, abgeleitet. Der weitere Lauf führt zum Teil parallel zur Isar durch die Stadtteile Untergiesing und Au und mündet oberhalb der Praterinsel beim Sitz des Bayerischen Landtags, dem Maximilianeum, wieder in den Fluss. Die Wasserkraft des Auer Mühlbachs diente bereits im Mittelalter dem Betrieb von Mühlen. Durch Wehre konnte auch der Wasserbedarf der aufstrebenden Stadt München gedeckt werden. Ende des 19. Jahrhunderts wurde der Mühlbach entscheidend für die städtische Energieversorgung.

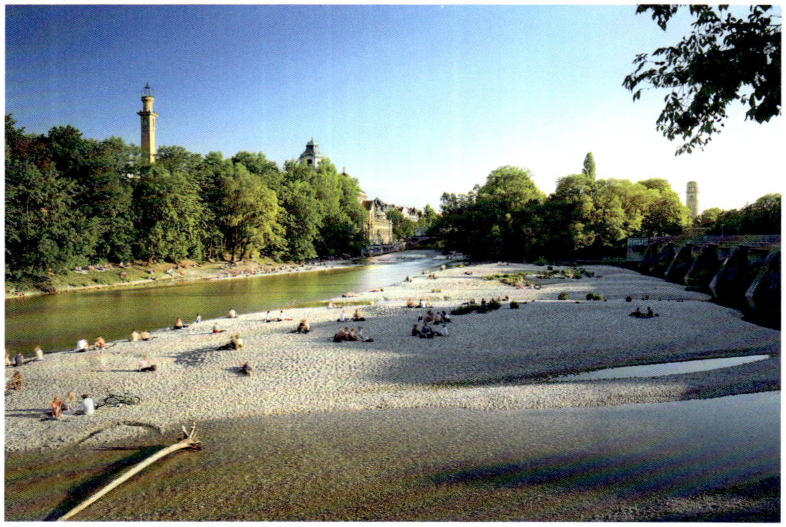

Die Kraemer'sche Kunstmühle zwischen Isarhochufer und Auer Mühlbach war ursprünglich eine Papiermühle, später eine Getreidemühle. Sie verfügte über ein eigenes Laufwasserkraftwerk, das 2007 stillgelegt wurde. Noch in Betrieb ist das städtische Kraftwerk Bäckermühle, das 1887 auf dem Gelände der alten Bäcker-Kunstmühle errichtet wurde, und das Maximilianswerk unterhalb der Maximiliansbrücke. Es wurde 1895 im Stil eines barocken Gartenschlösschens seiner Bestimmung übergeben.

HEIZKRAFTWERK IM JUGENDSTIL

Das Muffatwerk wurde nach den Plänen des Architekten Carl Hocheder im barockisierenden Jugendstil errichtet. Das wird besonders im dekorativen Schornstein deutlich, der die Muffathalle, den größten Teil des ockergelben Industriekomplexes, überragt. Er wurde auf den ehemaligen Wasserturm des Brunnhauses aufgesetzt.

Die ehemalige Turbinenhalle wird heute wie das kleinere Ampere als Veranstaltungshalle genutzt. Ampere nennt sich das noch im klassizistischen Baustil errichtete ehemalige Kesselhaus. Um den 50 Meter hohen Muffatturm, als Abzug der Dampfkesselanlage weithin sichtbares Wahrzeichen, gruppieren sich insgesamt vier miteinander verbundene Bauten: Turbinenhalle, Kesselhaus, Maschinenhaus und

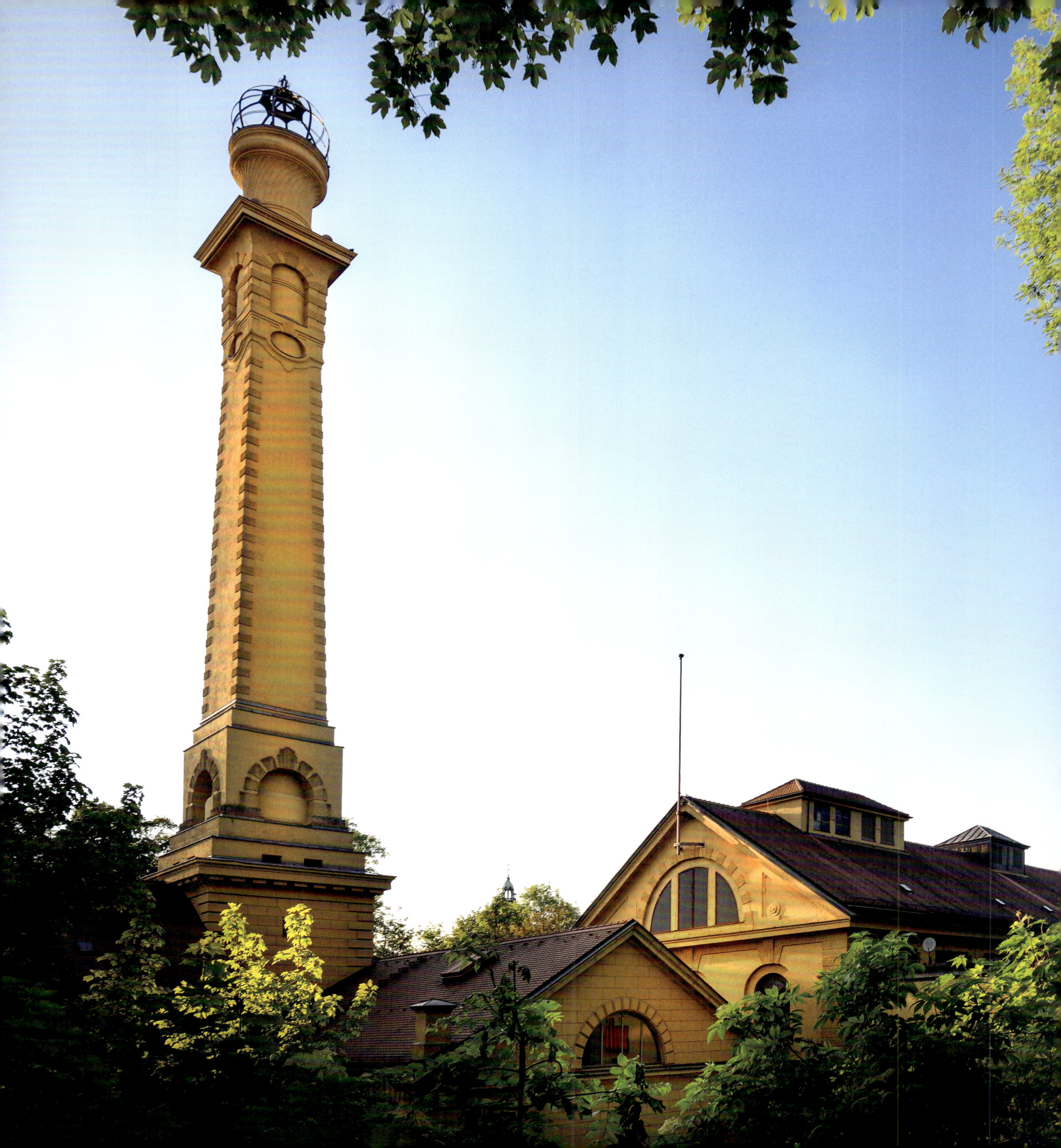

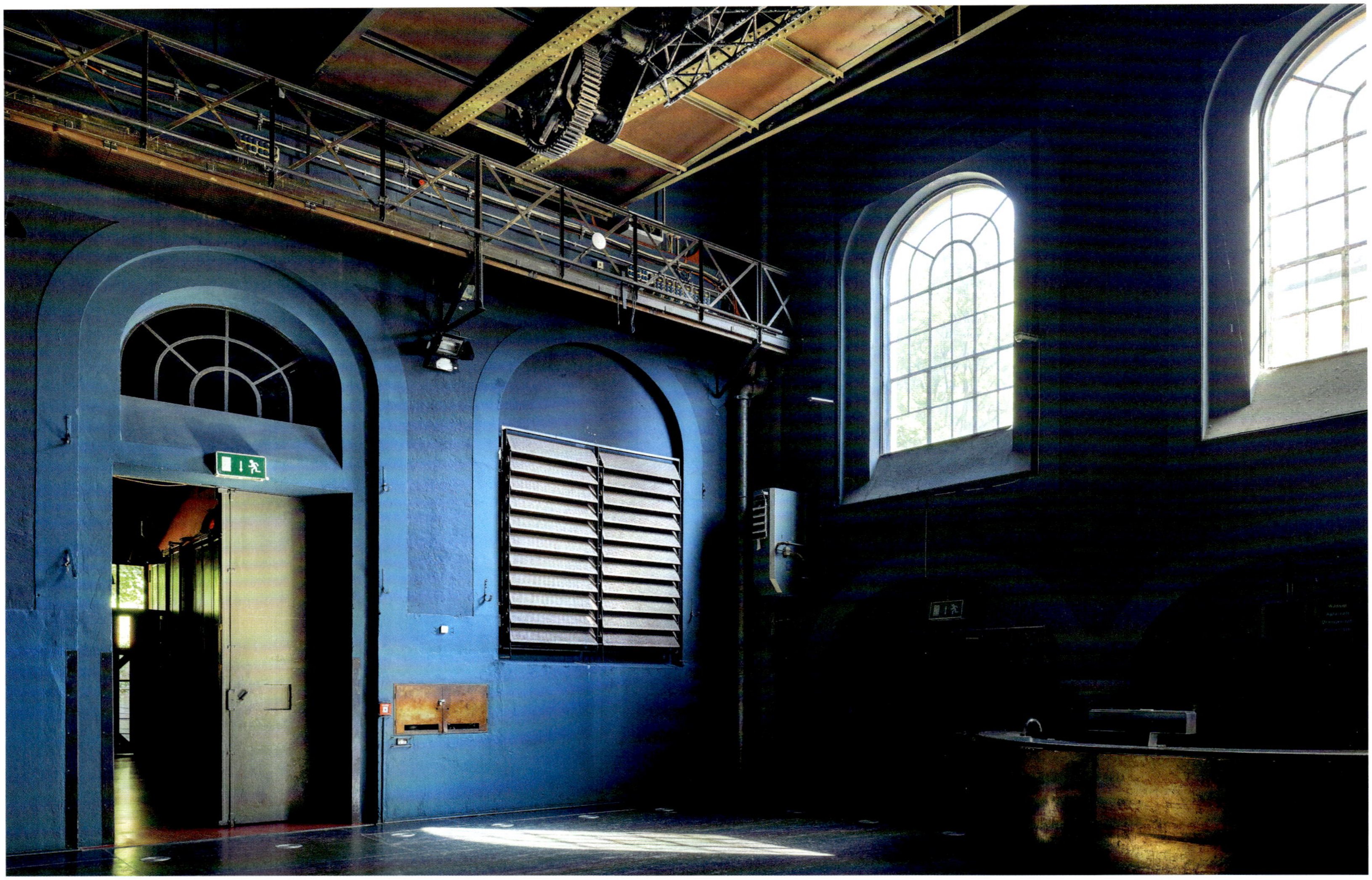

Brunnhaus, der älteste Teil der Anlage. Alle Bauten, die um zwei Studiobereiche erweitert wurden, dienen kulturellen Zwecken. Bei der Umgestaltung wurde viel Wert auf die Erhaltung der alten Architekturelemente, Backsteinmauerwerk sowie Eisen- und Dachstuhlkonstruktion, gelegt. Auch im Inneren der Räume blieben mit Beschriftungen und Isolatoren Spuren der ehemaligen Nutzung erhalten. Die Veranstaltungsbereiche im Kessel- und im Maschinenbereich sind durch eine Stahlgalerie mit aufwendigen Lichtelementen verbunden.

Auf einem Nachbargrundstück entstand ab 1900 ebenfalls nach Plänen von Hocheder die Villa der Kraftwerkbetreiber im Stil des Münchener Barock, auch »Hocheder-Barock« genannt. Mit seinen neobarocken Jugendstilgebäuden stellte Carl Hocheder einen Gegenentwurf zu den München prägenden klassizistischen Monumentalgebäuden eines Leo von Klenze her. In der Villa sollen jetzt Luxuswohnungen entstehen.

Benannt ist das Muffatwerk nach dem Stadtbaurat und Architekt Franz Karl Muffat (1797-1868) und seinem Bruder, dem Archivar und Historiker Karl August Muffat (1804–1878). Franz Karl Muffat hatte das Brunnhaus auf der Kalkofeninsel, einer Halbinsel zwischen Kleiner Isar, Auer Mühlbach und äußerer Ludwigsbrücke geplant, das 1837 in Betrieb genommen wurde. Südlich des Muffatwerks schließt sich das Müller'sche Volksbad an. Auch dieser prächtige neobarocke Jugendstilbau aus dem Jahr 1901 trägt die Handschrift des Architekten Carl Hocheder.

Brunnhäuser mit von Wasserkraft angetriebenen Pumpwerken als Teil der öffentlichen Wasserversorgung gab es in München schon im

16. Jahrhundert. Unter dem Brunnhaus auf der Kalkofeninsel wurde ein Seitenarm des Auer Mühlbaches durchgeleitet, der zwei Wasserräder antrieb. 1867 kam ein Maschinenhaus mit einer Dampfmaschine hinzu. Das Wasserwerk wurde 1883 geschlossen und elf Jahre später noch einmal zum Elektrizitätswerk mit einer Leistung von 121 Kilowatt erweitert. Später folgten mehrere Um- und Ausbauten zur Stromerzeugung für die Straßenbeleuchtung und den Straßenbahnbetrieb. Bis 1973 konnten die Stadtwerke München im Muffatwerk auf eine Leistung von 1400 Kilowatt zurückgreifen. Das heutige Kulturzentrum gewinnt seinen Ökostrom seit 2006 aus einem privat betriebenen Wasserkraftwerk, dessen Generator unter einer kleinen Wehranlage im Auer Mühlbach liegt. Dafür wurde der Bach um knapp vier Meter aufgestaut.

ENERGIEGELADEN BIS HEUTE

1992 haben die Stadtwerke und die Stadt München das gesamte Ensemble für eine kulturelle Nutzung freigegeben. Unter Einhaltung der strengen Denkmalschutzauflagen entstand das multifunktionale Kulturzentrum Muffathalle. Die Landeshauptstadt ließ das Dampfkraftwerk sanieren und stattete die Halle mit Umluftanlage, moderner Bühne und anspruchsvollen Licht- und Tonanlagen aus. Mittlerweile hat sich die Veranstaltungsfläche auf 3000 Quadratmeter vergrößert. Daneben erfreuen sich auch das Café und im Sommer ein gemütlicher Biergarten großer Beliebtheit. Mit seinem vielfältigen und anspruchsvollen Livemusik-Programm sowie Tanz-, Theater- und Multimedia-, Literatur- und Kunstveranstaltungen hat sich das Muffatwerk auch über die Grenzen Münchens hinaus einen Namen gemacht.

In unmittelbarer Nähe des Muffatwerks befinden sich städtebaulich und kunsthistorisch eindrucksvolle Brückenanlagen, darunter der 1898 im Jugendstil erbaute Kabelsteg, eine der ersten Eisenbetonbrücken überhaupt. Er führt vom Muffatwerk auf die in der Isar liegende Praterinsel. Mit seinen eingebauten Kabeln versorgte er die Stadtbeleuchtung mit Strom. Als Fortsetzung verbindet die Mariannenbrücke die Praterinsel mit dem linken Isarufer.

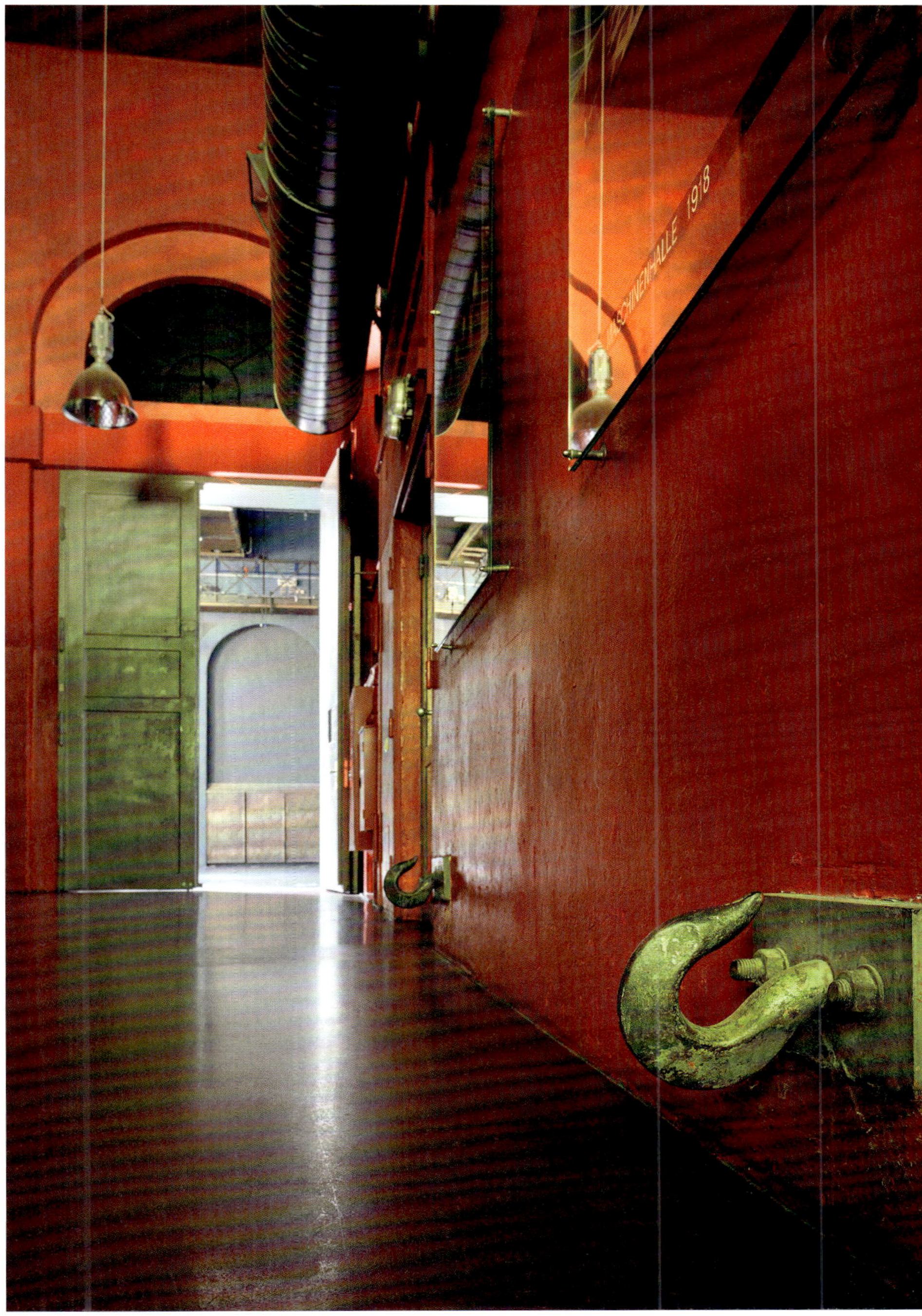

Die große, in Blautönen gehaltene Muffathalle, die ehemalige Turbinenhalle, und das kleinere Ampere, das ursprüngliche Kesselhaus, werden heute nach aufwendiger Restaurierung für hochkarätige Kulturveranstaltungen aller Art genutzt.

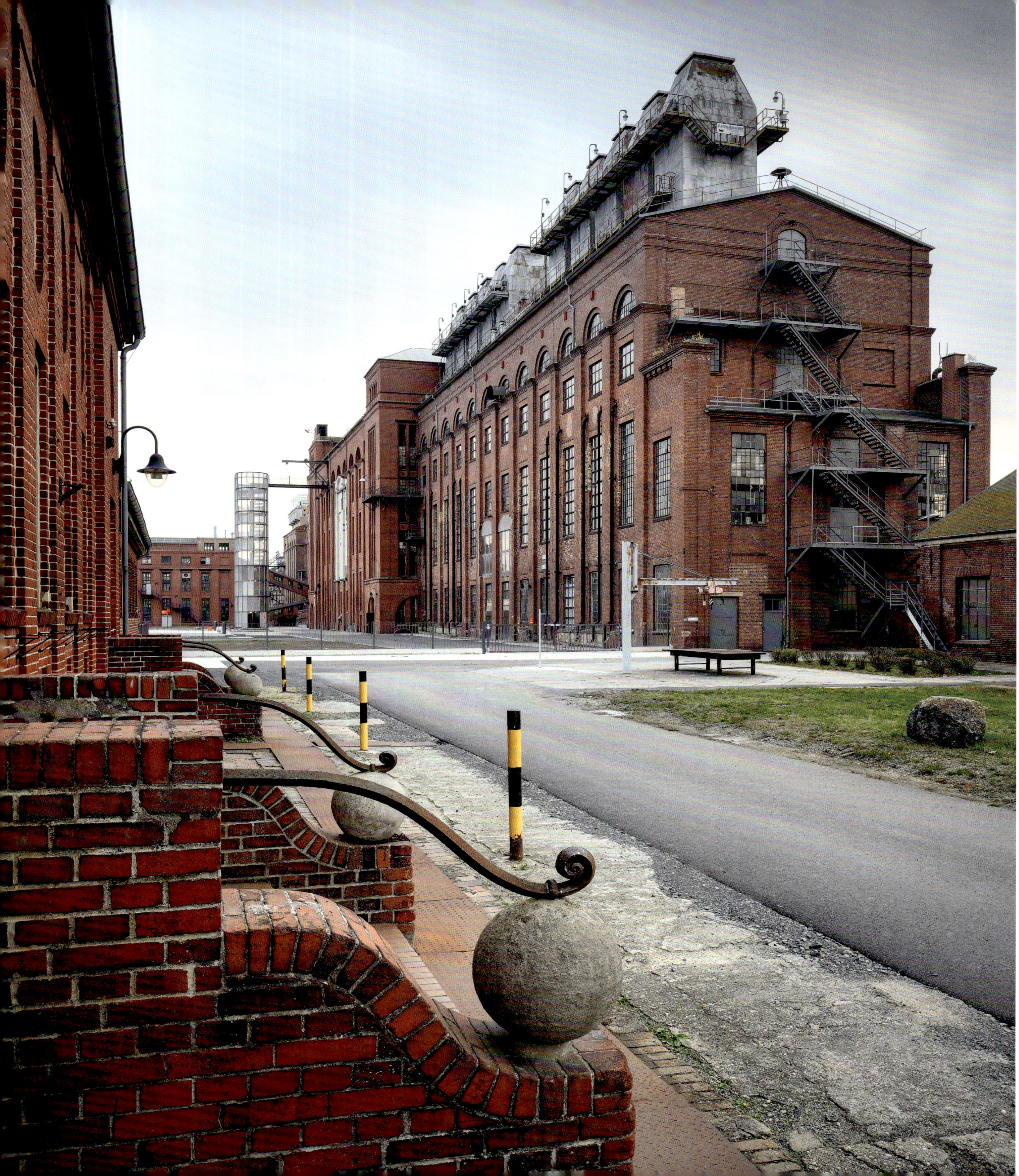

Die Energiefabrik Knappenrode steht als roter Koloss in der Landschaft der Lausitz. ◁ Rekord ging in den Export. Die Brikettproduktion »Rekord« aus Lausitzer Braunkohle sicherte der DDR Devisen. ▽

ENERGIEFABRIK KNAPPENRODE · HOYERSWERDA

EIN BACKSTEINKOLOSS FÜR BRIKETTS

Das Museum »Energiefabrik Knappenrode« ist ein roter mehrstöckiger Backsteinbau vom Anfang des 20. Jahrhunderts. Dort wurde rohe Braunkohle zu Briketts gepresst. Energie aus der Lausitz, hergestellt in Brikettform in einer staubigen Kathedrale der Industrie. Seit 1993 stehen die Maschinen still und die technischen Anlagen der ehemals modernsten Brikettfabrik Deutschlands können in einer Reise in die Vergangenheit erlebt werden. So bleibt ein Standort als Industriedenkmal erhalten und erzählt die Geschichte von Kohle und Technik sowie von den Menschen und ihrer Arbeit.

Die Ziegelfassade der gewaltigen Energiefabrik ist klar gegliedert und rhythmisch strukturiert, ihre Wirkung monumental. Der Architekt Walter Schädel, der bis dahin Mietshäuser in Berlin baute, schuf große Fenster, schmale Pilaster und Halbbogenfenster als Abschlussreihe für diesen Industriebau. Die Außenansicht spiegelt die Kunstideen der Zeit zwischen Historismus, Expressionismus und Jugendstil wider. 1914 begann der Bau der Fabrik, 1918 war sie fertig. 1922 wurde die Anlage erweitert – und 1994 als Museum wieder eröffnet.

HUNGER NACH ENERGIE

Bevor der Grundstein gelegt wurde, war am Lausitzer Standort nichts als Wald, Sumpf und Heide. Dann begann die Industrialisierung und mit ihr der Hunger nach Energie. Im 19. Jahrhundert rauchten überall die Schlote und Lokomotiven verschlangen Heizmaterial. Steinkohle wurde bevorzugt, da ihr Brennwert deutlich besser ist. Aber ihre Vorräte reichten nicht. Nun kam die Braunkohle ins Spiel. Mitte des 19. Jahrhunderts erfand Carl Exter eine Methode, die lockere und lose Kohle in ziegelförmige Briketts zu pressen und damit nutzbar zu machen. Das war der Start. Der Aufschwung kam nach dem Ersten Weltkrieg. Das hochindustrialisierte Deutschland musste mit den Gebietsabtretungen nach dem Vertrag von Versailles auf einen Großteil seiner Steinkohlevorkommen verzichten. Es schlug die Stunde der heimischen Braunkohle, die später auch in der DDR mangels Steinkohleabbaustätten und Devisen ein wichtiger Energielieferant blieb. Aus dem Gold der Lausitz wurden handliche Briketts. Die »Eintrachter Braunkohlenwerke und Brikettfabrik AG« begann 1913 mit der Erschließung der Wald- und Heidelandschaft. Für die Umsetzung des Gesamtvorhabens wurde als Erstes eine Wohnsiedlung gebaut. Tagebau statt Landwirtschaft und Schichtarbeit statt Feldarbeit war

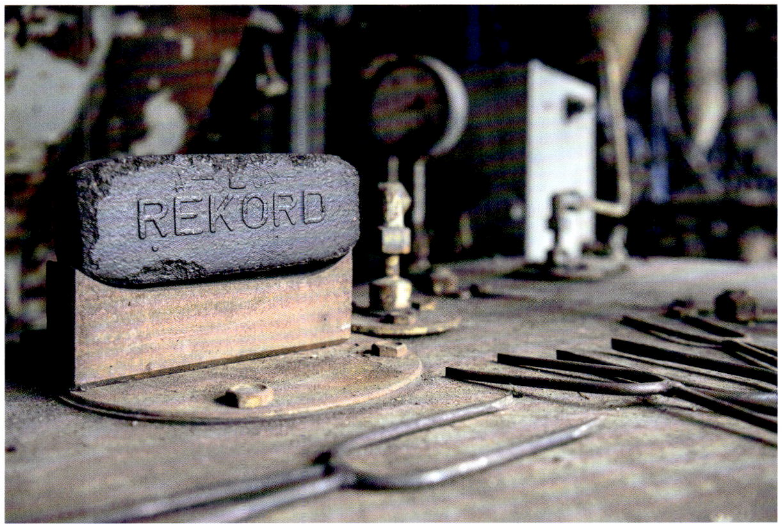

» Der Geruch von Kohle hängt noch schwer in den Hallen.

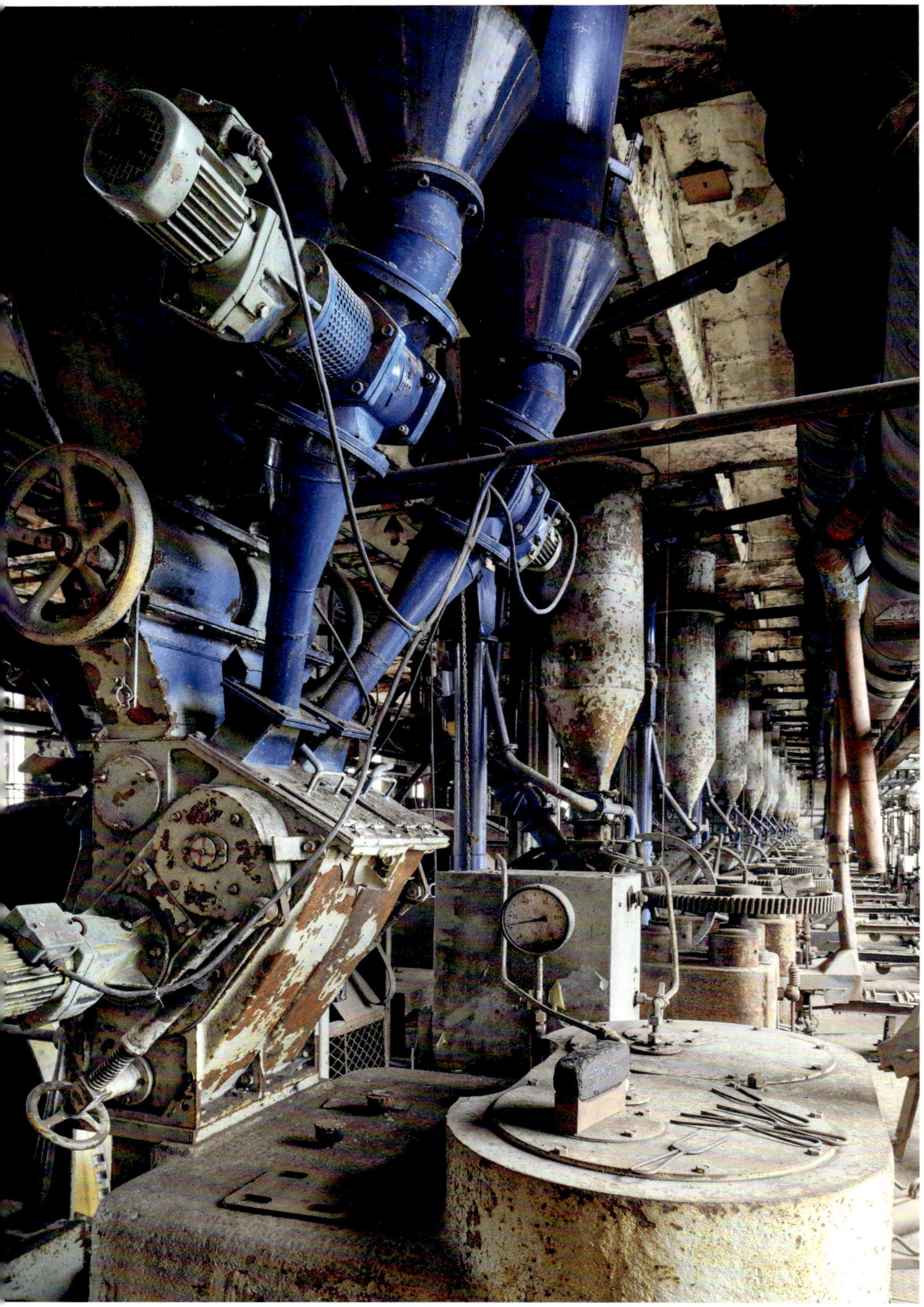

die Devise. Das Dorf Werminghoff entstand, benannt nach dem Generaldirektor der »Eintracht«. In der Bergarbeitersiedlung standen 60 Wohnhäuser im Landhausstil, ein Bade- und Zechenhaus, ein Kaufhaus, die Schule und ein Gasthaus mit Kneipe. Die ehemaligen Bauern arbeiteten im Brikettwerk und blieben auch nach Feierabend in Vereinen und Gesellschaften unter sich. Am 27. Januar 1950 wurde der Ortsname Werminghoff, politisch motiviert, aufgegeben und in Knappenrode geändert.

RIESENHEUSCHRECKEN ÜBER SEENLANDSCHAFT

In der Brikettfabrik Knappenrode steht alles still. Es ist, als sei der letzte Arbeiter staubgerötet gerade gegangen. Kein Schornstein raucht mehr. An den Wänden der Hallen klebt noch braunrot der Kohlenstaub. Der »Erlebnisrundgang« beginnt in einem Hain aus Mammutbäumen, Sumpfzypressen und Magnolien. Solche Bäume wuchsen im Tertiär. Aus ihnen wurde in einem mehrstufigen geologischen Prozess Kohle. Der zweite Stopp ist ein Förderturm. Je tiefer der Tagebau sich ins Erdreich grub, desto mehr Grundwasser musste abgepumpt werden. In unterirdischen Stollen floss das Wasser ab.Für das Procedere wurden Fördertürme aufgestellt. Der Obersteiger überwachte alles, das Steigerhaus ist noch zu sehen.

An der Tiefbaustrecke sitzen zwei Schaufelradbagger wie Riesenheuschrecken in der Landschaft. Ein Fuhrpark auf Schienen inklusive der Grubenloks bringt die »Arbeit in der Kohle« näher. Heute fährt ganz entspannt eine Draisine die Besucher auf den alten Schienen spazieren. Kleine »Nachwuchskumpel« können im Außengelände viel entdecken und erkunden.

Der Eingang zur Fabrik ist der stählerne Treppenturm, 22 Meter hoch mit 122 Stufen. Von oben schweift der Blick weit über den ehemaligen Tagebau, der sich in eine Seenlandschaft verwandelt hat. In der Ferne raucht das Kraftwerk Schwarze Pumpe. Der Ausstieg aus der Braunkohle soll bis 2038 abgeschlossen sein, dann werden 130 Jahre Industriegeschichte in der Lausitz zu Ende gehen.

Die ehemalige Fabrik ist heute ein Museum. Als sei der letzte Arbeiter gerade gegangen, klebt überall noch der braunrote Kohlenstaub. ◁
Außengelände mit Tiefladern und Kränen ▽

Die Ziegelfassade des Fabrikgebäudes ist klar strukturiert und rhythmisch gegliedert. Das ist der ästhetische Reiz des zweckmäßigen Gebäudes. ▽▽

Im Inneren des Werks hängt der Geruch von Kohle noch schwer in den Hallen. Über sieben Etagen, treppauf, treppab führt der Weg, vorbei an Maschinen aus vielen Jahrzehnten; sie sind alle noch da. Die ältesten haben mehr als 100 Jahre auf dem Buckel. Stimmen ehemaliger Arbeiterinnen und Arbeiter erzählen in Klanginstallationen über die harte und manchmal lebensgefährliche Arbeit. Über 900 Menschenleben hat der Bergbau in Südbrandenburg und Sachsen seit dem 19. Jahrhundert gekostet.

WEGE DER MENSCHEN – DER WEG DER KOHLE

In der Waschkaue begann für die Arbeiter die Schicht. Heute wie damals werden die an der Garderobe abgegeben Kleidungsstücke am Seil nach oben gezogen. Früher konnten sie so in den Pausen besser durchlüften, inzwischen ist das System eine praktische kleine Attraktion. Einige Nebengebäude des staubspuckenden Werks wurden in den 1990er-Jahren abgerissen, die vollständige Anlage wird im Modell gezeigt. Mit Schutzhelm und festem Schuhwerk ausgerüstet, geht es weiter zum Getriebe.

Die Kohlenzüge kamen zur Zwischenlagerung des abgebauten Materials im Schlitzbunker an. Über Förderbänder fiel die Braunkohle in Vorbrecher, Doppelschwingsiebe und Prallhammer, bis nur noch kleinste Körner von ihr übrig blieben. Die Reste von uralten Pflanzen wurden entfernt, die Braunkohle wurde zerkleinert und ausgesiebt. Zum Schluss entzog man dem Gestein das Wasser, im Durchschnitt 54 Prozent. Über Röhren- und Tellertrockner ging es für das rotbraune Gekrümel in die Presse. Als Brikett wurde es schließlich verladen. Dreimal am Tag unterbricht eine Soundinstallation die Stille in den Maschinenräumen und es scheint, als würden die Maschinen wieder röhren und röcheln.

Als das Werk noch in Betrieb war, flirrte der Staub durch die Luft. Die Feinstaubbelastung innerhalb und außerhalb des Werks war hoch und gesundheitsschädlich. Der Geruch von Braunkohle lag, je nach Wetter, über weiten Teilen der Lausitz. Gefährliche Verpuffungen kosteten Menschenleben. Am 16. März 1978 starben Helmut Mark, Erhard Kunaschk, Gerhard Polling und Willi Dschietzig. Die Arbeitsbedingungen waren oft hart. Im Dreischichtbetrieb wurde rund um die Uhr gearbeitet. Zuletzt waren etwa 600 Menschen in den Klinkerhallen beschäftigt.

ZUKUNFT OHNE BRAUNKOHLE

Von 1918 bis 1993 wurde in Knappenrode die unvorstellbare Menge von 67,3 Millionen Briketts produziert, in den letzten Jahren vor 1989 kamen rund 30 Prozent in den Export. Nach der Wende ging es nicht mehr weiter. Der Absatz von Braunkohlebriketts sank um 60 Prozent. Obwohl Deutschland immer noch das größte Förderland und der größte Exporteur von Braunkohle in der Welt ist, hat der nicht erneuerbare Brennstoff keine Zukunft mehr.

Der Tagebau hat die Landschaft für immer verändert. Heute sind die riesigen Gruben geflutet. Der Knappensee ist ein Landschaftsschutzgebiet, der Graureihersee in unmittelbarer Nähe – der Name sagt es – die Heimat der größten Graureiherkolonie Deutschlands. Und mittendrin als Denkmal der Braunkohleindustrie in der Lausitz steht leuchtend rot die »Energiefabrik Knappenrode«.

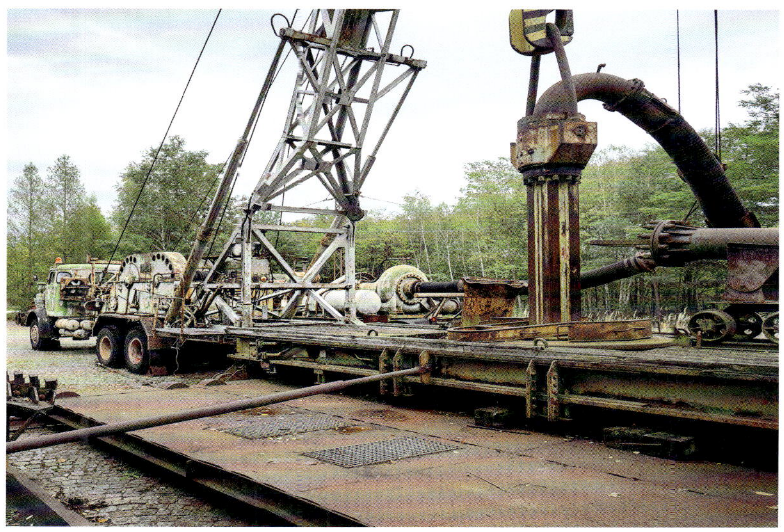

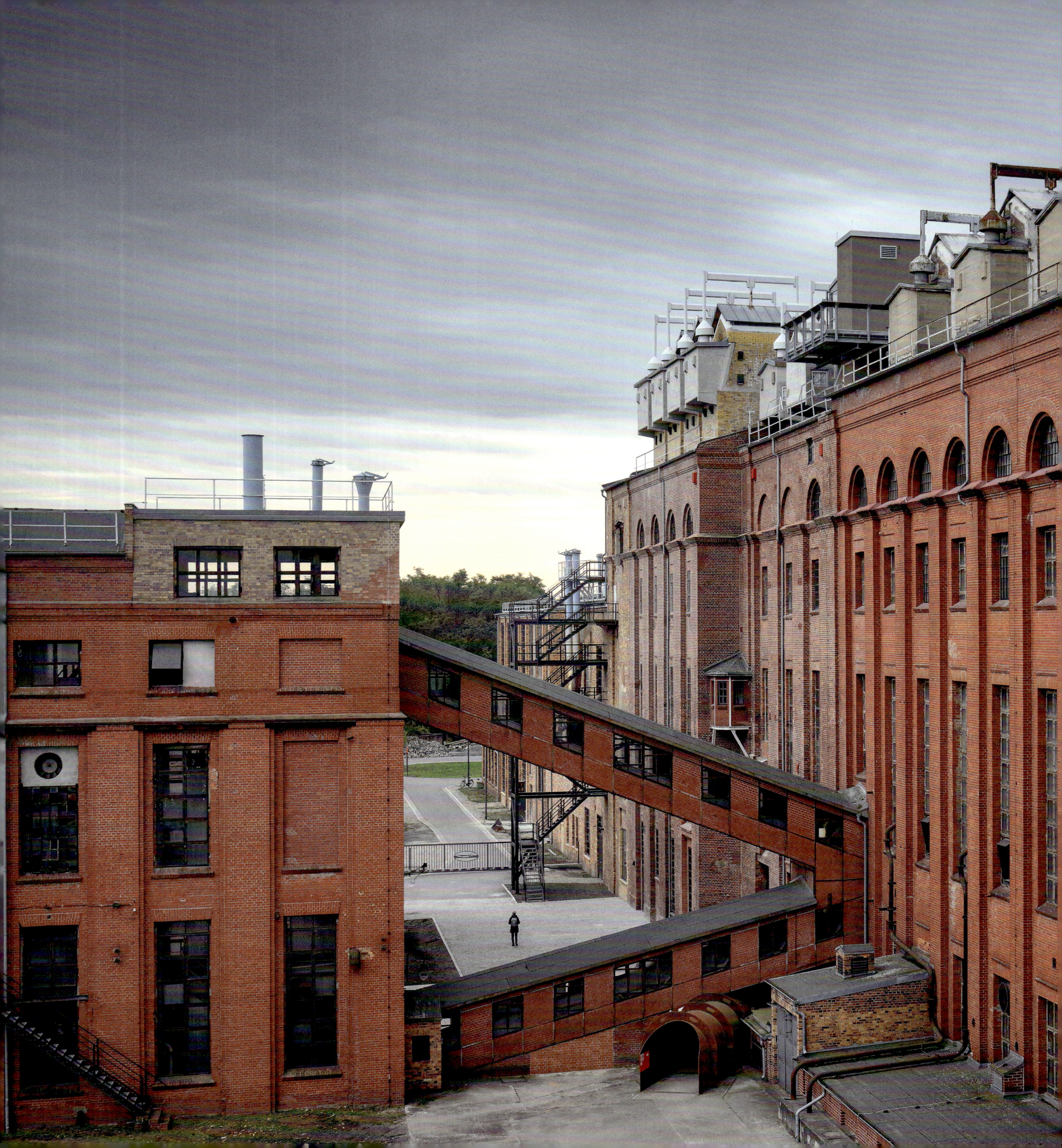

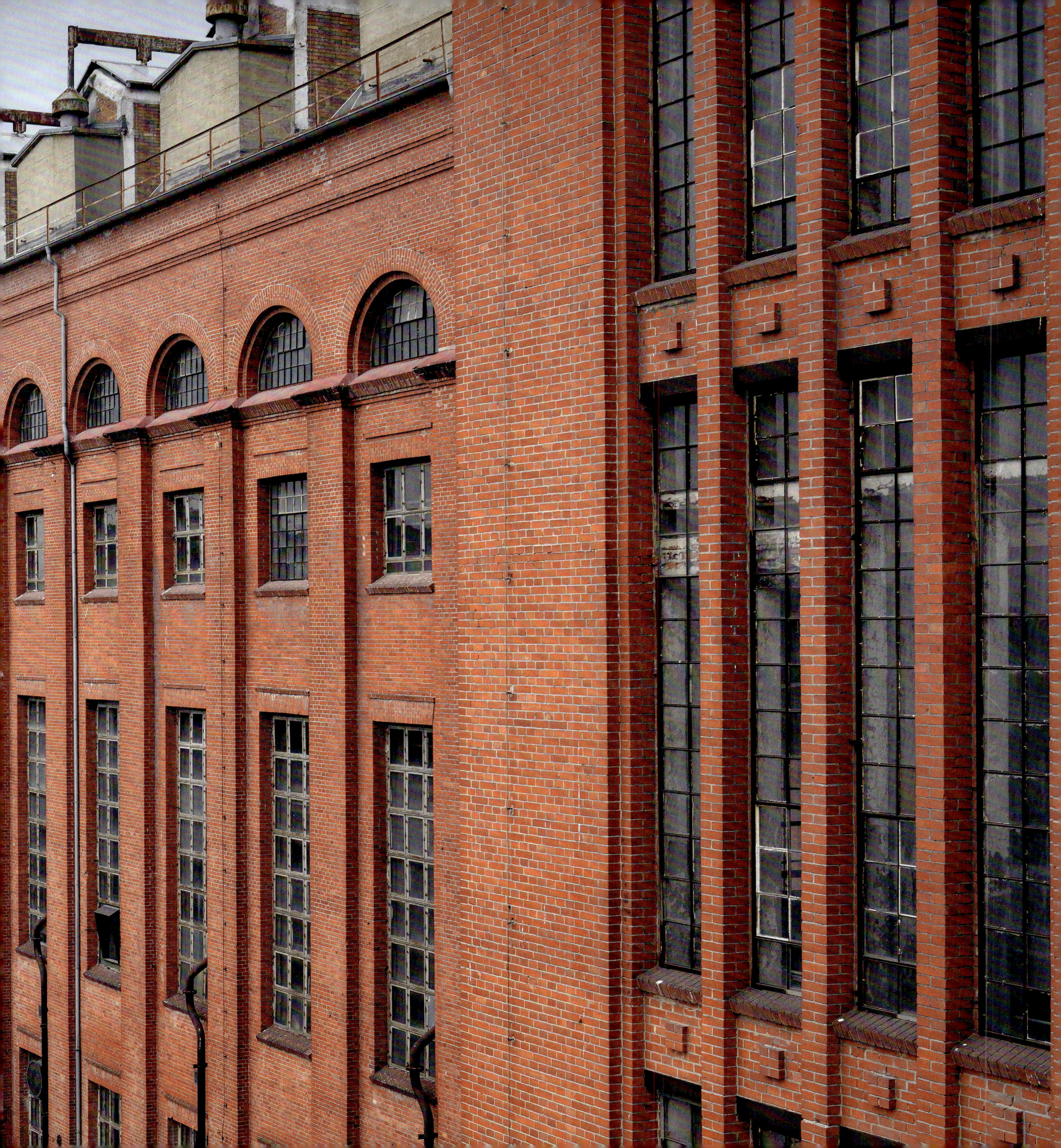

Das im spätklassizistischen Stil 1878 errichtete Kesselhaus des Wasserwerks am Hochablass überspannt einen Triebwasserkanal. ▽
Die vier Druckwindkessel im Kesselhaus dienten als Pufferspeicher. ▷

WASSERWIRTSCHAFT AUGSBURG

KUNSTVOLLE TECHNIK FÜRS KOSTBARE NASS

Im Juli 2019 wurde die historische Wasserwirtschaft in Augsburg unter der Bezeichnung »Augsburger Wassermanagement-System« zum UNESCO-Weltkulturerbe erklärt. 22 Einzelobjekte belegen die technische Meisterleistung der Augsburger Wasserbauer von der Karolingerzeit bis in die Zeit nach dem Ersten Weltkrieg.

Bereits im 8. Jahrhundert durchzogen Wasserwege die Stadt. Heute umfasst das Geflecht aus Kanälen und Stadtbächen, das Wasser von Lech und Wertach nutzt, etwa 160 Kilometer. Durch das malerische Lechviertel der Altstadt verlaufen drei parallele Kanäle, die von schmalen Gassen begleitet werden. Erstmals schriftlich belegt sind die Kanäle 1276 im Augsburger Stadtrecht. Sie werden zum großen Teil aus dem Lechanstich beim Hochablass gespeist. Die Kanäle versorgten die Handwerksbetriebe mit Wasser, Wasserräder trieben ihre Maschinen an. Müller, Gerber, Papierhersteller und Färber nutzten die Wasserkraft.

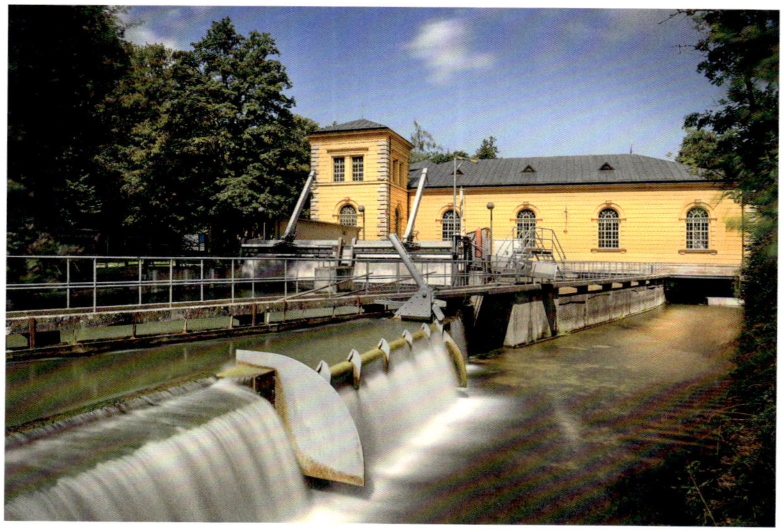

Zwischen dem 15. und 20. Jahrhundert wurde das Wassermanagement in der wohlhabenden Reichsstadt mit Brunnen, Pumpwerken, Wassertürmen und Wasserkraftwerken immer weiter ausgebaut. Das ausgeklügelte, für die damalige Zeit in Europa einzigartige System erlaubte Augsburg schon ab 1500 eine strikte Trennung von trinkbarem Quellwasser und Brauchwasser. Im Augsburger Stadtwald trennt der Galgenablass, eine nach Umbau noch heute genutzte Wasserkreuzung das Trinkwasser vom Brauchwasser. Im 19. Jahrhundert machte die Wasserkraft Augsburg zum »deutschen Manchester«. Allerdings blieb von der einst bedeutenden Textilindustrie nur wenig erhalten. Industriedenkmale im Textilviertel sind heute Museen oder Kulturzentren.

WASSERTÜRME, PUMPEN, HEBEANLAGEN

Die ersten Kanäle und Wasserleitungen zur Wasserversorgung von Augusta Vindelicum legten die Römer im 1. Jahrhundert n. Chr. an. In der Toskanischen Säulenhalle des Augsburger Zeughauses ist der Nachbau des römischen Lechhafens zu bewundern.

Deutschlands ältestes Wasserwerk steht am Roten Tor, einem Teil der Augsburger Stadtbefestigung. Das Ensemble aus drei Wassertürmen, einem Aquädukt sowie dem um den Brunnenmeisterhof gruppierten Oberen und Unteren Brunnenmeisterhaus versorgte die Stadt seit 1416 mit Trinkwasser. Die auf mittelalterlichen Wehrtürmen gebauten Wassertürme erlaubten eine Druckhöhe von 25 bis 28 Metern. Der auf dem Grundriss eines Quadrats errichtete Große Wasserturm

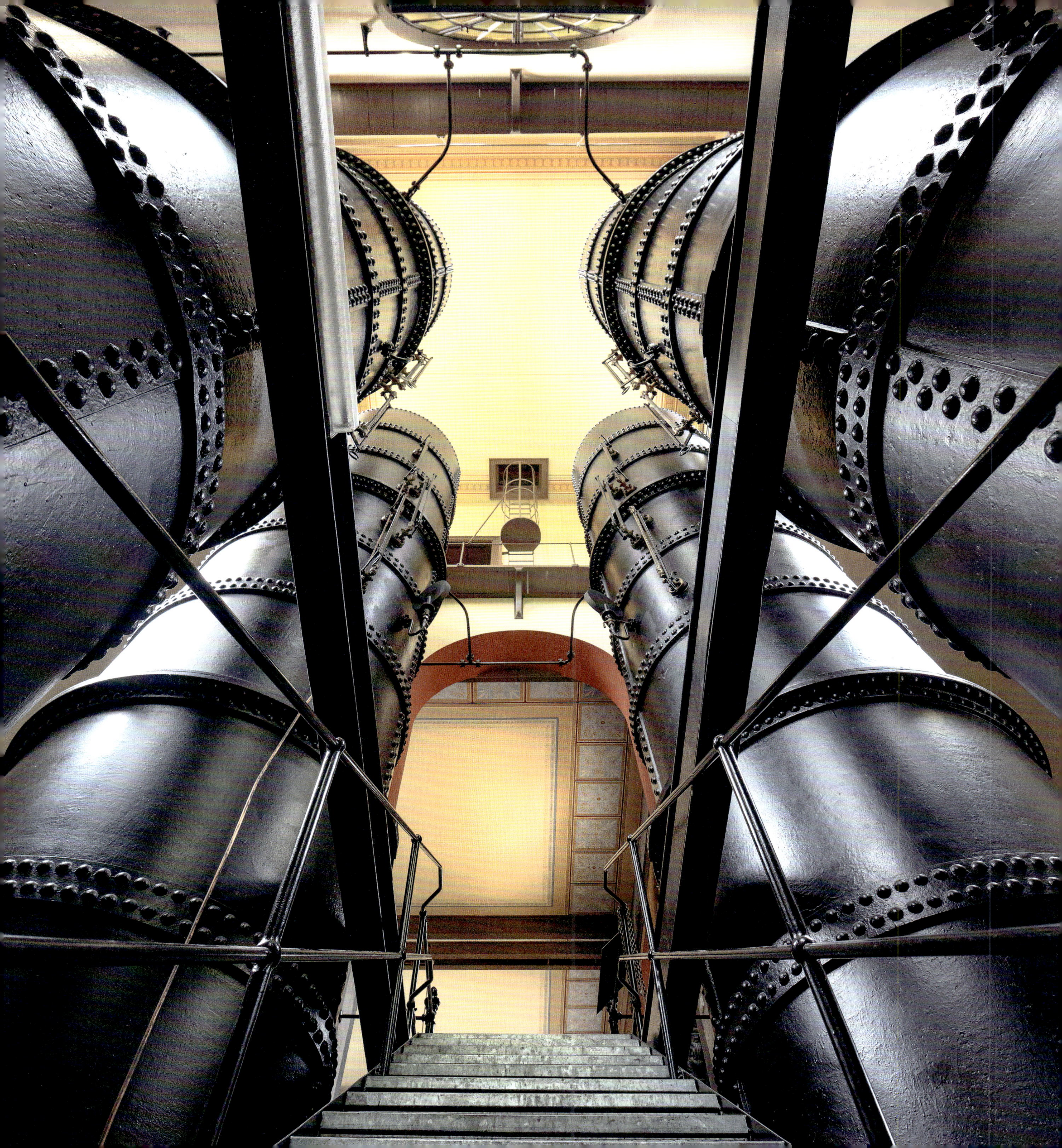

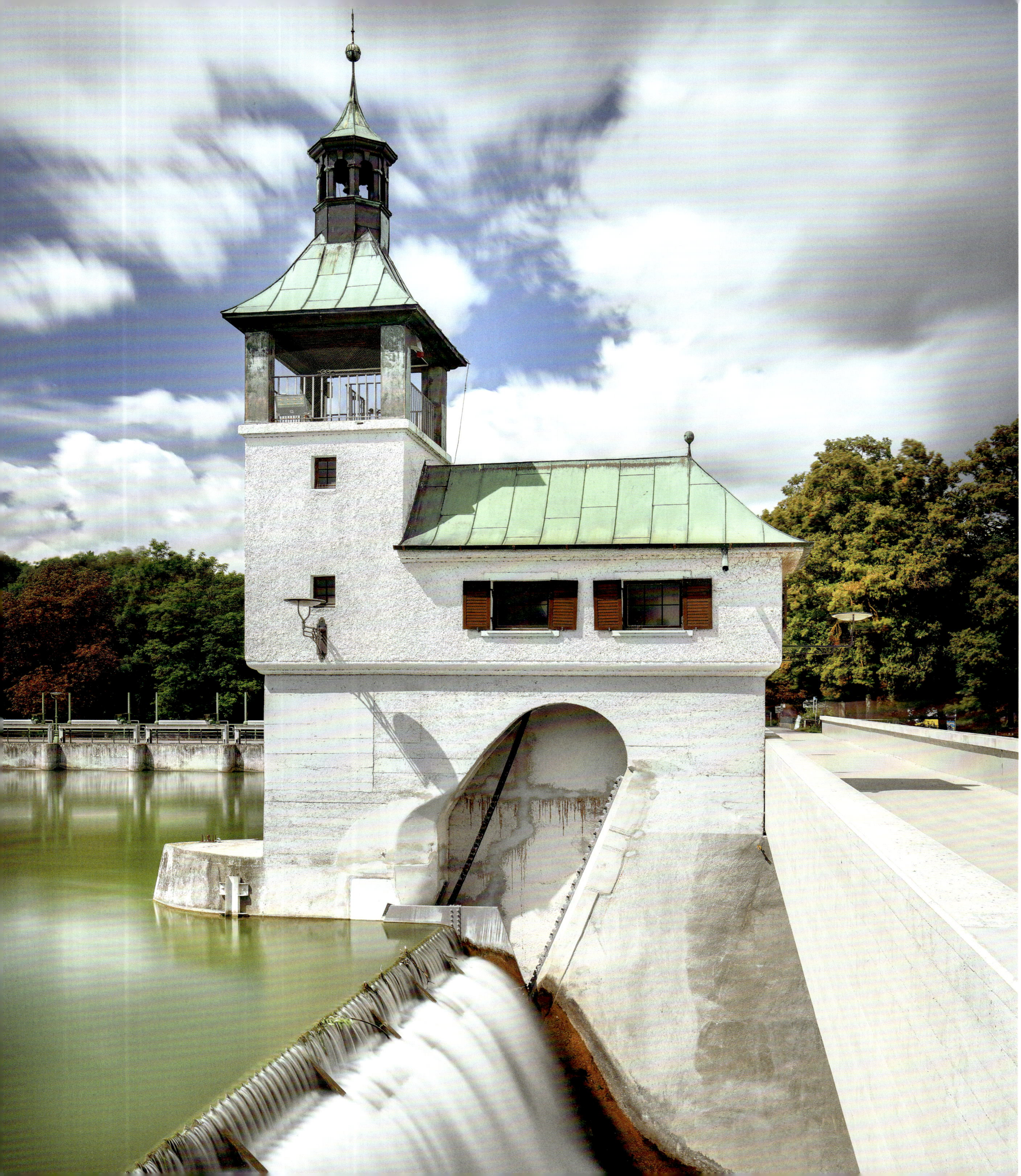

Der Glockenturm ist das Wahrzeichen des Hochablass, des 1911/12 nach Zerstörung wieder errichteten Stauwehrs am Lech. ◁
Die 1848 gegossene Zirbelnuss-Kanal-Brücke leitet in der Altstadt das Wasser des Inneren Stadtgrabens über den Stadtbach, einen Lechkanal. ▽

mit Reservoir im obersten Geschoss besitzt einen achteckigen Überbau. Der Kleine Wasserturm hat einen sechseckigen Überbau. Der kleinere Kastenturm oder Spitalturm diente vor allem der Versorgung der monumentalen Prachtbrunnen. Im Augustusbrunnen, im Merkurbrunnen und im Herkulesbrunnen drückte sich Bürgerstolz aus. Stolz konnte die Stadt auch auf die 1609 von Augsburgs bedeutendstem Baumeister Elias Holl errichtete Stadtmetzgerei sein. Durch diese zentrale Metzgerei wurde der kanalisierte Vordere Lech geleitet, um das Fleisch zu kühlen und um Abfälle zu entsorgen.

Wegen des fehlenden Gefälles in der Stadt brauchte man Wasserhebeanlagen. Die Pumpwerke waren damals wegweisend in Sachen Hydrotechnik und Hygiene. Die Mechaniker setzten verschiedene Systeme ein, darunter eine wasserradgetriebene Kolbenpumpe. Später wurde Augsburg dank der jahrhundertelangen Erfahrung zu einem Zentrum für den Bau von Wasserpumpen. Weitere denkmalgeschützte Trinkwasserwerke sind das um 1500 errichtete Untere Brunnenwerk, das nacheinander Archimedische Schrauben, Kurbelpumpwerke, Reichenbachpumpen und ab 1865 eine moderne Pumpanlage von MAN (Maschinenfabrik Augsburg Nürnberg) einsetzte, sowie das 1538 an der Stadtmauer errichtete Brunnenwerk am Vogeltor. Das heute im Rahmen von Führungen zugängliche Wasserwerk am Roten Tor war bis 1879 die Zentrale der Augsburger Wasserversorgung.

TEMPEL DER WASSERTECHNIK

1876 entschied sich die Stadt für den Neubau eines Wasserwerks am Hochablasswehr im Südosten. Das bisher im Wasserwerk am Roten Tor genutzte Quellwasser wurde durch hygienisch unbedenklicheres Grundwasser ersetzt. Zuvor war es in Augsburg zu Choleraepidemien gekommen. Im nahe gelegenen Siebentischwald, dem nördlichen Teil des Stadtwaldes, wurden heute noch genutzte Sammelbrunnen errichtet. Der aufgestaute Lech am Wehr trieb die Pumpen an.

Das erste Wasserwerk weltweit, das eine Wasserversorgung ohne Wassertürme möglich machte, wurde bald als »Tempel der Technik« bezeichnet. Ein von MAN entwickeltes, raffiniertes Pumpensystem brachte das Trinkwasser direkt in die Augsburger Haushalte. Die drei Doppelkolbenpumpen, die das Wasser aus den Stadtwaldbrunnen saugten, standen im großen Dampfmaschinen- und Kesselhaus. Dort ersetzten vier zehn Meter hohe Druckwindkessel die Wassertürme. Das Wasser wurde in zwei gusseiserne Bassins unter dem Maschinenhaus geleitet und von dort ins Trinkwassernetz gepresst.

Untergebracht ist das Wasserwerk im Brunnenwerk, einem schlossartigen Ziegelbau im Stil des Spätklassizismus (1878/79). 1885 folgte das Dampfmaschinen- und Kesselhaus, 1935 ein Verbindungsbau. Die Turbinen und Pumpen wurden 1973 stillgelegt und die Wasserversorgung auf elektrische Kreiselpumpen umgestellt. Das alte Wasserwerk wurde 2007 durch ein neues ersetzt, das mit Kaplan-S-Turbinen auch der Stromversorgung dient.

Zu den 22 Einzelobjekten, die als UNESCO-Welterbestätten ausgewiesen sind, gehören weitere Kraftwerke. Der Ziegelbau des Kraftwerks an der Wolfzahnau von 1901 verläuft quer über einen Kanal am Zusammenfluss von Lech und Wertach und erzeugte Strom für die große

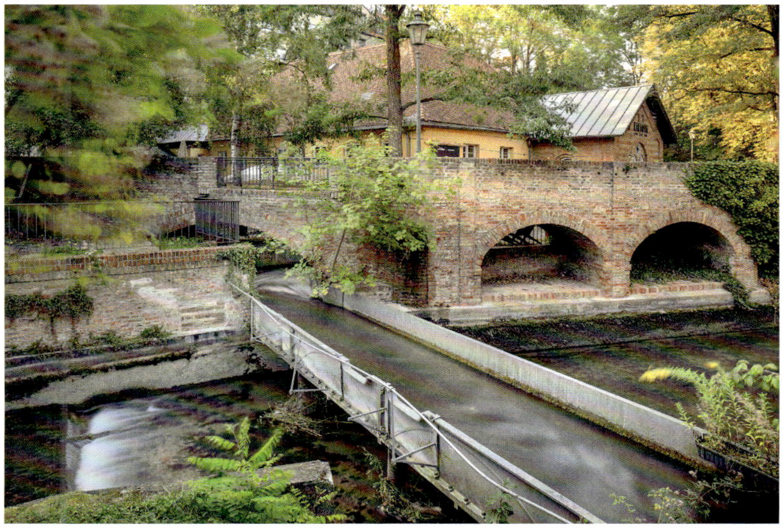

Die Decke des Kleinen Wasserturms wurde im 17. Jahrhundert mit Stuck verziert. ▽

Das Wasserwerk am Roten Tor mit seinen drei imposanten Wassertürmen ist Deutschlands ältestes Wasserwerk. ▷

Im Dampfmaschinen- und Kesselhaus des Wasserwerks am Hochablass arbeiteten drei Doppelkolbenpumpen der Augsburger Fabrik MAN. ▽▽

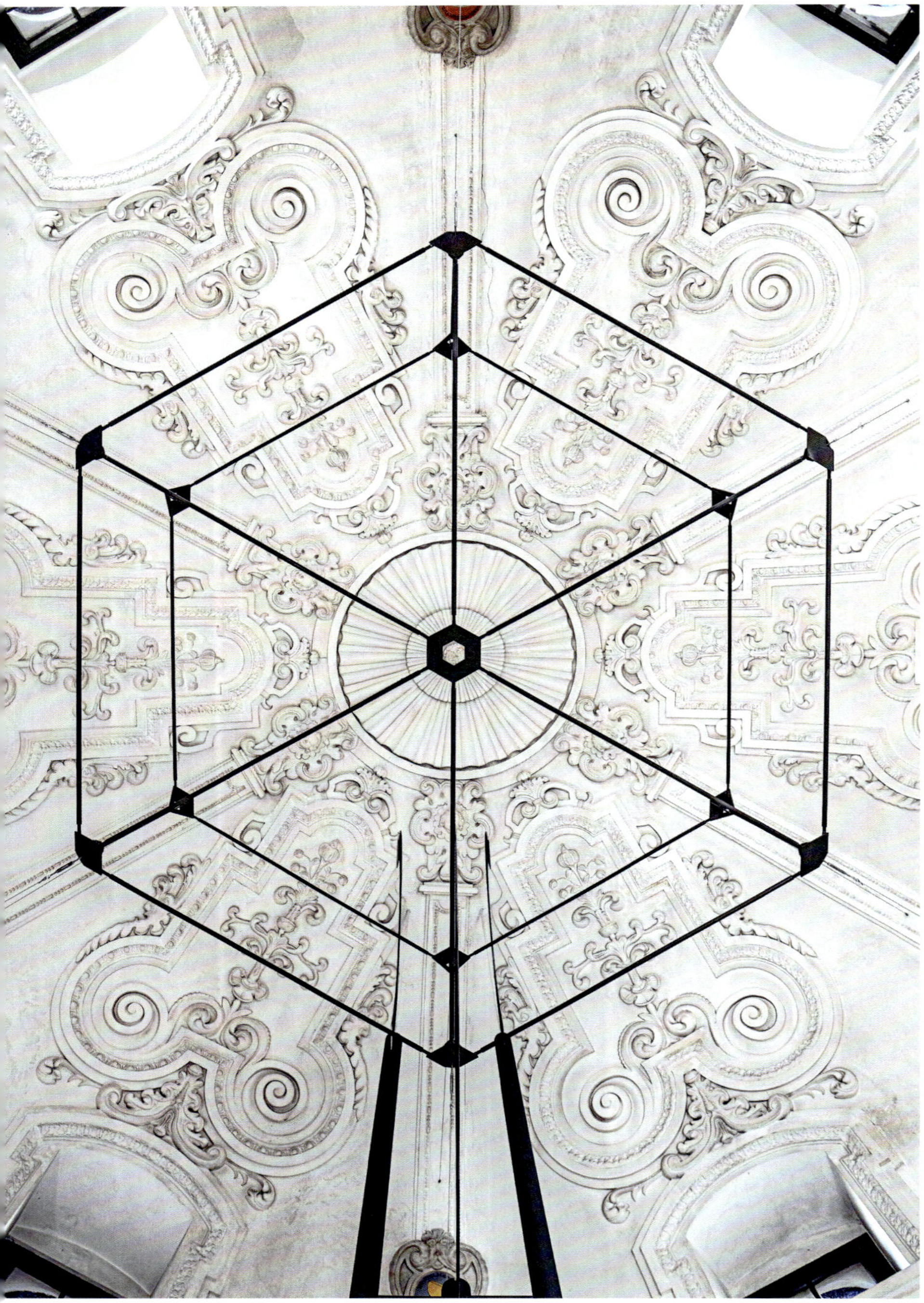

Baumwollspinnerei, damals die größte in Deutschland. Sein mächtiger Schwungradgenerator mit fünf Meter Durchmesser sorgte auf der Pariser Weltausstellung für Aufsehen. Heute versorgt das Kraftwerk rund 15 000 Menschen mit Strom. Auch die Kraftwerke am Stadtbach (1873) und am Proviantbach (1922) lieferten der Baumwollspinnerei Elektrizität. Das Kraftwerk am Fabrikkanal wurde 1885 von der Zwirnerei und Nähfadenfabrik Göggingen (heute Amann Nähgarne) errichtet, ebenso das kleine Kraftwerk an der Singold von 1887. Beide sind bis heute in Betrieb. Das Kraftwerk am Wertachkanal von 1920 produzierte Strom für die Augsburger Straßenbahn. Auch seine Turbinen werden bis heute genutzt. An die Maschinen- und Bronzewarenfabrik Riedinger lieferte das 1865 errichtete Kraftwerk Senkelbach Strom.

Mit den drei Laufwasserkraftwerken am 1898 ausgebauten Lechkanal konnte Anfang des 20. Jahrhunderts die ganze Region mit Elektrizität versorgt werden. 1901 nahm das Kraftwerk Gersthofen den Betrieb auf. Das Wasserkraftwerk Langweid produziert seit 1907 Strom. Dort informiert seit 2008 das Lechmuseum Bayern über den Fluss und seine Nutzung. Ein Highlight ist die begehbare historische Turbinenkammer mit der alten Francisturbine. Zwischen 1920 und 1922 wurde das Kraftwerk Meitingen errichtet, das ebenfalls einen wichtigen Beitrag zur Industrialisierung des nördlichen Lechtals leistete.

Um die Turbinen des Wasserwerks am Hochablass nicht durch Treibeis zu beschädigen, wurde zur Umgehung ein Eiskanal angelegt. Seine große Zeit kam nach dem Umbau in eine Wildwasseranlage für die Olympischen Sommerspiele 1972. Damit verwandelte sich der historische Eiskanal in die weltweit erste künstliche Kanuslalomstrecke. In die landschaftlich angepasste Kanustrecke wurde auch der alte Stadtbach einbezogen. Das am Eiskanal errichtete Bundesleistungszentrum für Kanuslalom und Wildwasser ist seit 1992 ein Olympiastützpunkt.

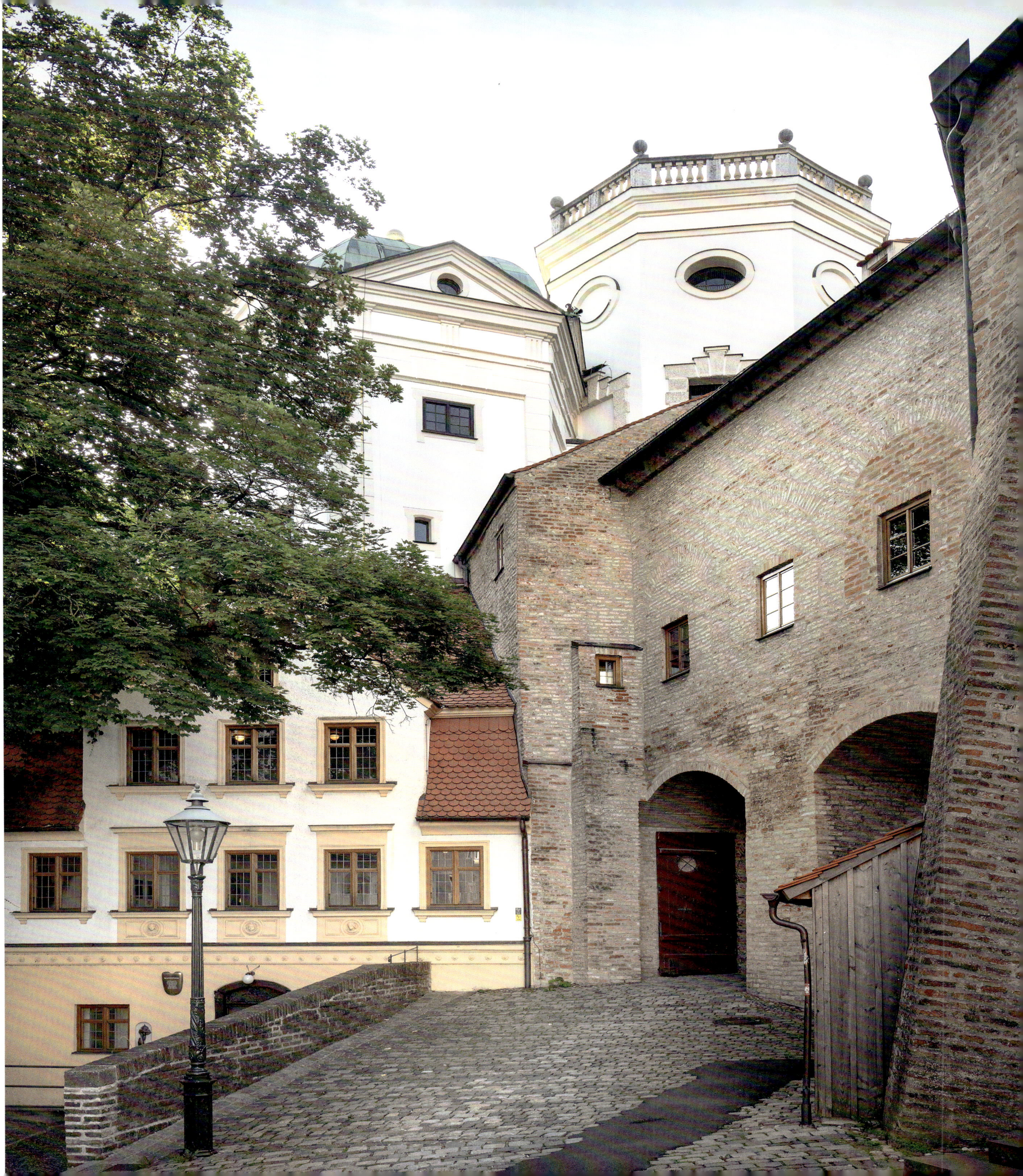

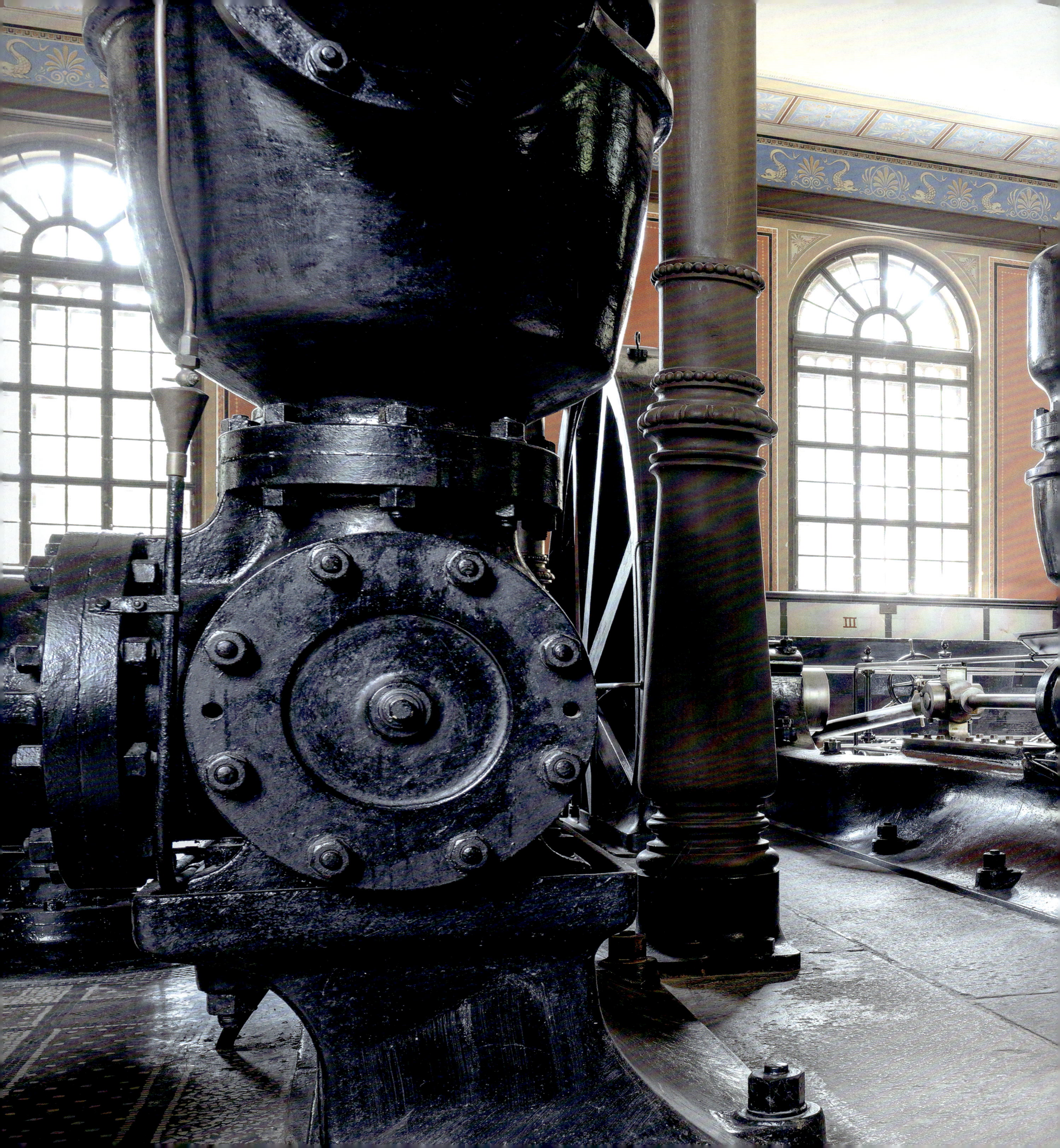

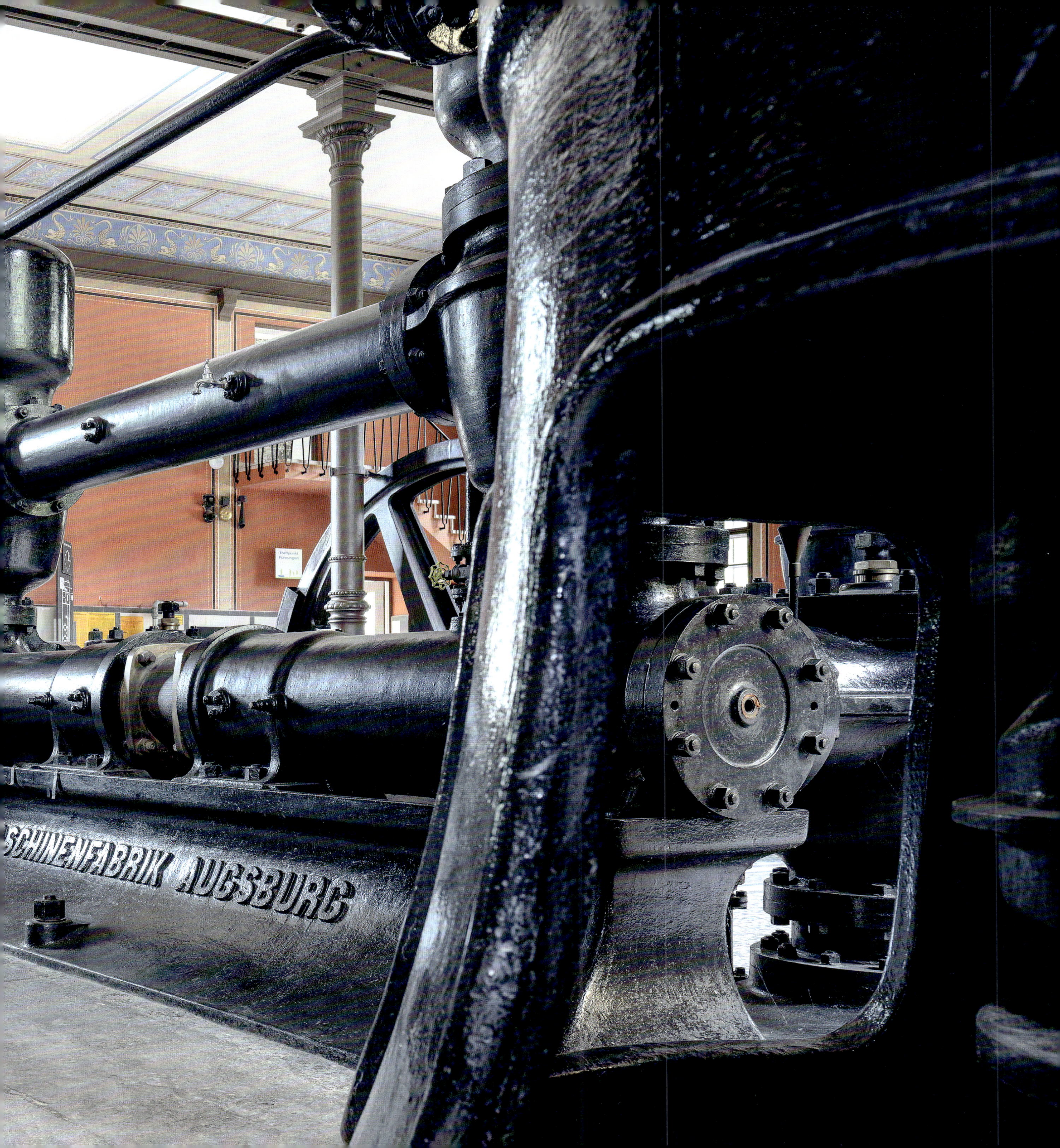
SCHINENFABRIK AUGSBURG

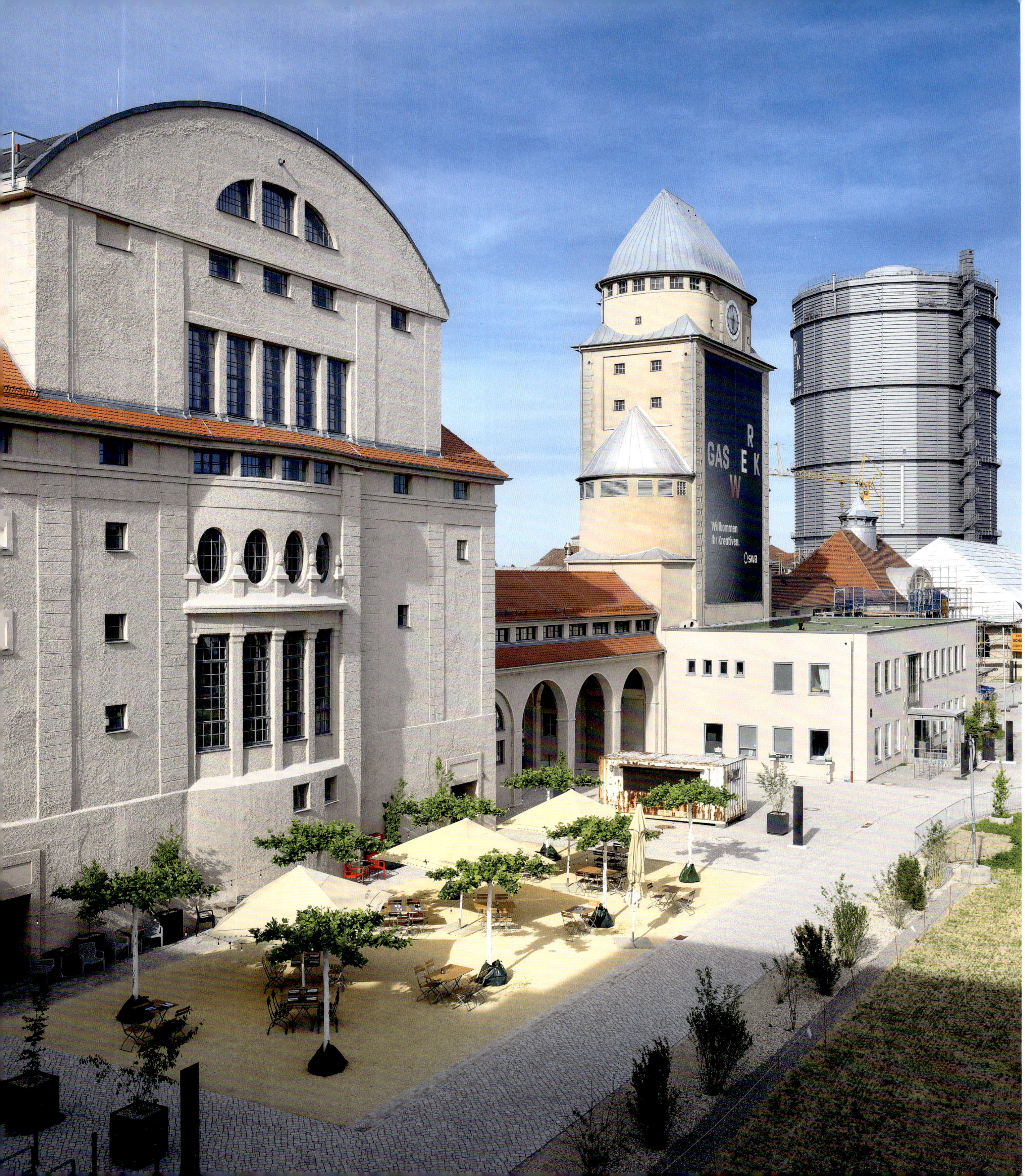
GAS R E K W
Willkommen
Ihr Kreativen.
swa

Neben dem 84 Meter hohen Gaskessel ist das im Jugendstil erbaute Ofenhaus das auffälligste Gebäude des Gaswerkareals. Der dazwischen liegende Behälterturm diente vor allem der Wasserspeicherung. ◁ Die Verdichter im Apparatehaus wurden für die Gaskomprimierung genutzt. ▽

GASWERK AUGSBURG

KULTUR GIBT GAS

Das Zentrum für Kultur und Kreativwirtschaft auf dem weitläufigen Gaswerk-Areal im Augsburger Stadtteil Oberhausen steht kurz vor seiner Vollendung. Von 1915 bis 2001 belieferte das Gaswerk die Stadt Augsburg zuerst mit Stadtgas, später mit Erdgas. Heute startet hier die Kultur durch.

Fast 20 Jahre herrschte Stille am Standort des Gaswerks in Augsburgs Nordwesten. 1907 hatte die Stadt die ab 1848 privat betriebene Gasversorgung durch zwei Gaswerke übernommen und plante auf dem heutigen, rund 70 000 Quadratmeter großen Gelände den Bau eines neuen Gaswerks. Der Auftrag erging an die in München ansässige Baugesellschaft der Gebrüder Rank, deren Profanarchitektur sich stark am Jugendstil orientierte. Nach dreijähriger Bauzeit konnte das hochmoderne Gaswerk 1915 in Betrieb genommen werden. Die alten Gaswerke von 1848 und 1865 stellten ihren Betrieb ein. Der vom MAN-Werk Gustavsburg in Hessen gelieferte Gaskessel war mit einem Fassungsvermögen von 1600 Kubikmetern der weltweit erste Scheibengasbehälter. Die meisten der zwischen 1913 und 1915 erbauten Gebäude stehen noch heute. Wie durch ein Wunder überdauerten sie den Zweiten Weltkrieg ohne Schäden. Noch bis 1968 wurde Stadtgas aus Kohle gewonnen. Von 1963 bis 1978 auf Erdgas umgestellt, versorgte das Werk die Stadt Augsburg bis 2001.

Die Bewahrung des Gebäudebestands und die Vermittlung der Industriegeschichte ist heute Aufgabe eines gemeinnützigen Vereins. Die Stadt will in Zusammenarbeit mit den Stadtwerken dem Industrieensemble neues Leben als Zentrum für Kultur und Kreativwirtschaft einhauchen.

DIE GASBEHÄLTER

Auf dem Gelände stehen noch vier Gasbehälter. Mit einer Höhe von 84 Metern ist der 1953 und 1954 von der Firma MAN montierte Gaskessel das vierthöchste Gebäude Augsburgs und eine auffällige Landmarke. Der aus 1800 genieteten Eisenblechen geformte Scheibengasbehälter hat ein Speichervolumen von 100 000 Kubikmetern. Die Abdichtscheibe des voll unterkellerten Behälters, die einen Gasaustritt an den Wandungen verhinderte, hat ein Gesamtgewicht von 356 Tonnen. Nach der Stilllegung 2001 ruht sie auf dem Boden des Kessels. Neben einem Inner- und einem Außenaufzug für Wartungsarbeiten führt eine Treppe mit 392 Stufen auf eine Aussichtsplattform, die schwindelfreie Besucher nach dem anstrengenden Aufstieg seit 2009

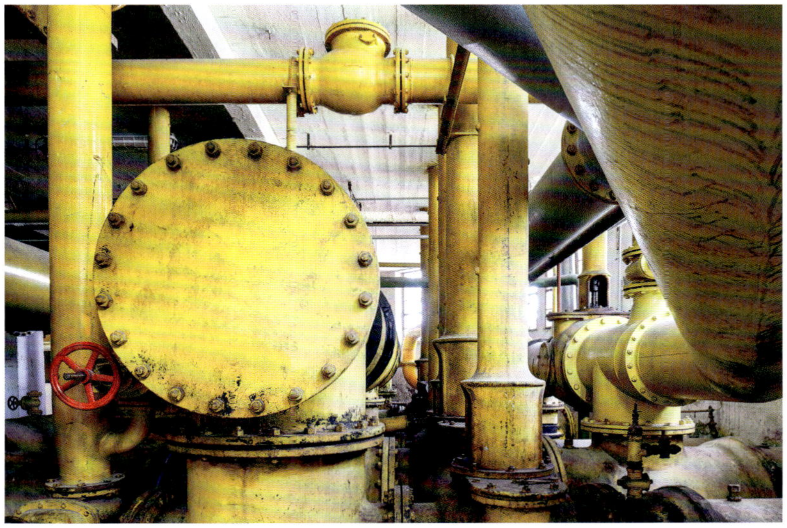

Das Gerippe der Teleskop-Gasbehälter gab den Blick auf den Speicherinhalt frei. Der kleine Scheiben-Gasbehälter von 1915 ist ein überkuppelter Rundbau. Nach der Stilllegung wurde die Scheibe im großen Gaskessel auf das Fundament gelegt. ▽ Durch ein »Mannsloch« blickt man ins Innere des großen Gaskessels. ▷

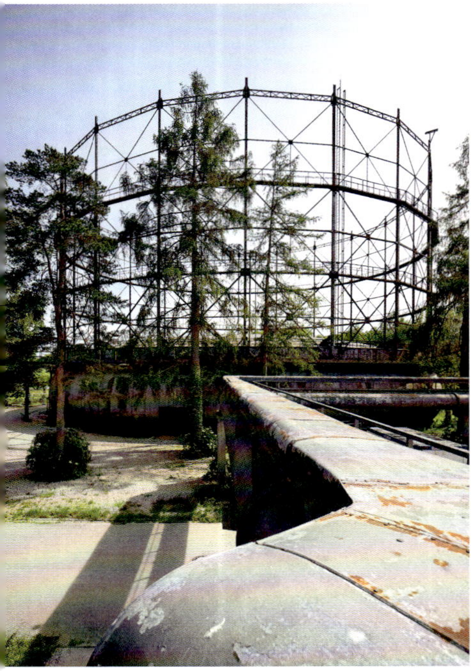

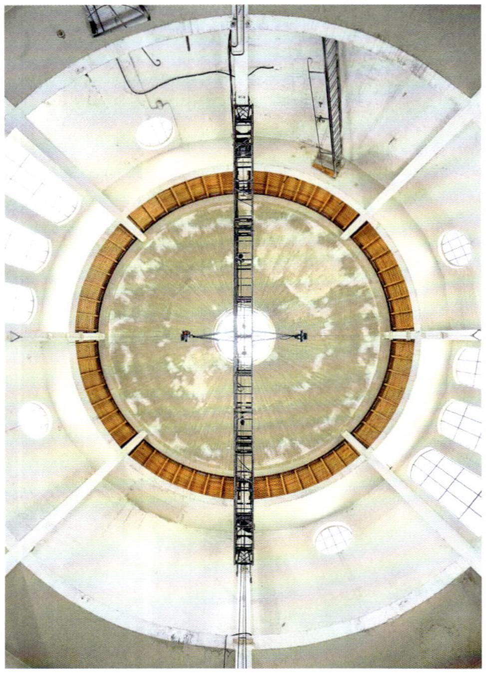

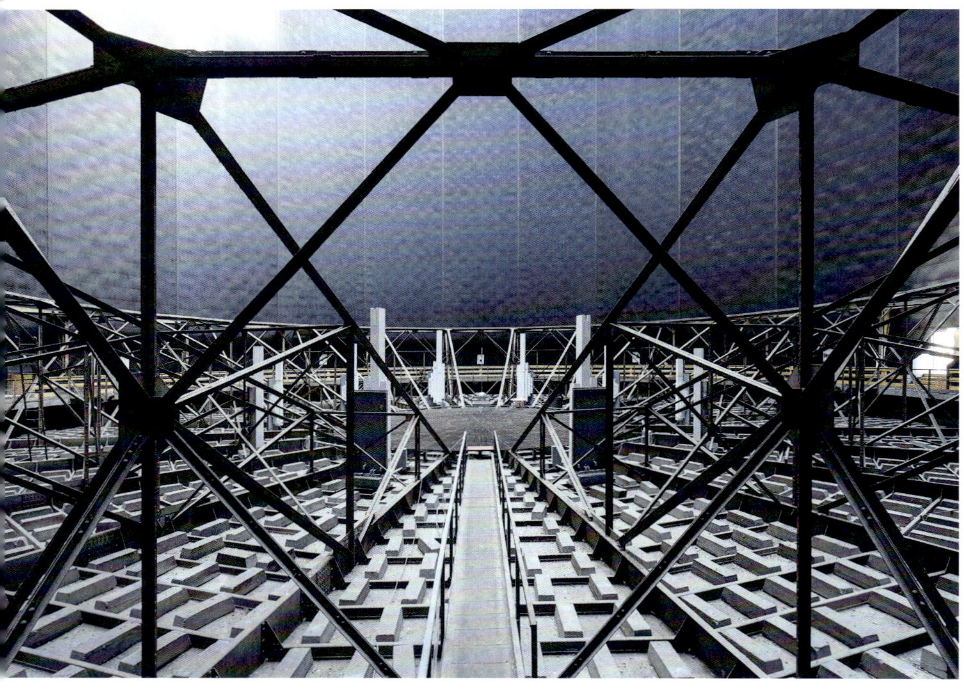

mit einem 360-Grad-Rundblick über Augsburg und Umgebung belohnt. 2008 wurde im Innenraum ein 70 Meter langes Foucaultsches Pendel installiert, ein Jahr später kam eine Klanginstallation mit 58 Orgelpfeifen hinzu, die nach dem Takt des Pendels das C-Dur-Präludium von Johann Sebastian Bach wiedergeben.

Vom kleinen Scheibengasbehälter aus dem Jahr 1915 steht heute nur noch die Stahlbetonhülle. Der an eine Kapelle erinnernde Rundbau mit Kuppel und einer kunstvollen Gaube in der Dachmitte wird nach der Restaurierung für Ausstellungen genutzt. Die beiden anderen Gasbehälter, von denen man das Gerüst sieht, wurden 1910–13 als Teleskop-Gasbehälter errichtet. Der kleinere mit einem Speichervolumen von 25 000 Kubikmetern ist das älteste Gebäude auf dem Werksgelände. Zu ihm gesellte sich drei Jahre später ein größerer Bruder mit einem doppelt so großen Volumen. Die beiden Teleskop-Gasbehälter stehen in einem wassergefüllten, von MAN patentierten Wölbbassin. Die Oberglocke mit Dach, die den Behälter nach außen abdichtet, und die Teleskope oder Tassen genannten Hubteile tauchen in ein Wasserbassin. Wenn Gas einströmt, wandern Glocke und Teleskope über ein Führungsgerüst abhängig vom Füllungsgrad nach oben. Durch das Gerüst ist der Speicherinhalt immer gut sichtbar. Die Gerüsthöhe entspricht dem des voll ausgefahrenen Behälters. Der größere Teleskop-Gasbehälter soll zu einer multifunktionalen Veranstaltungshalle umgebaut werden.

WIE ENTSTEHT STADTGAS?

Das Gaswerk diente bis zu seiner Schließung der Erzeugung, Reinigung, Speicherung, Bereitstellung und dem Vertrieb von Gasen zur Beleuchtung und zu Heizzwecken. Das zunächst produzierte Stadtgas entstand durch Kohlevergasung. Früher existierte eine werkseigene Gleisanlage, auf der die »Dampfbügeleisen« genannte Dampfspeicherlok die Kohle anlieferte. Diese wurde im nicht mehr vorhandenen Kohlensilo zwischengelagert, dann gemahlen und gemischt. Im Ofenhaus wanderte die Kohle in die Gasöfen, die nun luftdicht verschlossen

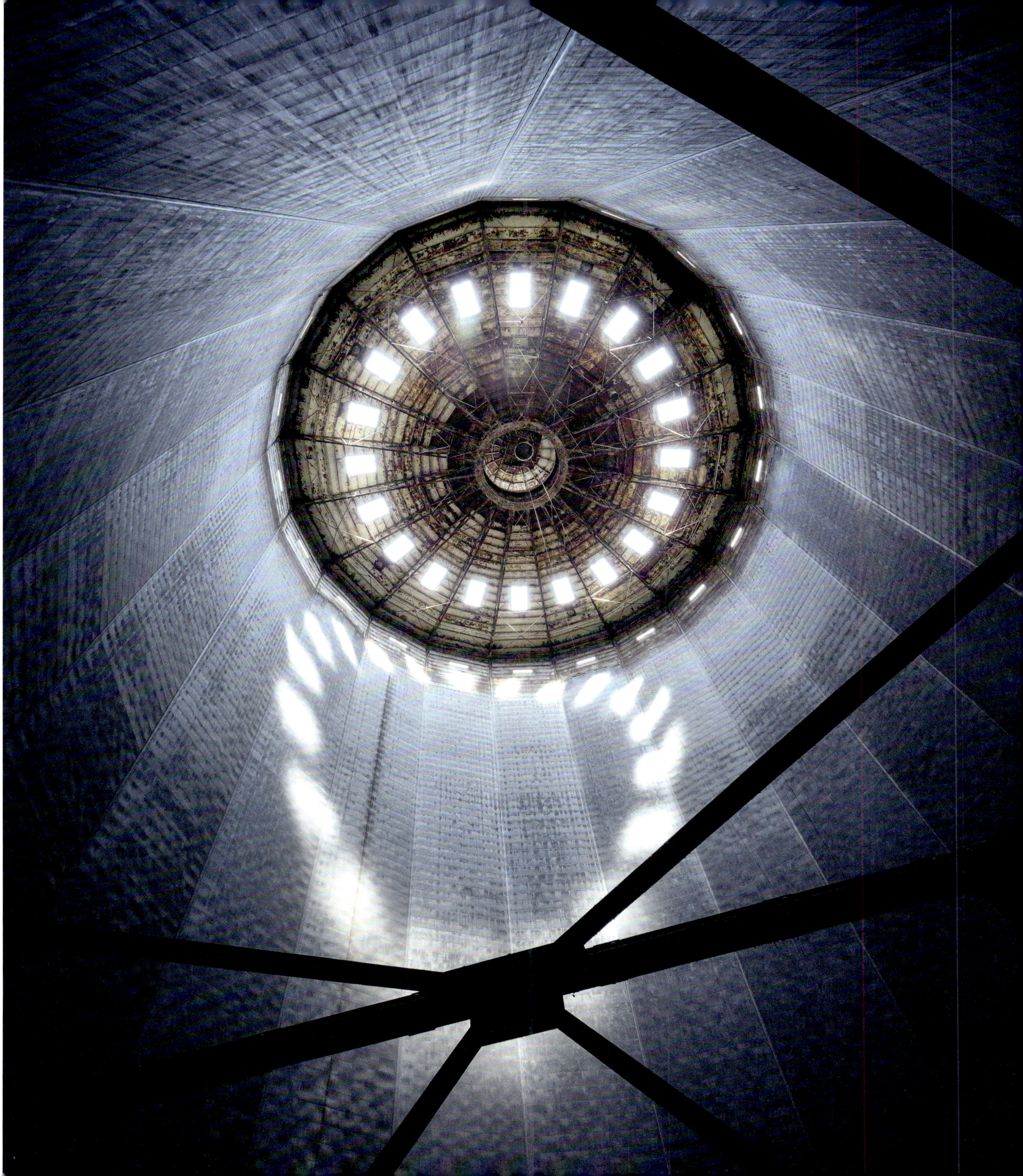

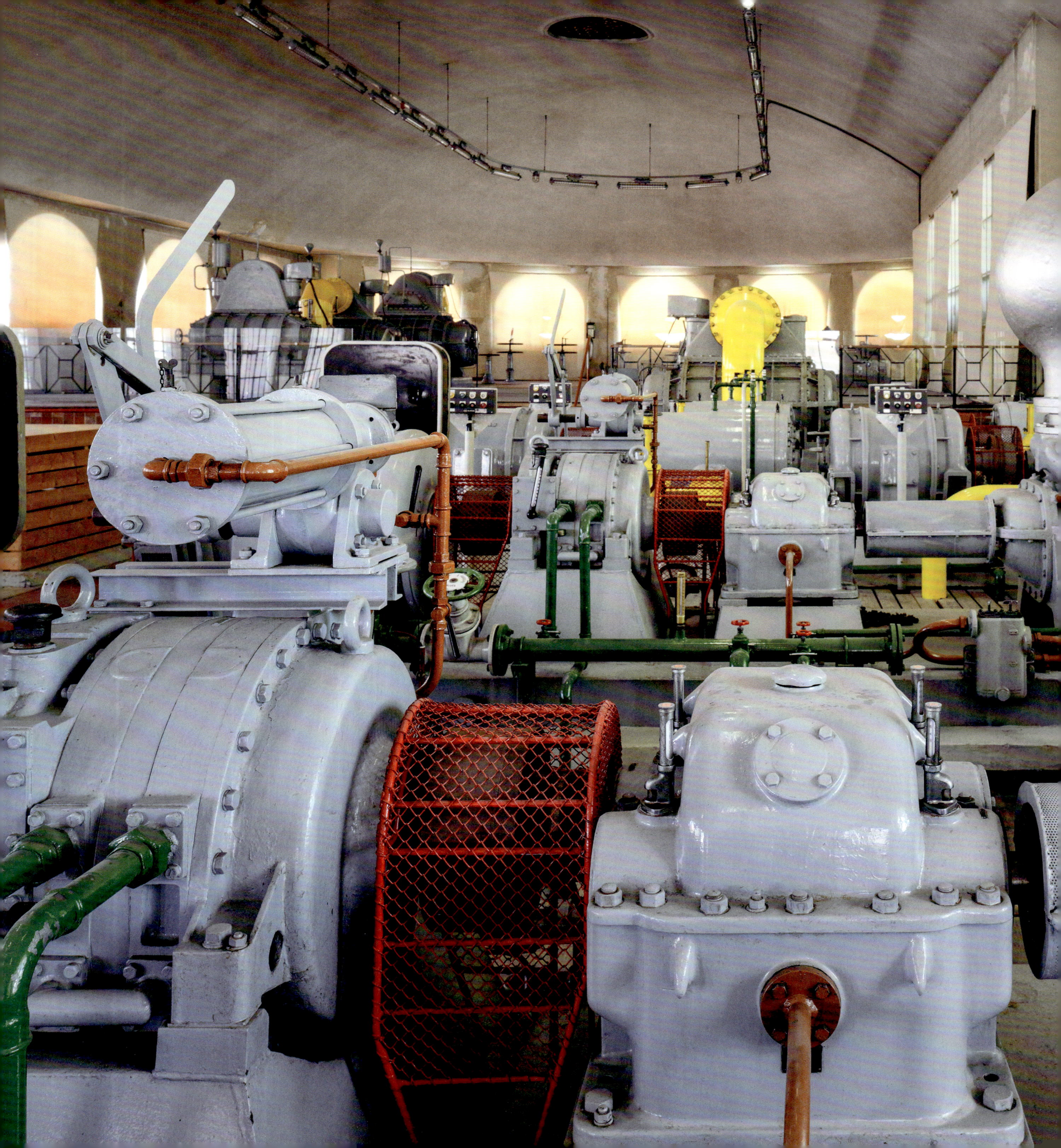

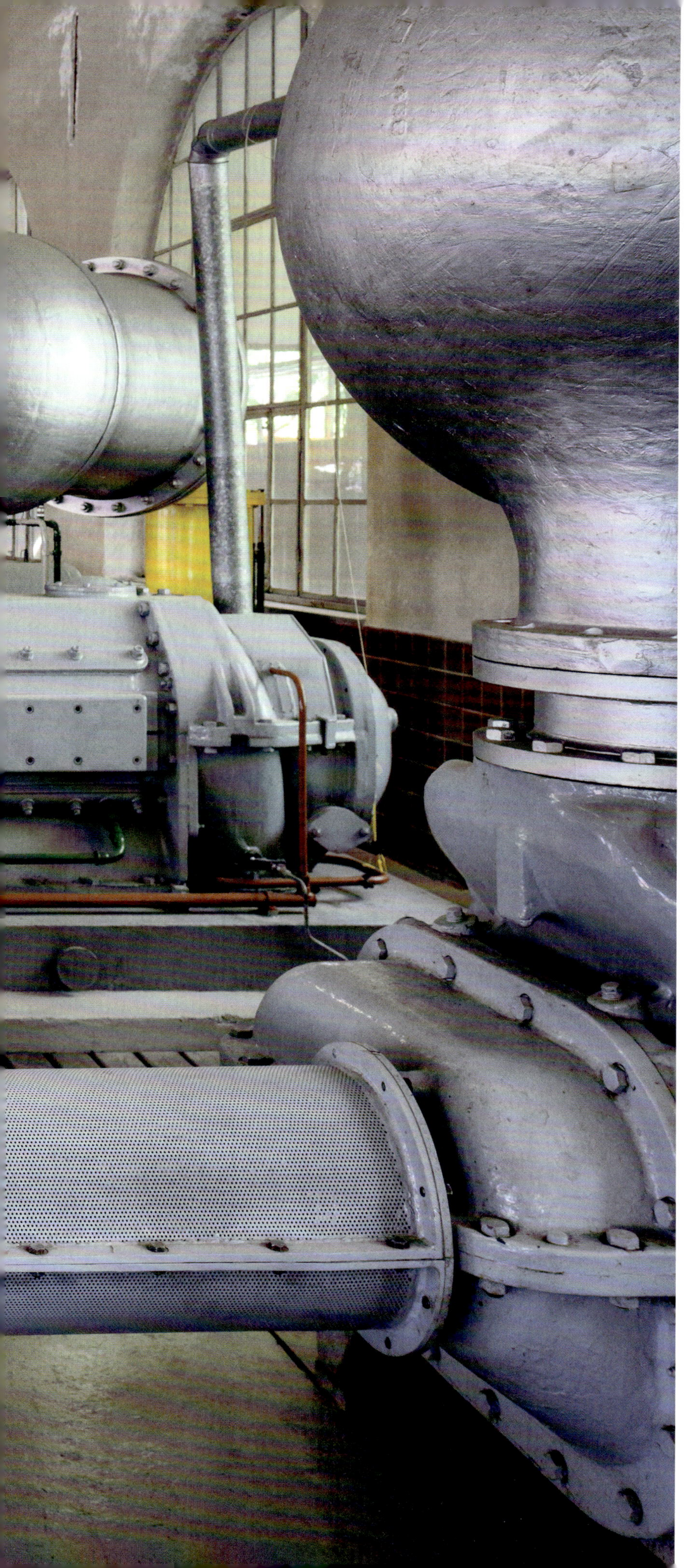

Im ehemaligen Apparatehaus, das der Gasreinigung und Zwischenspeicherung diente, ist heute eine Sammlung von Verdichtern, Gasmessern und anderer Maschinen untergebracht. In der großen Maschinenhalle herrschte früher ein ohrenbetäubender Lärm.

und von außen auf etwa 1200 °C erhitzt wurden. Nach 12–20 Stunden konnte das entstandene Gas im Kühler- und Saugerhaus abgesaugt und gekühlt werden. Der übrig gebliebene glühende Koks musste sofort mit Wasser, das im Behälterturm gespeichert war, gelöscht werden. Mit dem Koks konnten öffentliche Gebäude beheizt und zur Dampferzeugung im heute nicht mehr vorhandenen Kesselhaus des Gaswerks verwendet werden. Nebenprodukte wie Teer und Ammoniak wurden ebenfalls im Behälterturm gespeichert. Im Reinigergebäude wurde das Gas vom Schwefel gereinigt, im Apparatehaus von Teer, Naphtalin und Ammoniak. Dann kam es entweder in den Gasbehälter oder strömte direkt über Gasuhren und den Gasdruckregler ins Versorgungsnetz. Um das Speichergas wieder vom Behälter ins Netz zu leiten, benötigte man Verdichter.

NEUES LEBEN ZWISCHEN MASCHINEN

Auf das Gaswerksgelände gelangt man durch die stilvoll restaurierte Werkseinfahrt. Mit der im zurückhaltenden Jugendstil gestalteten Südfassade mit den fünf Zirbelnüssen, dem Wappensymbol Augsburgs, ist das Ofenhaus neben dem Gaskessel das wohl auffälligste Gebäude auf dem Areal. 2020 erhielt es den Denkmalpreis des Bezirks Schwaben für die gelungene Sanierung und den German Design Award 2020 für die Innenausstattung. Heute beherbergt das Ofenhaus die »brechtbühne« des Staatstheaters Augsburg und ein Restaurant. In der Elektrozentrale hat der Verein Gaswerksfreunde Augsburg ein kleines Gaswerkmuseum eingerichtet, in dem unter anderem die von MAN produzierten Notstromgeneratoren ausgestellt sind. Kühlergebäude und Reinigergebäude werden für Veranstaltungen und kreatives Arbeiten umfunktioniert. Im ovalen Apparatehaus sollen einmal zwischen den beeindruckenden Maschinen – Verdichter, Gaszähler, Umfüllgebläse – größere Events stattfinden.

Über dem repräsentativen Eingang in das Verwaltungsgebäude sind in Stein gemeißelt die Gewerke zu sehen. ▽ Der Schriftzug »Siemens« ist der einzige Schmuck am betont schlichten und sachlichen Bauwerk des Schaltwerk-Hochhauses. ▷

SIEMENSSTADT · BERLIN

SIEMENS – EINE STADT IN DER STADT

12. Oktober 1847: Werner Siemens (1816–1892) gründete zusammen mit Johann Georg Halske (1814–1890) in einem Kreuzberger Hinterhof eine kleine Firma. Die »Telegraphenbauanstalt von Siemens & Halske« war der Anfang einer Weltfirma, deren Epizentrum lange Zeit die Berliner Siemensstadt war.

Da Werner Siemens aus finanziellen Gründen nicht studieren konnte, ging er zum Militär. Während seiner Dienstzeit tüftelte er an Erfindungen, die ihm zu einer eindrucksvollen Karriere verhalf; 1888 wurde er sogar geadelt. Als Werner von Siemens 1892 starb, erwirtschafteten in seinem Unternehmen 6500 Menschen einen Jahresumsatz von 20 Millionen Mark. Die Hälfte der Beschäftigten arbeitete im Ausland, denn Siemens & Halske hatte sich von Anfang an international aufgestellt. Die andere Hälfte arbeitete in Berlin. Das starke Wachstum des Unternehmens ließ den Platz in Kreuzberg und in den späteren Charlottenburger Standorten zu eng werden. 1897 kaufte Siemens & Halske, inzwischen Aktiengesellschaft, das Areal, auf dem später die Siemensstadt als Herz des Imperiums wuchs – eine bemerkenswerte Erfolgsgeschichte der Industrialisierung in Deutschland.

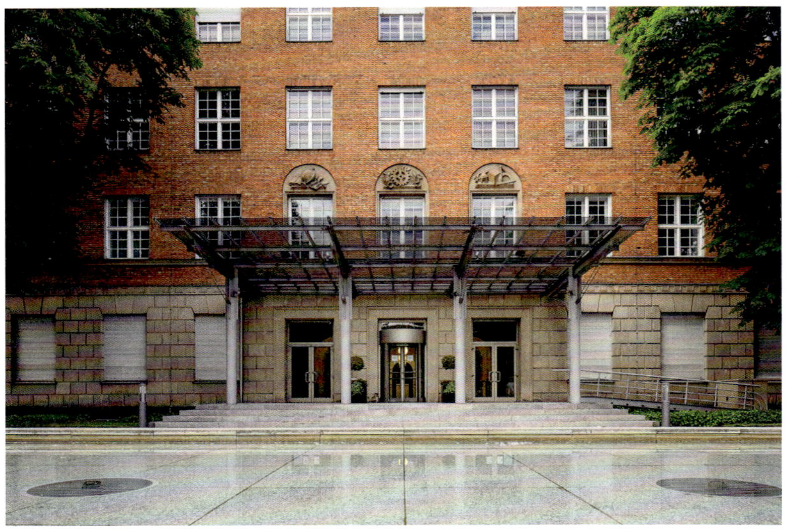

GENIALE UND REVOLUTIONÄRE IDEEN

Das erste gewinnbringende Siemens-Produkt war der Zeigertelegraf. Mit diesem Gerät konnte jeder ohne lange Übung Textbotschaften weitergeben; es ersetzte die Morsegeräte. 1848 erhielt die junge Firma den Auftrag für die Telegrafenlinie zwischen Berlin und Frankfurt am Main, damit der König von Preußen unverzüglich über die Beschlüsse der Deutschen Nationalversammlung informiert werden konnte. Diese auch politisch relevante Aufgabe löste Siemens & Halske ohne Probleme mit der ersten unterirdischen Fernleitung; die Drähte wurden nahtlos mit Guttapercha umwickelt. Fast 20 Jahre später, 1866, kam die Dynamomaschine, eine wirklich bahnbrechende Erfindung, auf den Markt. Sie wandelte mechanische in elektrische Energie um, die sich mithilfe von Magnetfeldern stetig verstärkt. Eine ganz neue Welt tat sich damit auf.

1870 schaffte es Siemens, die Distanz zwischen London und Kalkutta, 11000 Kilometer, per Telegrafenleitung zu überwinden. Eine Stunde nach der gesendeten Nachricht war die Antwort aus Indien da. Der britische Konkurrent brauchte dafür mehr als sechs Tage.

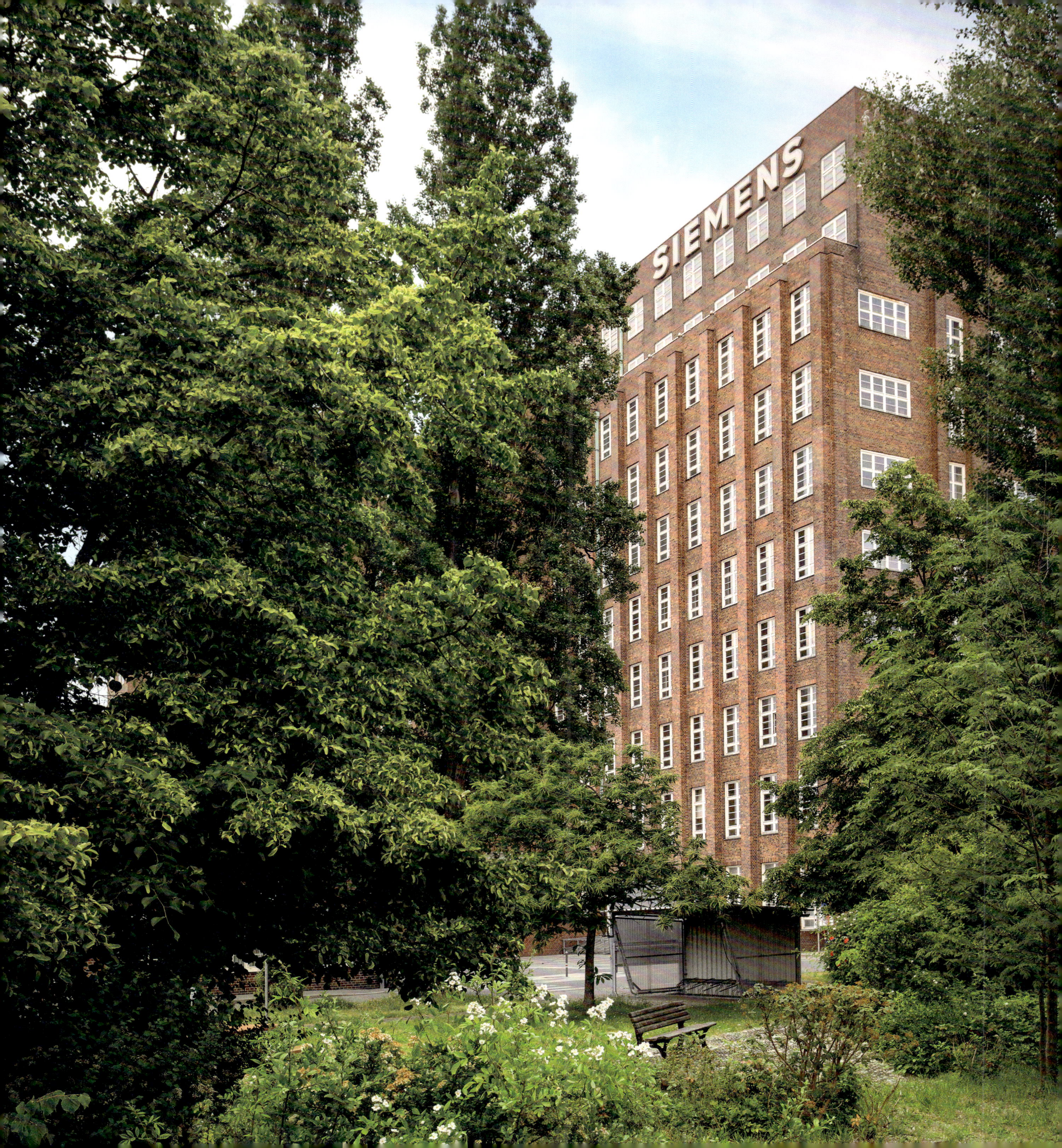
SIEMENS

Der Turm des Wernerwerkes stand einst in einem Innenhof. Nach den Kriegszerstörungen fehlen die Höfe und der Turm ist in seiner Präsenz heute das Symbol der Siemensstadt.

Die Zahl der Neuerungen aus dem Hause Siemens & Halske war endlos: 1880 der erste elektrische Aufzug, 1881 die erste elektrische Straßenbahn, 1882 der erste elektrische Oberleitungsbus auf dem Berliner Kurfürstendamm und 1905 das Elektroauto »Viktoria«. 1882 wurde auf dem Potsdamer Platz die erste elektrische Straßenbeleuchtung installiert, 1896 das erste Röntgenröhrengerät hergestellt und 1902 baute Siemens & Halske in Berlin die erste Hoch- und Untergrundbahn Deutschlands.

Für die rasant wachsende Belegschaft bot Siemens zur Wahrung des sozialen Friedens seit 1872 eine Pensions-, Witwen- und Waisenkasse und ab 1891 galt die 50-Stunden-Woche. Die Siemensianer bildeten eine Corporate Identity.

DER SIEMENS-KOSMOS

Die Entwicklung der Siemensstadt begann auf dem Hühner-Werder. Zwischen Spree und grüner Jungfernheide wuchsen eine Industriestadt und später eine Wohnstadt. Aus der Naturlandschaft wurde »Elektropolis«. Der gewählte Ort bereitete zunächst Probleme. Mit unzähligen Holzpfählen mussten die Fundamente der Werksgebäude im Untergrund gestützt werden. Zudem war die nächste Siedlung eine Stunde Fußmarsch entfernt, ein Eisenbahnanschluss fehlte und der Bus war stets überfüllt. Eine Verkehrsinfrastruktur war dringend geboten: für die Anlieferung der Rohstoffe sowie für Produktions- und Arbeitswege.

Das erste Fabrikgebäude war 1899 das Kabelwerk Westend direkt am Ufer der Spree. 1905 folgte das Wernerwerk für Schwachstromtechnik, ein Jahr später das neue Dynamowerk, anschließend ein repräsentatives Verwaltungsgebäude und 1924 das zentrale Forschungslabor. Andere Hallen, Produktionsgebäude und kleinere Häuser folgten. So entstand nach und nach eine backsteinrote Stadt.

Die Lösung der Transportprobleme lag auf der Hand. Wohnsiedlungen für Arbeiter und Angestellte in direkter Nähe zu den Arbeitsstätten. Heute gehört die Großsiedlung Siemensstadt zum UNESCO-Welterbe. Die Architekten Walter Gropius, Hans Scharoun, Otto Bartning und Hugo Häring bauten in den 1920er- und 1930er-Jahren die Wohnblöcke für den Siemenskonzern. Am 4. September 1913 entschied sich das Spandauer Bezirksparlament für einen neuen Namen des wachsenden Komplexes. Von nun an hieß das Areal zwischen Spandau und Berlin »Siemensstadt«. Im Jahr der Namensgebung wohnten bereits 7000 Menschen in den neuen Mehrfamilienhäusern und 23 000 Menschen arbeiteten für Siemens in Berlin. Bis 1936 erhöhte sich die Zahl der Beschäftigten auf rund 60 000.

SCHALTWERK-HOCHHAUS

Als erster Siemens-Architekt baute Karl Janisch ab 1915 praktische, rechteckige und effiziente Fabriken. Sein Hauptaugenmerk lag auf rationalen und störungsfreien Produktionsabläufen. Nach dem Ersten Weltkrieg wurde er als Chefplaner von Hans Hertlein abgelöst. Hertlein entwickelte in den 1920er-Jahren seinen eigenen Stil der Moderne. Aufgrund der weltweiten Konzernverflechtung baute er an vielen Orten und schuf damit ein eigenes »Siemens-Gesicht«. Seine ästhetischen Vorstellungen trug es bis nach Buenos Aires.

Eine Architektur-Ikone ist Hertleins 45 Meter hohes Schaltwerk-Hochhaus von 1928 im Stil der Neuen Sachlichkeit. Aufgrund von Platzmangel wird nach oben gebaut. Die Produktion läuft nicht mehr wie bisher in Hallen mit großer Grundfläche, sondern übereinander auf verschiedene Stockwerke verteilt. Das Stahlskelett für das Hochhaus wird mit Hilfe eines Brückenkranes zusammengebaut und später mit Klinkern verkleidet.

Die vier Treppenhäuser liegen außenseitig, sodass sie die 175 Meter langen Stockwerkhallen nicht unterbrechen. An langen Fließbändern entstehen Schaltanlagen. Im achten Geschoss ist die Werkleitung untergebracht und ganz oben, im elften, das Konstruktionsbüro. Der Bau übersteht aufgrund seines stählernen Innenlebens den Zweiten Weltkrieg nur mit leichten Schäden. Das alte, historistische Siemens Verwaltungsgebäude, heute die Siemens Deutschland Zentrale, bildet stilistisch einen Gegensatz zu den klaren Formen und Fassaden der Hertlein-Architektur.

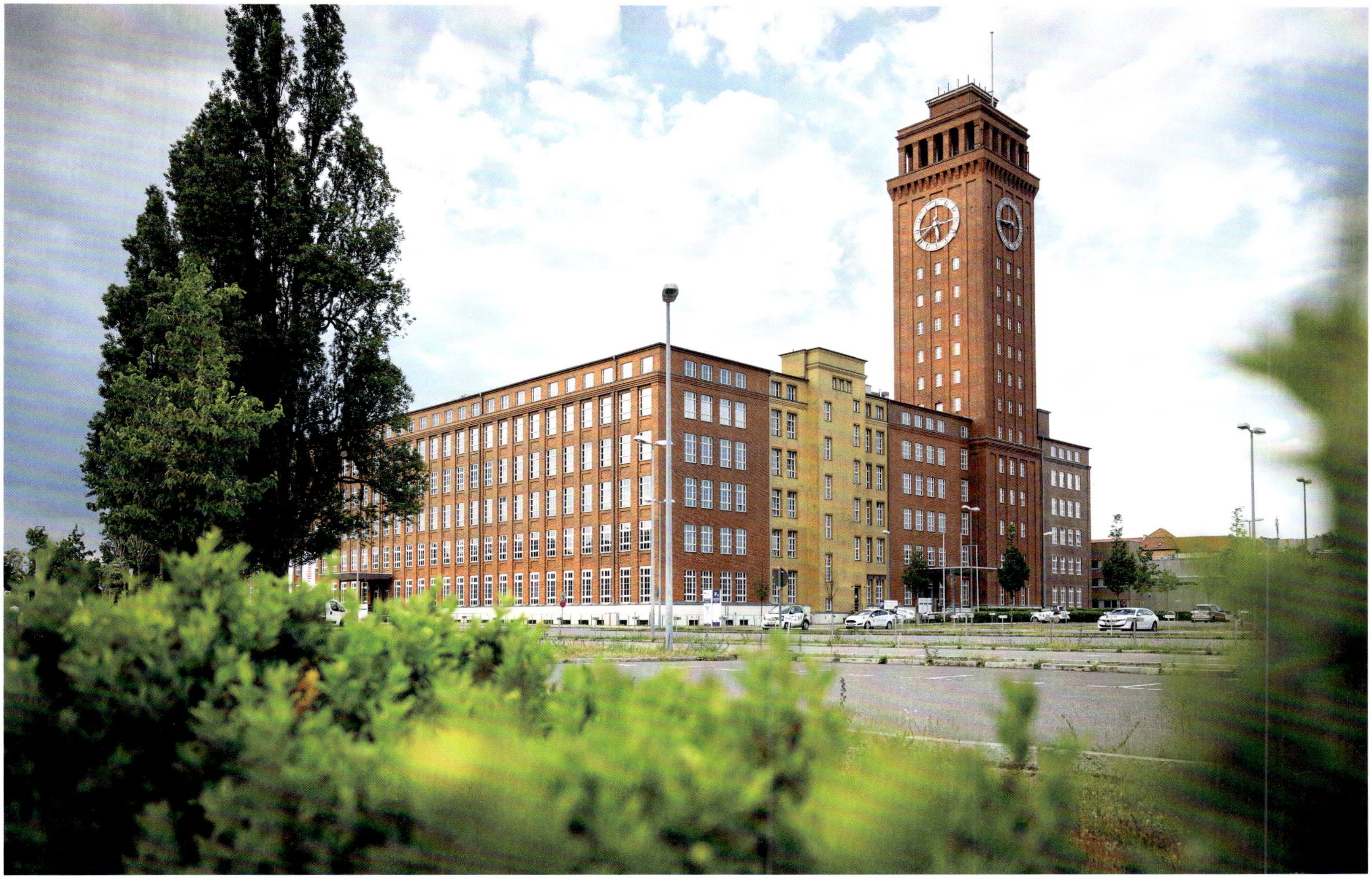

WERNERWERK

Hans Hertleins erster moderner Bau war das Wernerwerk (1917–22). Bereits dort verzichtete er weitgehend auf Ornamente und Skulpturenschmuck. Dominiert wurde das Wernerwerk vom 70 Meter hohen Siemensturm. Er kaschierte einen Schornstein für das Kraftwerk und einen Wasserbehälter. Am oberen Ende wurde er in jeder Himmelsrichtung von einer Uhr mit einem Durchmesser von je sieben Metern geziert. So wirkte der Siemensturm wie das Rathaus von Siemensstadt. Ursprünglich stand er in der Mitte der sieben Höfe des Wernerwerks, im Zweiten Weltkrieg wurde jedoch mehr als die Hälfte der Anlage zerstört, sodass sich der Turm nun am östlichen Rand der Anlage befindet.

Die Siemensstadt hat schwierige Jahre hinter sich, der Boom war vorbei. Der Firmensitz wurde 1949 im Zug der deutschen Teilung nach München verlegt und die industrielle Fertigung ging weitgehend ins Ausland. Doch Siemens blieb seinen Berliner Wurzeln treu. Aus ihnen soll Neues wachsen: der Zukunftscampus »Siemens Technopark Berlin« und ein Wohnviertel.

» Für augenblicklichen Gewinn verkaufe ich die Zukunft nicht.

Werner von Siemens

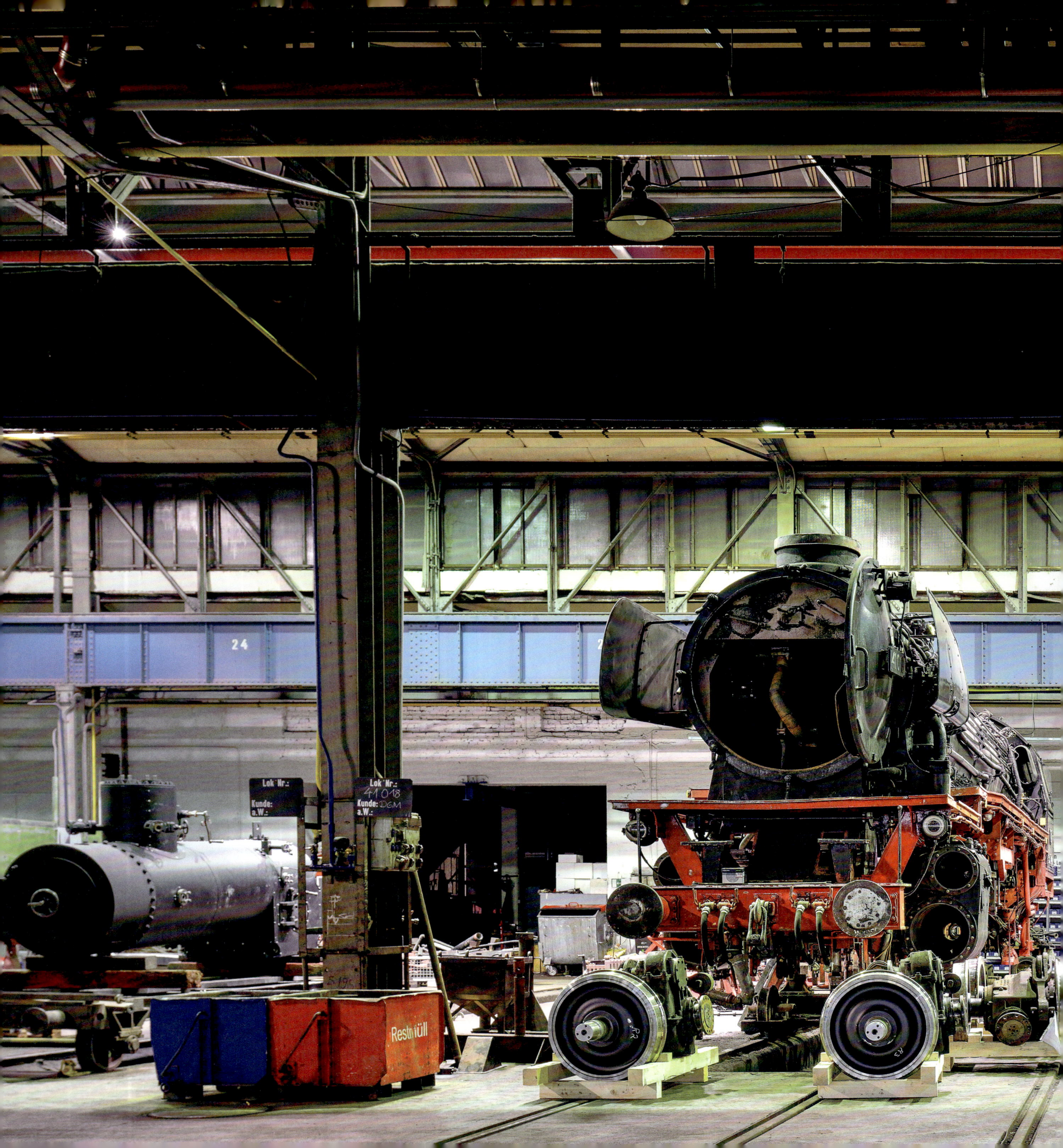
24
Lok Nr.:
Kunde:
a.W.:
Lok Nr.: 41 018
Kunde: DGM
a.W.:
Restmüll

MASCHINENBAU

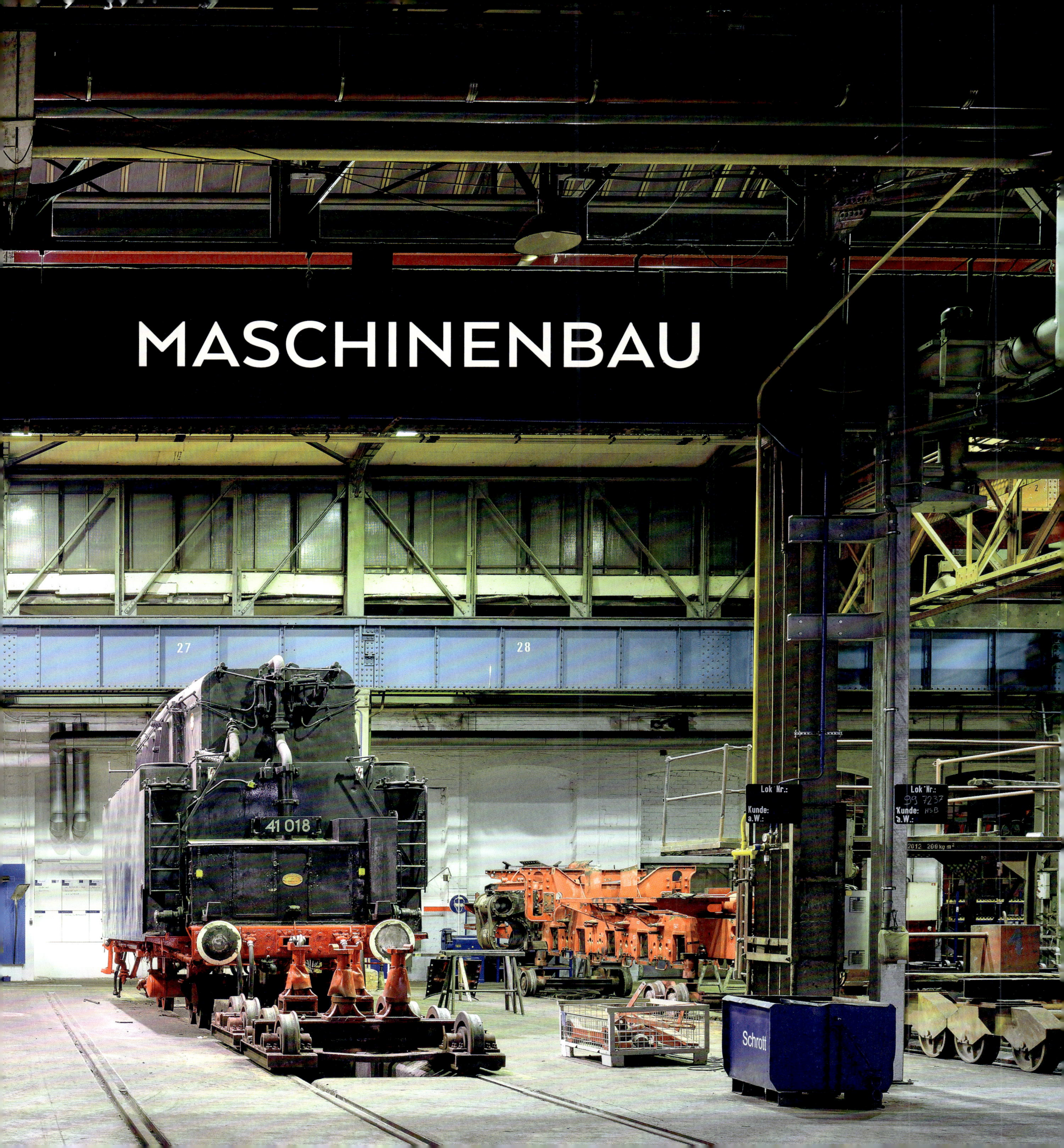

Das Fabrikgebäude der Hamburg-Amerikanischen-Uhrenfabrik (H. A. U.), ehemals der große Konkurrent von Junghans, beherbergt heute unter anderem ein Eisenbahnmuseum. In einer Jugendstilvilla versorgte ein wuchtiger Dieselmotor das Werk mit Energie.

UHRENINDUSTRIE · SCHRAMBERG

FEINMECHANIK AM PULS DER ZEIT

Schramberg ist untrennbar mit der Uhrenindustrie verbunden, die in der Region eine lange Tradition hat. 1861 gründete Erhard Junghans seine berühmte Fabrik. Bis dahin war Schramberg ein unbedeutender Marktflecken. Wie in vielen Schwarzwaldgemeinden begann der Aufschwung mit der Industrialisierung in Deutschland.

1820 wurde eine Majolika-Manufaktur gegründet, 1834 kam eine Manufaktur für Strohwaren hinzu und 1849 das Emaillierwerk Schweizer, das zunächst Ziffernblätter für die Uhrenindustrie herstellte. Das in sechster Generation von der Familie Schweizer geführte Unternehmen ist heute einer der führenden Produzenten von Leiterplatten in Europa. Die Uhrenfabrik Junghans zog mehrere Zulieferbetriebe an.

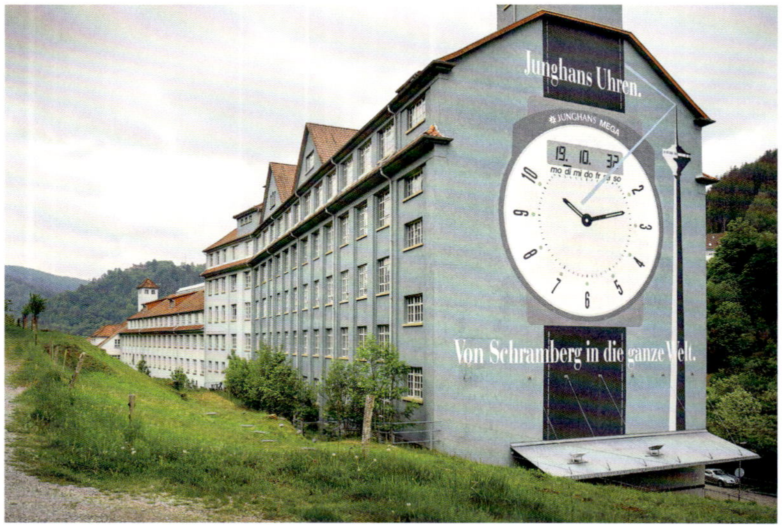

Seine stilprägenden Industriebauten verdankt Schramberg dem 1861 geborenen Architekten Jakob Philipp Manz. Der »Blitzarchitekt« war berühmt für die schnelle Umsetzung selbst großer Vorhaben. Sein wohl bekanntestes Bauwerk, den Terrassenbau der Uhrenfabrik Junghans, verwirklichte er in nur zwei Jahren: von 1916 bis 1918 – und das während des Ersten Weltkriegs. Zudem waren seine Gebäude kostengünstig, funktional, solide und ästhetisch ansprechend. Der Industriearchitekt bot seinen Auftraggebern genau durchdachte Komplettlösungen an, nicht nur Fabrikgebäude, sondern auch die dazugehörigen Arbeiterwohnungen und die Fabrikantenvilla.

DIE HIMMELSLEITER VON JUNGHANS

Die großen Fabrikanlagen in den USA, in denen schon früh rationelle Arbeitsteilung und straffe Kostenplanung praktiziert wurden, inspirierten seinen der »Traditionellen Moderne« zuzurechnenden Baustil. Auch die Entwicklung des Stahlbetons beeinflusste sein Konstruktionsprinzip. In den Gebäuden spiegelt sich immer der vorherrschende Stand der Architekturentwicklung wider – vom Historismus über den Neoklassizismus bis zum Bauhausstil. Weitere bekannte Manz-Bauwerke sind die Baumwollspinnerei Aumühle in Augsburg, heute ein Kunstmuseum und Forum für Kunstschaffende. Aus der Karlsruher Waffen- und Munitionsfabrik entstand das ZKM, das Zentrum für Kunst und Medien.

Passend zum hundertjährigen Jubiläum erhielt der bemerkenswerte Terrassenbau 2018 den Denkmalschutzpreis Baden-Württemberg. Eine besondere Herausforderung war das steile Hanggrundstück. Manz gelang es, mit dem eigens für das Gelände entworfenen

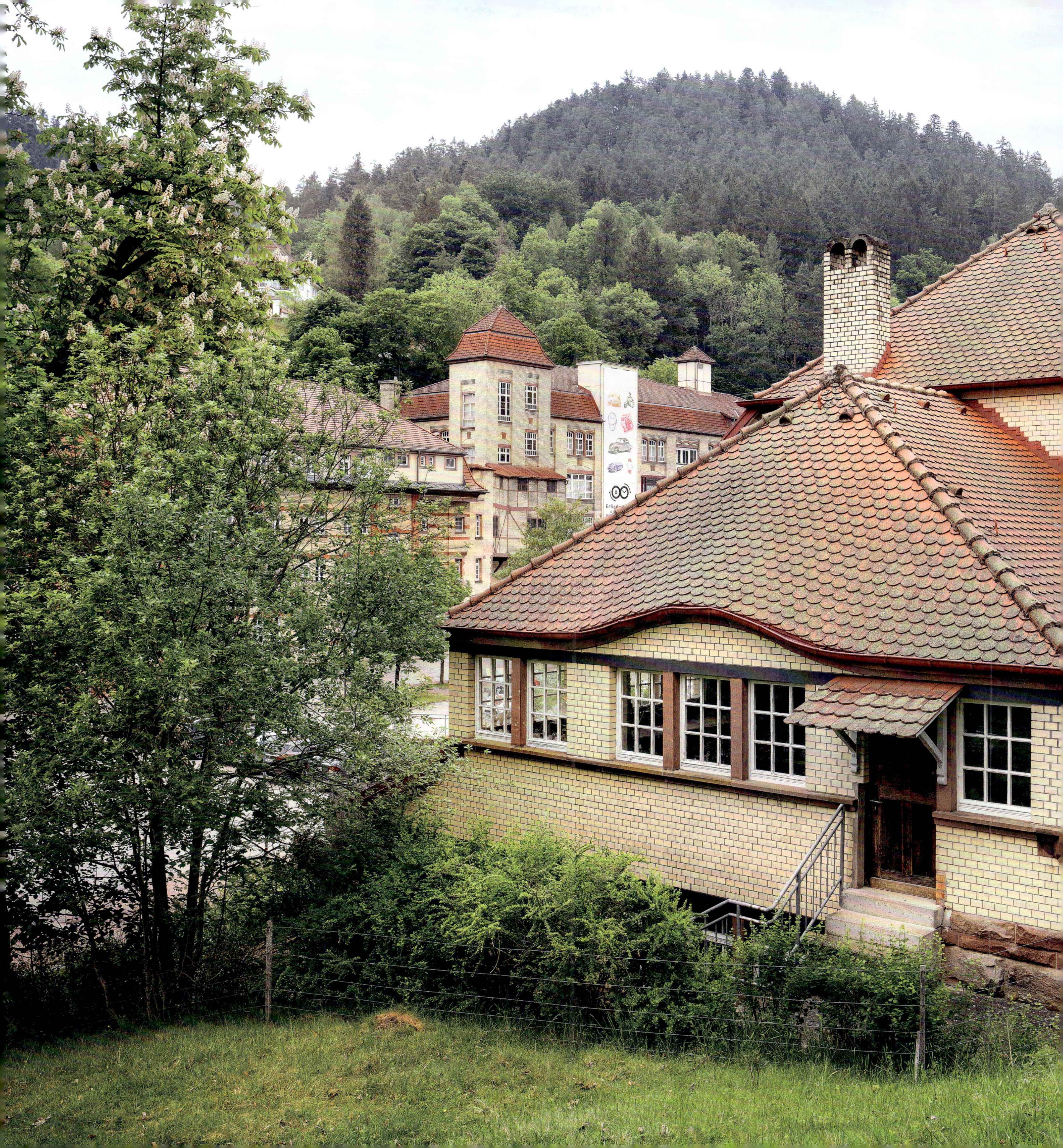

Teile des ausgedehnten Firmengeländes der H. A. U. wurden in einen Technologie- und Gewerbepark umgewandelt. Die Gebrüder Junghans führten in ihrem bemerkenswerten Terrassenbau innovative Arbeitsmethoden und Zeiterfassungssysteme ein.

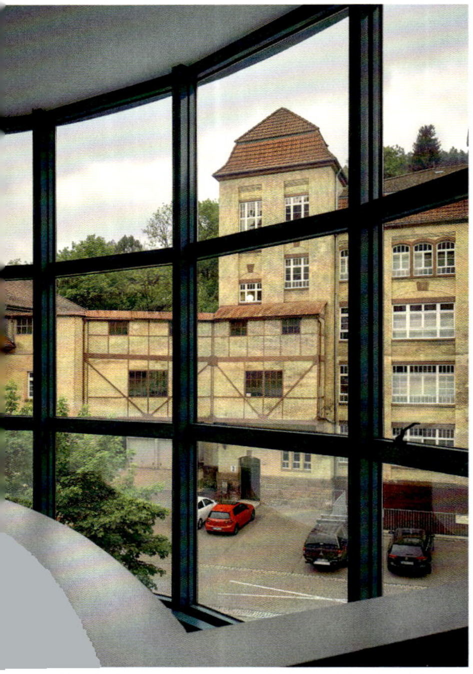

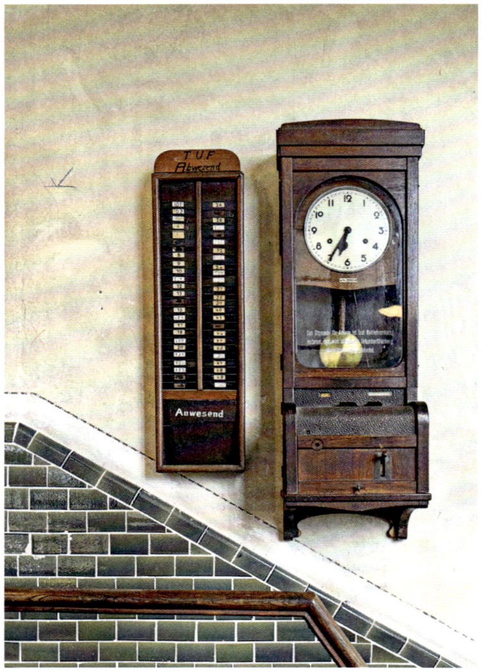

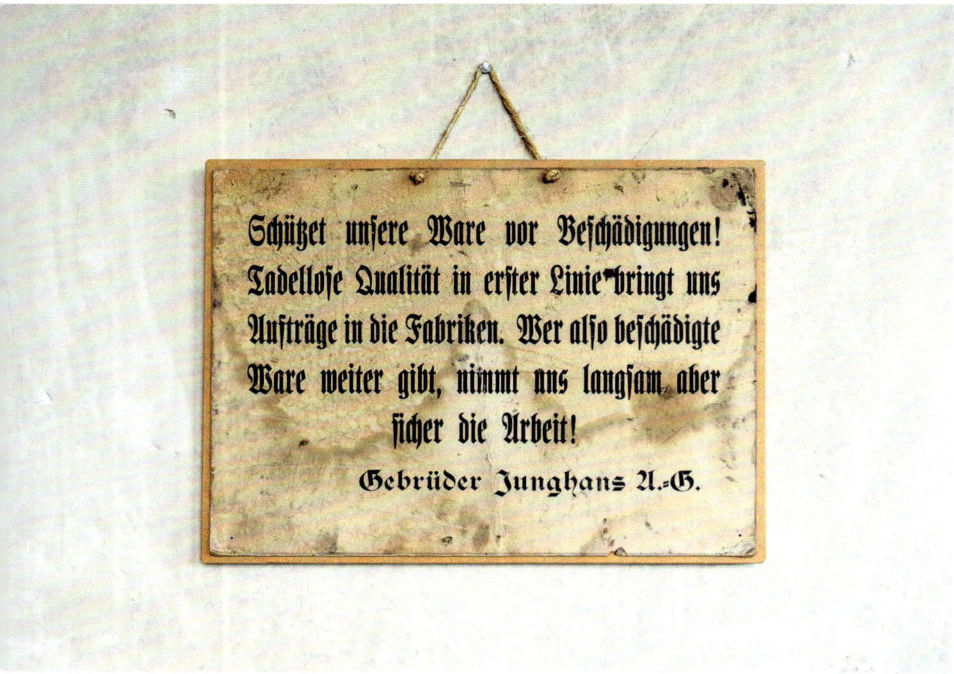

Industriegebäude Ansprüche für optimale Arbeitsbedingungen zu erfüllen: Durch die ungewöhnliche Terrassenform konnte er eine Hauptvorgabe des Bauherrn erfüllen, fast jeden Arbeitsplatz für die Montage kleinster feinmechanischer Einzelteile mit Tageslicht auszustatten. Die 42 Meter langen Terrassen sind mit durchgehenden Fensterbändern ausgestattet. Zugang zu den Fertigungsräumen verschafften die beiden insgesamt 21,5 Meter hohen Treppenhäuser. Innovativ war die 1917 installierte Lüftungs- und Heizungsanlage. Durch eine ausgeklügelte Luftführung wurden in den Produktionsstätten fast Reinraumbedingungen geschaffen.

Das Gebäude erlangte früh Aufsehen, weil der Unternehmer Junghans den Terrassenbau als Firmenlogo in der Werbung einsetzte. Bis in die 1970er-Jahre wurden dort Uhren gefertigt. Ab 1999 stand der Terrassenbau leer. 100 Jahre nach Baubeginn wurde auf Bestreben des heutigen Eigentümers Hans-Jochem Steim in Abstimmung mit dem Denkmalschutz mit der Sanierung und Umwidmung zum Museum begonnen. Im Juni 2018 konnte das Junghans Terrassenbau-Museum eröffnet werden. Mit einem Schrägseilaufzug an der Außenseite gelangen die Besucher zum obersten Stockwerk, dem Startpunkt der Ausstellung.

JUNGHANS UND H. A. U.: HOCHS UND TIEFS DER FIRMENGESCHICHTEN

1859 errichtete Erhard Junghans mit seinem Schwager in Schramberg eine Ölmühle, ein wirtschaftlicher Misserfolg. 1861 gründete er mit seinem wieder aus den USA zurückgekehrten Bruder Xaver die Uhrenfabrik Gebrüder Junghans. Die Firmengründer legten das Gewicht auf kostengünstig und arbeitsteilig produzierte Uhren in Großserie. Bereits 1903 war Junghans die größte Uhrenfabrik der Welt mit rund 3000 Mitarbeitern. Bei der Entwicklung neuer Technologien – von Quarzuhren über Funkuhren bis zu von Solarzellen gesteuerten Uhren – war Junghans immer ganz vorne mit dabei. Der Niedergang setzte im Jahr 2000 mit dem Verkauf an den in Hongkong ansässigen Luxusgüterkonzern

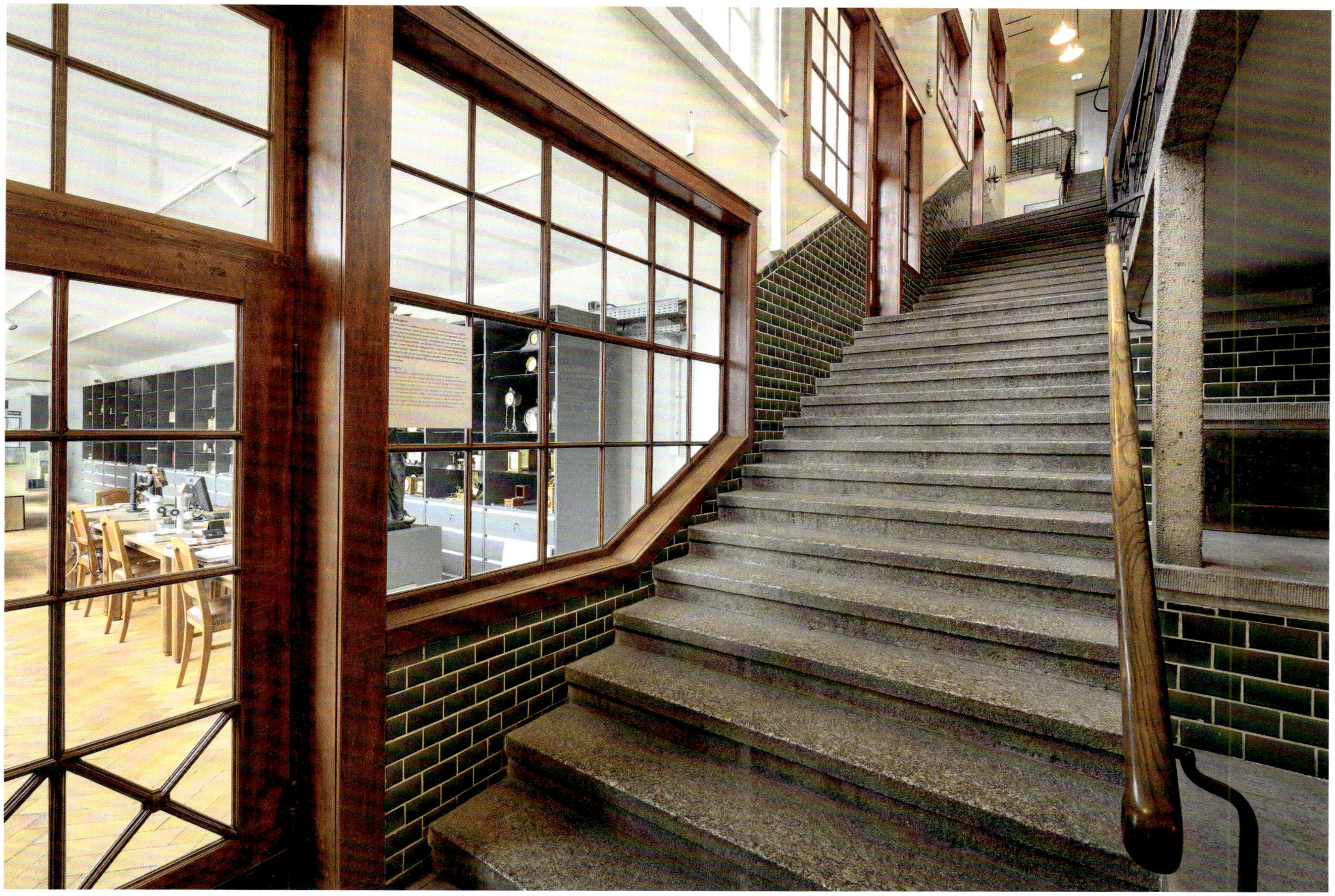

Egana Goldpfeil ein. Nach dessen Zerschlagung 2008 sah Junghans einer düsteren Zukunft entgegen. Die Rettung durch den Schramberger Unternehmer Hans-Jochem Steim 2009 war ein Glücksfall. Heute produziert Junghans vorwiegend elegante, aber noch bezahlbare Uhren im Luxussegment.

Die Hamburg-Amerikanische Uhrenfabrik H. A. U., früher Schrambergs zweitgrößte Uhrenfabrik, wurde von Paul Landenberger, einem ehemaligen Prokuristen der Junghans-Uhrenfabrik gegründet. Nachdem Landenberger nicht wie erhofft Teilhaber bei Junghans wurde, beschloss er, mit Philipp Lang 1875 eine eigene Großuhrenfabrik unter dem Namen »Landenberger und Lang« zu etablieren. Nach dem frühen Konkurs wurde die Uhrenfabrik in eine AG umgewandelt und in Hamburg-Amerikanische Uhrenfabrik umbenannt. Firmensitz war zunächst Hamburg wegen der günstigen Exportmöglichkeiten, Amerikanisch bezieht sich auf die aus Amerika übernommene Serienproduktion. Das Markenzeichen der H. A. U. war ein Pfeilkreuz. Das Unternehmen expandierte anfangs stark, stand aber in ständiger Konkurrenz zu Junghans. 1929 wurde sie von der Gebrüder Junghans A. G. übernommen. Das brach liegende Firmengelände der H. A. U. übernahm 1989 die Stadt Schramberg und verwandelte es mit den verbliebenen sanierten Gebäuden in einen Technologie- und Gewerbepark.

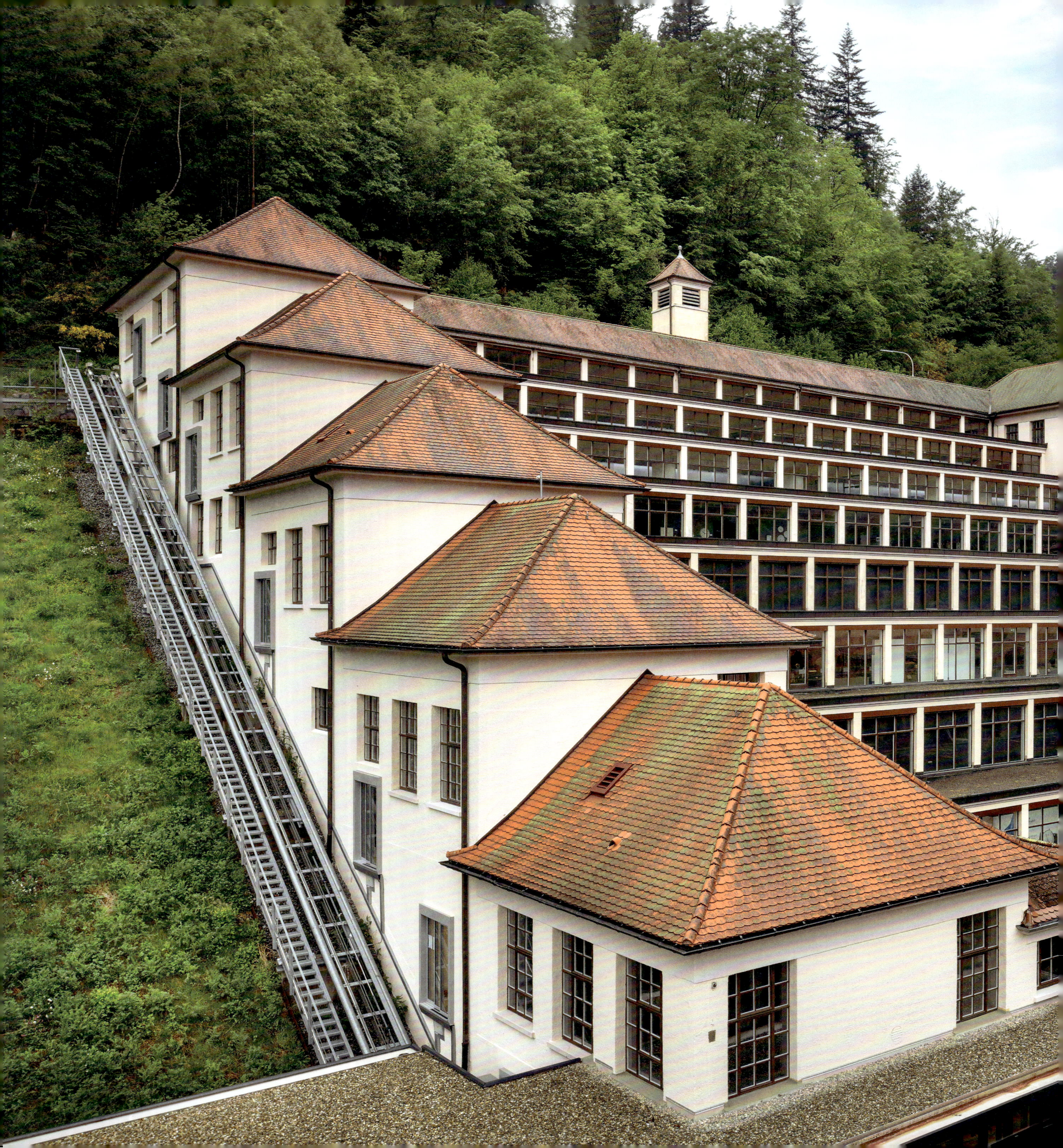

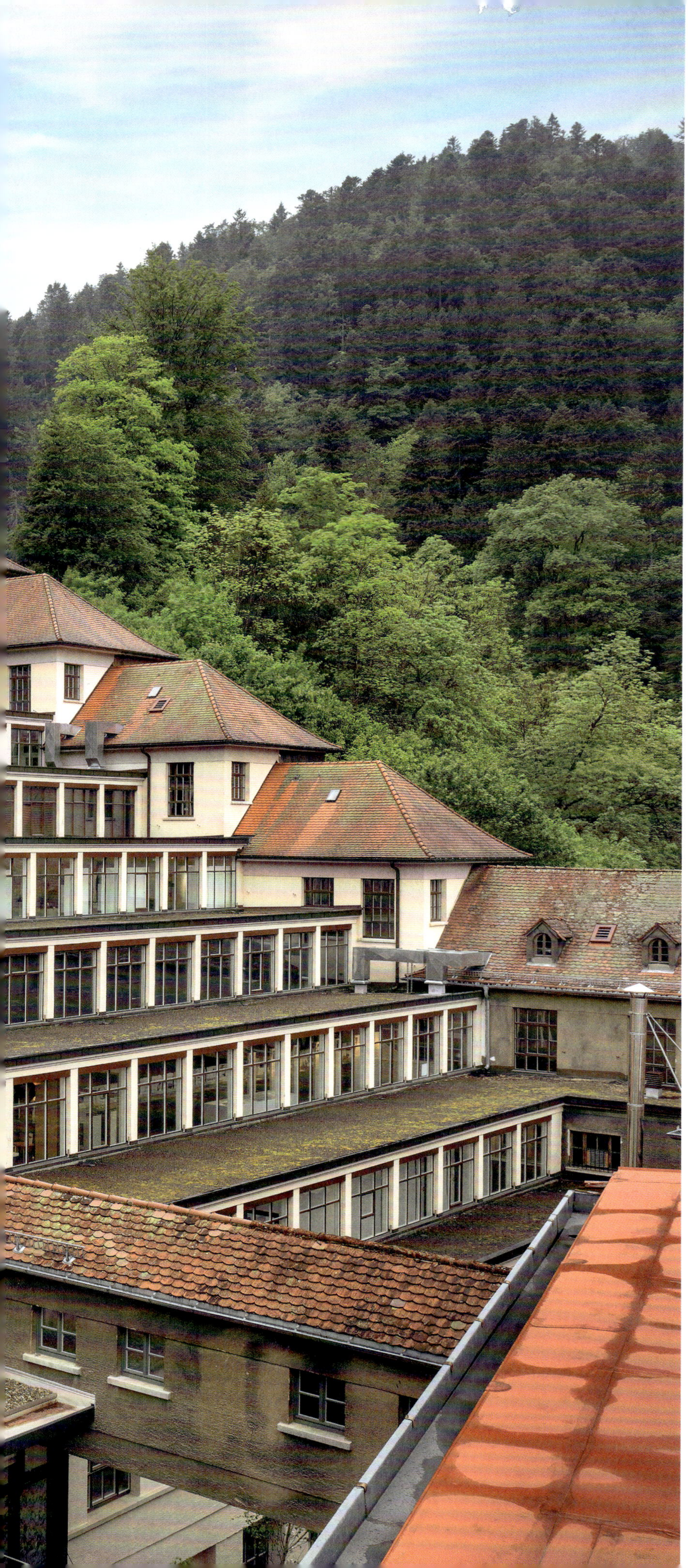

Der perfekt dem Hanggelände angepasste Terrassenbau der Firma Junghans, die »Himmelsleiter«, ist das wohl bemerkenswerteste Bauwerk des Architekten Jakob Philipp Manz. Das innovative Gebäude konnte während des Ersten Weltkriegs in nur zwei Jahren fertiggestellt werden.

KRAFT HINTER SCHMUCKER FASSADE

Auch bei der H. A. U. hat der Industriearchitekt Jakob Philipp Manz Spuren hinterlassen. Über drei Jahrzehnte konstruierte sein Büro mehrere Gebäude. Das bemerkenswerteste ist eine 1904 errichtete Jugendstilvilla für die Umspannstation der H. A. U. Um die Energieversorgung zu gewährleisten, wurde das Gebäude 1910 behutsam für den wuchtigen MAN-Dieselmotor erweitert – welch ein Kontrast zu dem eher zierlichen Jugendstilbau. Der noch vollständig erhaltene Motor aus dem Jahr 1911 ist der größte aus dieser Zeit, der noch an seinem ursprünglichen Aufstellort steht. Jeweils mehr als drei Meter hoch sind die vier gusseisernen Zylindertürme des 325-PS-Kolosses, die das mächtige Schwungrad antrieben. Bis 1963 arbeitete das Aggregat. Am 25. November 1966 gab es noch einmal einen letzten Probelauf. Bis 1995 war der Jugendstilbau dem Verfall preisgegeben. Inzwischen zum Kulturdenkmal erhoben, konnte dort 2000 das Dieselmuseum einziehen.

In einem ebenfalls von Manz entworfenen ehemaligen Fabrikgebäude der H. A. U., in dem die Werkstischlerei untergebracht war, logiert heute das Eisenbahnmuseum Schwarzwald. Die Museumsfläche im Erdgeschoss des denkmalgeschützten Gebäudes hat eine Fläche von 742 Quadratmetern. Rund 900 Modellbahnen und Wagen vor allem für die Spur 2 drehen dort ihre Runden oder sind in Vitrinen ausgestellt. Im ehemaligen Fabrikgebäude H. A. U. 3/5, auch von Manz konzipiert, ist seit 2010 die Privatsammlung »Erfinderzeiten« untergebracht. Das Schwergewicht der Sammlung liegt auf der Geschichte der Uhrenherstellung im Schwarzwald und der frühen Automobilgeschichte.

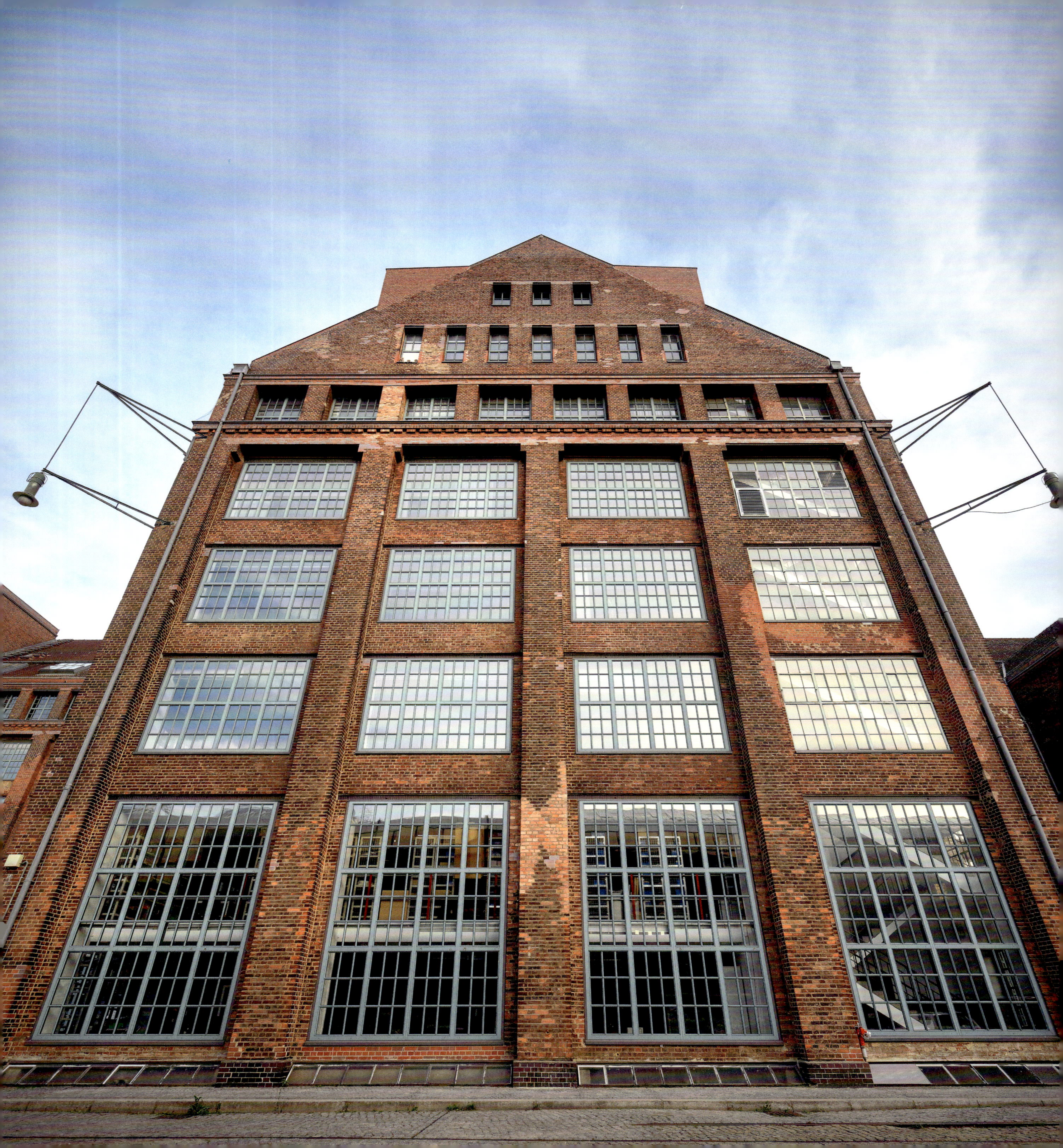

Klare und strenge Formen sind das Markenzeichen der alten AEG-Industriebauten am Humboldthain in Berlin ◁
Die Turbinenhalle von Peter Behrens in Moabit zählt zu den bekanntesten Bauten der Industriearchitektur. ▽

AEG-WERKE · BERLIN

STRENGE FORMEN FÜR TEMPEL DER ARBEIT

Ende des 19. Jahrhunderts begann der Aufstieg Berlins zur »Elektropolis«, denn neben dem hier ansässigen Maschinenbau war es die Elektroindustrie, die die Hauptstadt des jungen Deutschen Reichs zu einem weltweit führenden Standort in diesem Bereich machte. Unternehmen wie OSRAM oder Siemens produzierten die für das neue technologische Zeitalter so wichtigen Produkte wie Glühlampen, Telegrafen oder Dynamomaschinen. Die AEG steht zugleich auch für eine bahnbrechende moderne Industriearchitektur.

Mit der 1883 von Emil Rathenau (1838–1915) als Deutsche Edison-Gesellschaft für angewandte Elektricität gegründeten AEG ist untrennbar der Name Peter Behrens verbunden. Der Mitbegründer des Deutschen Werkbundes war seit 1907 als künstlerischer Berater für das Erscheinungsbild der Allgemeinen Elektricitäts-Gesellschaft zuständig. Der Architekt, der gleichzeitig auch Maler, Designer und Typograf war, gilt als Pionier des modernen Industriedesigns und verdankt diesen Ruf seinen herausragenden Arbeiten für die AEG. Behrens, in dessen Büro Koryphäen wie Walter Gropius, Ludwig Mies van der Rohe und Le Corbusier tätig waren, entwarf nicht nur die neuen Fabrikgebäude, sondern entwickelte auch eine einheitliche Linie für alle AEG-Produkte, vom Briefbogen bis zu diversen Alltagsgegenständen – der Begriff »Corporate Design« ist seitdem aus der Unternehmenskultur nicht mehr wegzudenken.

Die AEG (Name ab 1887) war bis 1982 einer der größten Elektrokonzerne der Welt. Im Besitz der europäischen Patente des amerikanischen Erfinders Thomas Alva Edison, begann Rathenaus Unternehmen mit Glühlampen, Fassungen und Schaltern, dann Kleinkraftwerken und Haushaltsgeräten. Später konstruierte es elektrische Stadtbahnen, stieg in die Stahl- und Aluminiumproduktion ein und bot eine breite Palette von Maschinen, Motoren und Apparaten an. Gemeinsam mit Siemens & Halske baute die AEG ab 1903 ein deutschlandweites Telefonnetz auf.

AEG-TURBINENHALLE

Sie steht noch immer an ihrem alten Standort in der Huttenstraße im Berliner Ortsteil Moabit: Die AEG-Turbinenfabrik gehört heute zwar zur Division Power and Gas des Siemens-Konzerns, doch werden hier immer noch Gasturbinen hergestellt. Die 1909 erbaute Halle gilt als eines von Behrens Meisterwerken und zählt weltweit zu den berühmtesten Bauten der Industriearchitektur. Schon seine Zeitgenossen zeigten

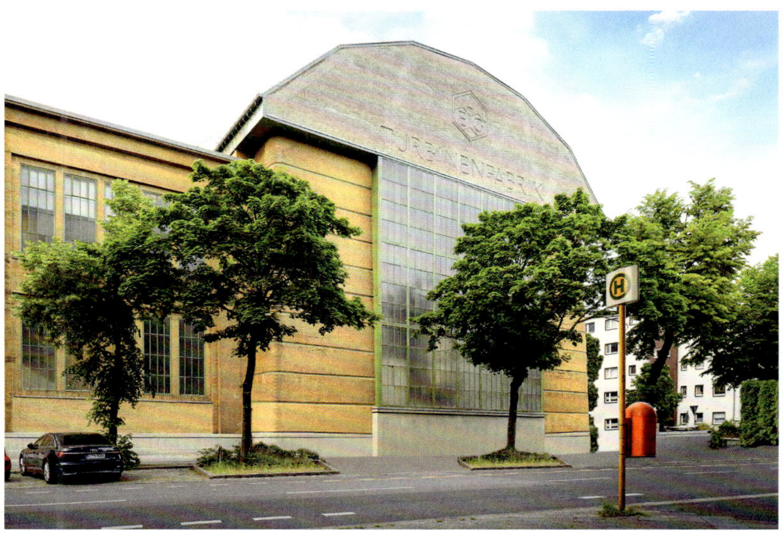

Die Montagehalle von Peter Behrens auf dem Gelände der ehemaligen AEG-Fabrikstadt am Humboldthain ▽
Einst eine Arbeitsstraße, heute Teil der »Berliner Unterwelten«: der 300 Meter lange AEG-Tunnel. ▷

sich beeindruckt von der innovativen Bauweise, der spätere bekannte Architekt Erich Mendelssohn schrieb 1914 enthusiastisch: »Kommen Sie nach Berlin, so vergessen Sie nicht, sich das Turbinenhaus der AEG von Peter Behrens anzusehen. Sie müssen das gesehen haben!«

Um zu begreifen, wie einschneidend die Veränderungen waren, die Behrens mit seinem Bau bewirkte, muss man sich den damaligen Zeitgeschmack vor Augen halten. Während repräsentative Gebäude von angesehenen Architekten im Sinne des Historismus, der Neo-Romanik oder des Neo-Klassizismus entworfen wurden, waren bei Industriebauten oft unbekannte Baumeister oder Ingenieure für die Realisierung verantwortlich. Allenfalls bei der Realisierung der Fassaden wurden namhafte Größen hinzugezogen, so Franz Schwechten, der Architekt der Kaiser-Wilhelm-Gedächtniskirche und des Anhalter Bahnhofs. Er gestaltete den Außenbereich der AEG-Bauten in der Ackerstraße und in der Brunnenstraße im Sinne einer schmückenden Kulisse. Ganz anders Behrens, der mit der Turbinenhalle zum ersten Mal überhaupt die nackte Konstruktion eines Industriegebäudes zeigte.

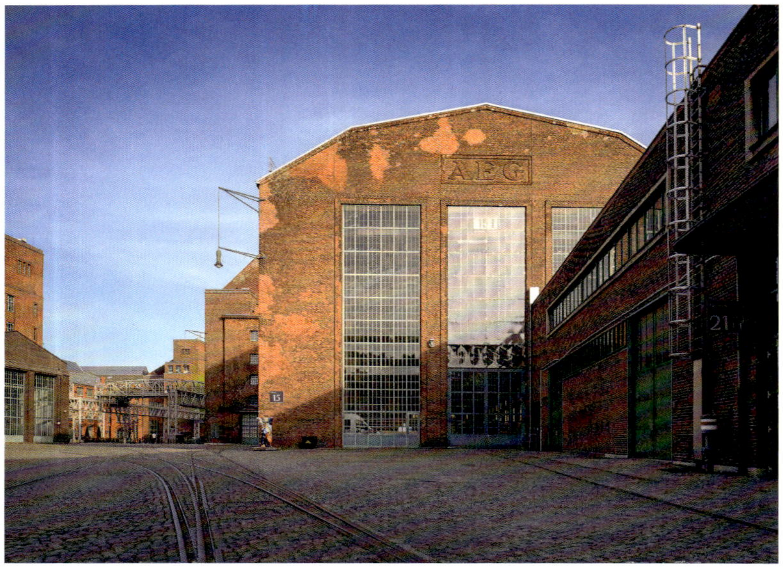

Unverkleidete Stahlbinder vor einer sich nach innen neigenden Glasfassade oder ein sechsfach gebrochener Giebel der Stirnwand waren absolut ungewöhnlich und vereinten Form und Funktion miteinander. Beim Anblick von Fenster und Tympanon denkt man unweigerlich an einen Hammer, auch dies ein Hinweis darauf, welchem Zweck der Bau diente. Trotzdem verzichtete auch Behrens nicht auf Schmuckelemente wie massive ägyptisierende Eckpylone, die eigentlich unnötig waren, dem Ganzen aber eine stabile Schwere gaben. Auch weckt die wuchtige Fassade mit dem Giebelfeld, in das neben dem (ebenfalls von Behrens entworfenen AEG-Signet) der Schriftzug »Turbinenfabrik« angebracht ist, Assoziationen an einen griechischen Tempel.

AEG-WERKSGELÄNDE

Eine weitere Arbeit von Peter Behrens befindet sich im Stadtteil Wedding am Humboldthain zwischen Brunnenstraße, Gustav-Meyer-Allee, Voltastraße und Hussitenstraße: Das ehemalige Werksgelände der AEG ist eines der größten in Berlin und wurde ab 1910 neu gestaltet. Schon vorher standen hier Industriebauten, erhalten hat sich allerdings nur das sogenannte Beamtentor von Franz Schwechten, dem führenden Vertreter des Historismus in Berlin: Durch dieses Hauptportal mit seinen beiden seitlichen Türmchen, die an diejenigen gotischer Backsteinkirchen erinnern, gelangten die höheren Angestellten – die Beamten – der Firma zur Arbeit. Ornamente wie die Mosaiken mit Blitzen und Sternen oder ein Lebensbaum mit Glühbirnen als Früchte weisen auf die AEG als Elektrizitätskonzern hin.

Behrens bevorzugte im Gegensatz dazu auch hier wieder eine Bauweise mit strengen, klar geordneten Formen ohne jedes Ornament und setzte damit einen deutlichen Kontrapunkt zum bisherigen Maßstab. Da sich seine neuen Bauten aber in das schon bestehende Gelände einfügen sollten, stand er vor besonderen Herausforderungen bei der Umsetzung. Zwar waren Hochspannungsfabrik und Kleinmotorenfabrik moderne Stahlskelettbauten, doch wählte man bei der Fassadengestaltung dunkelroten Backstein und bläulich schimmernden Eisenklinker. Ähn-

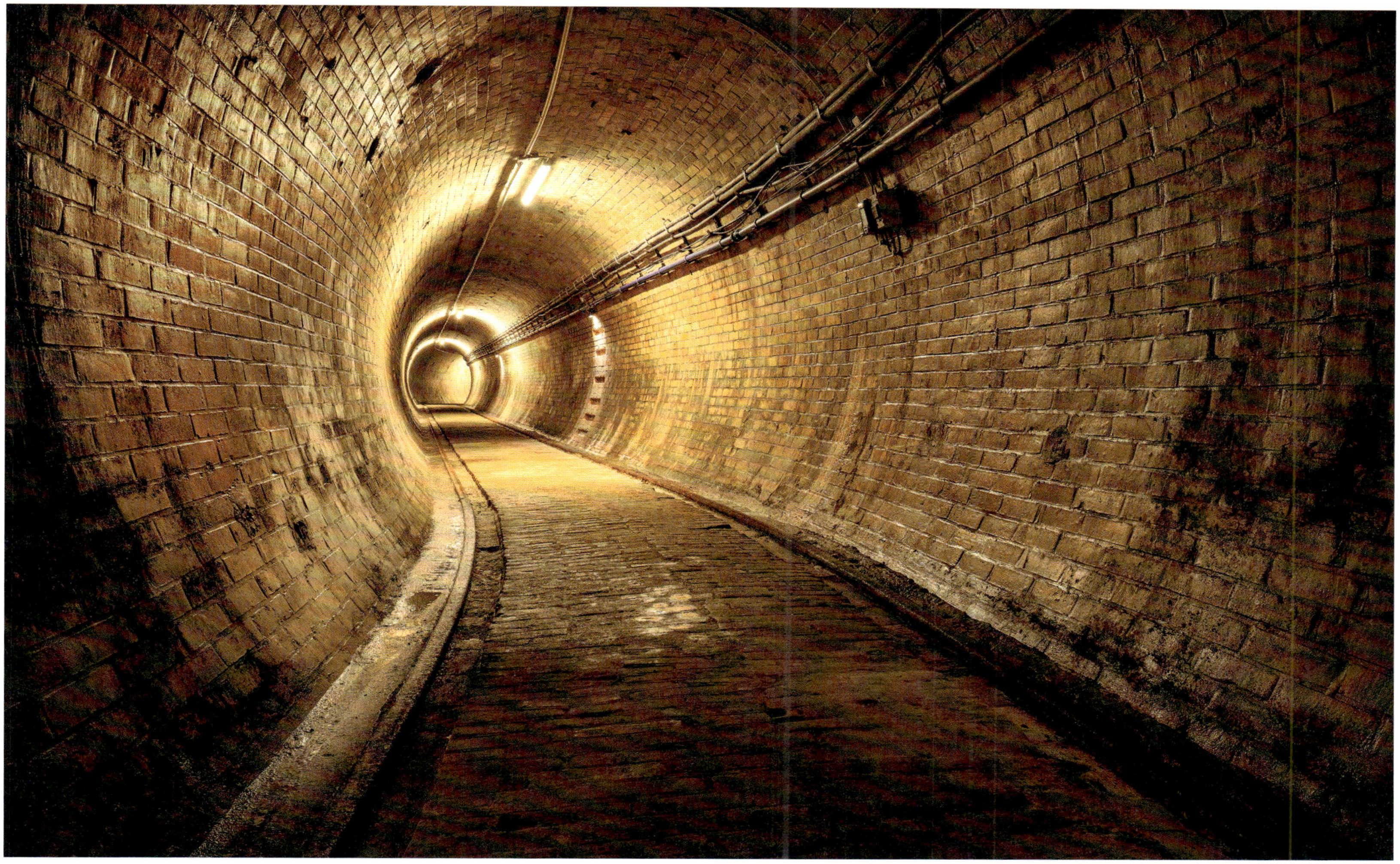

lich wie bei der Turbinenhalle an der Huttenstraße entschied sich Behrens auch hier für die Anlehnung an die ägyptische Tempelarchitektur. Griechisch kommt dagegen die Fassade der Kleinmotorenfabrik daher, deren 190 Meter Länge durch einen eckigen Pfeiler gegliedert sind, auf den sieben halbrunde Pfeiler folgen.

BERLINS ERSTER »U-BAHN«-TUNNEL

Ein wirkliches Highlight auf dem Werksgelände ist die Montagehalle für Großmaschinen, die 1911/12 entstand. Das streng sachliche Gebäude kam ohne jede Fassadengestaltung aus, beim vollverglasten Dach ließ sich Behrens von den Pavillons der damals beliebten Weltausstellungen inspirieren. Die Anlage mit den heute verbliebenen Gebäuden steht unter Denkmalschutz und wird als »Technologie-Park Humboldthain Forschung und Wissenschaft« genutzt, der vordere Teil des Areals soll in den kommenden Jahren als ein gewerblich geprägtes, lebendiges Quartier umgestaltet werden.

Gut zehn Jahre, bevor in Berlin-Kreuzberg eine Art erste U-Bahn entstand (diese allerdings oberirdisch und auf eisernen Stelzen), gab es 1897 schon eine »Untergrundbahn«: Ein gut 300 Meter langer Tunnel verband das Areal am Humboldthain mit der Apparatefabrik der AEG an der Ackerstraße. Es verkehrten Elektrotriebwagen, die Material und Arbeiter zwischen den zwei Standorten beförderten. Der AEG-Tunnel ist im Rahmen von Führungen des Vereins »Berliner Unterwelten« zu besichtigen, ebenso wie Behrens' Meisterwerke der Industrie, die auf der Grand Tour der Moderne, die anlässlich des 100-jährigen Bauhaus-Jubiläums 2019 entwickelt wurde, zu entdecken sind.

Auf dem Borsiggelände in Tegel ermöglicht das Tor den Durchblick. Unter dem Namen A. Borsig grüßen ein Schmied und ein Eisengießer als Skulpturen.

BORSIGWERKE · BERLIN

ES GRÜSSEN EISENGIESSER UND SCHMIED

Das Borsigtor im Berliner Stadtteil Tegel bewacht die Einfahrt zu einer der ehemals wichtigsten industriellen Produktionsstätten Deutschlands. Vor über hundert Jahren, 1898, wurde es auf dem damals ganz neuen Betriebsgelände errichtet. Wie ein mittelalterliches Stadttor aus Backstein schützte es die ausgedehnten Industrieanlagen. Dicke Rundtürme ragen auf, der Torbogen dazwischen ist mit Zinnen bewehrt. Das war der Zugang zum dritten Standort der Maschinen- und Lokomotivenfabrik Borsig. Nicht König und Ritter grüßen aus Rundbogennischen, sondern Eisengießer und Schmied, Symbolfiguren der Maschinenwerke. In der Mitte über der Einfahrt markiert ein Name in Großbuchstaben den Besitzer: A. BORSIG.

Die Tegeler Borsigwerke bestanden aus zahlreichen Gebäuden. Die Eisen- und Metallgießerei, eine Kesselschmiede und ein eigenes Kraftwerk, das die Tegeler während der Berlin-Blockade 1948/49 besonders zu schätzen wussten, gehörten dazu. Viele Gebäude sind abgerissen, doch das Tor und auch der 65 Meter hohe Borsigturm aus dem Jahr 1924, das erster Hochhaus Berlins, stehen noch. Dort, wo einstmals die Werkhallen standen, ist jetzt Shopping in den Borsighallen das Thema.

DAMPFLOKOMOTIVEN IN SERIE

Die erste in Deutschland entwickelte Dampflokomotive heißt »Beuth«. 1844 fertiggestellt, wird sie von einem Gespann aus acht prachtvollen Pferden aus der Werkhalle zum Bahnhof transportiert. Von dort fährt sie dann selbstständig auf Schienen. 1837 gründete August Borsig (1804–1854), aus Breslau kommend, die Borsigsche Maschinenbau-Anstalt in Berlin. Das erste Werksgelände lag im damaligen »Berliner Feuerland«. Das war die Gegend der ersten Fabriken, außerhalb der Stadt vor dem Oranienburger Tor. Die rauchenden Schlote gaben dem Viertel den Namen.

Der erste Auftrag für August Borsig war die Produktion von 117 000 Schrauben für die Schwellen der neuen preußischen Eisenbahnstrecke Berlin–Potsdam. Doch bald schon stieg er auf Maschinenbau um. Borsig war technisch innovativ und fand immer neue Absatzmärkte. Lokomotiven wurden zu seiner Erfolgsgeschichte. 1844 ließ er seine 24. Lok bauen, zunächst nach amerikanischem Vorbild. Zehn Jahre später lieferte er die 500. aus. Die Industrialisierung entfachte einen Eisenbahnboom. Das Wachstum des Unternehmens war so rasant, dass Borsig ab 1847 eine neue Betriebsstätte in Moabit aufbauen konnte. Über 1800 Menschen arbeiteten nun für das Unternehmen, das nicht nur Lokomotiven baute. Aus dem Werk stammte auch die Eisenkonstruktion für die Kuppel des Berliner Stadtschlosses.

KÖNIG VON FEUERLAND

Die Produktion organisiert August Borsig nach kapitalistischen Methoden. Serienproduktion und Baukastensystem sind seine Erfolgsrezepte. Um beides zu verwirklichen, setzt der Magnat auf Pünktlichkeit, das Verbot von Alkohol und eine Entlohnung nach Leistung. Die Zwölfstundentage sind streng getaktet, Pausen- und Essenzeiten genau festgelegt. Doch Borsig hat auch eine soziale Seite. Er richtet eine Kranken- und Sterbekasse und eine Sparkasse ein; auf dem Werksgelände gibt es einen Speiseraum für die Beschäftigten. Gleichzeitig betätigt sich der Industrielle als Kunstmäzen. Wie ein strenger Vater zu seinen Kindern will der »König vom Feuerland« sein.

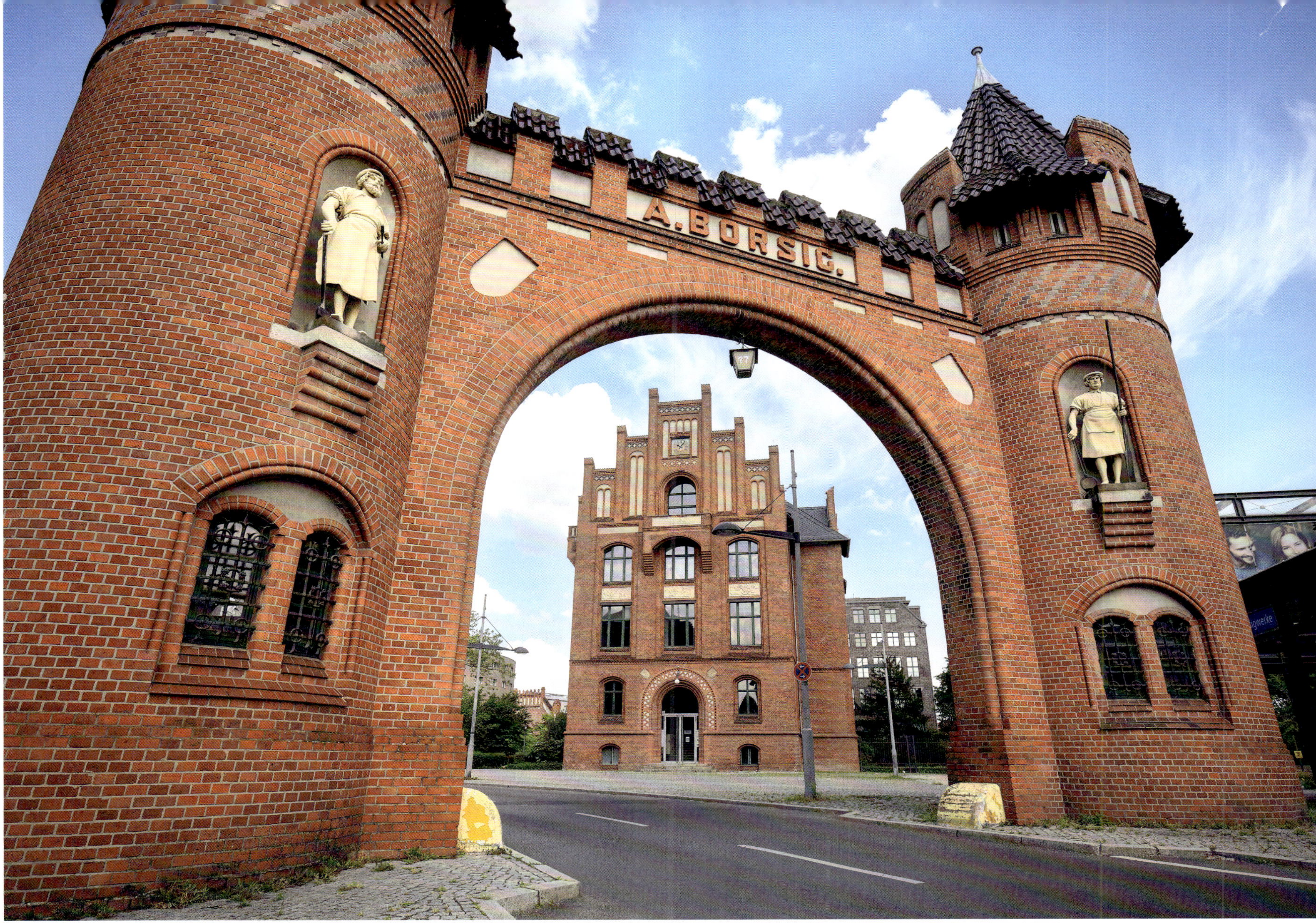

1854 stirbt August Borsig an einem Schlaganfall. Sein Sohn Albert (1829–1878) übernimmt die Geschäfte. 1898 steht das neue Werk für Maschinen- und Lokomotivbau in Berlin-Tegel. Dafür wurde der Wald zwischen Berlin und Tegel gefällt. Endlich sind die Borsigwerke nun auch zu Wasser und auf der Schiene erreichbar. 1918 verlässt die 10 000 Borsig'sche Lokomotive die Werkshallen.

Das Ende der Firma Borsig begann mit der Weltwirtschaftskrise ab Ende der 1920er-Jahre, der Umwandlung in eine GmbH und der zunehmend harten Konkurrenz. 1931 fusionierte Borsig mit der AEG, um eine Pleite zu vermeiden. 1935 wurde der Lokomotivbau ins brandenburgische Hennigsdorf verlegt. Seit den 1930er-Jahren gab es zahlreiche Firmenübernahmen, der Name Borsig aber lebte weiter. Heute ist Borsig Teil eines Unternehmens aus Malaysia. Es beschäftigt 600 Mitarbeiter und ist ein internationaler Anbietern von Spezialapparaten, etwa zur Kühlung von Gasen. Neben anderen Standorten wird auch noch in Berlin-Tegel gefertigt.

» Zeitungsfürsten und Eisenbahnkönige sind meiner Huldigungen sicher. Ich will nichts von ihnen, aber sie schaffen zu sehen, tut mir wohl.

Theodor Fontane

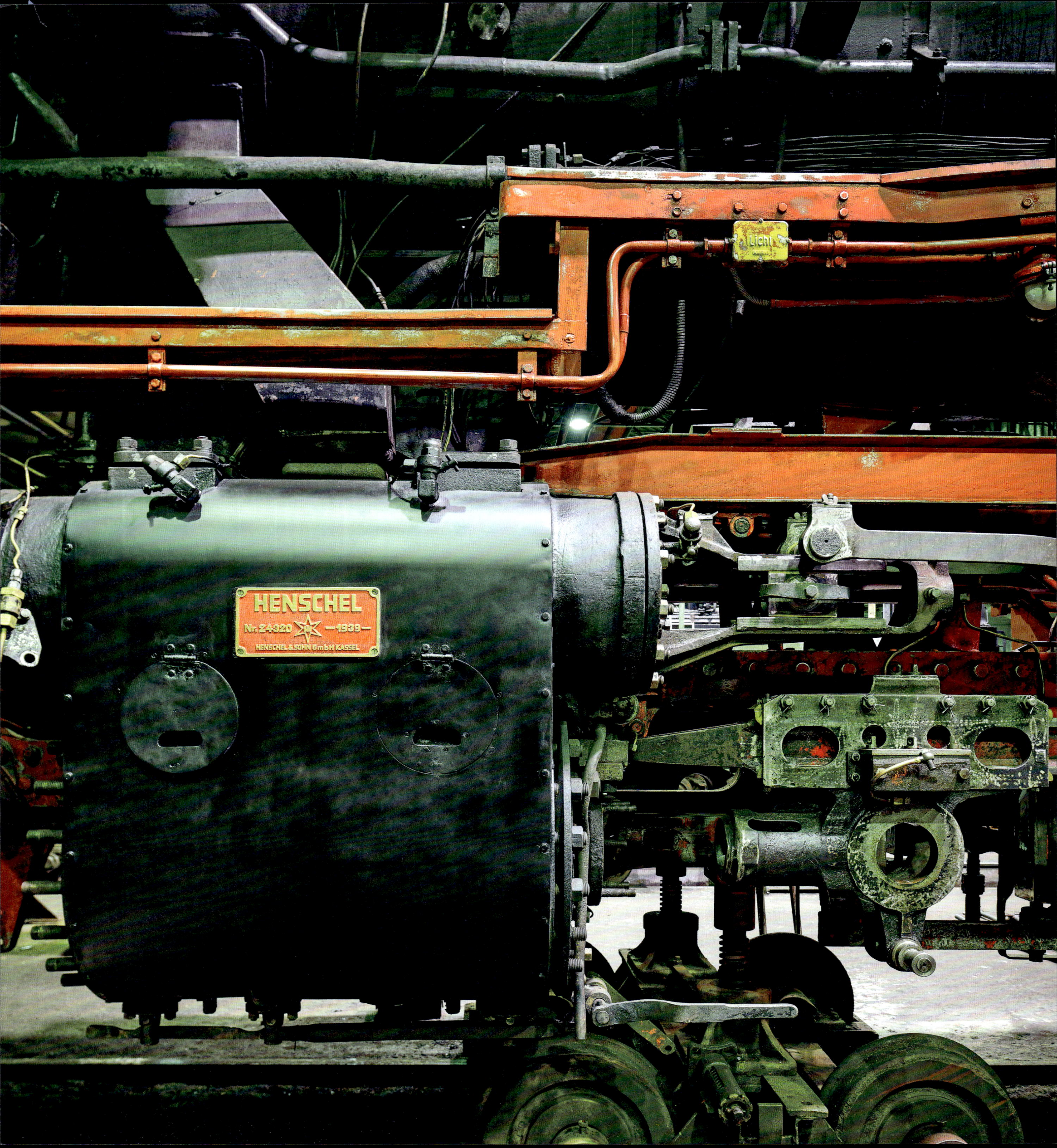
Licht
HENSCHEL
Nr. 24320 —1939—
HENSCHEL & SOHN GmbH KASSEL

Auf dem 140 000 Quadratmeter großen Gelände des heutigen Dampflokwerks Meiningen werden seit mehr als hundert Jahren Dampflokomotiven gewartet und repariert. Die ältesten Gebäude des Reichsbahnausbesserungswerks (1920–1989) stammen aus dem Jahr 1914.

DAMPFLOKWERK MEININGEN

MIT VOLLDAMPF ZURÜCK IN DIE ZUKUNFT

Als Nr. 99 2324 im März 2009 Meiningen Richtung Ostsee verlässt, schreibt sie Geschichte. Denn erstmals seit rund 50 Jahren wurde in Deutschland wieder eine Dampflokomotive für den regulären Zugdienst gebaut. Die Lok aus der Baureihe 99 – 10,60 Meter lang, 42 Tonnen schwer und 460 PS stark – ist kein Museumsstück, sondern zieht mit drei Schwestern, Baujahr 1932, die Mecklenburgische Bäderbahn, die älteste Schmalspurbahn Deutschlands: »Molli« verkehrt seit 1886 regelmäßig zwischen Bad Doberan und den Seebädern Heiligendamm bzw. Kühlungsborn.

Dampflokomotiven in Zeiten von Schnellbahntrassen und Hochgeschwindigkeitszügen? Ja, in Europa gibt es noch etwa 500 Dampfloks, die in regelmäßigen Abständen geprüft, gewartet und gegebenenfalls repariert werden müssen, sollen sie im Sommer oder zu besonderen Anlässen »Museumzüge« ziehen oder auch nach Fahrplan den öffentlichen Personenverkehr bedienen, so auf Rügen (»Rasender Roland«), für die Harzer Schmalspurbahnen oder eben »Molli«. Zentrale Anlaufstation dafür, neudeutsch »Kompetenzzentrum«, ist das Dampflokwerk Meiningen (DLW), ein Unternehmen der Deutschen Bahn AG.

ALTE DAMEN WACHGEKÜSST

Wer die Lokhalle und die Kesselschmiede, das Herz des DLW, betritt, kommt in eine andere Welt. Mannshohe Radsätze, schwere Achsen, gewaltige Dampfkessel, Führerstände, Feuertüren, Zylindergehäuse, Kolben, Pleuel, Kreuzköpfe, Koppelglieder, Schraubgewinde und eine Menge anderer Teile, von denen nur die 120 Mitarbeiter – oder Eisenbahnliebhaber – wissen, wie sie korrekt benannt werden und wo sie ihren Platz haben. Kräne heben Stahl und Eisen über und neben die Schienenoldtimer. Der Betrachter vermutet solide, schwere Handarbeit. Das stimmt, aber nicht ganz. Denn auch große Werkzeugmaschinen drehen, fräsen, schleifen, schweißen, pressen, walzen und bohren, mit Kraft und Präzision, teils computergesteuert. Das älteste Exemplar, eine Schleifmaschine, stammt aus dem Jahr 1942.

Wie eine historische Dampflok im Detail konstruiert ist, verraten rund 20 000 Originalzeichnungen im Archiv des DLW. Sie sind notwendige Grundlage, um Loks aus Deutschland, Westeuropa und sogar Australien warten und pflegen zu können, sie verraten aber nicht alles. Dann sind Wissen und Erfahrung, häufig auch die Fantasie der Facharbeiter und Ingenieure gefragt. Ein kompletter Neubau, genauer

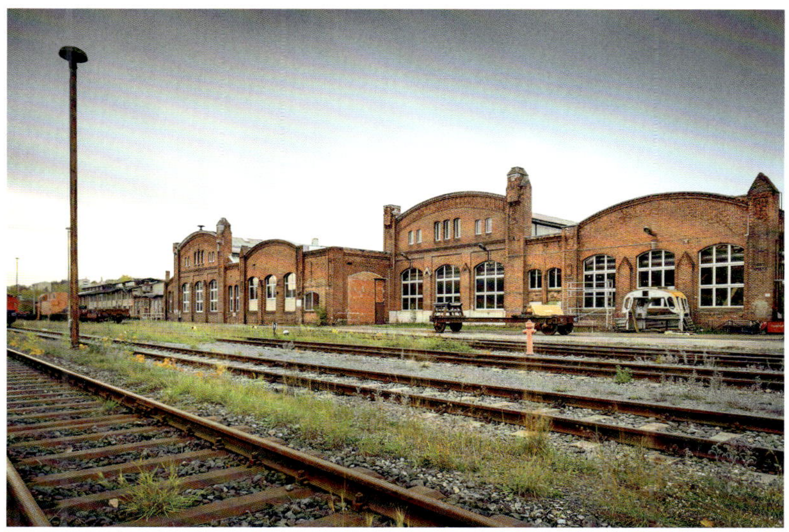

Die Inspektionen machen eine Demontage der Dampfloks notwendig, damit wichtige Teile wie Radsätze sowie Feuerbüchse und Dampfkessel auf Funktionsfähigkeit und mögliche Schäden untersucht werden können.

Einheits-Güterzuglokomotive der Baureihe 41 von Henschel (1939) ▽▽

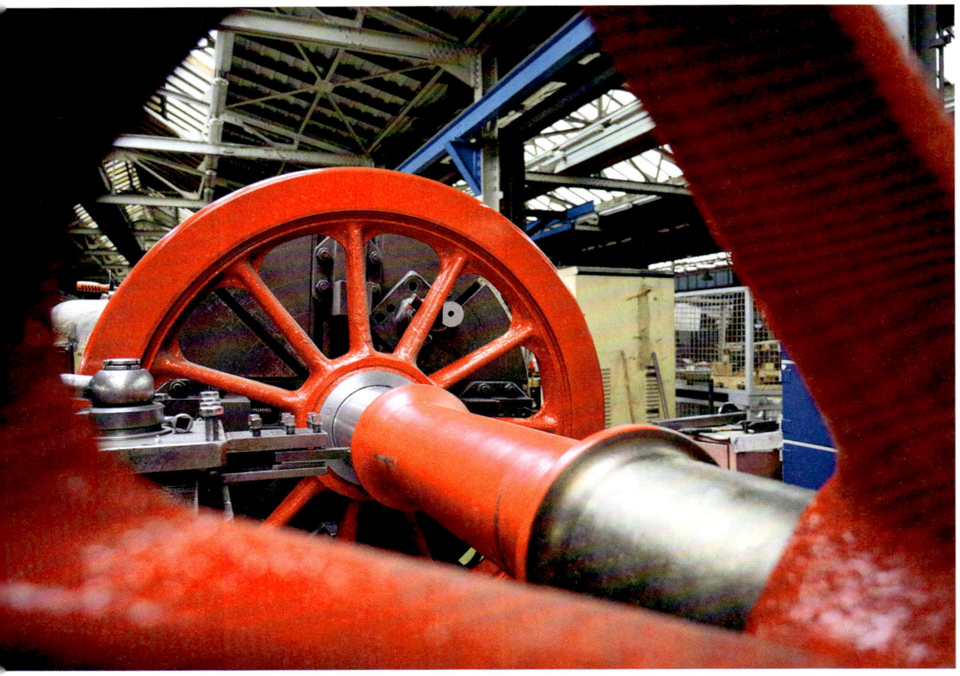

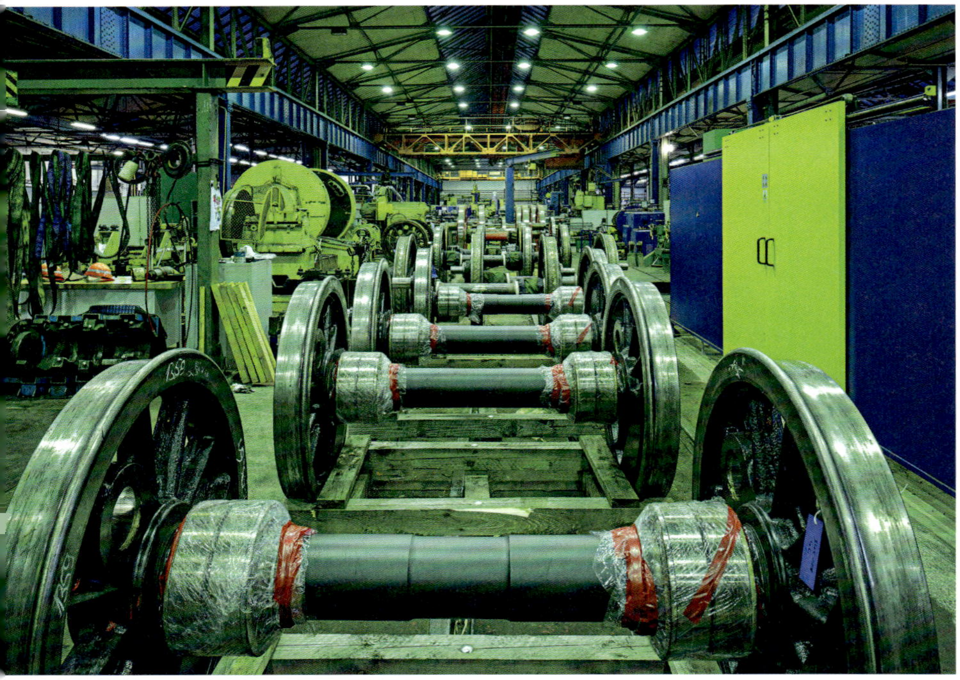

»Nachbau«, wie 2007–09 für »Molli« und die Sächsische IK Nr. 54 als Schaustück der Stiftung Sächsische Schmalspurbahnen, erfordert eine ausgefeilte Logistik, damit alle Bauteile, kleine wie große, von Spezialisten und Enthusiasten aus ganz Europa zusammenkommen und eingebaut werden können. Dampflokomotiven sind schon lange kein Massengeschäft mehr. 1977 legte die Deutsche Bundesbahn (DB) die letzte Güterzug-Dampflokomotive im Regeldienst still, die DDR dagegen blieb dabei. Meiningen leistete seinen Beitrag dazu.

AM PULS DER DAMPFLOKZEIT

Für das südthüringische Meiningen begann das Eisenbahnzeitalter 1858 mit der Werra-Bahn zwischen Eisenach und Coburg. Bald folgte ein Bahnbetriebswerk, 1902 eine Werkstatt. Von 1910 bis 1914 wurde unterhalb des Drachenbergs eine Hauptwerkstatt für die Königlich-Preußische Eisenbahn gebaut. Damals entstanden Lok- und Wagenhalle, Kesselschmiede, Gießerei, Zubringerwerkstatt und Ersatzteillager. Die 800 Beschäftigten aßen in der Kantine und säuberten sich in der Badeanstalt. Die große Zeit begann als Reichsbahnausbesserungswerk (RAW) ab 1924, das Betriebsgelände wuchs weiter, bis zu 3000 Arbeiter kümmerten sich um die Instandhaltung und Reparatur der deutschen »Einheitslokomotiven« für den Personen- und Güterverkehr. Auf dem Höhepunkt des Dampflokzeitalters verließen drei Loks täglich die Hallen. Hinter dem Werk entstand eine Wohnsiedlung für die Reichsbahnmitarbeiter.

Da das RAW den Zweiten Weltkrieg unbeschadet überstand und die sowjetische Besatzungsmacht auch keine Betriebsteile als Reparationen einkassierte, ging es 1945 als volkseigener Betrieb weiter. Die Nachfrage war angesichts des beschädigten oder zerstörten Eisenbahnfuhrparks gewaltig. Mehr noch, die Dampflok erlebte durch sogenannte Reko-Ausführungen (Abk. für Rekonstruktion) 1957 bis 1972 einen Boom. Reko meinte Modernisierung und Ertüchtigung, auch die Ausschlachtung vorhandener Dampfloks und Baureihen, insbesondere die Umstellung von Kohle- auf Ölfeuerung – der DDR mangelte es an hochwertiger Steinkohle als Brennstoff.

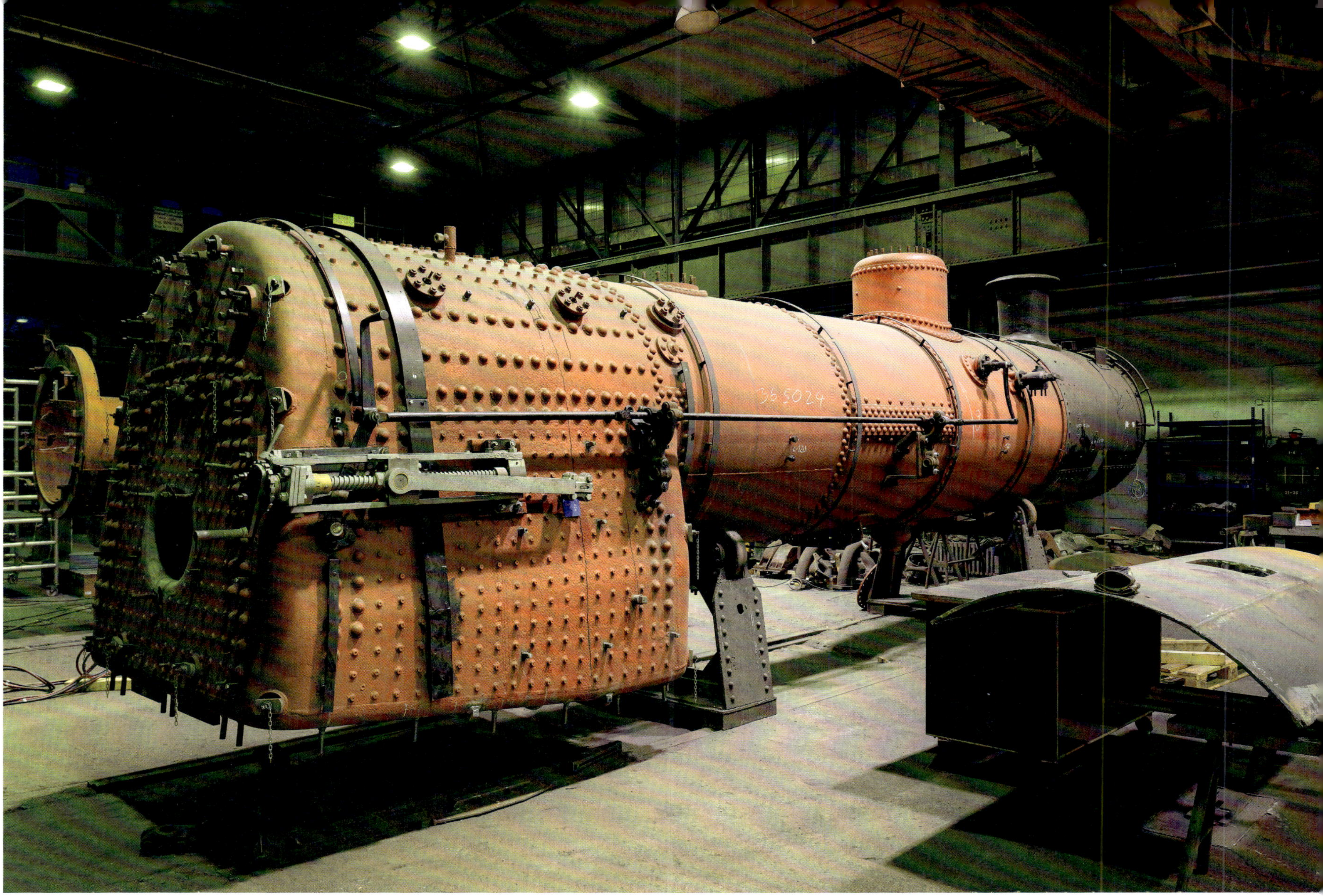

Aus Meiningen kommt eine der schnellsten heute noch funktionstüchtigen Dampflokomotiven: Die 18 201 bringt es auf 180 km/h. 2020 erhielt das Prachtexemplar mit seiner grünen Stromlinienverkleidung wieder eine Generalüberholung. Die Probefahrt einer Dampflok nach vollendeter Hauptuntersuchung oder »Bedarfsinstandsetzung« ist für alle Beteiligten die Nagelprobe. Es brennt in der Feuerbüchse, zischt im Kessel und raucht aus dem Schornstein. Wald und Feld fliegen vorüber.

FASZINATION FÜR NEUE AUFGABEN

Die Durststrecke für das RAW Meiningen kam in den 1980er-Jahren mit der Aufarbeitung von Güterwagen vom Typ »Ucv« und »Ucsv«, Zementwaggons, von den Beschäftigten als Zumutung empfunden. Erfahrungen bei der Fertigung elektrischer Triebwagen und Drehgestelle für S-Bahnen nutzten dem Betrieb in der schwierigen Nachwendezeit, als man Betriebsteile schließen und sich die Kunden selbst suchen musste. Die Instandsetzung von Schneeschleudern, die Aufarbeitung von historischen Reisewaggons, u. a. für die Harzer Schmalspurbahnen, sowie die Aufarbeitung von Eisenbahndrehkränen und die Restaurierung von Dieselloks schufen neue Geschäftsfelder. Dampflok-Expertise, die Kernkompetenz der Meininger, ist inzwischen auch im Ausland gefragt. Wenn nötig, kommen mobile Teams auch zum Kunden.

Daueraufgabe bleibt, geeigneten Nachwuchs zu finden und ihn oder sie dabei mit Technik, Tipps und Tricks aus einer langen Eisenbahngeschichte vertraut zu machen. Eine gute Gelegenheit zum Kennenlernen bieten Führungen und vor allem die Meininger Dampfloktage am ersten Septemberwochenende.

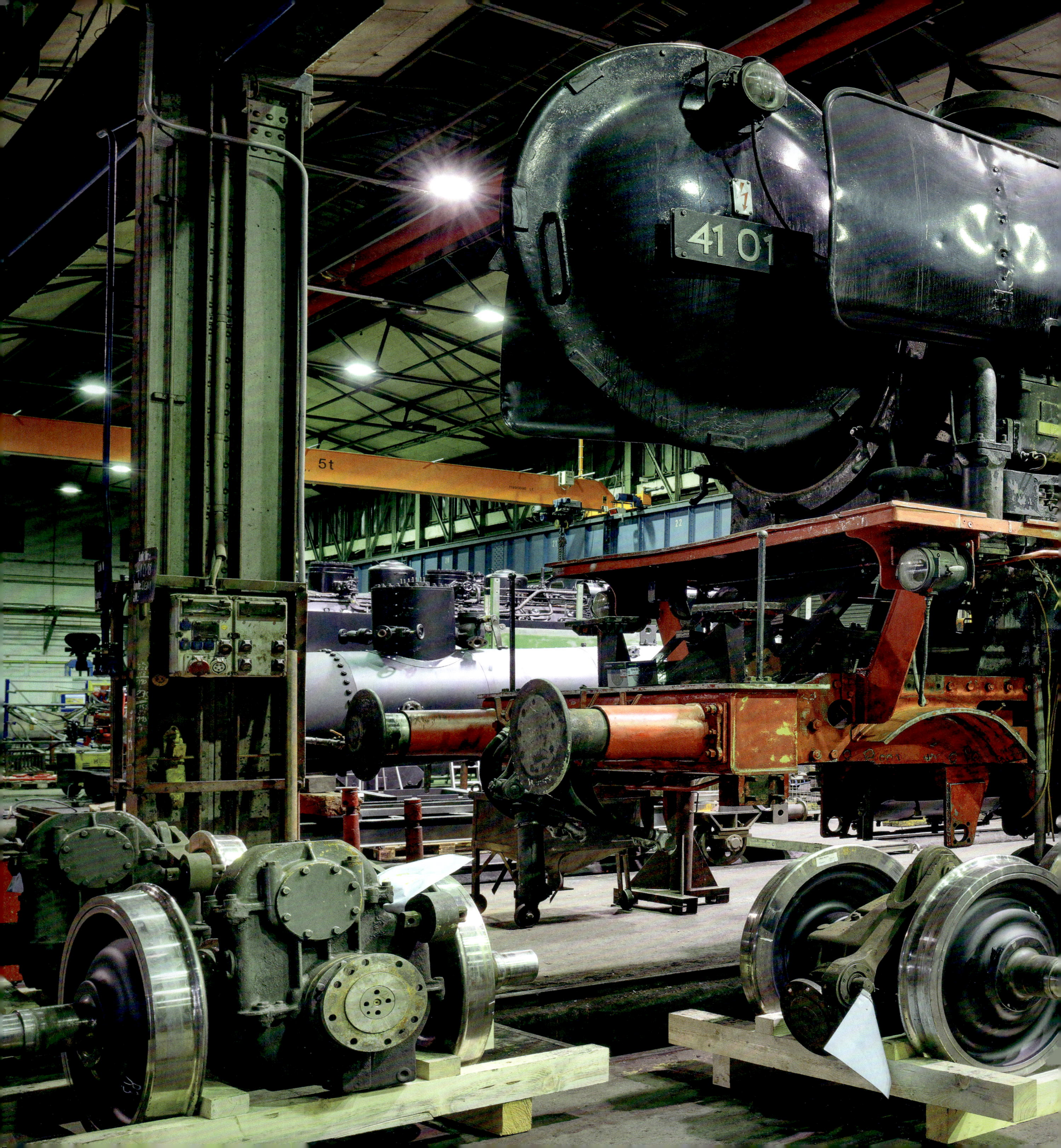
41 01
5t

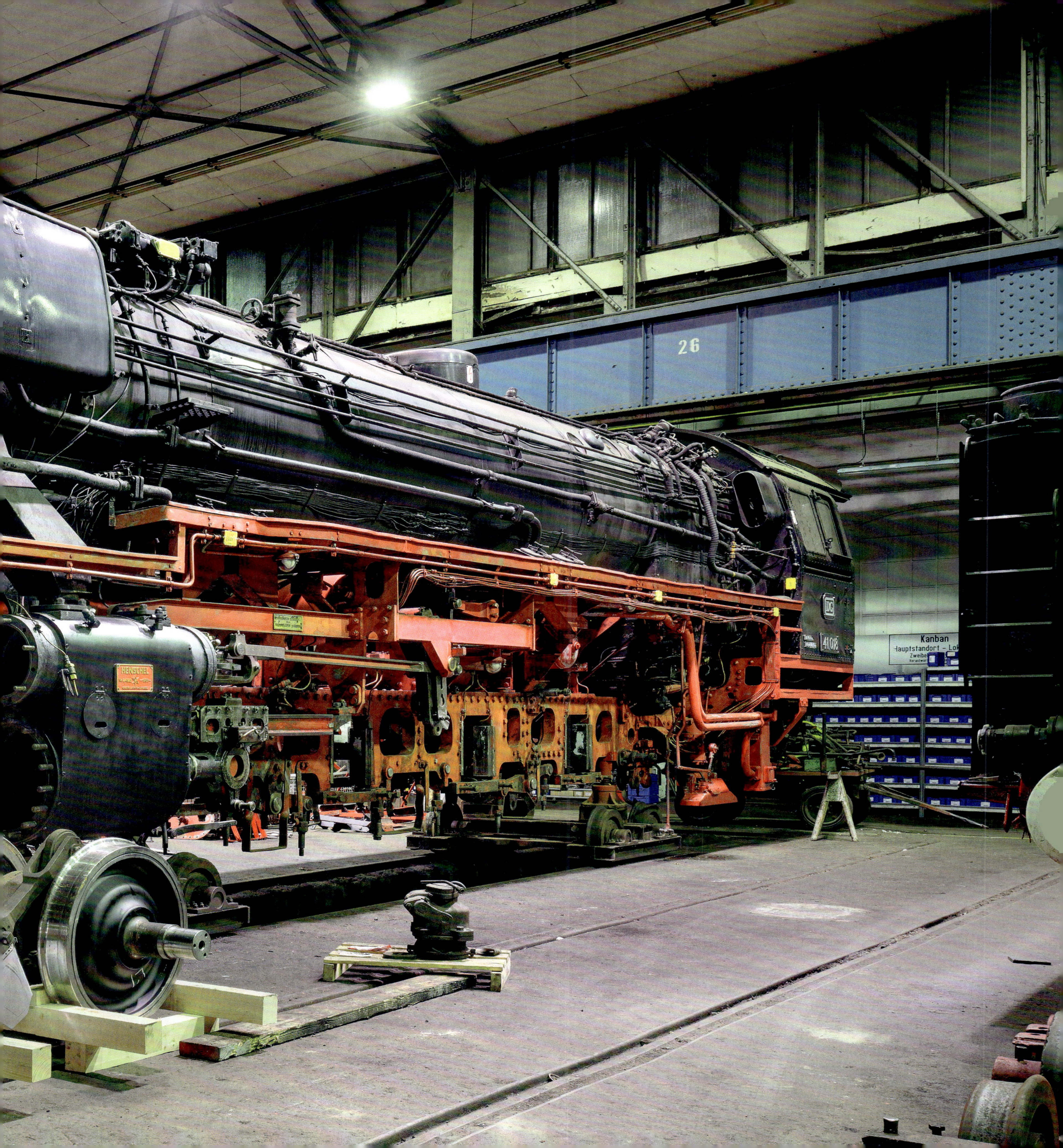
26
Kanban

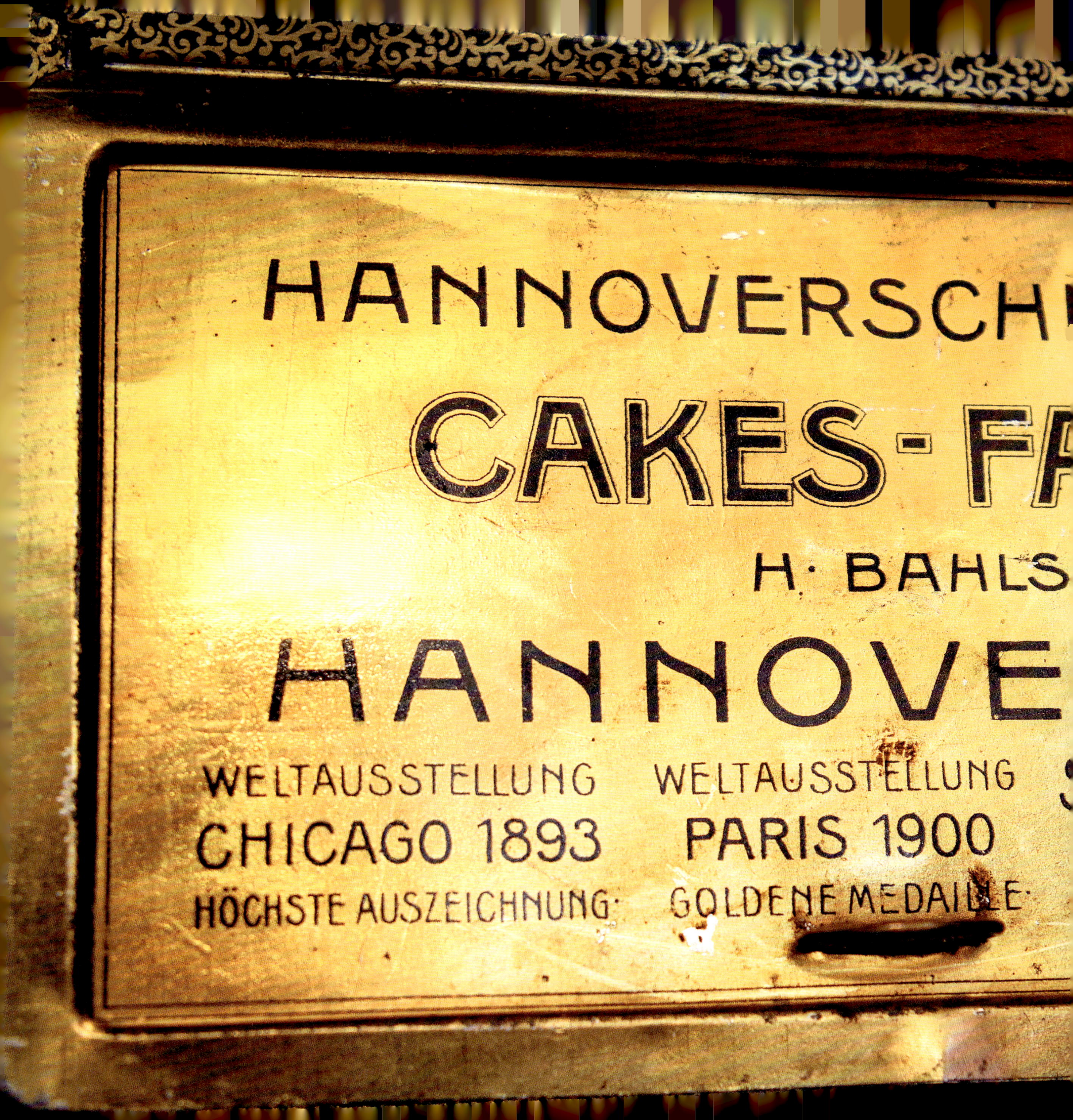
HANNOVERSCH
CAKES-F
H· BAHLS
HANNOVE
WELTAUSSTELLUNG
CHICAGO 1893
HÖCHSTE AUSZEICHNUNG·
WELTAUSSTELLUNG
PARIS 1900
GOLDENE MEDAILLE·

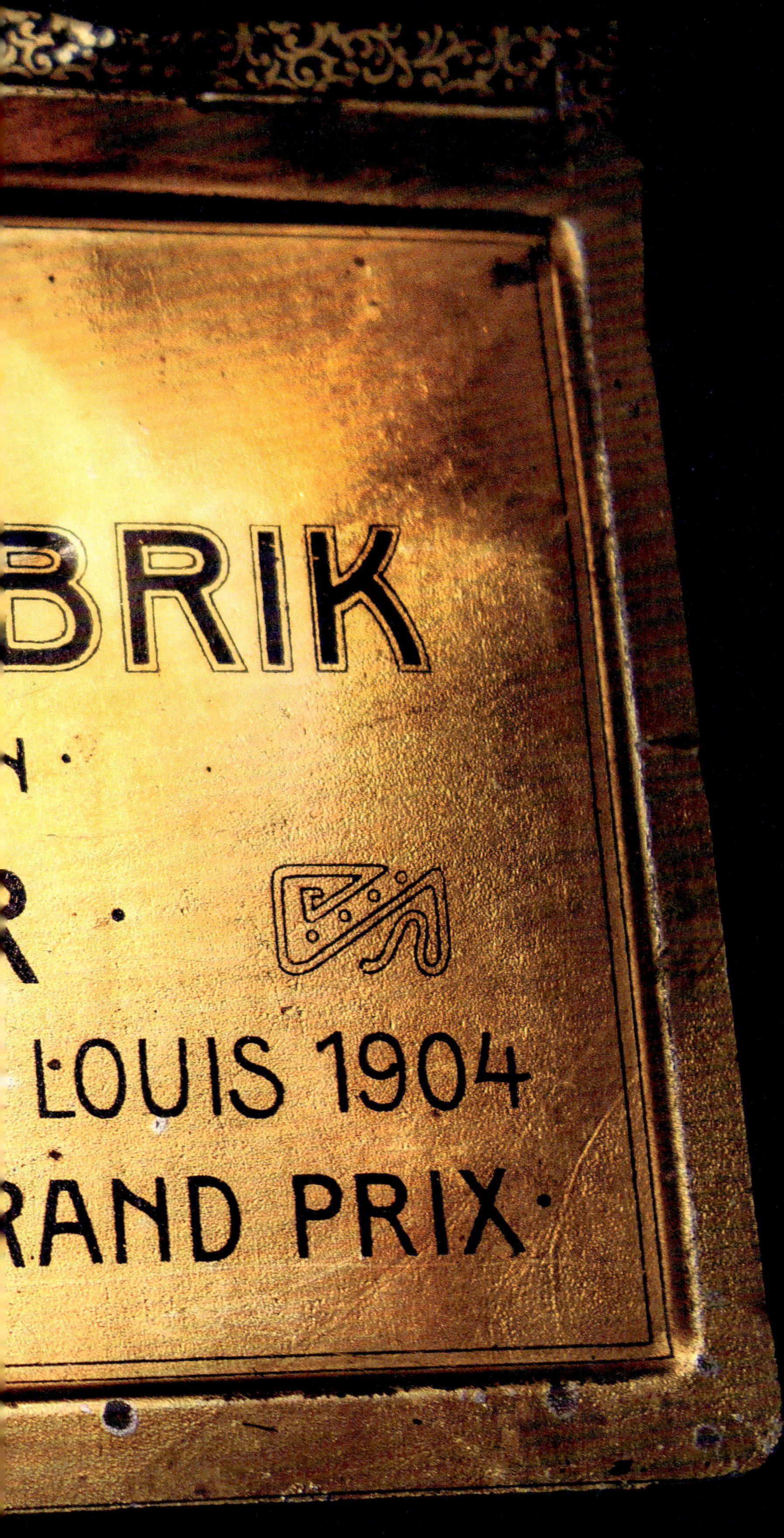

GENUSS UND GEBRAUCH

Auch von Weitem ist das ungewöhnlichste Bauwerk von Dresden noch gut zu erkennen. ▽
Ein wahrhaft märchenhafter Anblick vor allem bei Nacht: Kuppel und Minarett der Zigarettenfabrik Yenidze ▷

ZIGARETTENFABRIK YENIDZE · DRESDEN

SALEM ALEIKUM AN DER ELBE

Wer über die Marienbrücke Richtung Altstadt fährt, wird geradezu magisch angezogen vom Anblick der prächtigen Moschee mit ihrer gläsernen Kuppel und dem feingliedrigen Minarett. Statt des berühmten Canaletto-Blicks, den Dresden-Besucher vom rechten Elbufer unterhalb der Augustusbrücke genießen können, begeistert hier märchenhafte orientalische Architektur, die aber nicht so recht in das barocke Stadtensemble passen will.

Zu verdanken hat Dresden sein exotisches Bauwerk den strengen Auflagen der Stadtverwaltung. 1907 beauftragte der hiesige Unternehmer Hugo Zietz den Architekten Martin Hammitzsch mit dem Bau einer neuen Fabrik. Seine rund 20 Jahre früher gegründete »Orientalische Tabak- und Cigarettenfabrik Yenidze« sollte in neue Räumlichkeiten umziehen, doch die geplante Lage nahe der Altstadt verbot die Errichtung eines profanen Fabrikgebäudes. Das berühmte, in sich geschlossene Stadtbild durfte keinen Schaden nehmen und deshalb musste sich der Fabrikant etwas Besonderes ausdenken. Für den Orientliebhaber Zietz war die Lösung naheliegend: Die Fabrik sollte im Stil einer Moschee erbaut werden, als Vorbild diente vor allem die Mamelucken-Grabmoschee in Kairo. Und so entstand zwei Jahre später ein für Dresden einmaliges Gebäude, das schon von Weitem die Blicke auf sich zog und sehr werbewirksam für die Produkte seines Besitzers warb.

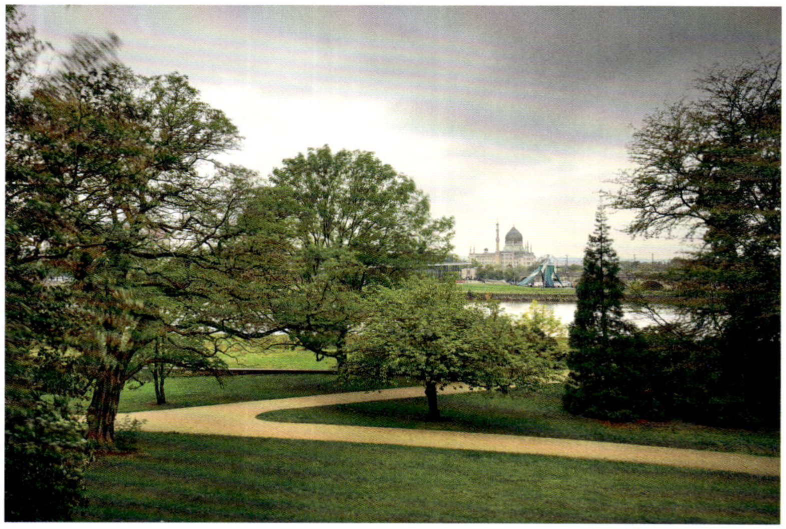

Der Standort an der Hauptstrecke der Eisenbahnlinie Berlin–Prag war dabei nicht zu unterschätzen. Reisende, die vorbeifuhren und die Leuchtschrift »Salem Aleikum« auf dem Dach sahen, verbanden den Bau unweigerlich mit den bekannten Salem-Zigaretten von Zietz. In Dresden selbst war man anfangs gar nicht begeistert, das Bauwerk stieß auf heftige Ablehnung. Der Architekt Hammitzsch wurde aufgrund seiner Entwürfe sogar aus der Reichsarchitektenkammer ausgeschlossen. Er wechselte später an die Technischen Staatslehranstalten in Chemnitz.

STAHLBETON IM MÄRCHENKLEID

Beim Anblick der 62 Meter hohen Moschee mag man sofort an »1001 Nacht« denken, doch die sich dahinter verbergende Architektur ist anderer Natur. Die Yenidze war zu ihrer Zeit der erste komplett in Stahlbeton ausgeführte Industriebau Europas, die Skelettbauweise geht auf den sächsischen Betonfachmann Benno Löser zurück. Der Rohbau wurde aus Einzelelementen mit tragender Funktion wie Deckenplatten, Stürzen und Fundamenten zusammengesetzt und danach mit der

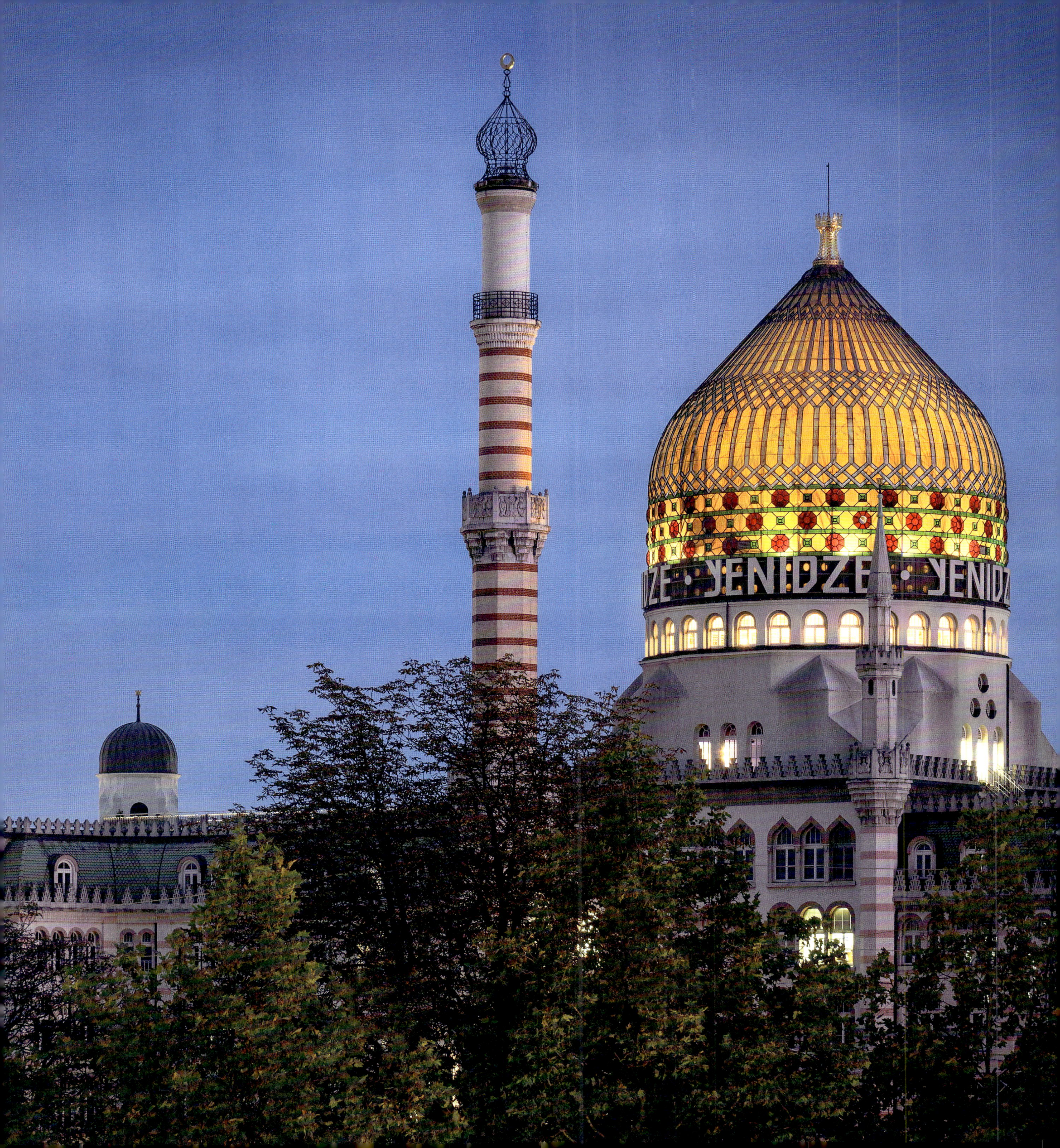
YENIDZE

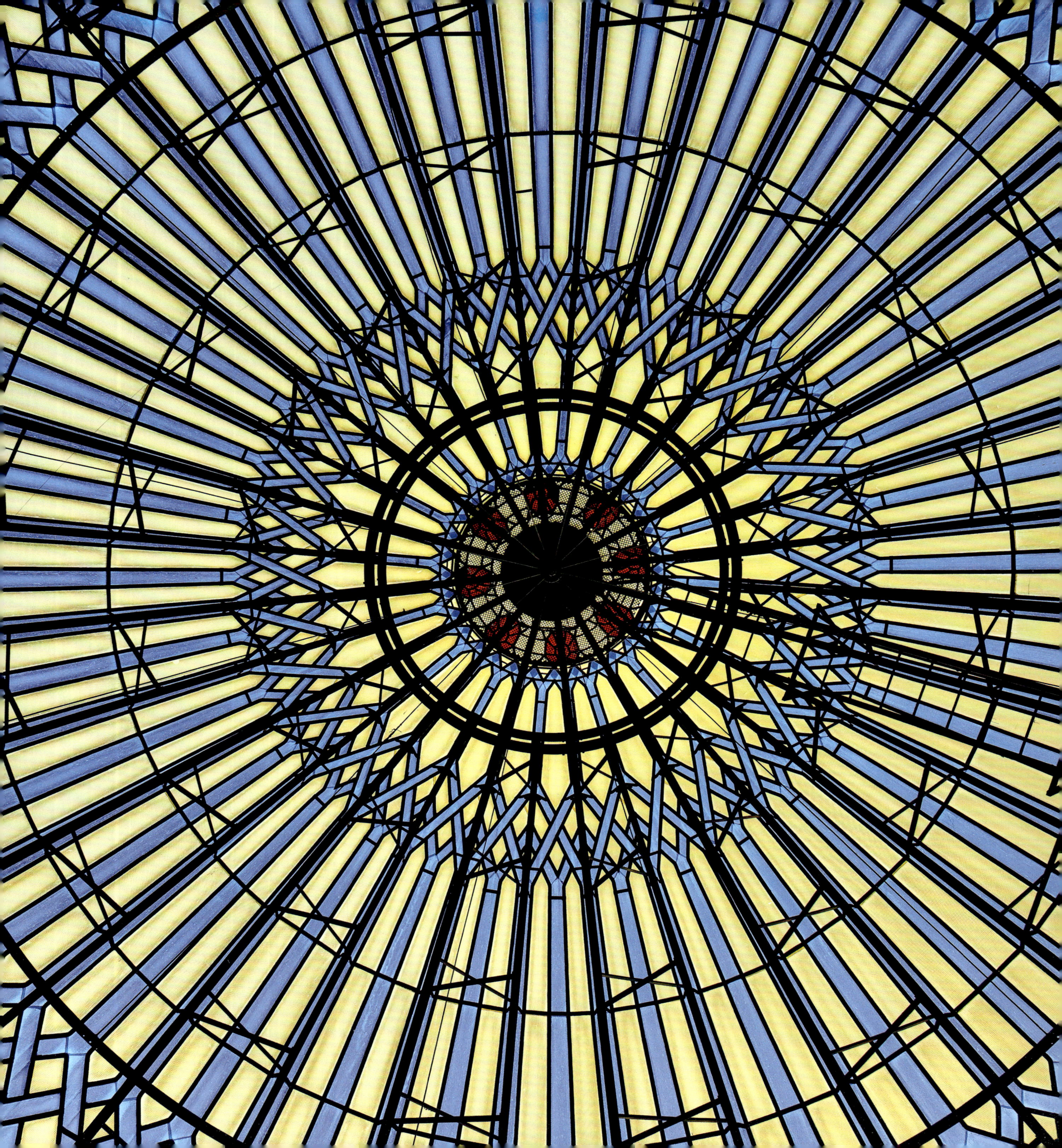

Unter der atemberaubenden Kuppel der Yenidze erstreckt sich über zwei Etagen das Kuppelrestaurant mit Dresdens höchstem Biergarten. ◁
Die alte Zigarettenwerbung zeigt das Werk und seine bekannten Marken. ▽

Fassade bekleidet. Der Schornstein für das Heizkraftwerk wurde als Minarett getarnt. Im Inneren konnte der Raum flexibel aufgeteilt werden, was der Nutzung als Fabrik zugutekam.

Fünf Geschosse, eine komplette Unterkellerung sowie die als Vollgeschoss ausgebaute Mansarde stellten genug Platz für die Zigarettenfabrikation zur Verfügung. Im Untergeschoss lagerte der Rohtabak, im zweiten und dritten Stock fertigten die Arbeiter die Zigaretten mit der Hand, eine Etage darüber wurde Massenware produziert. Im ersten Stock brachte man die Etiketten und Banderolen auf den fertigen Zigaretten an und im Erdgeschoss befand sich die Versandabteilung. In der prächtigen Kuppel konnte sich das Personal in Sozial- und Ruheräumen während der Arbeitspausen aufhalten.

Die spitzbogige Kuppel misst in der Höhe 20 Meter. Ihre smaragd- und rubinfarbene Verglasung ist besonders nach Einbruch der Dunkelheit ein Highlight im wahrsten Sinne des Wortes, da sie von innen angestrahlt wird. Die goldene Krone auf der Spitze verweist auf den Status des Fabrikanten Hugo Zietz, der damals sächsisch-königlicher Hoflieferant war und eine entsprechende Qualität vorweisen konnte.

Die gesamte Bauweise der Yenidze zeigt einen beeindruckenden und gelungenen Mix von maurischer Bauweise mit Jugendstilelementen. Traditionelle arabische Formen säumen das Eingangsportal, während die Halle dahinter in rotem und grauem Granit gehalten ist. Die Fassade wiederum spiegelt mit ihren weiß-roten Kunstsandsteinbändern und den bunten Mosaiken Jugendstilelemente wider.

UNVERWÜSTLICHES JUWEL

Heute prangt in großen Lettern der Schriftzug »Yenidze« an der Kuppel und verweist damit auf die Ursprünge der Zigarettenfabrik von Hugo Zietz, der sie nach dem Tabakanbaugebiet rund um das griechische Giannitsa, das damals türkische Yenidze, benannte. Nach der Fertigstellung der Tabaksmoschee 1909 wurden dort die bereits bekannten Salem-Zigaretten hergestellt. Sie waren ausschließlich filterlos und verwiesen mit ihrem Namen auf den orientalischen Tabak.

1925 übernahm der Hamburger Reemtsma-Konzern die Fabrik und führte die Produktion bis 1953 fort. Während der heftigen Luftangriffe auf Dresden im Februar 1945 wurde auch die Yenidze zerstört, der Südflügel und die Kuppel wurden stark beschädigt. Nach Kriegsende baute man Gebäudeteile teilweise wieder auf und produzierte weiter, bis in den 1950-Jahren der Volkseigene Betrieb (VEB) Importtabak, das spätere VEB-Tabakkontor, die Leitung übernahm und den Bau als Lager für Rohtabak nutzte.

Mit der deutschen Wiedervereinigung begann ein Immobilienfonds den Gebäudekomplex unter denkmalpflegerischen Gesichtspunkten zu sanieren und 1997 konnte die Yenidze als Bürogebäude wiedereröffnet werden. Heute sind die Räumlichkeiten an zahlreiche Unternehmen und Verbände vermietet, in der Aufsehen erregenden Kuppel befindet sich ein Restaurant mit Dachterrasse. Bis vor Kurzem wurden dort oben auch Märchenlesungen und -vorführungen veranstaltet, Ende 2021 wird das Theater in der Kuppel mit neuem Konzept wieder eröffnet.

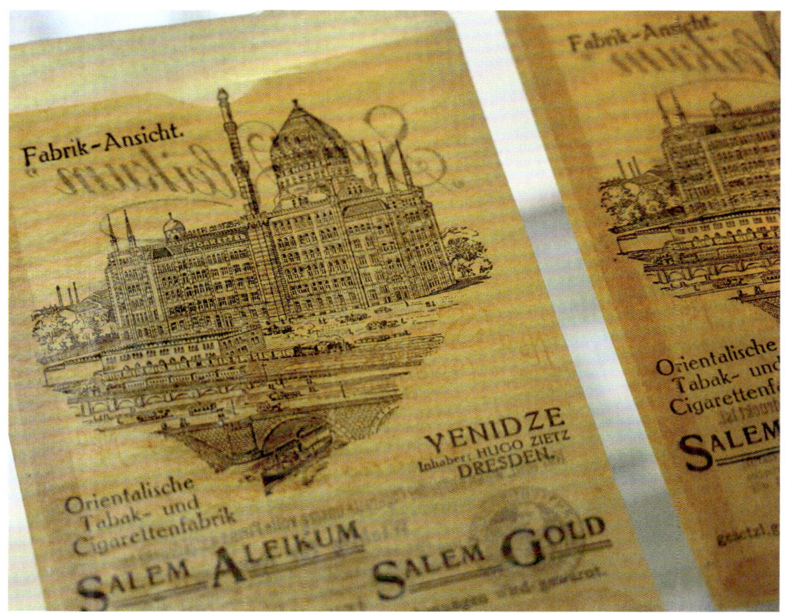

Prächtiges Detail mit arabischen Formen am Eingangsportal. Die weiß-roten Kunstsandsteinbänder sind Elemente des Jugendstils. Jeder Bahnreisende schaute im Vorbeifahren auf die Zigarettenfabrik und ihren berühmten Schriftzug. ▽
Der Mix aus Jugendstil und traditionellen arabischen Elementen funktioniert erstaunlich gut. ▷

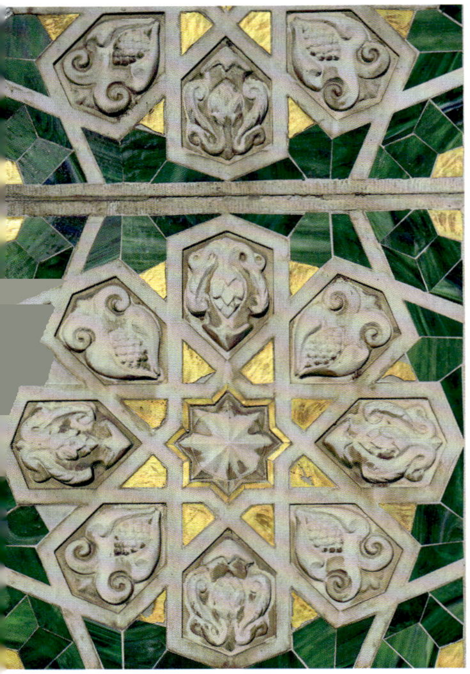

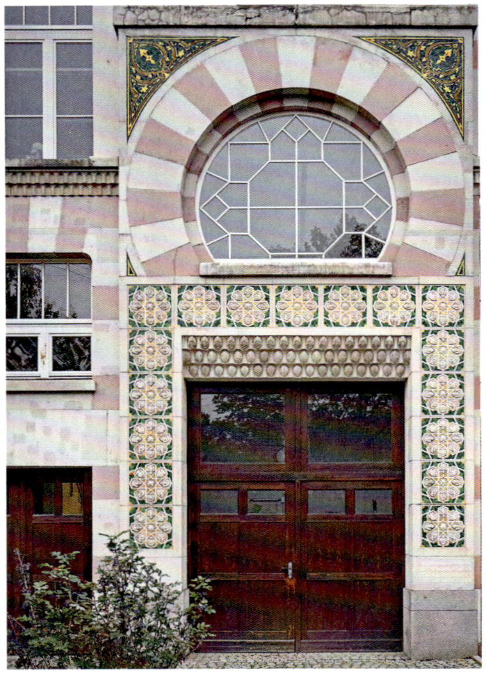

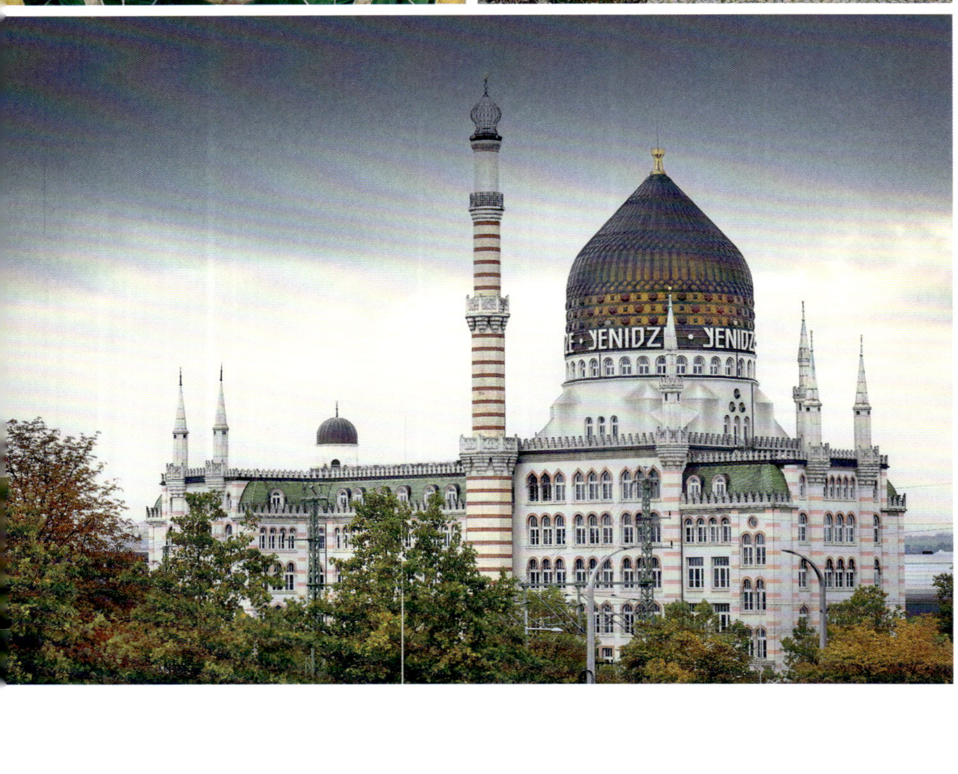

IMMER DEM BLAUEN DUNST NACH

Dresden mit Zwinger, Hofkirche, Frauenkirche und Semperoper gilt für die meisten als barocke Perle an der Elbe, doch dass die Elbmetropole in den 1920er-Jahren die deutsche Zigarettenhauptstadt gewesen war, dürfte viele überraschen. Nach den bescheidenen Anfängen im Jahr 1862, als Zigaretten in Deutschland noch unbekannt waren und der preußische Tabakfabrikant Joseph Huppmann an der Elbe die erste deutsche Zigarettenfabrik gründete, kamen immer mehr Betriebe dazu.

Auf dem Höhepunkt der Zigarettenproduktion arbeiteten gut 10 000 Beschäftigte in 141 Betrieben, die sich vor allem in den Stadtteilen Striesen und Johannstadt angesiedelt hatten. Dort findet man auch heute noch alte Fabrikgebäude wie das von Jasmatzi & Söhne, dessen Marken »Cheops«, »Ramses« und »Hellas« weltbekannt wurden. Jasmatzi, eigentlich Iasmatzis, stammte aus Konstantinopel und war zuerst bei Huppmann als technischer Werkführer beschäftigt, bevor er sich selbstständig machte und mit seinen türkischen Zigaretten zum Begründer der sächsischen Zigarettenindustrie wurde.

Ein weiterer Bau aus dieser Zeit ist das Gebäude der Zigarettenmaschinenfabrik United AG in der Junghansstraße, das 1932 vom jüdischen Fabrikanten Wilhelm Lande erworben wurde und bald darauf auf Druck der Nationalsozialisten verkauft werden musste. Beide Häuser wurden später vom Reemtsma-Konzern übernommen und dann zu DDR-Zeiten verstaatlicht. Heute gehören sie als f6 Cigarettenfabrik zum amerikanischen Konzern Philip Morris.

» In den 1920er-Jahren war Dresden die deutsche Zigarettenhauptstadt.

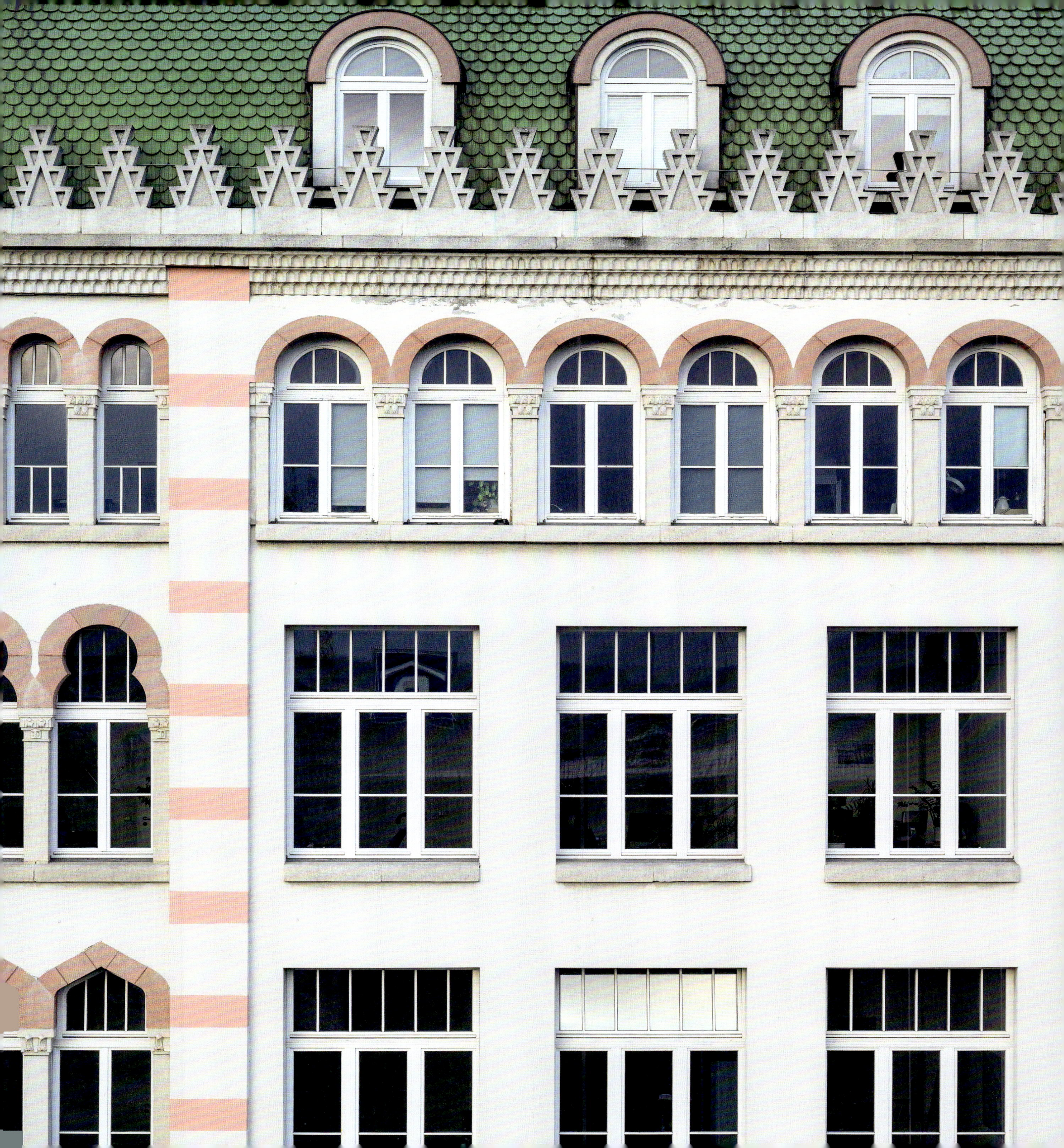

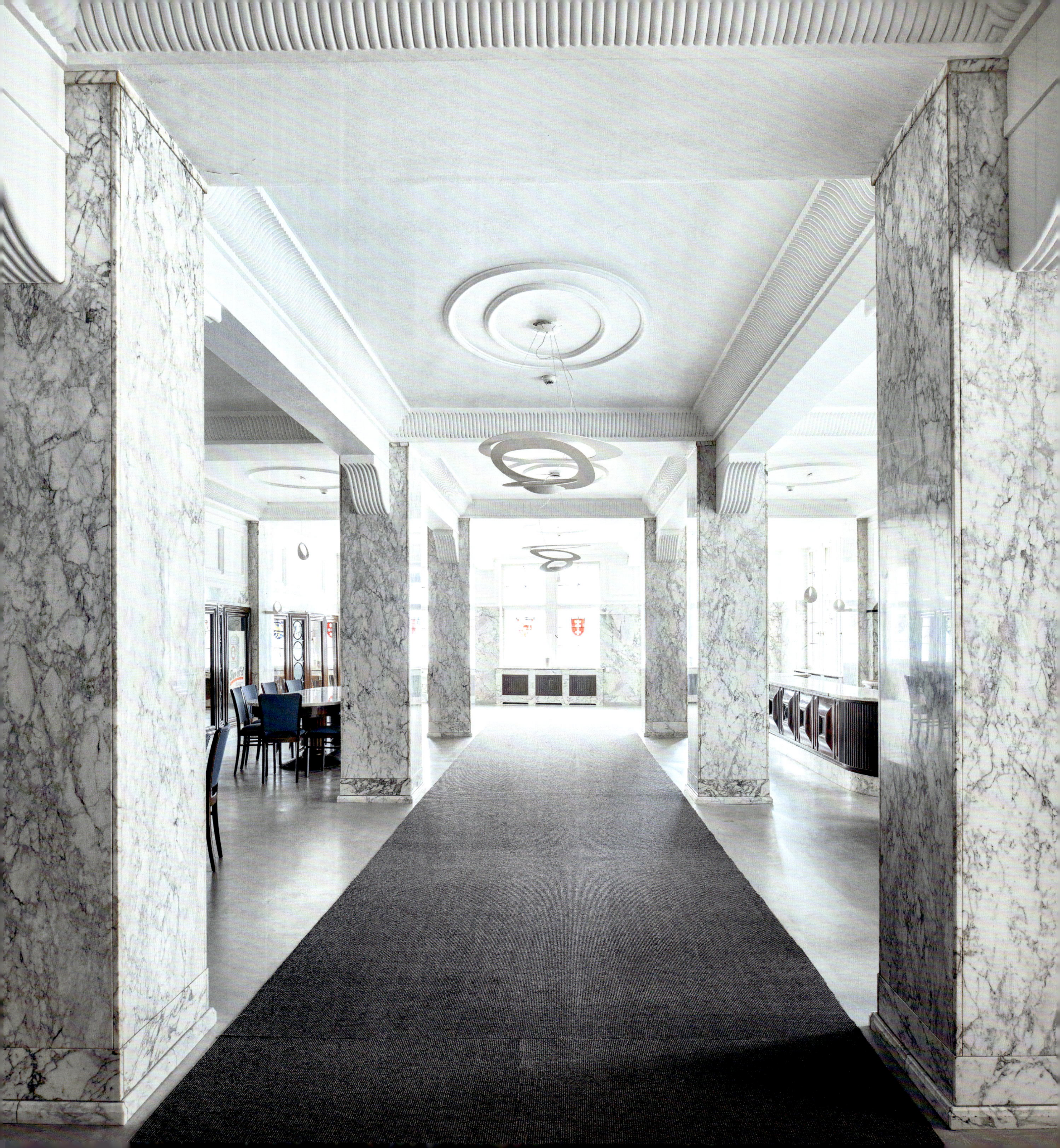

Als sichtbares Zeichen für die Erfolgsgeschichte seines Unternehmens ließ Ludwig Roselius 1914 im Erdgeschoss eines Lagergebäudes des Kaffee-HAG-Werkes I den repräsentativen Marmorsaal errichten. Hier wurden Gäste empfangen und hier speiste Roselius mit seinen Direktoren.

KAFFEE HAG · BREMEN

HÖHENFLUG OHNE KOFFEIN

Mit dem Slogan »Kaffee HAG – schont Herz und Nerven« warb das Bremer Unternehmer unter Leitung von Ludwig Roselius zu Beginn des 20. Jahrhunderts für eine Weltneuheit: den ersten koffeinfreien Kaffee. Die patentierte Erfindung war die Basis für eine Erfolgsgeschichte, die nicht nur industriell, architektonisch und kulturgeschichtlich neue Weichen stellte, sondern auch die Stadtgeschichte prägte.

Unübersehbar ist er, der große zum Denkmal erklärte Industriekomplex am Holz- und Fabrikenhafen, an dessen Gebäude sich teils noch heute die alten Firmenlogos finden lassen. Dort, wo früher Tausende Arbeitskräfte Kaffee ohne Koffein und das Kakaopulver »Kaba« herstellten, herrscht heute eher Ruhe und beschauliche Stille. Nach bewegten Jahren wurde 2017 der Standort endgültig geschlossen und die letzten 50 Beschäftigten mussten gehen. Danach sank das Gelände, das bereits 2008 unter Denkmalschutz gestellt worden war, in einen Dornröschenschlaf. Statt einer märchenhaften Dornenhecke eroberten sich andere Pflanzen die Gebäude; das auch baugeschichtlich bedeutende Ensemble schien dem Verfall überlassen. Nur ein kleiner Teil der großflächigen Anlage wurde zuletzt als Büro- und Lagerraum genutzt, außerdem führte eine kleine Kafferösterei das gewerbliche Erbe fort. Das änderte sich 2020/21 als ein neuer Eigentümer gefunden wurde: ein Unternehmen mit Sitz in Bremen, das dem Komplex nach einer gründlichen Sanierung neues Leben einhauchen und seiner Bedeutung als Industriedenkmal gerecht werden will. Auch Kunst und Kultur sollen hier einen neuen Gestaltungsraum erhalten.

Ludwig Roselius (1874–1943), Sohn des Bremer Kaufmanns Dietrich Friedrich Rennig Roselius, stieg als 20-Jähriger in den Familienbetrieb ein. Er fuhr den Handel mit Kolonialwaren zurück und konzentrierte die Firma auf den Kaffeeimport. Das tat er mit Erfolg, denn schon bald gehörte er in Europa zu den Größten seiner Zunft. Der überraschende Tod seines Vaters 1902 mit 59 Jahren gab den ersten Anstoß für die spätere Gründung der Kaffee-Handels-Aktiengesellschaft, kurz Kaffee HAG genannt. Als Ursache für den Tod des Vaters hatten die Ärzte übermäßigen Kaffeegenuss angegeben. Diese Diagnose fiel zusammen mit den damals weit verbreiteten Warnungen von Medizinern und Wissenschaftlern vor der schädlichen Wirkung des Inhaltsstoffs Koffein. Der persönliche Verlust und die verbreiteten

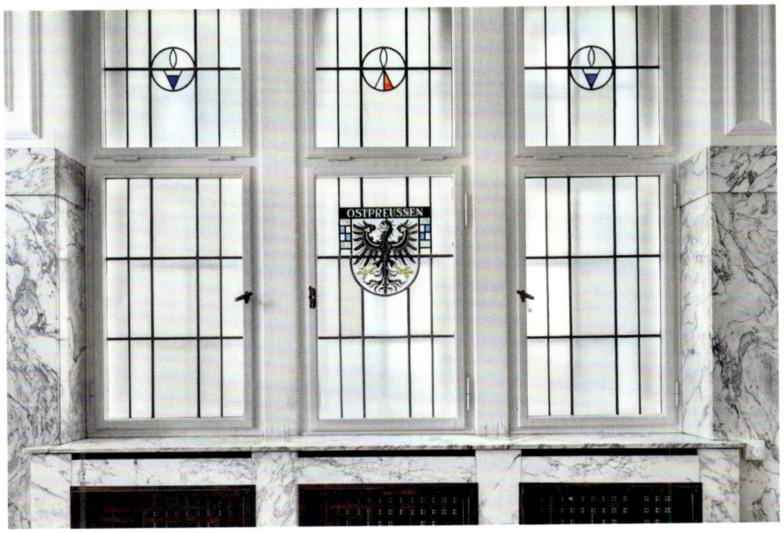

» Erfolgreiche Menschen trinken Kaffee HAG.

Zeitgenössische Reklame

Vorbehalte gegen den Kaffeegenuss veranlassten Ludwig Roselius offenbar nach einem Verfahren zu suchen, das den schwarzen Bohnen das Koffein entzog, ohne den Geschmack zu schmälern. Er wurde fündig und meldete sein Entkoffeinierungsverfahren in Deutschland zum Patent an. 1906 gründete Roselius schließlich Kaffee HAG, das weltweit erste Unternehmen mit entkoffeiniertem Kaffee im Angebot. Ein Jahr später startete die Produktion im neu errichteten Werk am Holz- und Fabrikenhafen.

MARKETING-PIONIER

Obwohl Kaffee HAG ein völlig neues Produkt auf dem Markt war, gelang ein furioser Start. Bereits in den Anfangsjahren verarbeiteten die Beschäftigten Tag für Tag rund 13 000 Pfund Kaffee. Roselius setzte bei der Fertigung in seiner Branche noch recht unübliche Fließbänder ein und verwandte viel Zeit und Energie auf Marketingmaßnahmen – auch dies eine damals noch wenig genutzte Handelsstrategie. Mit »Immer unschädlich! Immer bekömmlich!« und anderen einprägsamen Slogans warb er im Kino, in der Presse und auf Plakatwänden für seinen Kaffee und gab seinem Produkt eine unverkennbare Verpackung, indem er sie mit einem roten Herzen verzierte. Firmenlogo wurde ein roter Rettungsring. Neben anderen Werbemitteln wie Kaffeetassen und Kaffeekännchen – noch heute von Sammlern heiß begehrt – gab das Unternehmen auch Wappenzeichnungen als sogenannte Reklamemarken heraus. Durch dieses nahezu revolutionäre Marketinggesamtkonzept wurde Kaffee HAG nicht nur als Marke etabliert, sondern gleichzeitig auch zum Gattungsbegriff für entkoffeinierten Kaffee im Allgemeinen. Die Absatzzahlen schossen bis 1914 in die Höhe, sodass die Produktionsanlagen erweitert werden mussten.

Es entstanden Tochtergesellschaften und Auslandsniederlassungen und als neue Produkte kamen das Kaba-Kakaopulver und die Kaffeemarke Onko hinzu. 1979 verkaufte Roselius' Sohn das Unternehmen an den amerikanischen Konzern General Foods, zuletzt gehörte Kaffee HAG zum Kaffee- und Teehersteller Jacobs Douwe Egberts.

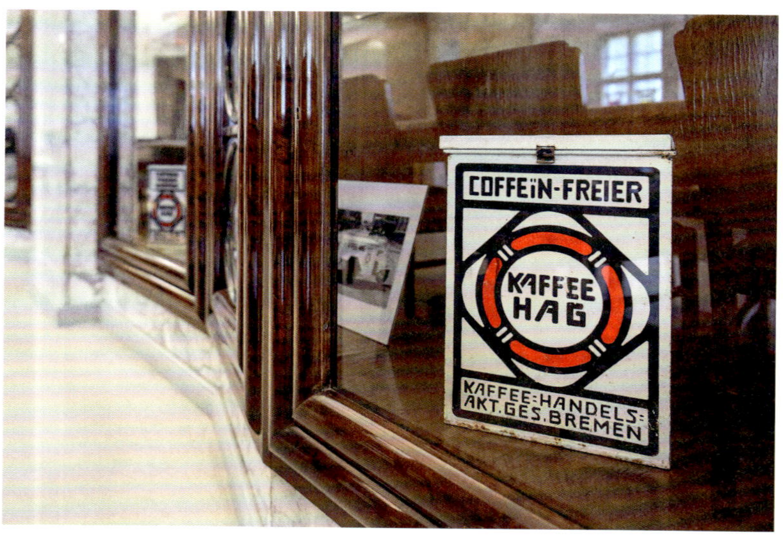

KEINE SCHNÖRKEL

Der heute unter Denkmalschutz stehende Kaffee-HAG-Komplex im Ortsteil Überseestadt besaß auch architektonisch betrachtet Strahlkraft, zeigte er doch für den Fabrikbau des beginnenden 20. Jahrhunderts neue Perspektiven auf. In Eisenbetonbauweise errichtete der Bremer Architekt Hugo Wagner 1906/07 im Auftrag von Roselius am Weserufer unterschiedliche Baukörper, die gänzlich auf den bis dahin üblichen historistischen Dekorationsstil verzichteten. Das Gebäudeensemble galt als Vorbild für die Industriearchitektur und entlockte sogar dem Vater des Bauhauses, Walter Gropius, Lob. Als 1914/15 das Bremer Architekturbüro Hildebrandt & Günthel die Fabrikanlagen erweiterte, entstand auch der eindrucksvolle Marmorsaal.

Mit Carrara-Marmor verkleidet und mit Jugendstil-Schauvitrinen bestückt, diente er besonderen Firmenanlässen. Heute kann das Denkmal im Rahmen von Veranstaltungen besichtigt werden.

Das berühmte Roseliushaus wurde als Kontor- und Speisehaus für die Kaffee-HAG-Angestellten genutzt, bevor der Firmengründer seine private Kunstsammlung darin der Öffentlichkeit zugänglich machte.

Ludwig Roselius war nicht nur ein bedeutender Unternehmer, sondern darüber hinaus eine Persönlichkeit, die sich immer wieder in die Geschicke Bremens einmischte, aber auch allgemein zu politischen Fragen Stellung bezog. Zu Beginn des Ersten Weltkriegs bemühte sich der Rechtskonservative z. B. mithilfe von geheimdienstlichen Aktivitäten auf der Balkanhalbinsel den Kriegseintritt Rumäniens gegen Deutschland zu verhindern. Dem Nationalsozialismus stand Roselius positiv gegenüber. Als förderndes Mitglied der SS nahm er zwar nicht am aktiven Dienst teil, stellte aber sicher erhebliche finanzielle Mittel zur Verfügung.

KUNSTMÄZEN UND VATER DER BÖTTCHERSTRASSE

Gleichzeitig war Roselius musisch stark interessiert und tat sich als Kunstmäzen und Kunstsammler hervor. Er unterstützte beispielsweise die Künstlerkolonie Worpswede und war ein großer Bewunderer der frühexpressionistischen Malerin Paula Modersohn-Becker. 1902 erwarb Roselius in der damals vom Verfall bedrohten Böttcherstraße in der Bremer Altstadt ein Bürgerhaus, das nach seiner Restaurierung Kaffee HAG als Kontor- und Kantinenhaus diente, und kaufte nach und nach auch die anderen Gebäude der etwa 100 Meter langen Straße auf. Ab 1922 betraute Roselius die Architekten Eduard Scotland und Alfred Runge sowie den expressionistischen Bildhauer Bernhard Hoetger mit der Neugestaltung der Böttcherstraße, die »ein lebendiges Beispiel großzügigen Mäzenatentums und hanseatischer Lebensart« werden sollte. Heute ist das Ensemble mit seinen Gebäuden wie dem Robinson-Crusoe-Haus, dem Haus Atlantis und dem Paula Modersohn-Becker Museum ein denkmalgeschütztes Musterbeispiel für expressionistische Architektur. Aus dem ehemaligen Firmenkontor, einem Renaissancebau aus dem 16. Jahrhundert, wurde das Ludwig Roselius Museum. Es beherbergt die private Kunstsammlung des Kaffee-HAG-Gründers.

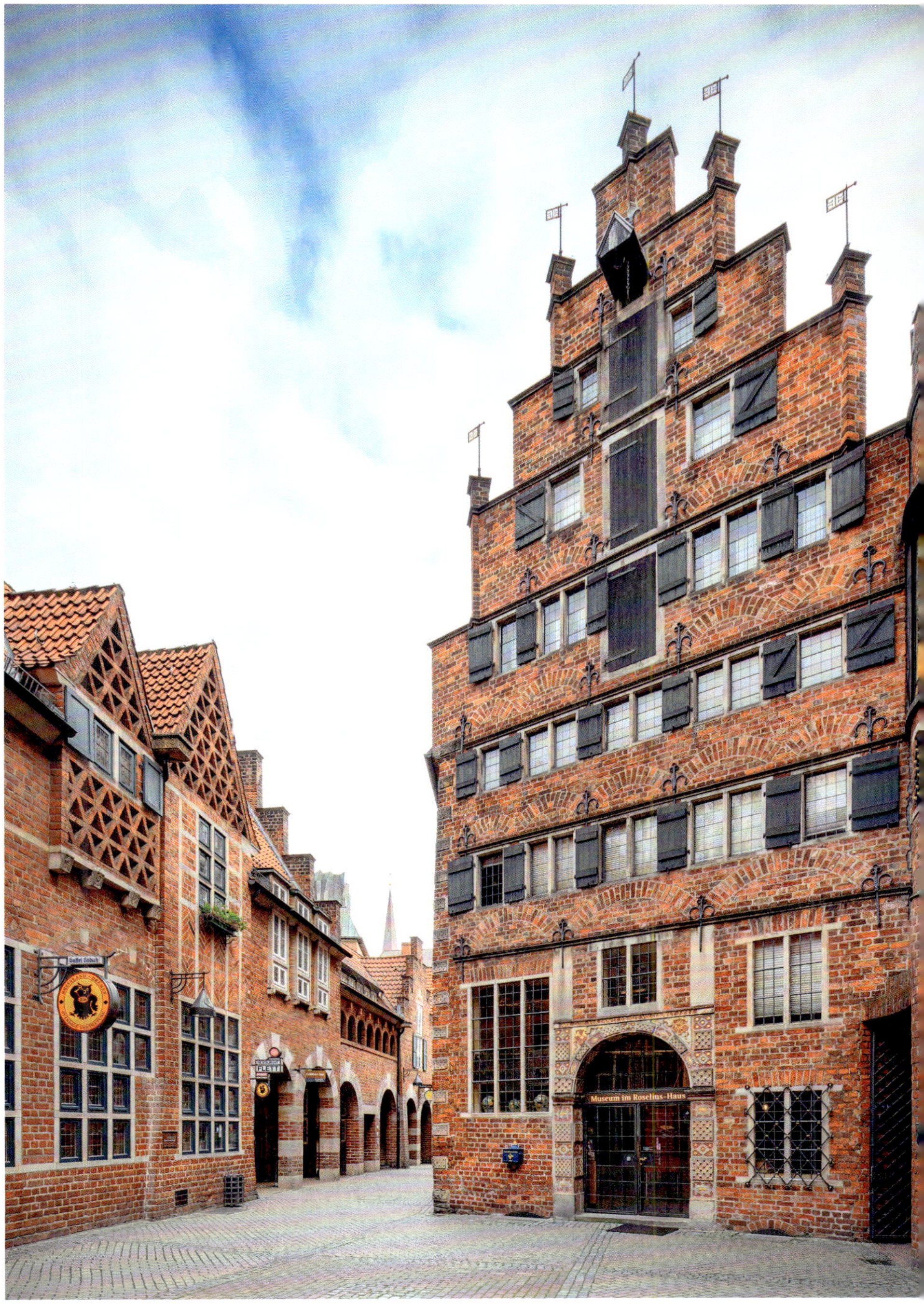

Bahlsens Keks-Fabrik ist nicht nur für Kekse berühmt, sondern auch für die Synergie von Kunst und Kommerz. Modernste Schriften und Formen förderten das Marketing. ▽
Zwei nackte Männer tragen den berühmten goldenen Keks in der Trageform einer Brezel. Einst wurde er spektakulär entwendet, jetzt ist er wieder da. ▷

KEKSFABRIK BAHLSEN · HANNOVER

EIN IMPERIUM FÜR DEN KEKS

Aus einem englischen Buttergebäck machte Hermann Bahlsen den deutschen Keks. Und aus einem Keks ein florierendes Unternehmen. Im Zeichen einer ägyptischen Göttin und mit dem Namen eines Philosophen wurde der Leibniz-Keks eine große Erfolgsgeschichte in der Süßwarenindustrie.

Hermann Bahlsen war als Zuckerimporteur in London tätig, als er in seiner Heimatstadt Hannover eine Bäckerei mit zehn Angestellten erwarb und in England Rezepte für Teegebäck kaufte. 1889 wurde die »Hannoversche Cakesfabrik H. Bahlsen« gegründet. Cake, so hieß das feine englische Gebäck damals. Bahlsen war kein Bäcker, sondern ein Marketinggenie. Seine Backwaren brauchten einen Namen. Er benannte sie nach dem in Hannover wirkenden Universalgelehrten Gottfried Wilhelm Leibniz (1646–1716). Damit traf Bahlsen den Zeitgeist: Leibniz für den Keks wie Bismarck für den Hering und Mozart für die Kugel. Ebenso erfolgreich war die Idee Bahlsens, Cakes nicht mehr einzeln aus der Tonne zu verkaufen, sondern im Paket. Das kannte er aus den USA. Von dort übernahm er die luftdichte Verpackung, die lange Haltbarkeit garantierte. Auch wartete der Leibniz-Keks in Musterläden mit Schauküchen auf Kundschaft. Nicht allein der Name entscheidet, sondern auch die Form: Echt ist der Keks nur mit 52 Zähnen, 15 eingestanzten Löchern und der Aufschrift »Leibniz«.

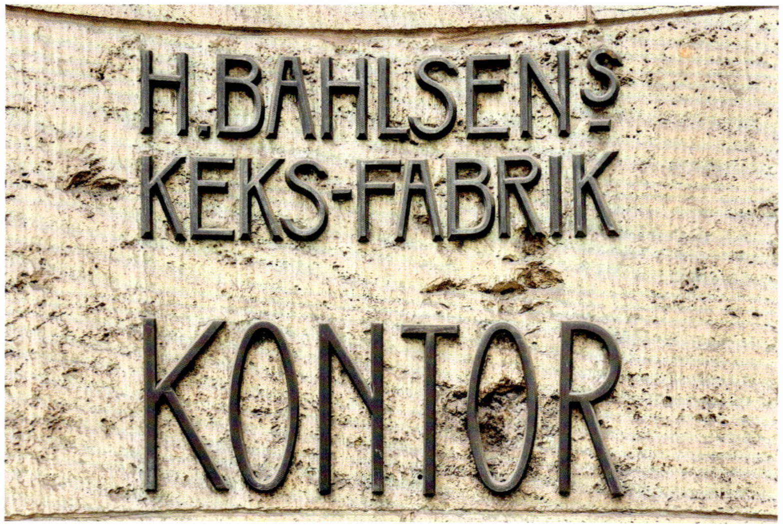

LICHTREKLAME MIT TET

Der Triumph lässt nicht lange auf sich warten. 1893 holt das Produkt eine Goldmedaille auf der Weltausstellung in Chicago, 1900 gibt es noch einmal Gold in Paris. Inzwischen backen 300 Beschäftigte in Hannover Butterkekse. Schon leuchtet das auffällige Symbol des »Leibniz Cake« über dem verkehrsreichsten Platz in Deutschland, dem Potsdamer Platz in Berlin. Bahlsen lässt, erst zum dritten Mal in Deutschland, eine riesige Leuchtreklame installieren. Vier Jahre später kommt die neue Verpackung mit dem auffälligen roten »TET« und einer stilisierten ägyptischen Hieroglyphe auf den Markt. Ägypten ist Mode. TET, das Zeichen für »ewig während/ewig andauernd«, spielt natürlich auf die Haltbarkeit des Gebäcks in der Verpackung an. Ein Label mit Ewigkeitswert entsteht.

1911 wird aus dem vornehm englischen »Cake« der deutsche »Keks«. Die Kunden taten sich mit der Aussprache des Fremdwortes schwer – manchmal geriet es gar zu »Kake(s)«. Bahlsen entschei-

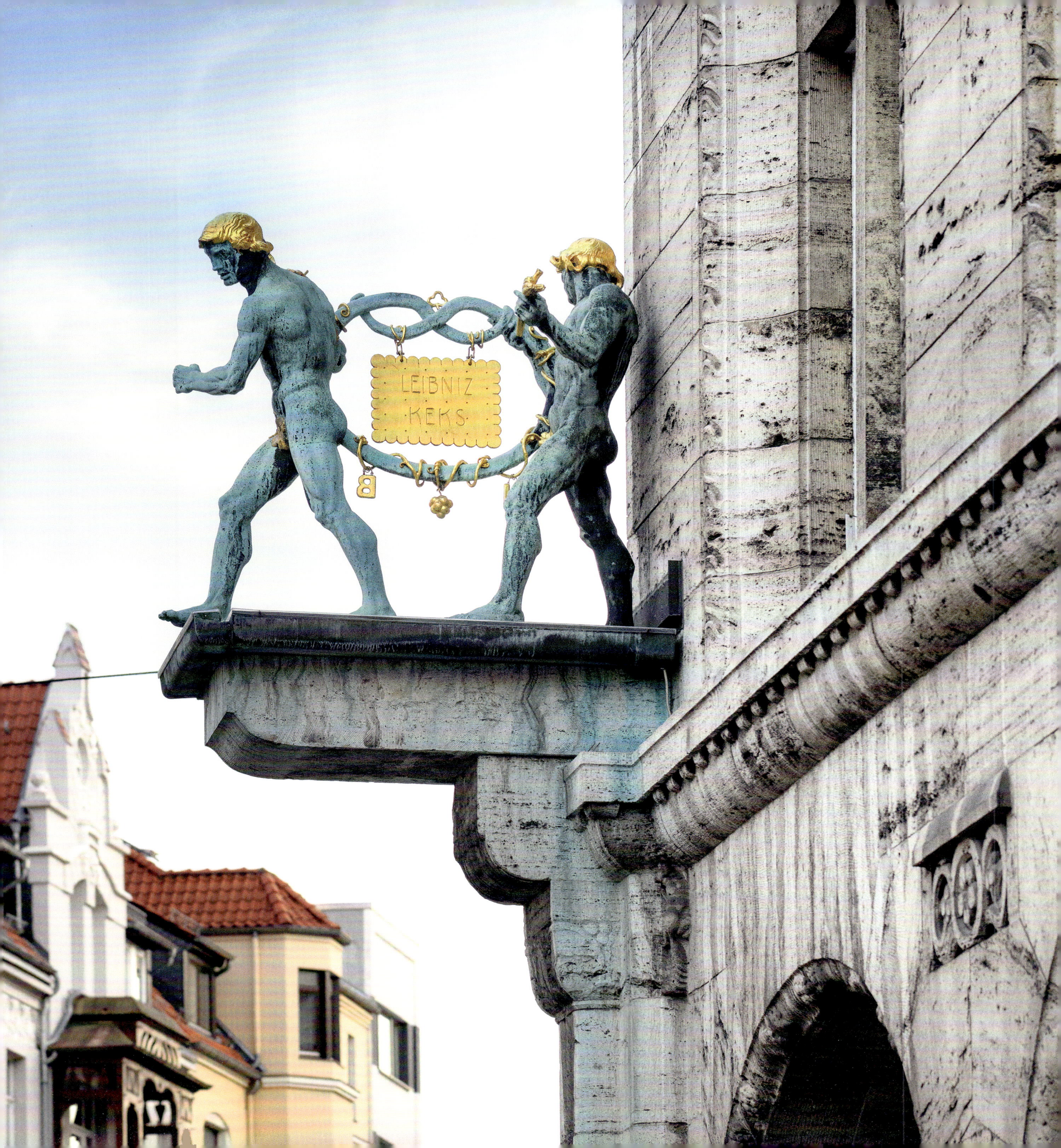
LEIBNIZ
KEKS

» Was isst die Menschheit unterwegs? Na selbstverständlich Leibniz Cakes.

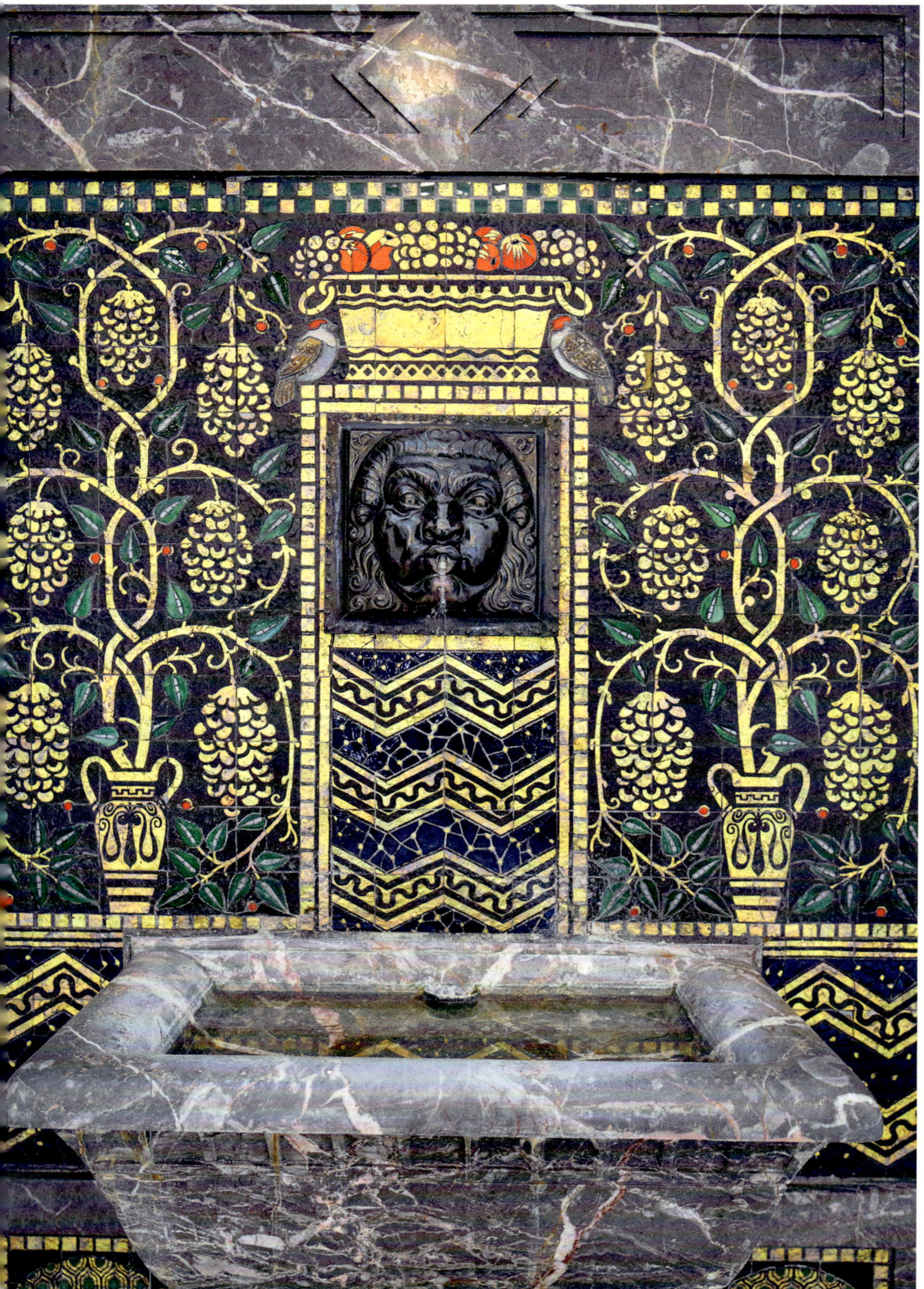

det sich für das lautmalerische »Keks«, das fortan auf jeder Packung steht. Die Wortschöpfung geht in den allgemeinen Sprachgebrauch ein und wird, durch Hermann Bahlsens Fürsprache, durch die Aufnahme in den Duden geadelt. Seitdem gehört »Keks« zu den süßen Versuchungen.

KEKS AM FLIESSBAND, KEKS IN DER BREZEL

In der Boomphase der Industrialisierung vor dem Ersten Weltkrieg wurde die Backproduktion umgestellt. Bahlsen setzte auf die Innovation einer englischen Großbäckerei: das Fließband. Als erster Produzent in Deutschland ließ er die gesamte Warenherstellung übers Band laufen. Nicht Autos, sondern Kekse waren die erste industrielle Massenware. Der Erfolg der Firma Bahlsen basierte also auf mehreren Zutaten: ausgefeilte Werbung, eine ausgeklügelte Verkaufsstrategie und modernsten Produktionsmethoden.

Bahlsen zeigte auch soziales Engagement. Seinen Arbeiterinnen und Arbeitern bot er Vorträge, Kurse, eine Bibliothek, einen Zahnarzt und die Vorschrift eines wöchentlichen Wannenbads während der Arbeitszeit. Den Männern zahlte er 20 Mark in der Woche, den Frauen deutlich weniger – und bei fünfminütiger Verspätung gab es Lohnabzug.

Um mehr Platz für die Produktion zu schaffen und gleichzeitig der Verwaltung neue Räume zu bieten, lässt Bahlsen in Hannover zwischen Podbielskistraße und Lister Straße ein repräsentatives Hauptgebäude und eine neue Fabrik bauen. Der damalige Neubau ist heute das wichtigste Jugendstilensemble in Hannover. Als Baumaterial wird der wirkungsvolle Travertin aus Langensalza verwendet, die Front gleicht der eines damaligen Kaufhauses. Der goldene Schriftzug »Leibniz« prangt in der Ästhetik des Art déco und Hermann Bahlsens Unterschrift in Messinggold ziert die Hauptfassade. Neben dem Eingang, etwas versteckt, ist im Relief der Firmengründer mit seinen vier Söhnen zu sehen. Im Aushängeschild an der Fassade tragen zwei nackte, muskulöse Bronzemänner eine Brezel mit einem goldenen,

In kostbar vergoldetem Jugendstil erstrahlt der renovierte Brunnen in Bahlsens Verwaltungsbau. ◁
Cakes-Fabrik hieß die Firma am Anfang. Weil die Deutschen das englische Wort meist falsch aussprachen, erfand Bahlsen das neue Wort »Keks«. ▽

20 Kilogramm schweren Leibniz-Keks in der Mitte. Georg Herting hat die Männer mit ihrer kostbaren Last erschaffen. Als 2013 der Keks plötzlich verschwindet, ist die Aufregung groß. Gegen eine Spende von 52 000 Kekspackungen an soziale Einrichtungen kehrt er schließlich an seinen Platz zurück.

KUNST UND VISIONEN

Hermann Bahlsen war nicht nur Unternehmer, sondern auch Kunstliebhaber und Mäzen. Schon früh hat die Firma Bahlsen mit Künstlern des Expressionismus und Jugendstils zusammengearbeitet und die Ideen des Deutschen Werkbundes unterstützt. Bekanntester Vertreter war Bernhard Hoetger. Von ihm stammt auch die TET-Göttin aus sächsischem Porphyr, die nach langer Abwesenheit wieder im Hauptgebäude der Verwaltung einen Platz gefunden hat. Künstlerinnen zeichneten Plakate, entwarfen Keksdosen und designten Details der Werksgebäude. Dosen und Postkarten wurden beliebte Sammlerobjekte.

Das Fabrikgebäude aus roten Ziegeln ist ästhetisch anspruchsvoll mit Friesen geschmückt, der Hänsel und Gretel-Brunnen steht davor und die dazugehörende Hexe wacht über dem Eingang. »Knusperhaus« nennen die Hannoveraner das ehemalige Fabrikgebäude. Kurz nach der Fertigstellung 1912 arbeiten in den auch innen dekorativ gestalteten Fabrikhallen über 1300 Menschen.

1914 begann der Erste Weltkrieg. Bahlsen schickte 35 Eisenbahnwaggons voller Kekse als Geschenk an die Truppe. 560 Mitarbeiter mussten an die Front, die Rohstoffe wurden knapp. Dennoch plante Bahlsen Neues. Gemeinsam mit Hoetger entwickelte er die Idee der »TET-Stadt«. Nach englischen Vorbildern sollte eine Fabrik- und Wohnstadt mit kurzen Wegen, Schule, Theater und Kirche entstehen. Auch waren Gebäude im ägyptischen Stil geplant, der Grundriss entsprach dem einer Gartenstadt. Doch ging der Krieg für Deutschland verloren, es folgten unruhige Jahre. Kurz vor seinem Tod 1919 gab Bahlsen das Projekt auf.

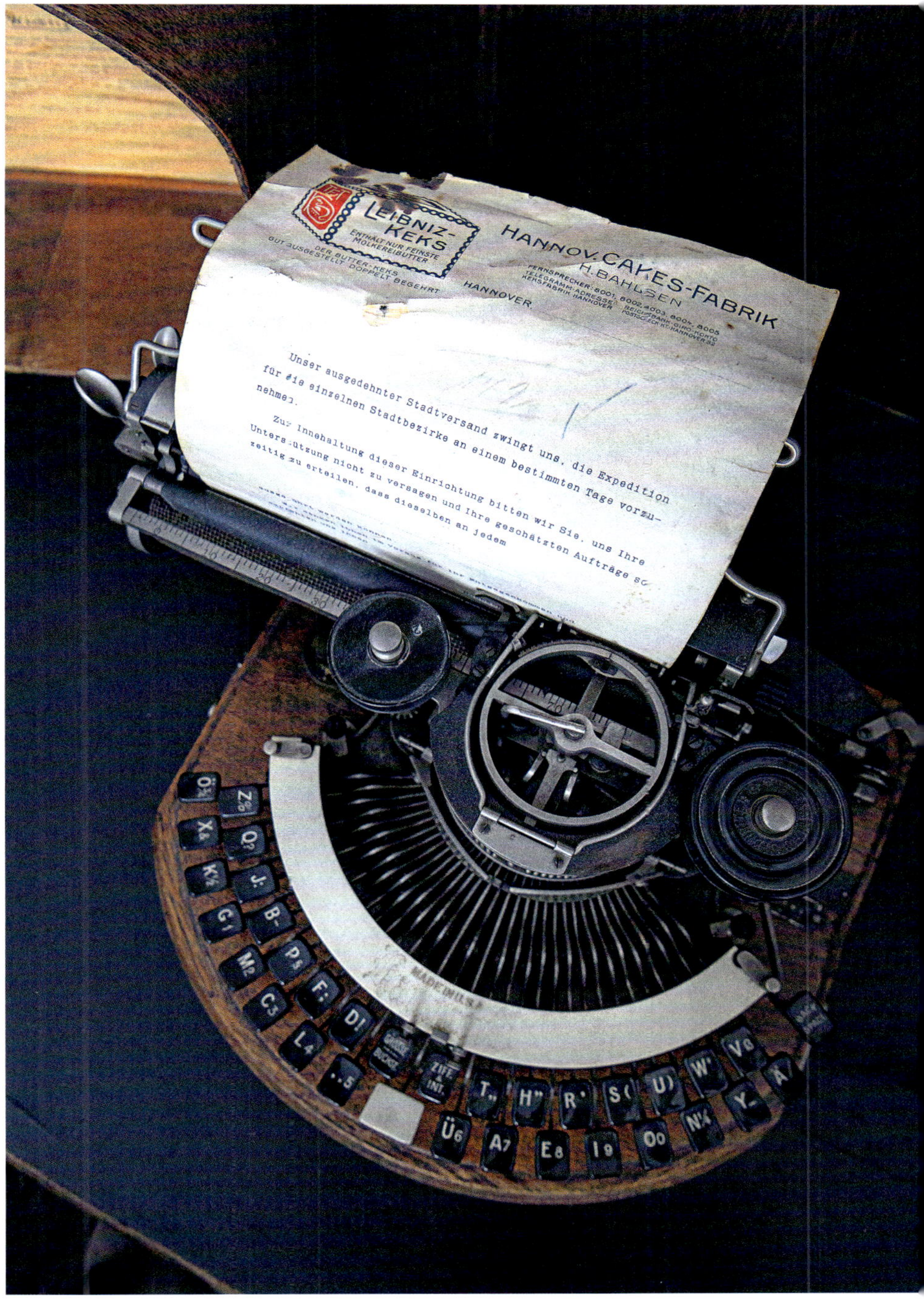

Das Hauptgebäude mit den berühmten vergoldeten Unterschriften. Der Leibniz-Keks trägt den Namen eines Philosophen. Der schwungvolle Firmenschriftzug ist die Unterschrift des Firmengründers Hermann Bahlsen.

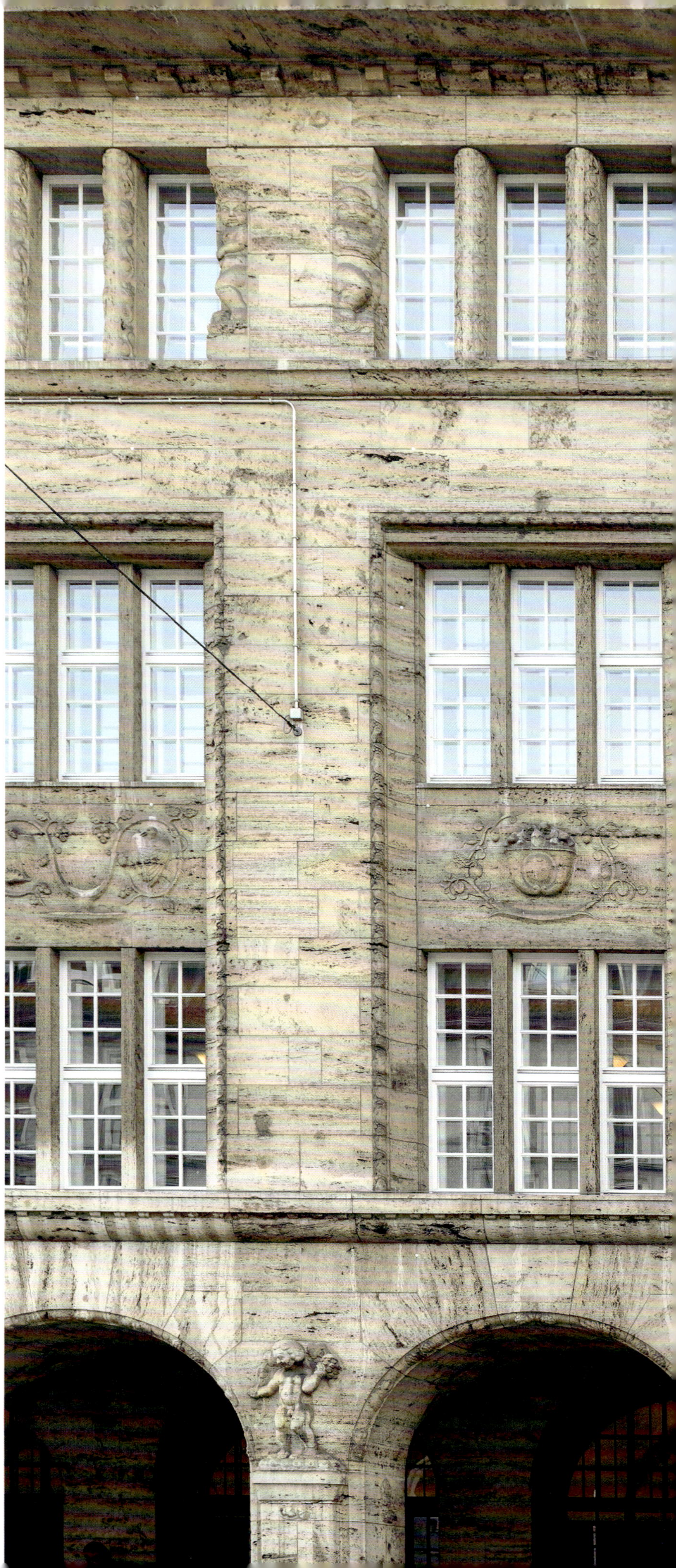

KNÄCKEBROT MIT ZWANGSARBEIT – ZUKUNFT IM PODBI-PARK

Die Zwanziger Jahre waren schwierig. Wirtschaftlich überlebte Bahlsen nur mit dem Kredit eines englischen Privatmanns. Im Zweiten Weltkrieg wurde die Firma Rüstungsbetrieb. Für die Verpflegung der Soldaten liefen Knäckebrot und Zwieback vom Fließband. Die Bahlsen-Erben waren Mitglieder der NSDAP und unterstützten die SS. Über 200 Zwangsarbeiterinnen, hauptsächlich aus Polen und der Ukraine, mussten im Werk schuften. Der durchschnittliche Bruttowochenlohn lag bei 44 Reichsmark, Bahlsen zahlte ihnen zwischen 5 und 10.

Nach dem Zweiten Weltkrieg lag Hannover in Trümmern. Auch die Bahlsen-Werke und die Auslieferungslager waren Ruinen. Dennoch nahm Bahlsen zügig die Produktion wieder auf, zunächst mit Brot, bald auch wieder mit Keksen. Das »Wirtschaftswunder« brachte das Unternehmen wieder auf die Erfolgsschiene. Heute arbeiten 2900 Menschen für Bahlsen. Längst wird nicht mehr an der Podbi gebacken, sondern in der Nachbarstadt Barsinghausen, in Berlin und Varel sowie in Skawina und Jawornik (Polen). 2,3 Milliarden Leibniz-Kekse liefert Bahlsen jedes Jahr in rund 80 Länder.

Die Hauptverwaltung ist wieder an der Podbielskistraße in Hannover. Aus der Fabrik wurde der Podbi-Park, ein Komplex mit Büros, Wohnungen und einem Hotel. Über allem wacht der 50 Meter hohe Schornstein mit dem Schriftzug TET, ein Wahrzeichen der Stadt Hannover.

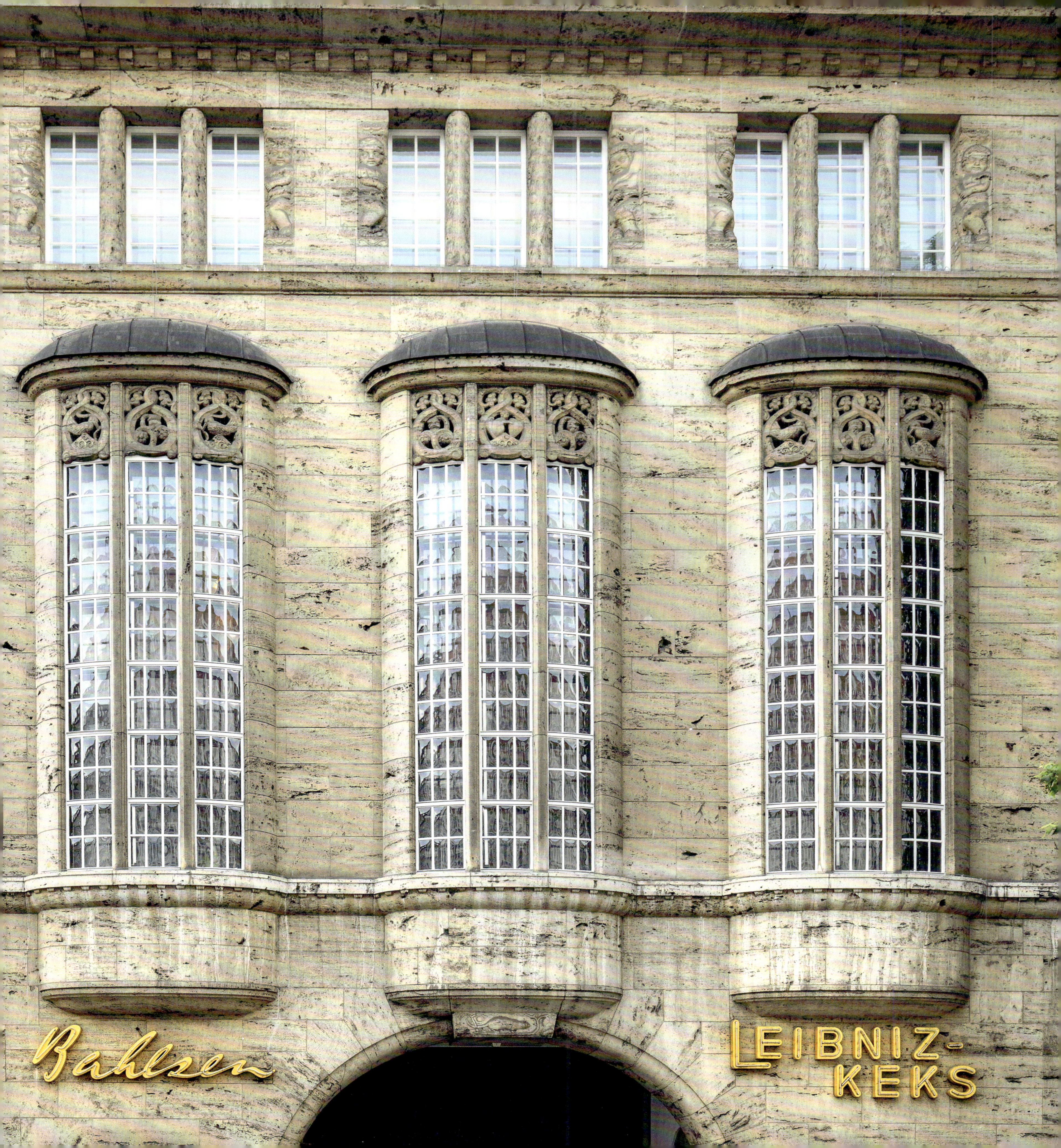
Bahlsen
LEIBNIZ-
KEKS

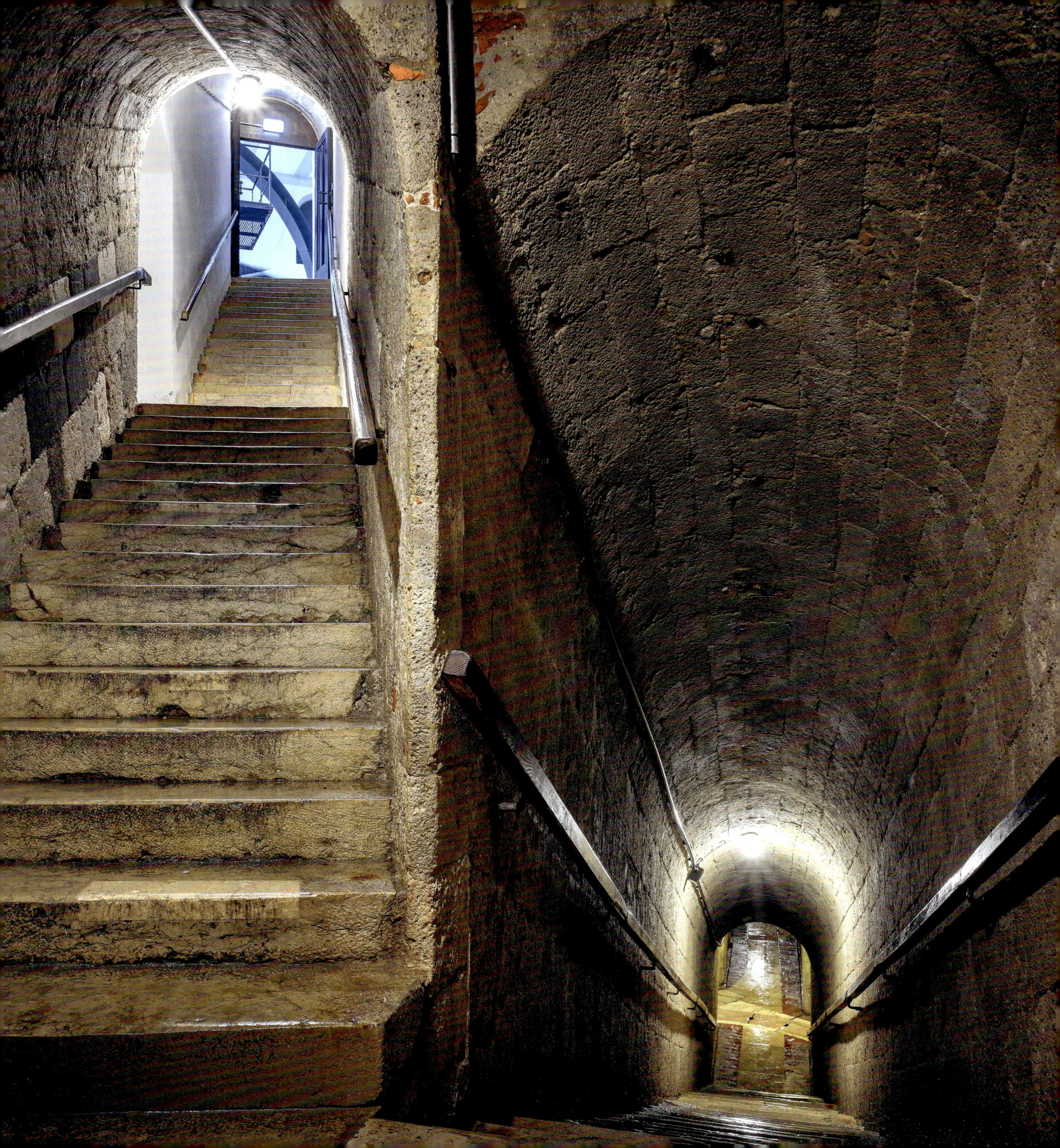

Ein weit verzweigtes Stollen- und Schachtsystem führt tief in den Berg hinein. ◁
Durch eine Reichenbachpumpe wird die Sole der Karl-Theodor-Quelle um sechs Meter gehoben. ▽

ALTE SALINE · BAD REICHENHALL

WEISSES GOLD AUS DEM BERCHTESGADENER LAND

Salzgeschichte zum Anschauen bietet der Rupertiwinkel, die südöstlichste Ecke Deutschlands. Die Alte Saline in Bad Reichenhall ist die älteste Binnensaline Europas und steht mit ihren Nebengebäuden als prachtvolles Industrieensemble unter Denkmalschutz.

Salz ist wohl das wichtigste Gewürz, das wir kennen. Wir brauchen Kochsalz, Natriumchlorid, mit seinen Mineralstoffen zum Leben. Oft liegt das Salz schon in Sole gelöst vor. Die meisten historisch genutzten Salzvorkommen waren Solequellen. In Soleleitungen wurden sie zu Salinen transportiert, mit deren Hilfe man durch Wasserverdunstung kristallines Salz gewinnen konnte. Bereits die Kelten gewannen in der Bronzezeit und der frühen Eisenzeit Salz und betrieben damit Handel. Die Solequellen im Gruttenstein bei Bad Reichenhall waren ihnen zwar bekannt, mit der Salzgewinnung begannen aber erst die Römer. Das wohl althochdeutsche »Hal« weist auf das begehrte Handelsgut, das »weiße Gold«, hin. Der frühgeschichtliche Salzbergbau im Rupertiwinkel beruht auf einer salzführenden Schicht in den Nördlichen Kalkalpen. Mindestens seit 696 wird in den Reichenhaller Sudpfannen Salz gewonnen.

Die wohl schönste Saline der Welt – damit wirbt das Kurbad Bad Reichenhall für die Alte Saline. Bis zum Ende des 15. Jahrhunderts stritten sich kirchliche und weltliche Herren um die ergiebigen Solequellen, bis sie in den Besitz der Herzöge von Bayern fielen. Die technischen Anlagen wurden ständig erneuert. Kurfürst Karl Theodor konnte den Produktionsablauf in den Jahren 1782 bis 1798 noch einmal verbessern. Eine technische Meisterleistung war der Bau der 29 Kilometer langen Soleleitung vom Salzbergwerk in Berchtesgaden über Ramsau zur Saline in Reichenhall (ab 1816) unter dem Salinenrat Georg von Reichenbach. Zur Überwindung der Höhenunterschiede entwickelte Reichenbach eine nach ihm benannte Pumpe. In der Saline waren zu dieser Zeit rund 300 Personen mit der Salzproduktion beschäftigt.

TECHNIK IM FEINEN GEWAND

Nach dem verheerenden Stadtbrand von 1834 musste die Saline neu errichtet werden. Unter König Ludwig I. entstand nach einem geometrischen Plan das heutige Ensemble der Alten Saline. Den Auftrag für die Gestaltung erhielten die bekannten Architekten Joseph Daniel Ohlmüller und Friedrich von Gärtner vom damaligen Salinenrat Friedrich von Schenk. Die Gebäude entstanden von 1839 bis 1851. Sie weisen eine aufwendige, einheitliche Fassadengestaltung aus rotem Back-

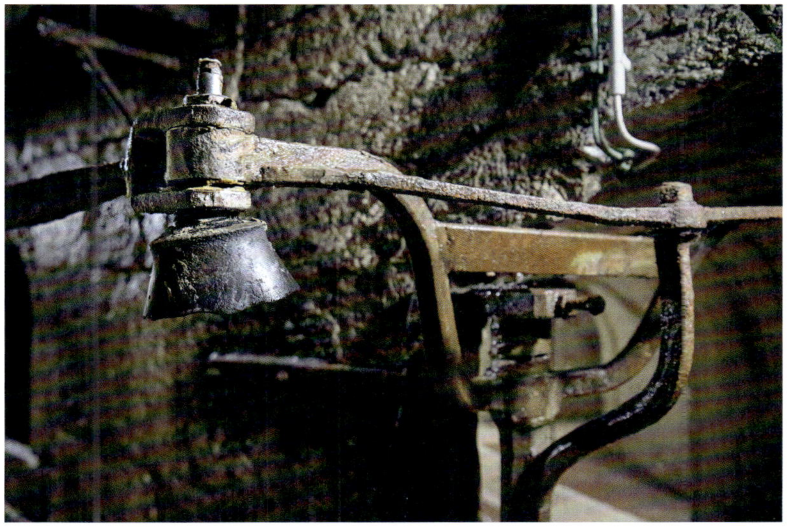

Die Salzgrotte ist eine natürliche Höhle, die 1795 beim Bau des Versuchstollens entdeckt wurde. Wassersäulenmaschinen wie die Reichenbachpumpe sorgen für das Fließen der Sole. ◁ Die oberschlächtigen Wasserräder im Hauptbrunnhaus haben einen Durchmesser von 13 Metern und schaffen 3,5 Umdrehungen in der Minute. ▷

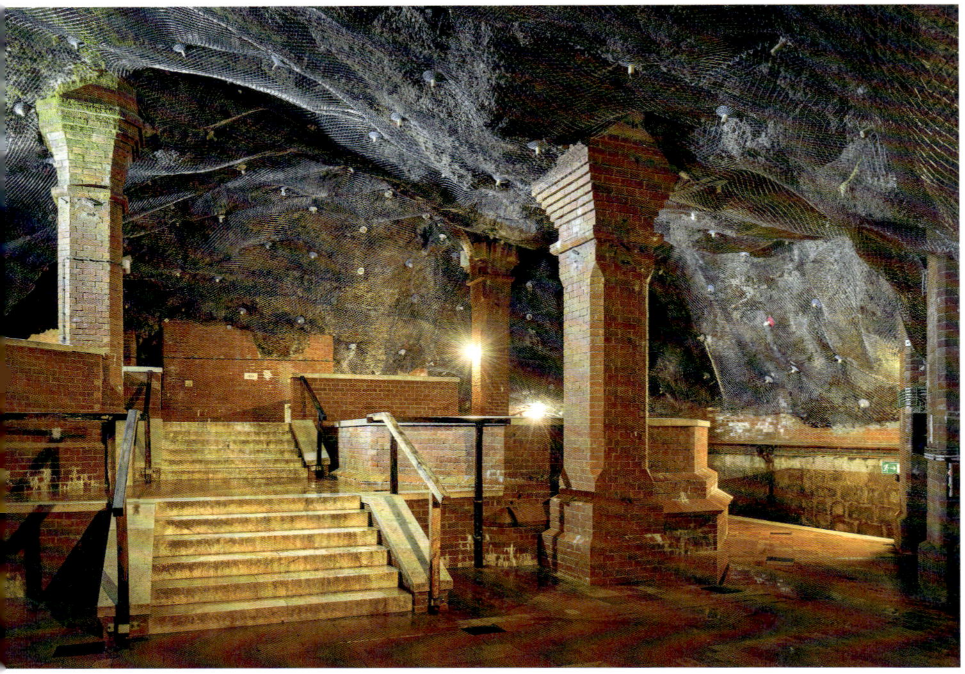

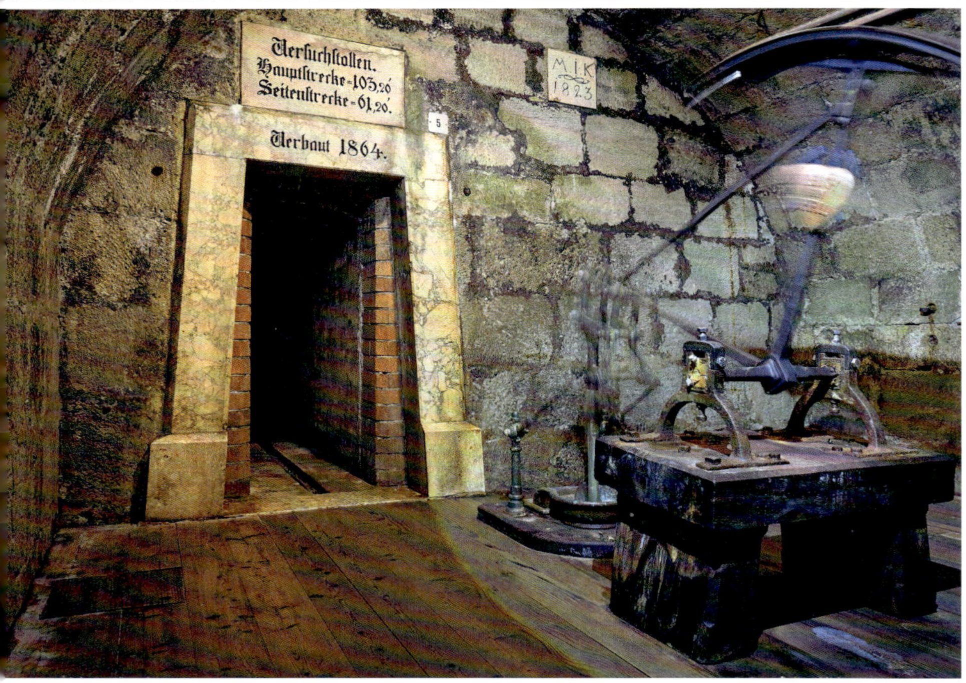

stein mit Rahmungen und Gesimsen aus grauem Nagelfluh, einem begehrten Naturstein für repräsentative Bauten, in neuromanischen Formen auf. Die technischen Bauten gruppieren sich um drei Höfe. In vier Sudhäusern wurde in Siedepfannen grobkörniges Salz gewonnen. Daran schließen sich vier Magazine für das fertige Salz an. Zu beiden Seiten des Hauptbrunnhauses wurden Gebäude für die Solereserven und ein Werkstattgebäude errichtet.

Mittelpunkt der Anlage ist das prächtige Hauptbrunnhaus über den Solequellen. Zwei 13 Meter hohe oberschlächtige Wasserräder treiben die große Pumpanlage an, die die Sole aus dem Quellenbau nach oben befördert. Bei jeder vollendeten Drehung der metallenen Räder nach 17 Sekunden ertönt ein Glockenzeichen. Für den reibungslosen Ablauf und die Kontrolle des weitverzweigten Tunnel- und Schachtsystems im Quellenbau sorgt auch heute noch ein Brunnwart. Dem Hauptbrunnhaus aufgesetzt ist die mit neugotischen Elementen versehene Brunnhauskapelle mit ihrem Spitzgiebeldach aus farbig glasierten Ziegeln. Über ein rundbogiges Stufenportal aus rotem und weißem Marmor betritt man das Hauptbrunnhaus und die Kapelle. Auf dem Relief über dem Portal ist der Salzheilige Rupert dargestellt. Er wird von zwei Salinenarbeitern mit Salzfass und Salzkrucke flankiert. Die zu Kirchenfesten offene Kapelle besitzt eine üppige Ornamentmalerei und einen barocken Kreuzweg.

DIE NEUE SALINE ÜBERNIMMT

In einem bewusst nüchternen funktionalen Baustil wurde der Beamtenstock, das Verwaltungsgebäude der Saline, gehalten. Das lang gestreckte Gebäude zeigt den für Friedrich von Gärtner typischen klassizistischen Rundbogenstil. Oberhalb der Alten Saline thront der Feuerwachturm, heute in Privatbesitz. Brandschutz hatte beim Bau der Saline eine hohe Priorität.

Bald nach Fertigstellung des letzten Sudhauses 1851 lebte fast die Hälfte der Reichenhaller von der Salzproduktion. Vor dem Ersten Weltkrieg wurden jährlich rund 250 000 Zentner erzeugt, 1919 waren es

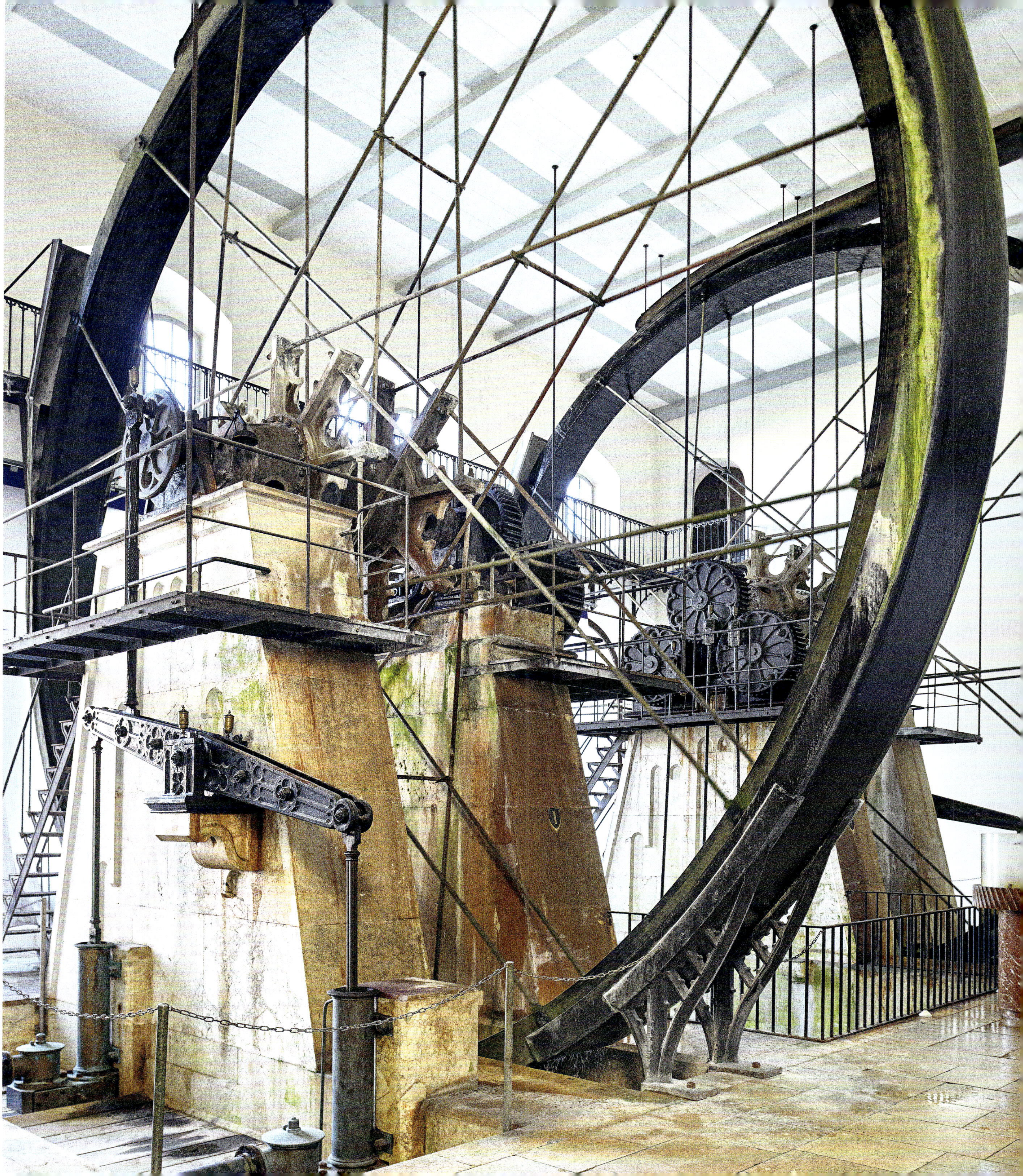

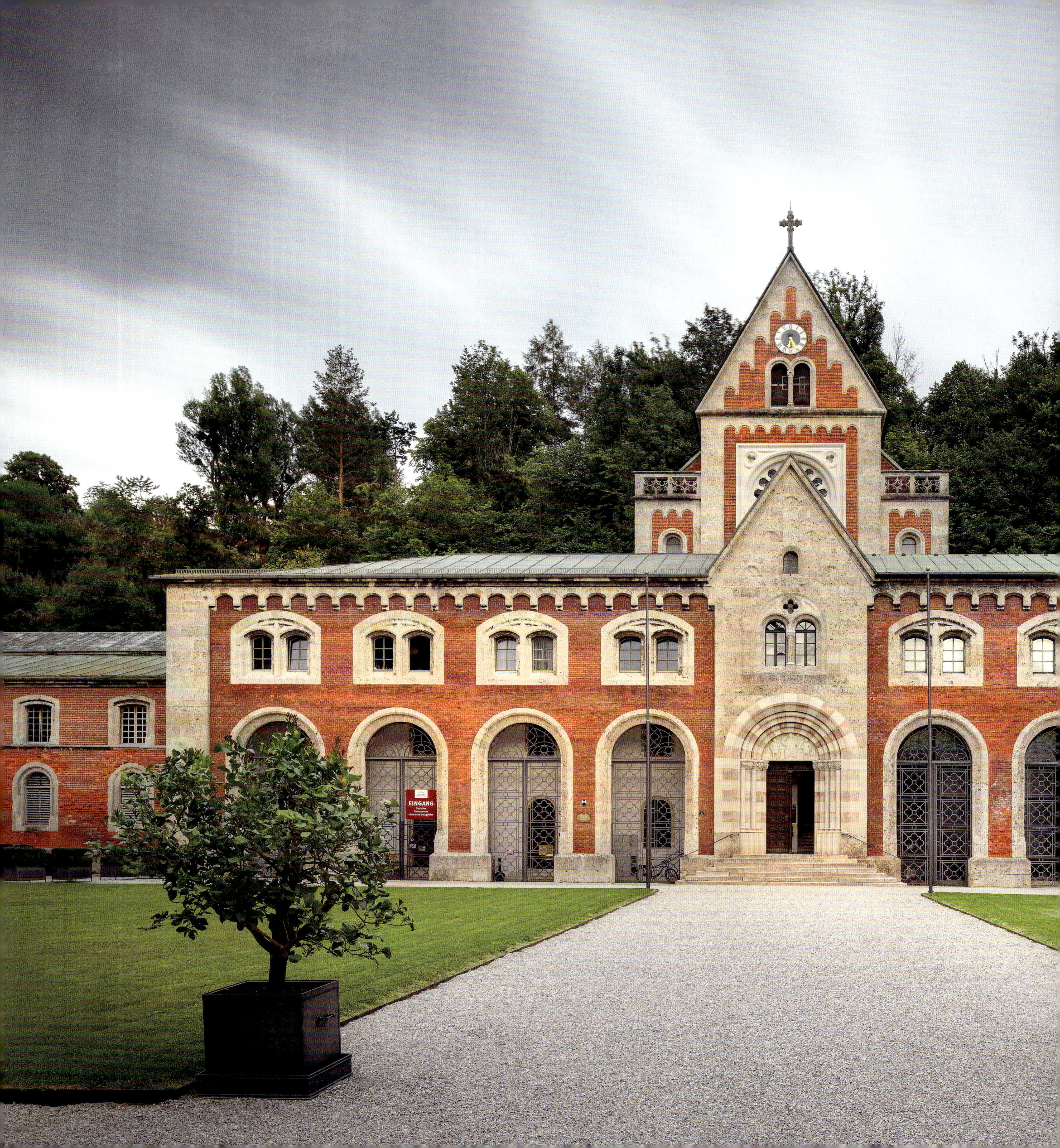
EINGANG

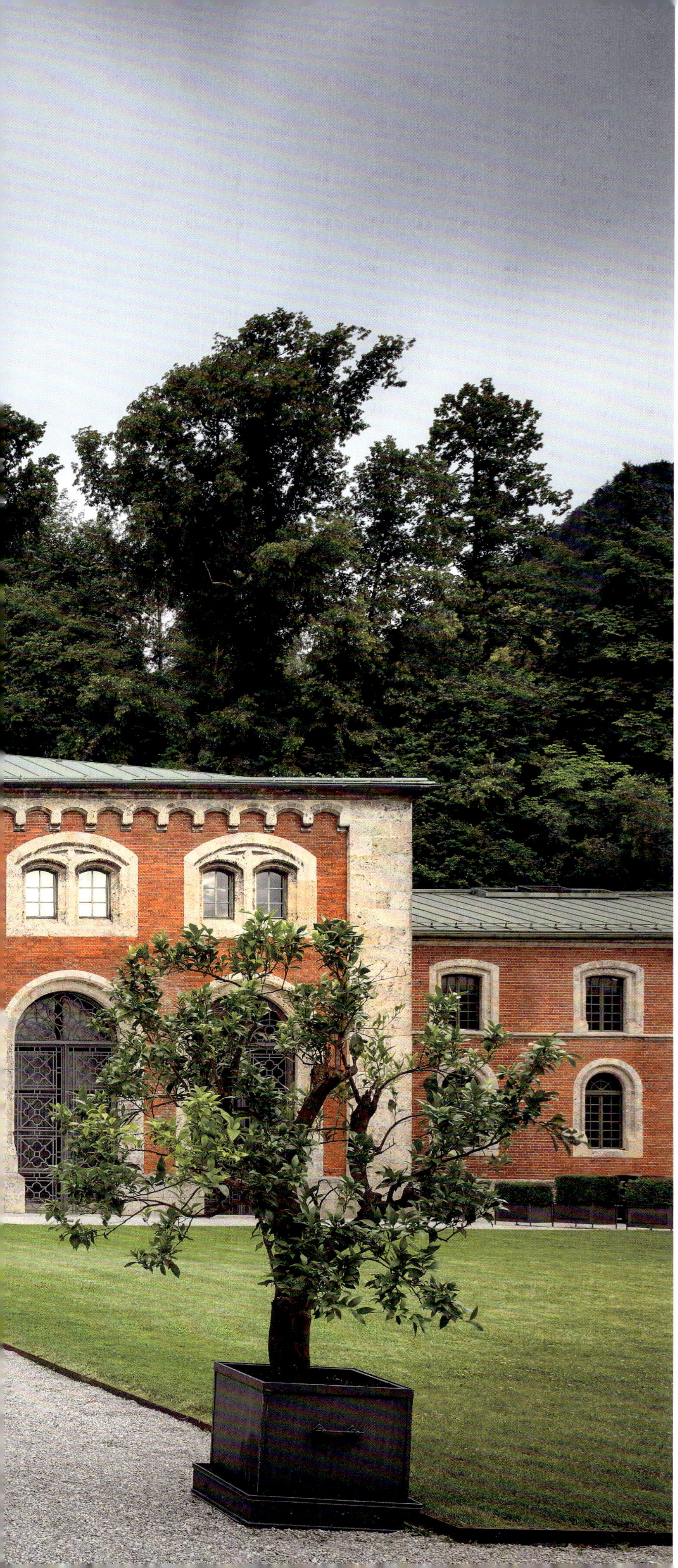

Das unter König Ludwig I. von Bayern errichtete Hauptbrunnhaus mit der aufgesetzten Kapelle ist das dominierende Gebäude des um zwei Innenhöfe gruppierten Ensembles Alte Saline.

350 000 Zentner. Bald schon reichten die Kapazitäten der Alten Saline nicht mehr aus und die Produktion wurde schrittweise in die ab 1925 errichtete Neue Saline verlegt. 1929 stellte die Alte Saline die Produktion ein. Ihre Sole wird heute noch für das Gradierwerk im Kurgarten genutzt. Im Zweiten Weltkrieg diente die Alte Saline den Elefanten des Circus Krone als Refugium vor Bombenangriffen. In Abstimmung mit dem Denkmalschutz wurden und werden die prächtigen Gebäude saniert und neuen Bestimmungen zugeführt. Im Hauptbrunnhaus ist heute ein Salzmuseum untergebracht, andere Gebäudekomplexe dienen als Ärztehaus, Apotheke, Kunstakademie oder Restaurant. Die im Besitz der Südwestdeutschen Salzwerke AG befindliche Neue Saline beschäftigt etwa 170 Mitarbeiter und hat eine jährliche Kapazität von rund 300 000 Tonnen Siedesalz. Das in Deutschland marktbeherrschende Alpensalz, das Bad Reichenhaller, ist heute sprichwörtlich »in aller Munde«.

WO KOMMT DAS SALZ HER?

Das Salzbergwerk in Berchtesgaden ist das älteste aktive Deutschlands. Es versorgte die Saline in Bad Reichenhall von 1817 bis 1927 über die historische Soleleitung. Seit 1961 führt eine dritte Soleleitung über den Ort Hallthurm zur Neuen Saline. Auf dem Fernwanderweg Maximiliansweg kann man in etwa fünf Stunden die 15 Kilometer lange Strecke von Bad Reichenhall bis Berchtesgaden bewältigen. Mit der Salzgewinnung am Gollnbach in Berchtesgaden wurde 1193 begonnen, das heutige Salzbergwerk existiert seit 1517. An einigen Arbeitsmethoden hat sich seit 500 Jahren nur wenig geändert. Immer noch werden per Hand oder mit Hubzügen schwere Salzbrocken und Gussleitungen getragen. Das Salzbergwerk beschäftigt heute etwa 100 Mitarbeiter, davon 50 Bergleute unter Tage. Gefördert werden jährlich rund 900 000 Kubikmeter Sole. Im »nassen Abbau« wird Süßwasser in das Gebirge mit einem Salzgehalt von 50 Prozent eingeleitet und das Salz aus dem Gestein gelöst. Ein Teil des Bergwerks ist heute ein Besucherbergwerk und informiert auch über die Arbeitswelt der Bergleute.

Weltbekannt: Logo des Kölnisch Wassers
Neues Firmen-Stammhaus mit
neogotischer Fassade

KÖLNISCH WASSER · KÖLN

VOM WUNDERWASSER ZUR WELTMARKE

Ab 1792 verkaufte Wilhelm Mülhens in Köln ein aqua mirabilis (Wunderwasser), das schnell den nationalen wie internationalen Markt eroberte – es war die erste globale Marke aus Deutschland. Mülhens gründete eine mehr als 200 Jahre andauernde Unternehmerdynastie, die den passenden Duft zum Zeitgeist kreierte.

Es begann mit einem dreisten Namensklau. Denn Wilhelm Mühlhens (1762–1841) war keineswegs der Erfinder des Kölnisch Wassers. Das waren die Brüder Farina in Köln, aus Italien stammende Parfümeure. Ihr Kölnisch Wasser (1709) verkauften sie überaus erfolgreich in alle Welt, so erfolgreich, dass Wilhelm Mülhens dies nachahmen wollte. Er kreierte ein sehr ähnliches Wasser, kaufte sich den Namen

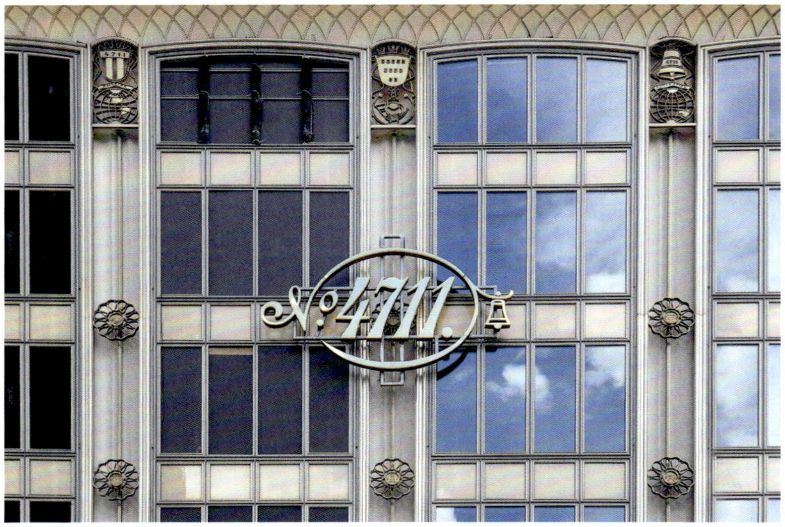

Farina von einem Kartäusermönch, der nichts mit den Parfümeuren zu tun hatte, und vertrieb sein Produkt ebenfalls als Kölnisch Wasser von Farina, wogegen die Brüder natürlich gerichtlich vorgingen. Die mehr als 1000 Prozesse in etwa 90 Jahren trugen wesentlich zur Entstehung des deutschen Markenrechts bei.

ZITRUSFRISCHES DUFTWASSER

Bis Ende des 18. Jahrhunderts bekämpfte man Körpergeruch im Wesentlichen nicht durch Waschen, sondern man überdeckte ihn mit schweren Düften wie Amber oder Moschus. Die frische Note des Kölnisch Wassers, die durch Bergamotte, Zitrone, Orange und Neroli entstand, kombiniert mit Lavendel und Rosmarin, war etwas ganz Neues und begeisterte die Kundschaft. Aus seinem Haus in der Kölner Glockengasse belieferte Wilhelm Mülhens Prominenz, Fürsten und Königshäuser, er baute ein weltweites Niederlassungsnetz auf und verkaufte sogar nach Indien und Südostasien.

Unter napoleonischer Herrschaft erhielten alle Kölner Häuser eine Konskriptionsnummer, das Mülhens-Haus bekam die Nummer 4711. Napoleon verfügte außerdem, dass die Rezeptur aller auch innerlich anzuwendenden Heilmittel offenzulegen sei – Kölnisch Wasser wurde bis dahin auch getrunken, bei 80 % Alkoholgehalt existierte sogar ein Kölnisch-Wasser-Alkoholismus. Mülhens gab sein Geheimrezept aber nicht preis, sondern bezeichnete sein Produkt fortan als äußerlich anzuwendendes Duftwasser.

In den 1820er-Jahren stellte Mülhens von den nur liegend lagerbaren Rosoli-Fläschchen um auf die eigens für ihn entworfenen sechseckigen Molanus-Flakons, die leichter transportiert und gelagert wer-

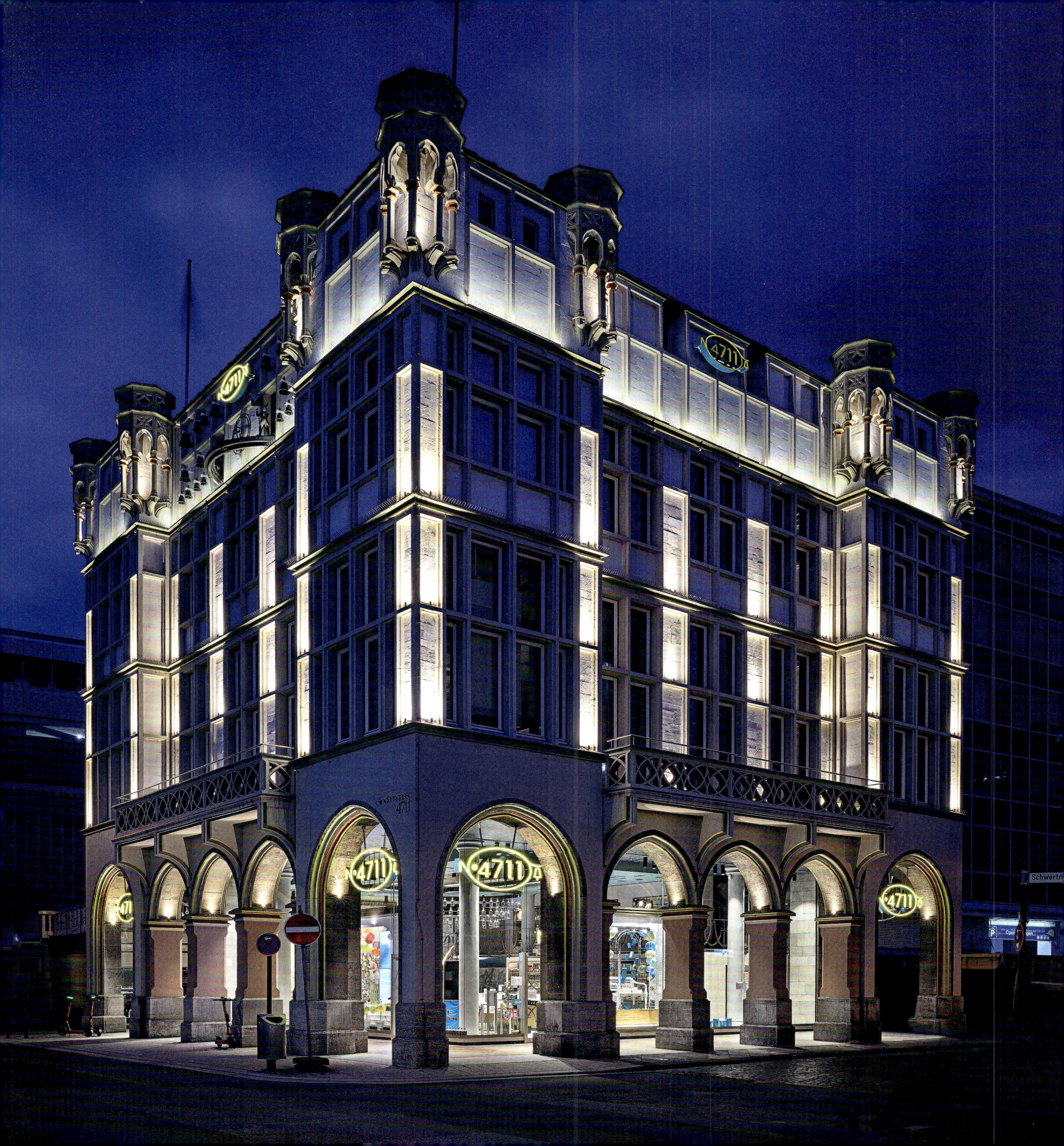
4711
Glockengasse
4711
N°4711

» Jugend und 4711, die gehören zusammen.
Beides ist Frühling, beides ist Frische,
beides ist unbeschwerte Lebensfreude.

Werbung in den 1950er-Jahren

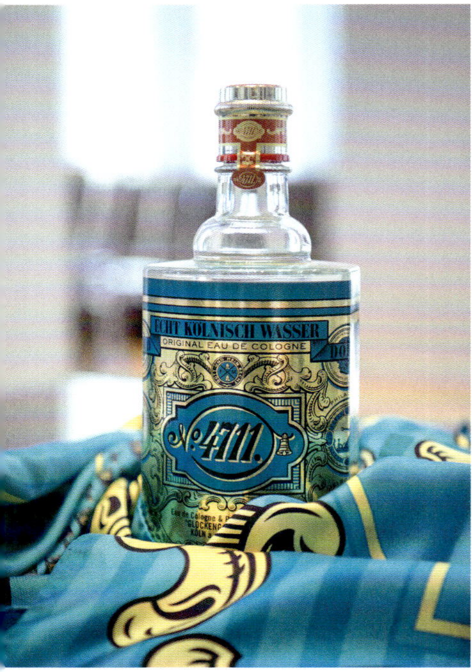

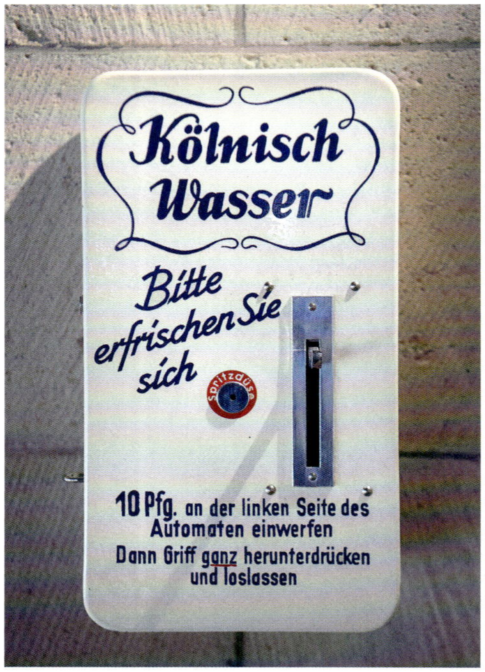

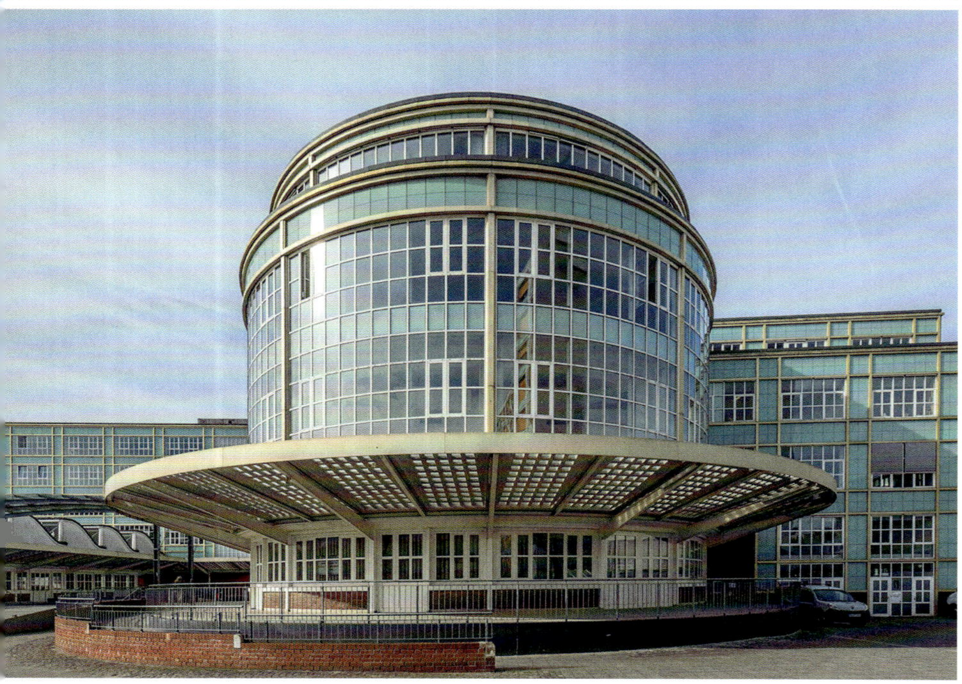

den konnten und zudem Platz boten für ein großflächiges Etikett. Sohn Peter Joseph (1801–1873) etablierte das aufwendig ornamentierte Etikett und die Farben Gold und Bremerblau als Unternehmensfarben. Firmensitz war ab 1854 ein repräsentatives Geschäftshaus mit neogotischer Fassade in der Glockengasse 26–28. Ein Teil der Produktion wurde 1874 nach Ehrenfeld in eine neue Fabrik ausgelagert. Parfum und viele andere Kosmetikartikel wie Seife waren längst Massenware. Unter Ferdinand (I.) Mülhens (1844–1928) eröffnete das Unternehmen Niederlassungen in New York und in Riga, wo auch für den russischen Markt produziert wurde. Ab 1881 durfte das Unternehmen den Namen Farina nicht mehr verwenden. Sie nannten ihr Produkt fortan »4711 – Echt Kölnisch Wasser« nach der Hausnummer des Firmensitzes – was sich als Glücksgriff erwies, denn die Zahl im Markennamen verstand man überall.

Nach dem Ersten Weltkrieg reaktivierte Peter Paul Mülhens (1875–1945), nunmehr die vierte Generation, die weltweiten Geschäftsbeziehungen. Als er erfuhr, dass Coco Chanel in Paris nun auch Düfte verkaufen wollte, kam er ihr mit einer neuen Kreation zuvor: »Tosca« (1925) wurde der Duft der 1920er-Jahre, zeitweise erfolgreicher als »Chanel No. 5«.

Die Mülhens unterhielten im Dritten Reich enge Beziehungen zu Hitler. Davon profitierte das Unternehmen, aber auch die Familie selbst, indem sie Immobilien jüdischer Besitzer weit unter Wert erwarb. Nach dem Zweiten Weltkrieg zahlte sie dafür Entschädigungen.

REPRÄSENTATIV UND GOLDEN-BREMERBLAU

1945 lag das Haus in der Glockengasse ebenso in Trümmern wie die Produktionsstätten in Ehrenfeld. Die Witwe von Peter Paul Mülhens, Maria, baute das Unternehmen in nur zehn Jahren wieder zu einem Global Player auf. Sie ließ das Haus mit der berühmtesten Hausnummer in Köln schräg gegenüber der Oper am Offenbachplatz neu errichten: ein markantes Eckhaus, nach Vorbild des Vorgängers wieder mit prächtiger neogotischer Fassade, mit Ecktürmchen und mächtigen

Erfrischung auf zwe erlei Art: der eigens für 4711 entworfene Flakon, die sogenannte Molanus-Flasche und ein Kölnisch-Wasser-Automat
Mittelpunkt des Firmengebäudes in Köln-Ehrenfeld ist das attraktive halbrunde Lager- und Versandgebäude. ◁
Im 4711-Stammhaus in der Kölner Glockengasse dreht sich alles um Düfte. ▽

Kreuzstockfenstern. Die Dachzone ziert ein Glockenspiel mit historischen Figuren, die, u. a. auf die napoleonische Geschichte anspielend, zu den Klängen der Marseillaise am Betrachter vorbeiziehen.

Der Standort Ehrenfeld wurde ebenfalls neu errichtet. Ältere Fabrikreste wurden 1950–58 in das neue Firmengebäude integriert. Es entstand ein Ensemble aus elegant halbrundem Lager- und Versandgebäude, Shedhallen und Verwaltungsriegel, das durch die moderne Vorhangfassade aus goldenen Aluminiumprofilen und bremerblauen, transparenten Glasfeldern eine attraktive Einheit bildete. Seit das Unternehmen 1973 in Köln-Bickendorf ein neues Zentral- und Versandlager baute, steht das Firmengebäude in Ehrenfeld unter Denkmalschutz.

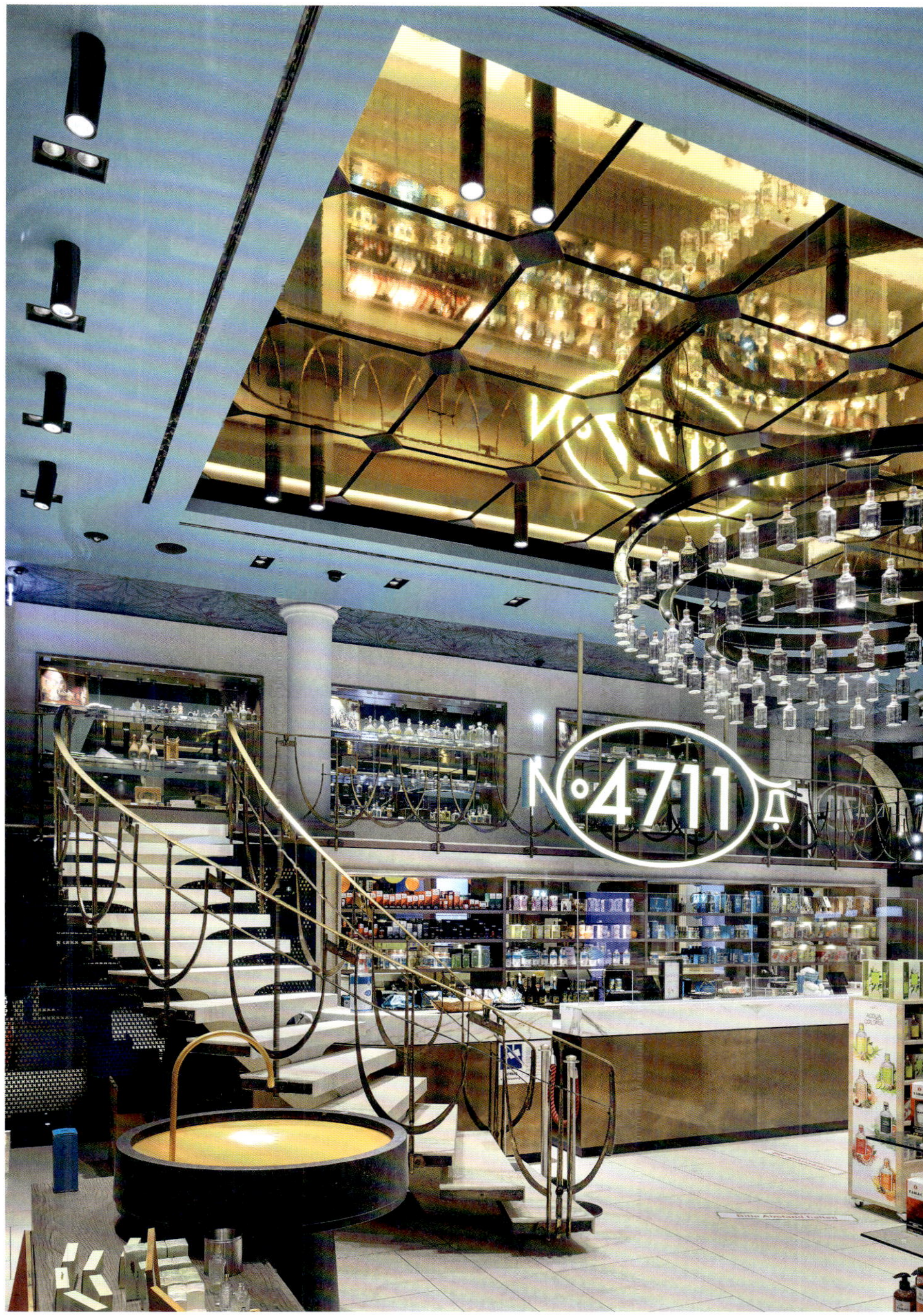

DAS ENDE NACH 200 JAHREN

In der Nachkriegszeit hatte die Duft-Dynastie schnell wieder Kontakt zu höchsten politischen Kreisen. Wirtschaftsminister Ludwig Erhard und Bundeskanzler Konrad Adenauer erschienen zu Firmenfesten. Das familieneigene Hotel auf dem Petersberg in Bonn wurde Gästehaus der Bundesrepublik Deutschland, illustre Besucher aus aller Welt fanden sich dort ein – und lernten auch die Mülhens kennen.

Die Düfte »Tosca« und »4711 – Echt Kölnisch Wasser« begleiteten die Wirtschaftswunderjahre in nahezu jeder Handtasche, das Rasierwasser »Sir« für den Herrn war ebenfalls sehr erfolgreich. 1991 erwirtschaftete das 4711-Haus 295 Mio. € Umsatz, ein Drittel entfiel auf die 4711-Produkte. Ende des Jahrzehnts war »4711 – Echt Kölnisch Wasser« das beliebteste Parfum in Deutschland, vor »Chanel No. 5«.

Maria Mülhens, deren Söhne früh verstarben, übertrug ihrem Lieblingsenkel Ferdinand (III.) die Leitung der Firma und überging dabei ihren anderen Enkel, Dieter Streve-Mülhens. Der setzte sein Mitspracherecht durch. Es brach ein erbitterter Streit in der Firmenführung aus. 1994 sah man als einzigen Ausweg den Verkauf des Traditionsunternehmens. Nach mehr als 200 Jahren endete die Geschichte der Duft-Dynastie.

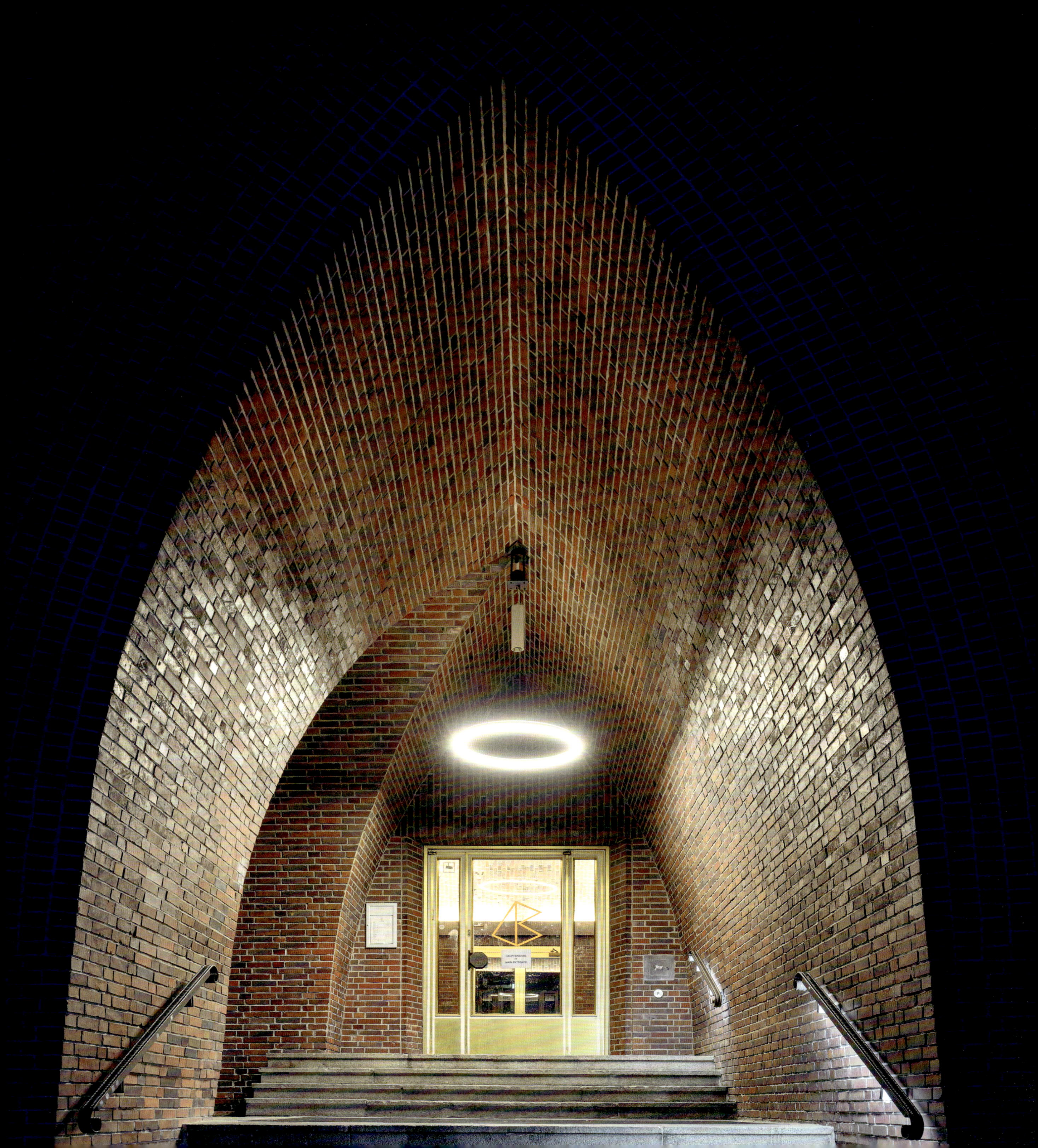

Was wie der monumentale Eingang in eine moderne Kathedrale aussieht, ist der Zugang zum Brauereigebäude. ◁
Der stolze Industriebau ist heute ein Zentrum für zeitgenössische Kunst. ▽

KINDL-BRAUEREI · BERLIN

PALAST BERLINER BIERKULTUR

Das Berlin der Goldenen Zwanziger Jahre sprühte nur so vor Esprit und Innovationsgeist. In der Reichshauptstadt wurde in Sachen Theater, Malerei, Kino, Literatur und Architektur Kulturgeschichte geschrieben. Kein Wunder also, dass man sich auch beim Thema Bier der Moderne verpflichtet fühlte. Die ehemalige Kindl-Brauerei ist ein gelungenes Beispiel dafür: Beim Namen und der untergärigen Brauart nach bayerischer Art befand man sich noch nah am Münchner Original. Mit dem neuen Brauhaus gelang ein herausragender Industriebau, der heute unter Denkmalschutz steht.

Der Eingang gleicht dem einer Kathedrale und der Blick geht automatisch nach oben zur Spitze des mächtigen Klinkerturms. Das Innere der alten Kindl-Brauerei beeindruckt durch seine schiere Größe, so die Fenster des Kesselhauses, die fast 20 Meter bis zur Decke reichen. Zwischen 1926 und 1930 entstand in Neukölln die Brauerei ganz im Zeitgeist des Backsteinexpressionismus als damals modernste Produktionsstätte ihrer Art weltweit. Entworfen hatten den Industriebau die Architekten Hans Claus und Richard Schepke. Sechs gigantische Sudpfannen aus Kupfer – damals die größten Europas – stehen heute noch im Sudhaus, das einst bekannt war als »Palast Berliner Bierkultur«. Im Zweiten Weltkrieg zerstört, wurde das Sudhaus wieder aufgebaut und konnte so der Nachwelt erhalten werden. Verantwortlich für den Wiederaufbau in den 1950er-Jahren war Gerhard Fritsche, der auch das Zoo-Palast-Kino gestaltete.

Keck lugt der kleine Junge über dem Bierkrug hervor – noch heute steht der »Goldjunge im Krug« für eines der bekanntesten Biere der Hauptstadt: Berliner Kindl. Seit 1907 ist er das Markenzeichen der heutigen Berliner-Kindl-Schultheiss-Brauerei. Die Anfänge liegen im Jahr 1872, als einige Gastwirte, ein Kaufmann und ein Bankdirektor die Vereinsbrauerei Berliner Gastwirte zu Berlin AG in Rixdorf mit dem erklärten Ziel gründeten, auch in Norddeutschland untergäriges Bier zu brauen, was angesichts ungenügend fortgeschrittener Kühlmaschinen keine leichte Aufgabe war. Nach einigen erfolglosen Versuchen glückte ihr Vorhaben, der erste Bierausstoß war am 17. März 1873. Die Vereinsbrauerei Rixdorf, wie die neue Firma bald hieß, wagte sich Anfang der 1890er-Jahre an die Produktion eines Spezialbiers nach Bayerisch-Münchner Art mit dem Namen »Berliner Kindl«. Dies war der Startschuss für eine Erfolgsgeschichte, die bis heute andauert, wenn auch unter wechselnden Besitzverhältnissen. 1910 änderte man den

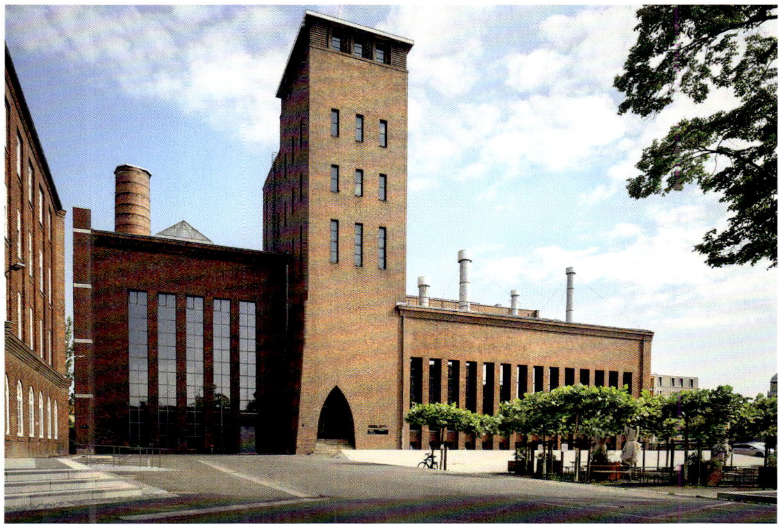

Der Zeiger steht seit 2005 auf Null, doch seit 2009 wird wieder Bier produziert. Ob sich die neuen Bierbrauer der alten Anlage bedienen, sei dahingestellt. Heute noch stehen im alten Sudhaus die gigantischen Sudpfannen aus Kupfer.

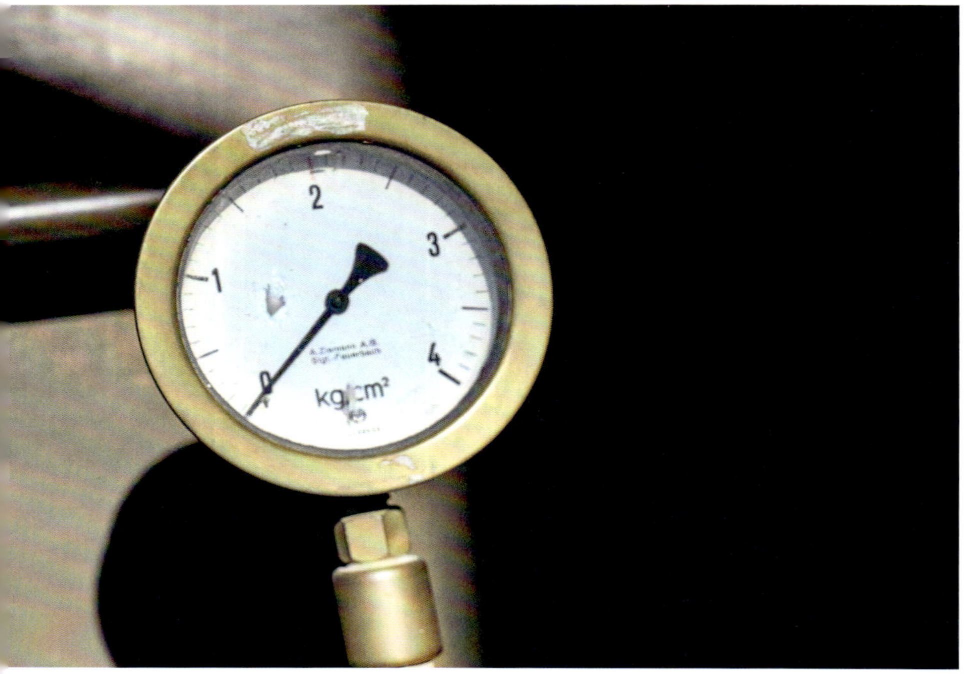

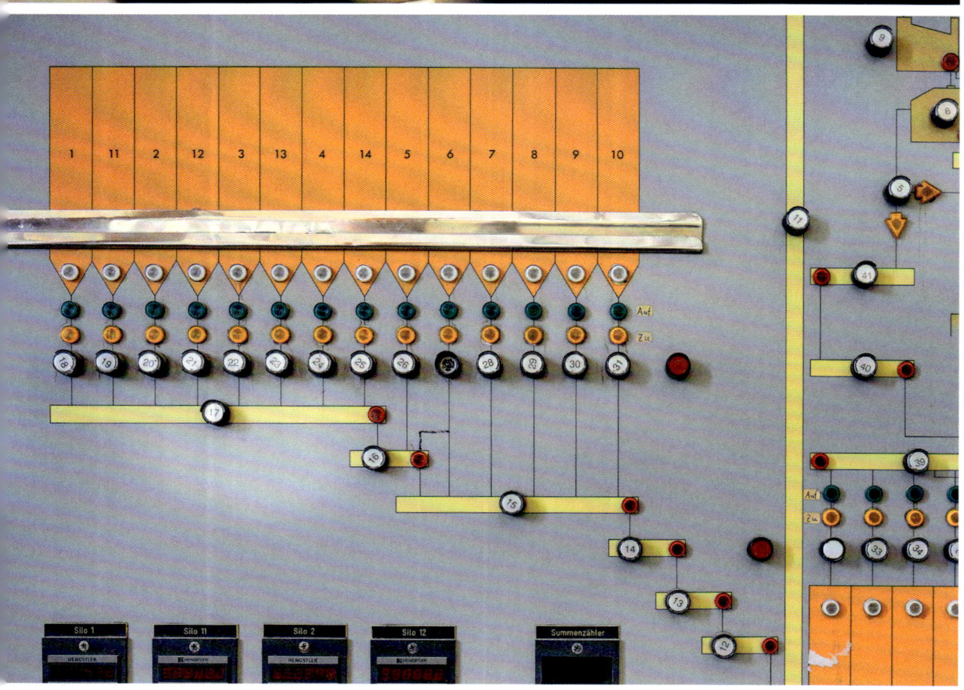

alten Namen um in Berliner Kindl Brauerei-Aktiengesellschaft. Nach dem Zweiten Weltkrieg übernahm die Oetker-Gruppe die Mehrheit der Aktien, 1988 erwarb die Frankfurter Binding-Gruppe die Kapitalmehrheit. 2006 ging die Berliner Kindl Brauerei AG in der Berliner-Kindl-Schultheiss-Brauerei GmbH auf, die heute zur Radeberger Gruppe des Oetker-Konzerns gehört.

EINE BRAUEREI ALS KUNST- UND KULTURRAUM

Bis 2005 wurde in der Neuköllner Brauerei noch gebraut, dann war Schluss. Und so stand der einstige Industrie-Vorzeigebau für einige Jahre leer, bis ihn 2011 das deutsch-schweizerische Sammler-Ehepaar Salome Grisard und Burkhard Varnholt kauften und zu einem der interessantesten Ausstellungsorte Berlins umbauten. Das unter Denkmalschutz stehende Ensemble aus Maschinenhaus, Sudhaus, Turm und Kesselhaus wurde zu einem Zentrum für zeitgenössische Kunst, das seinem Industriecharakter treu blieb. Bei der Eröffnung fühlte sich die Presse an die Londoner Tate Modern erinnert, die beeindruckenden Backsteinquader und das Kesselhaus weisen durchaus Parallelen zur dortigen Turbine Hall auf. Auch Vergleiche mit dem legendären New Yorker Studio 54 wurden gezogen.

Und so präsentiert das KINDL seit 2016 wechselnde Ausstellungen internationaler Gegenwartskunst auf 5500 Quadratmetern Fläche. Neben Malerei, Skulptur, Installation und Performance sind Film- und Videopräsentationen ein weiterer Programmschwerpunkt des Kunstzentrums. Die einzelnen Ausstellungsebenen werden durch ein Foyer mit Außentreppe in Sichtbeton und Glas erschlossen und miteinander verbunden. Vorträge, Gespräche mit Künstlerinnen und Künstlern, Podiumsdiskussionen, Lesungen, Symposien, Führungen, Workshops und ein vielseitiges Bildungsprogramm richten sich an eine breite Bevölkerungsschicht im multikulturellen Stadtteil Neukölln.

Auch wenn die Berliner Kindl AG ausgezogen ist, wird immer noch oder, besser gesagt, wieder Bier in der alten Sudhalle gebraut. Die Privatbrauerei am Rollberg GmbH ist hier 2009 eingezogen und nutzt einen klei-

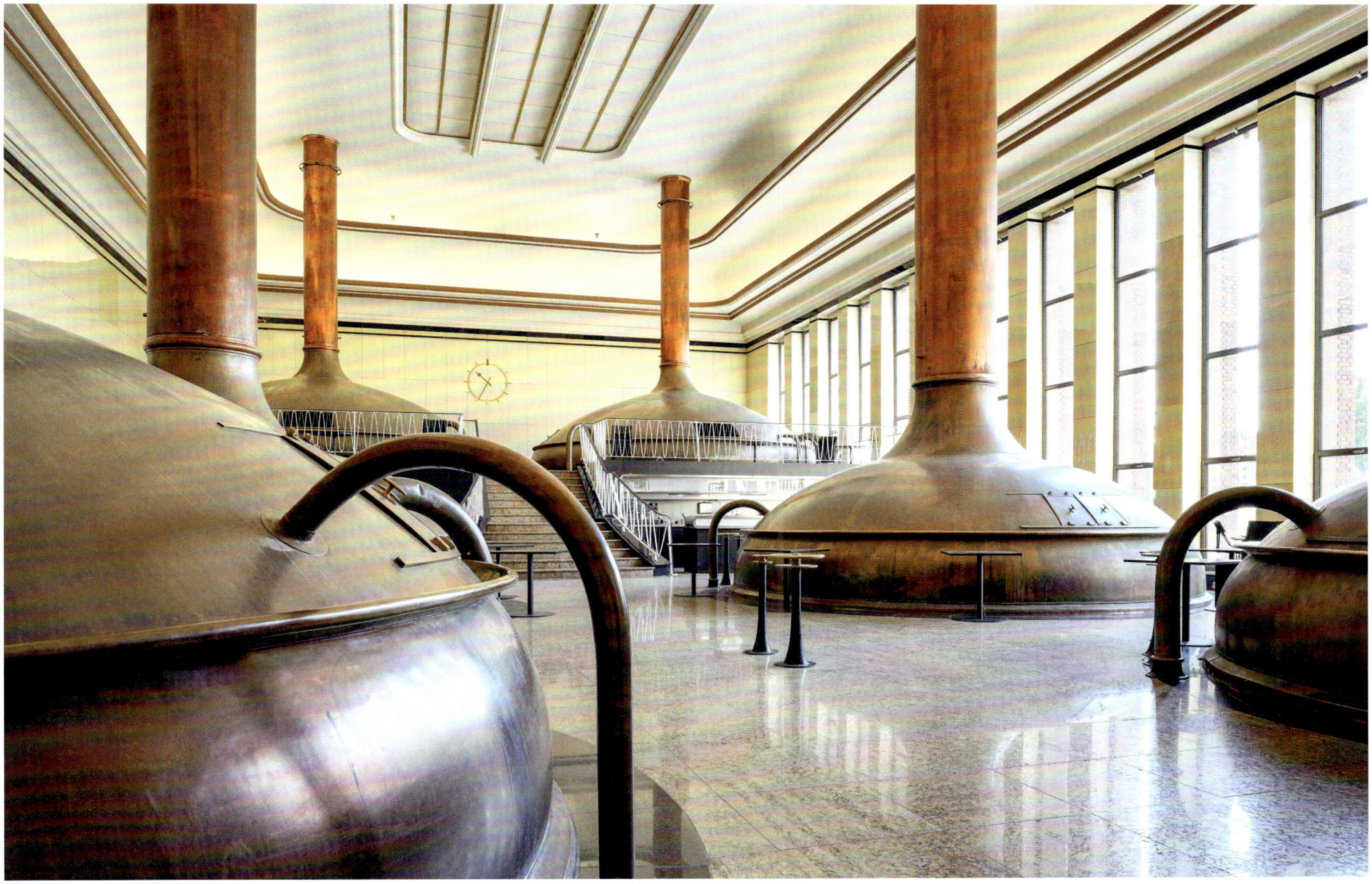

nen Bereich der alten Halle, um ihre saisonalen Bio-Biere herzustellen; sie kommen bei ihren Kunden sehr gut an. Außerdem bietet der Verein »Berliner Unterwelten« regelmäßig Führungen durch die Lagerkeller an.

EINE LANGE GENUSSGESCHICHTE

Im preußischen Landtag erklärte 1880 der Publizist Alexander Meyer anlässlich einer Steuerdebatte über alkoholische Getränke: »Spiritus stellt man her zu den verschiedensten Zwecken und nur zum verhältnismäßig kleineren Teil zum menschlichen Konsum. Bier wird nur zu dem Zweck gebraut, um getrunken zu werden und dasjenige Bier, was nicht getrunken wird, hat eben seinen Beruf verfehlt.« Das brauchte man den Berlinern nicht zweimal zu sagen, denn schon seit dem 14. Jahrhundert braute man in Cölln Bier. Kalt und warm getrunken, galt der Gerstensaft seit jeher mehr als Nahrungsmittel denn als (Genuss)-Getränk. In Zeiten, als Wasser und Abwasser nicht sauber voneinander getrennt wurden, war es einfach sicherer und der Gesundheit förderlicher, sich auf das alkoholische Gärgetränk zu verlassen.

Neben dem beliebten Bernauer Bier, dem Weißbier (aus dem die Berliner Weiße entstand) und dem Bockbier wurden im Laufe der Jahrhunderte unzählige Biersorten gebraut. Ende des 19. Jahrhunderts zählte man 82 Brauereien im Berliner Stadtgebiet. Um den Gerstensaft unter die Leute zu kriegen, veranstalteten die Brauereien regelmäßig Bierfeste wie Bockbierausschank oder Tanzfeste. Nicht umsonst heißt es in einem bekannten Berliner Schlager: »In Rixdorf ist Musike.«

Seit Generationen fertigt das direkt an der Rednitz gelegene Unternehmen Faber-Castell Schreibwaren aller Art.

FABER-CASTELL · STEIN BEI NÜRNBERG

BLEISTIFTE VON DER REDNITZ

Zwei miteinander kämpfende Miniatur-Ritter auf ihren Pferden – dieses Markenzeichen kennt heute die ganze Welt. Es steht für das deutsche Traditionsunternehmen Faber-Castell, das seit mehr als 250 Jahren Schreibende, Zeichnende und Malende mit seinen Qualitätsstiften und -farben begeistert. Was einst als mühsamer Handwerksbetrieb begann, hat sich heute zu einem global agierenden Unternehmen entwickelt. Am Stammsitz lässt sich der bewegten Firmengeschichte nachspüren.

Seit nunmehr neun Generationen in Familienbesitz, residiert Faber-Castell im mittelfränkischen Stein. Die Kleinstadt nahe Nürnberg ist geprägt von den modernen Produktionsstätten des Schreibwarenherstellers, von den alten Fertigungsgebäuden, die als grafitgeschwärztes Museum »Alte Mine« die industrielle Vergangenheit veranschaulichen, und den Repräsentativbauten des Graf von Faber-Castell'schen Schlosses. Die in einen Landschaftspark eingebetteten Gebäude sind unter dem Motto »Faber-Castell Erleben« für Besucher zugänglich. Das 1761 gegründete Unternehmen gilt heute mit der nahezu unglaublichen Stückzahl von über zwei Milliarden pro Jahr als weltweit größter Produzent von Holzstiften. Neben Klassikern wie Bleistiften und Buntstiften umfasst die stetig erweiterte Angebotspalette auch Kugelschreiber, Tintenroller, Marker, Kreiden und Wasserfarben. Der Markenname steht für Schreiben, Zeichnen, kreatives Gestalten und – Schminken, denn ab den 1980er-Jahren kamen in Holz gefasste Stifte für die dekorative Kosmetik hinzu. In über 120 Ländern, vorwiegend in Südamerika und Asien, ist das Unternehmen mit Produktionsstätten, Vertriebsgesellschaften, Handelsvertretungen und insgesamt rund 8000 Beschäftigten vertreten. In Brasilien besitzt die Firma sogar Wälder, die unter nachhaltigen Gesichtspunkten das Holz für die Produkte liefern. Die Erfolgsgeschichte von Faber-Castell begann – wie kann es anders sein – mit einem Bleistift.

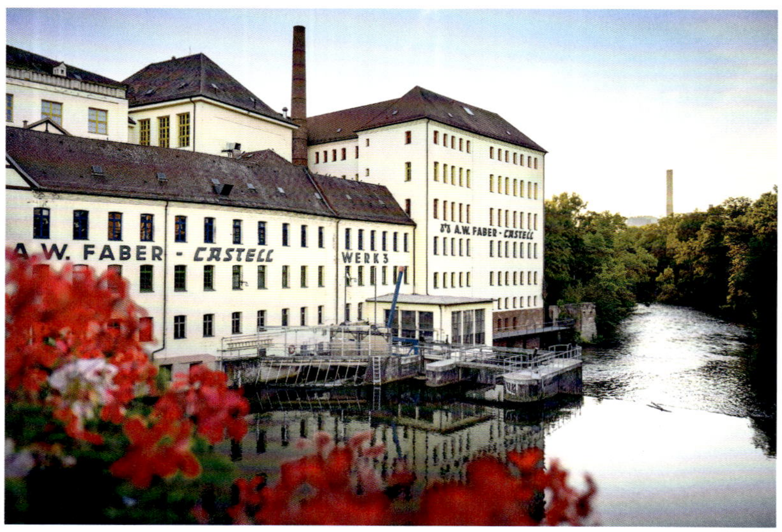

AUF DIE MINE KOMMT ES AN

1761 richtete sich der Schreiner Kaspar Faber (1730–1784) in Stein eine eigene Werkstatt ein und stellte Bleistifte her. Er betrieb damit ein reichlich innovatives Handwerk, denn die in Holzfassungen geleimten Grafitminen waren erst kurz zuvor als neues Schreibmedium entdeckt worden. Ursprünglich war man davon ausgegangen, dass es sich bei dem grauschwarzen fettig-weichen Stoff um Bleierz handelte. Erst später stellte sich heraus, dass die Mine des »Bleistiftes« eigentlich

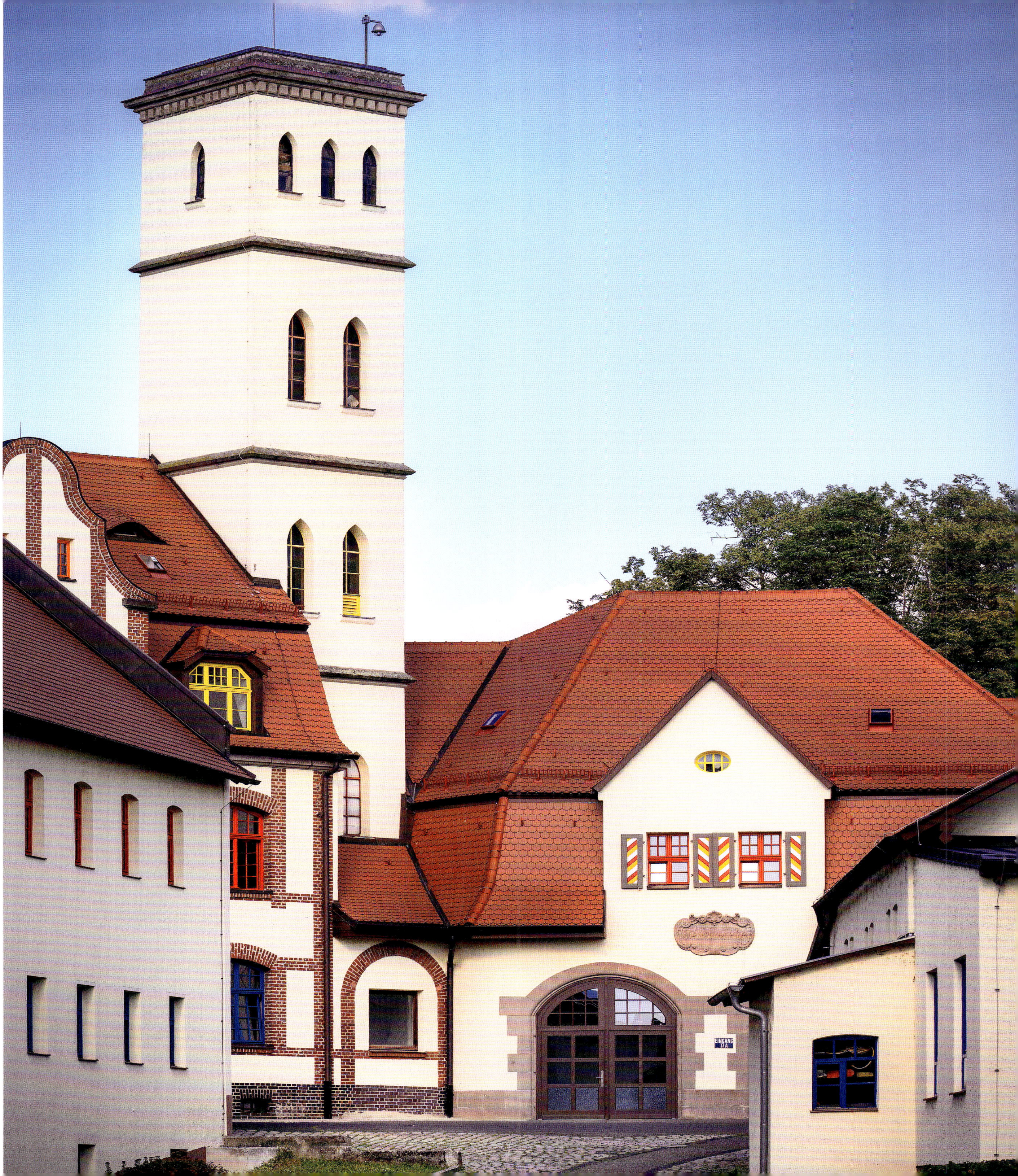
EINGANG
17 A

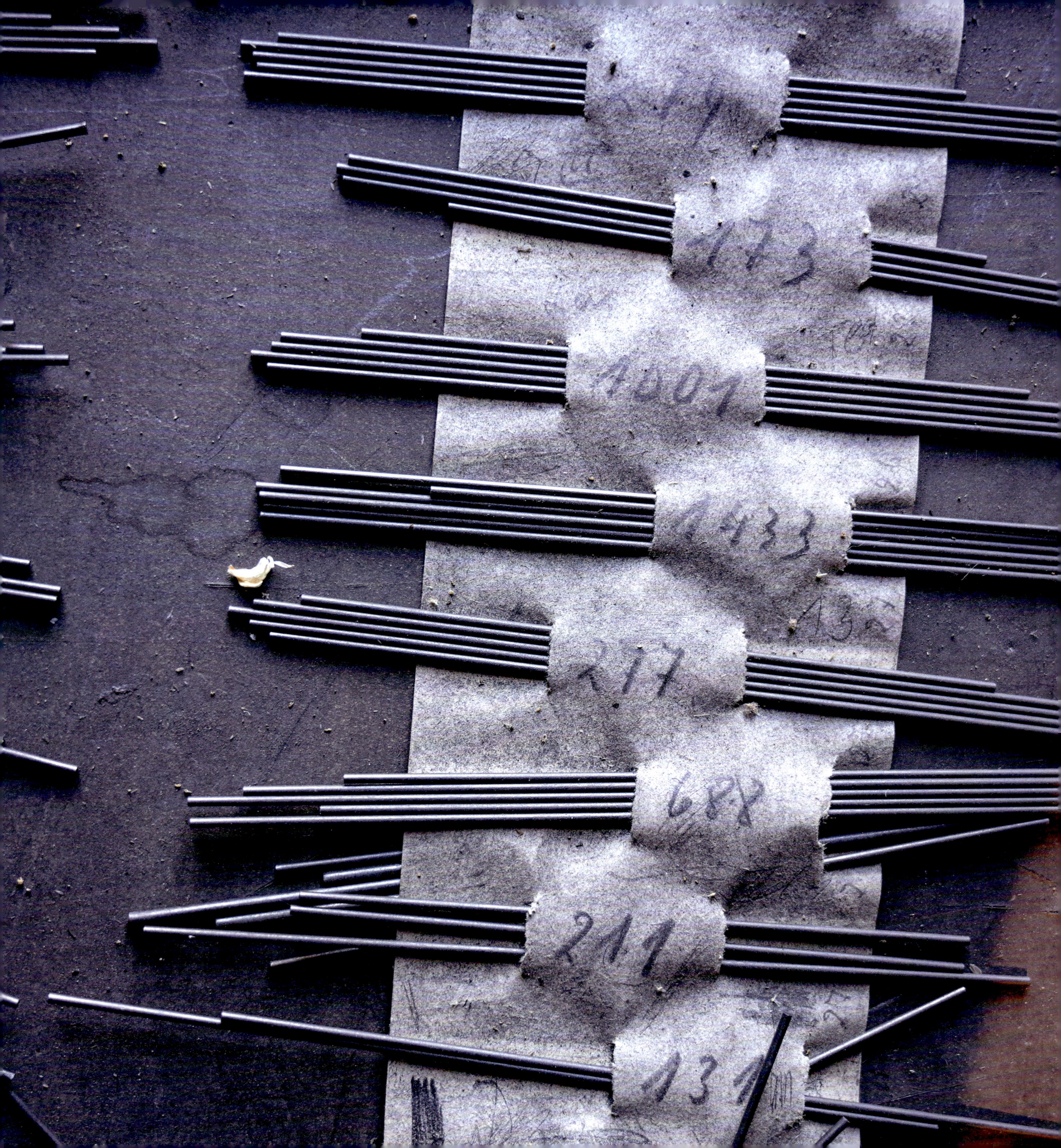
1001
1433
277
688
211
131

Die historischen Gebäude der Bleistiftproduktion sind heute als Museum für Besucher zugänglich. Sie veranschaulichen das akkurate, aber auch beschwerliche Handwerk der frühen Minenherstellung.

aus kristallisiertem Kohlenstoff bestand, dem man den Namen Grafit gab. Als dieses Bergbauprodukt aufgrund der großen Nachfrage nach Bleistiften knapp wurde, mischte man dem Grafit Ton bei und schuf damit Minen in unterschiedlichen Härtegraden.

Nach Kaspar Fabers Tod führte sein Sohn Anton Wilhelm Faber (1758–1819) die recht erfolgreiche Werkstatt weiter und baute sie durch den Ankauf eines Grundstückes zu einem ansehnlichen Betrieb aus. In der dritten Generation steuerte Georg Leonhard Faber (1788–1839) die Bleistiftfabrik durch politisch und wirtschaftlich raue Zeiten. Seinem Sohn Lothar von Faber (1817–1896) gelang der Aufstieg zu einem Industrieunternehmen mit weltweitem Handelsnetz. Er setzte auf Modernisierung und auf Qualität bei Rohstoffen und Verarbeitung. Um seine Erzeugnisse von der Konkurrenz abzuheben, ließ er sie mit dem Firmennamen versehen und erfand so den Markenstift. Unter seiner Leitung entstand auch die noch heute gültige Härtegradskala für Bleistifte. Wilhelm von Faber (1851–1893), der als einziger Nachkomme mit 18 Jahren ins Unternehmen eintrat, starb jung, sodass die Firmenleitung nach Lothar von Fabers Tod auf seine Witwe Ottilie überging.

DER FAMILIENZWEIG FABER-CASTELL

Der Name Faber-Castell entstand in der sechsten Generation: Da Wilhelm von Faber keine Söhne hatte, war die damals übliche männliche Nachfolge nicht gesichert. Wilhelms älteste Tochter Freiin Ottilie von Faber (1877–1944) vermählte sich mit Graf Alexander zu Castell-Rüdenhausen (1866–1928), der im Jahr 1900 unter dem Namen des neuen Grafengeschlechts Faber-Castell Teilhaber und später Leiter der Firma wurde. Er erfand den dunkelgrünen »Castell 9000«, der bis heute als Klassiker des Bleistifts gilt. Nachfolger Roland Graf von Faber-Castell (1905–1978) verantwortete den Zusammenschluss der Firmen A.W. Faber-Castell und Johann Faber, wodurch auch die brasilianische Tochtergesellschaft Lapis Johann Faber als weltweit größte Farbstiftfabrik Teil des Unternehmens wurde. Unter seiner Ägide setzte sich u.a. der Fallminenstift »Castell-TK« international durch. Außerdem war das Unternehmen führend bei der Produktion von Rechenstäben. Als Vertreter der achten Generation baute Anton-Wolfgang Graf von Faber-Castell (1941–2016) die Premiummarke weltweit kontinuierlich aus. Er forcierte die Gründung weiterer Gesellschaften und Werke im Ausland und rich-

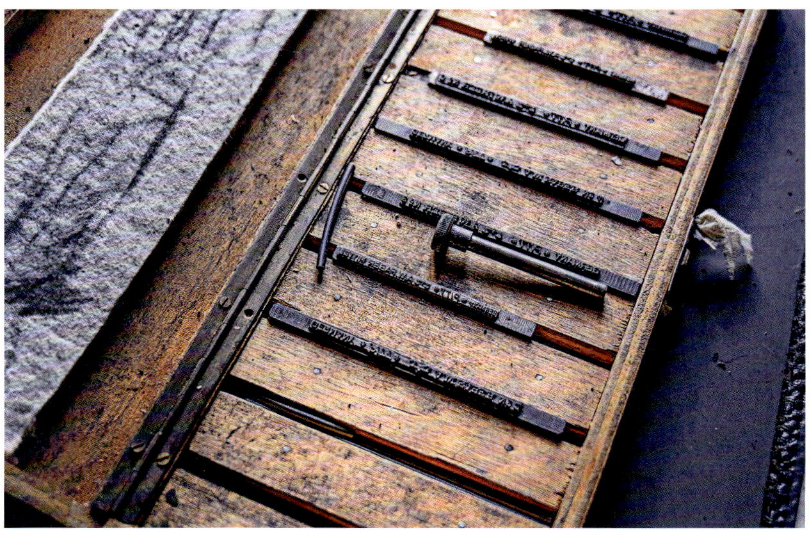

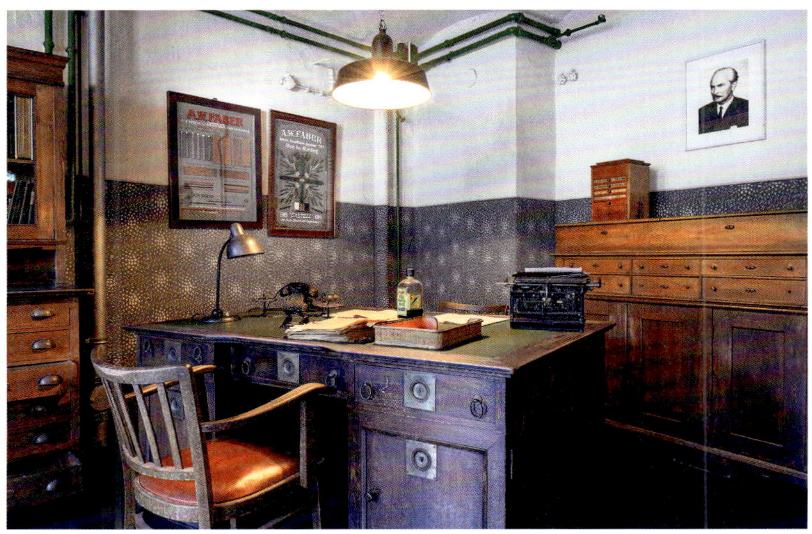

Mit seinen prunkvollen Sälen, der beeindruckenden Bibliothek und den Ausstattungsstücken aus aller Herren Länder verbreitet das Faberschloss den Glanz vergangener Zeiten.

Der mächtige Schlosskomplex mit seinem hoch aufragenden Glockenturm ist zum Wahrzeichen der Stadt Stein geworden. ▽▽

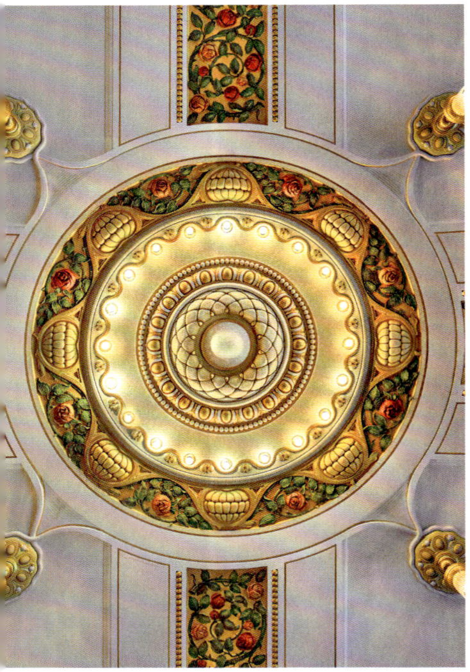

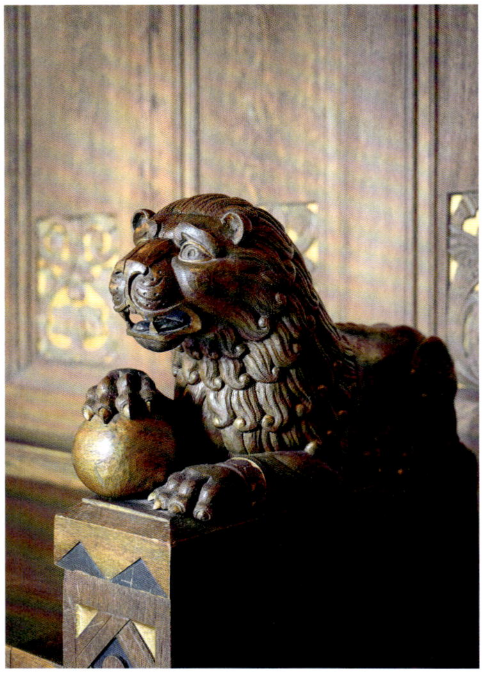

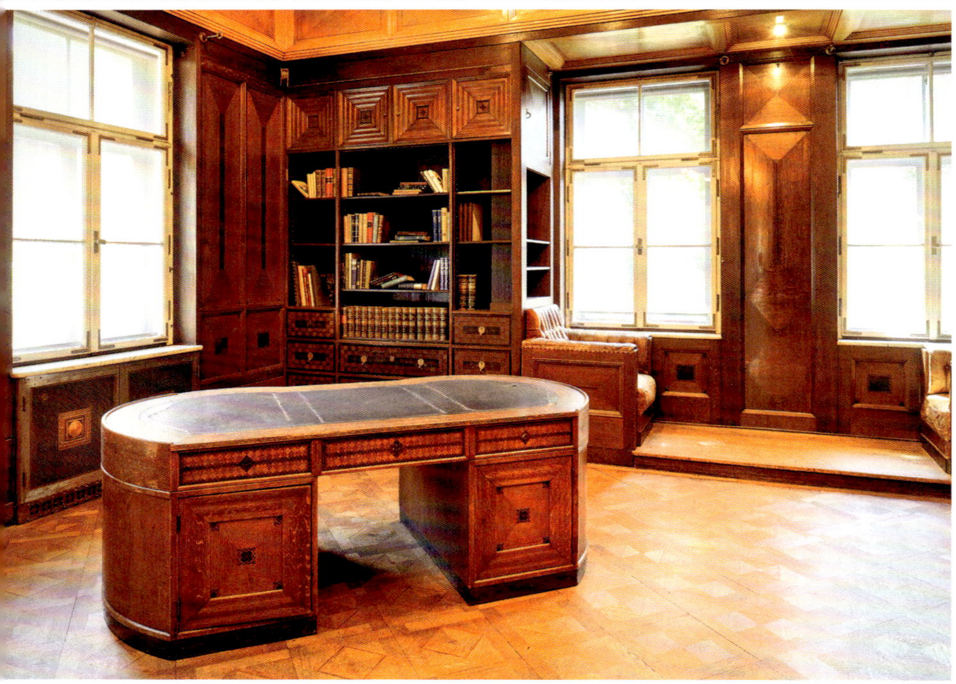

tete das Unternehmen unter Berücksichtigung von sozialen und Umweltaspekten neu aus. Seit seinem Tod wird die Stifte-Dynastie erstmals in ihrer langjährigen Geschichte von einem mehrköpfigen außerfamiliären Vorstand geführt. Der Firmenbesitz verteilt sich zu gleichen Teilen auf die vier Kinder von Anton-Wolfgang Graf von Faber-Castell.

GRÄFLICHE BLEISTIFT-RESIDENZ

Zum Firmensitz in Stein gehört auch das »Faberschloss«, eine repräsentative, an die Romanik angelehnte Anlage nahe der Produktionsstätten, die heute im Rahmen von Führungen besichtigt werden kann. Bereits Mitte des 19. Jahrhunderts ließ sich Lothar von Faber in Stein ein »Schloss« als Wohnsitz für die Familie errichten. Anfang des 20. Jahrhunderts wurde auf Wunsch seiner Enkelin Gräfin Ottilie das »Neue Schloss« an das bestehende Gebäude angebaut. Bis 1939 residierte dort die Familie Faber-Castell, zog sich aber dann auf ihren Landsitz zurück. Nachdem das Schloss im Krieg als NS-Befehlsstelle der Flakscheinwerferabteilung gedient hatte und 1945 als »Press Camp« den zahlreichen Journalisten Unterkunft bot, die aus Anlass der Nürnberger Kriegsverbrecherprozesse aus allen Ecken der Welt angereist waren, fiel es in einen Dornröschenschlaf. Wiederbelebt wurde es 1986 anlässlich einer Ausstellung zum 225-jährigen Unternehmensjubiläum. Seitdem beherbergt das Faberschloss das Firmenmuseum.

Industriegeschichte erlebbar zu machen, ist der Anspruch der »Alten Mine«. In den historischen Produktionsräumen – das heute denkmalgeschützte Gebäudeensemble wurde 1848 am Westufer der Rednitz errichtet – lassen sich auf zwei Stockwerken die Besonderheiten und auch die von Grafitstaub getränkten Mühen der frühen Minenfertigung nachvollziehen. Wie kommt die Mine in den Stift und wie erhält der Bleistift seine charakteristische Form? All diese Fragen werden an den einzelnen Stationen des Rundgangs beantwortet. Fotos liefern ein authentisches Abbild der beschwerlichen Arbeit früherer Zeiten, Videos zeigen den modernen, automatisierten Produktionsprozess.

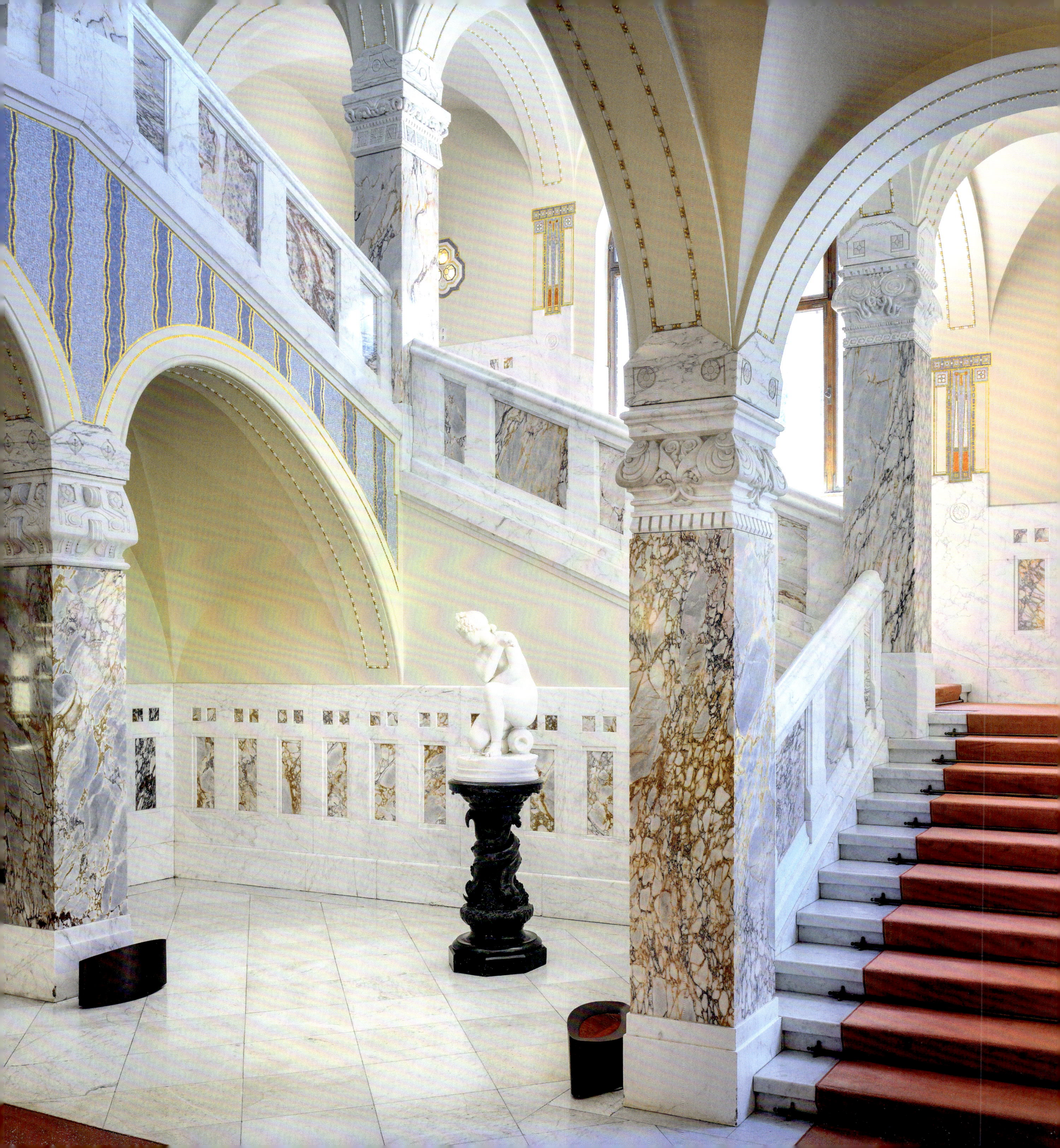

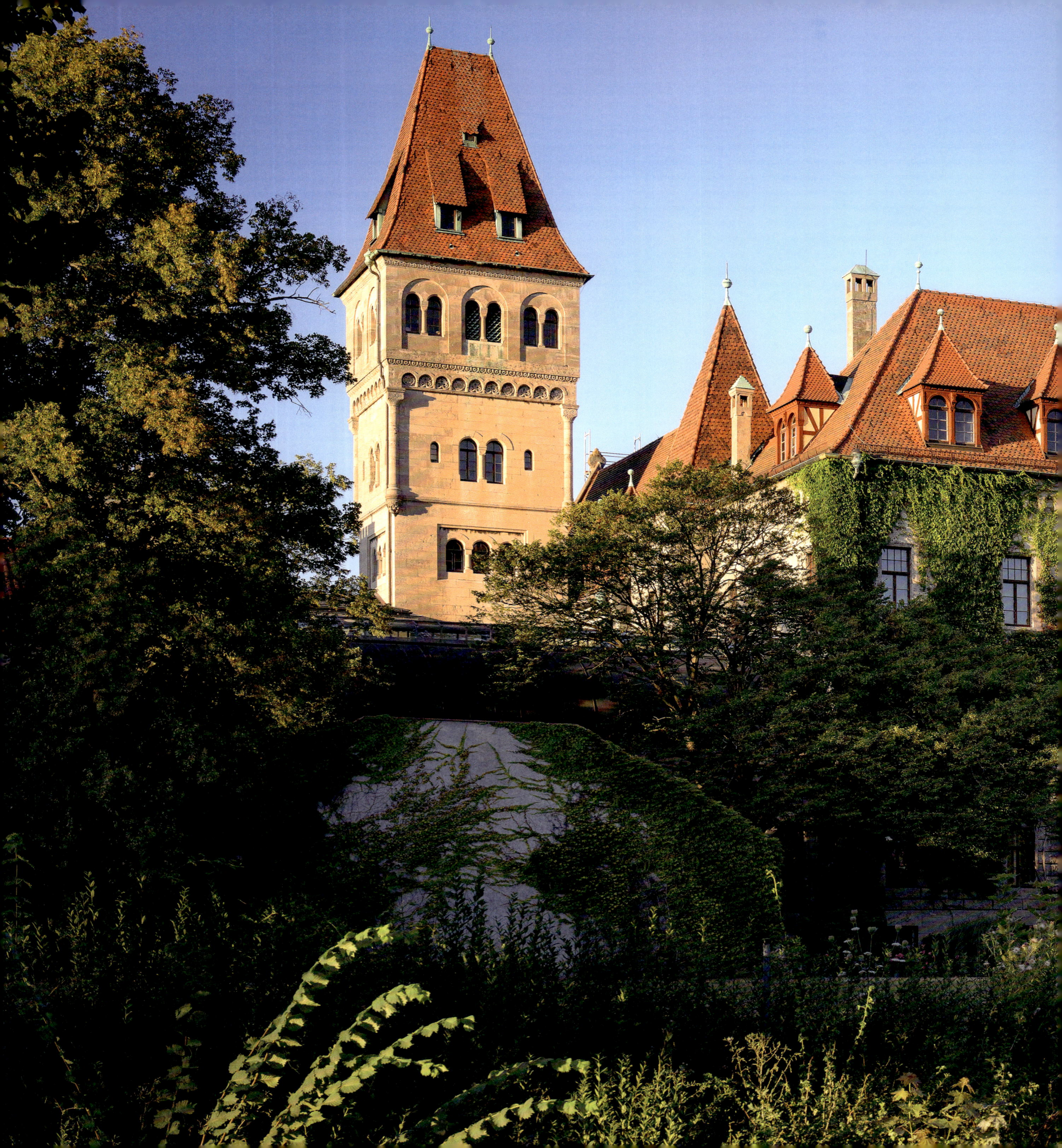

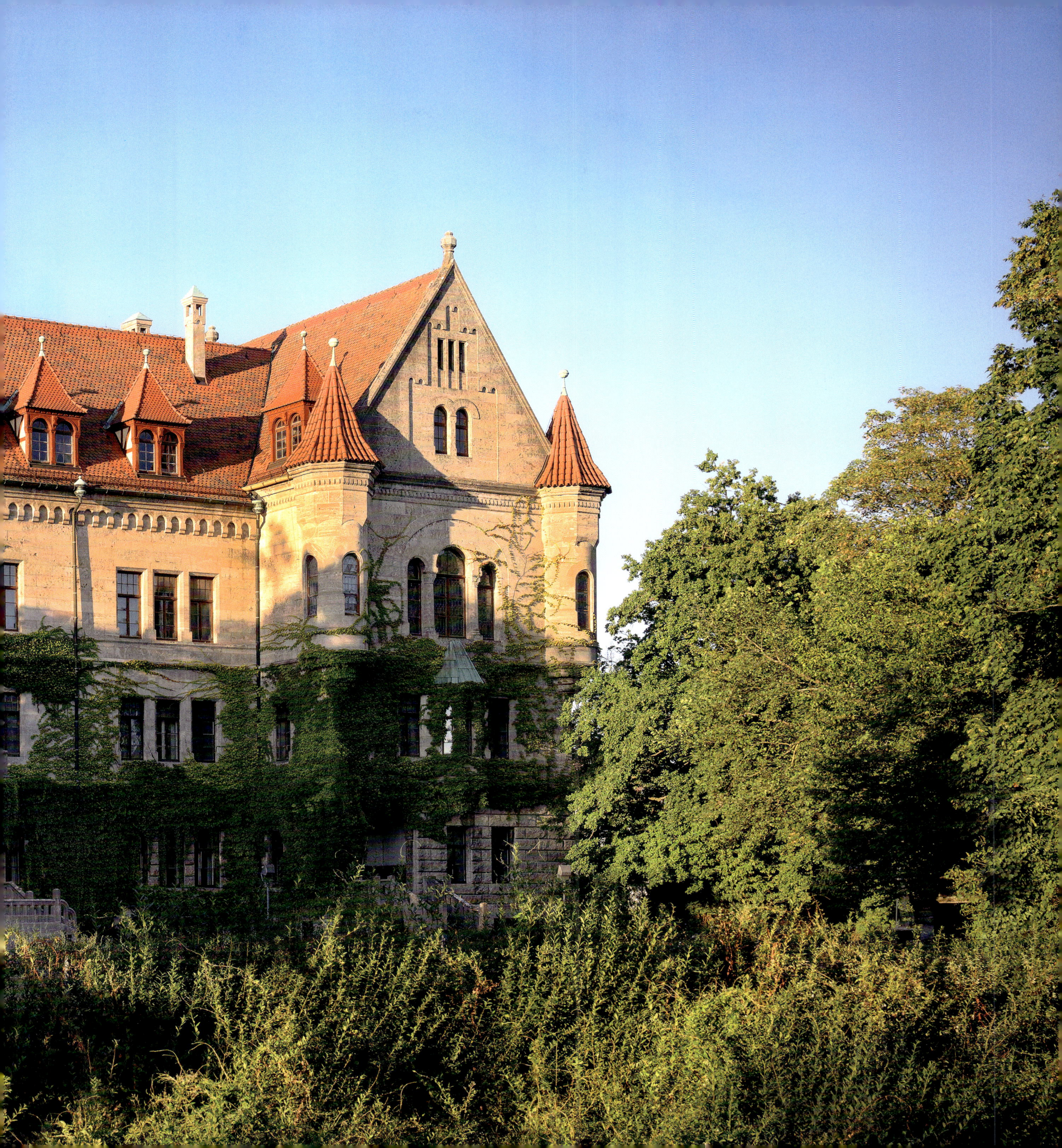

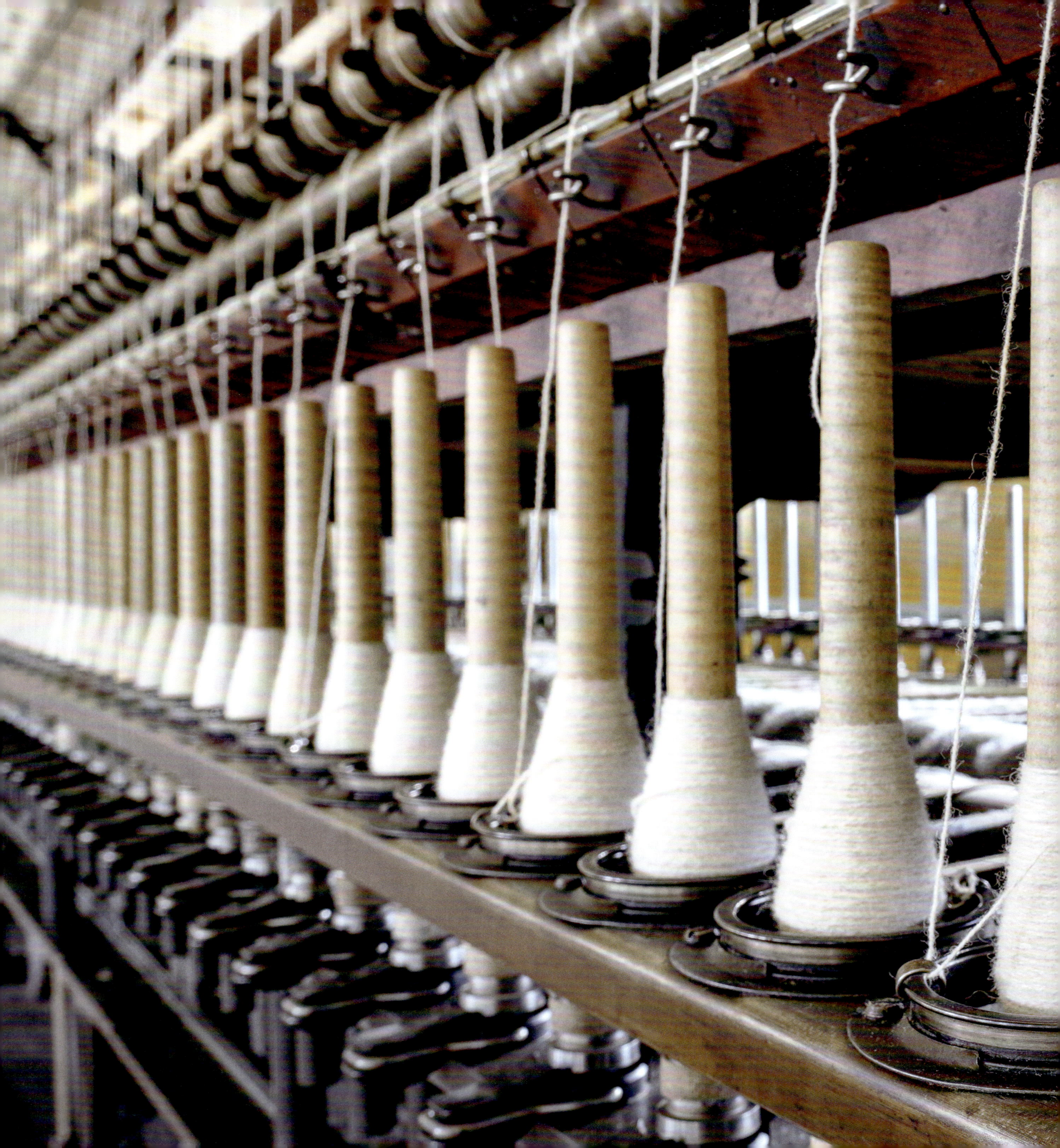

TEXTIL UND BEKLEIDUNG

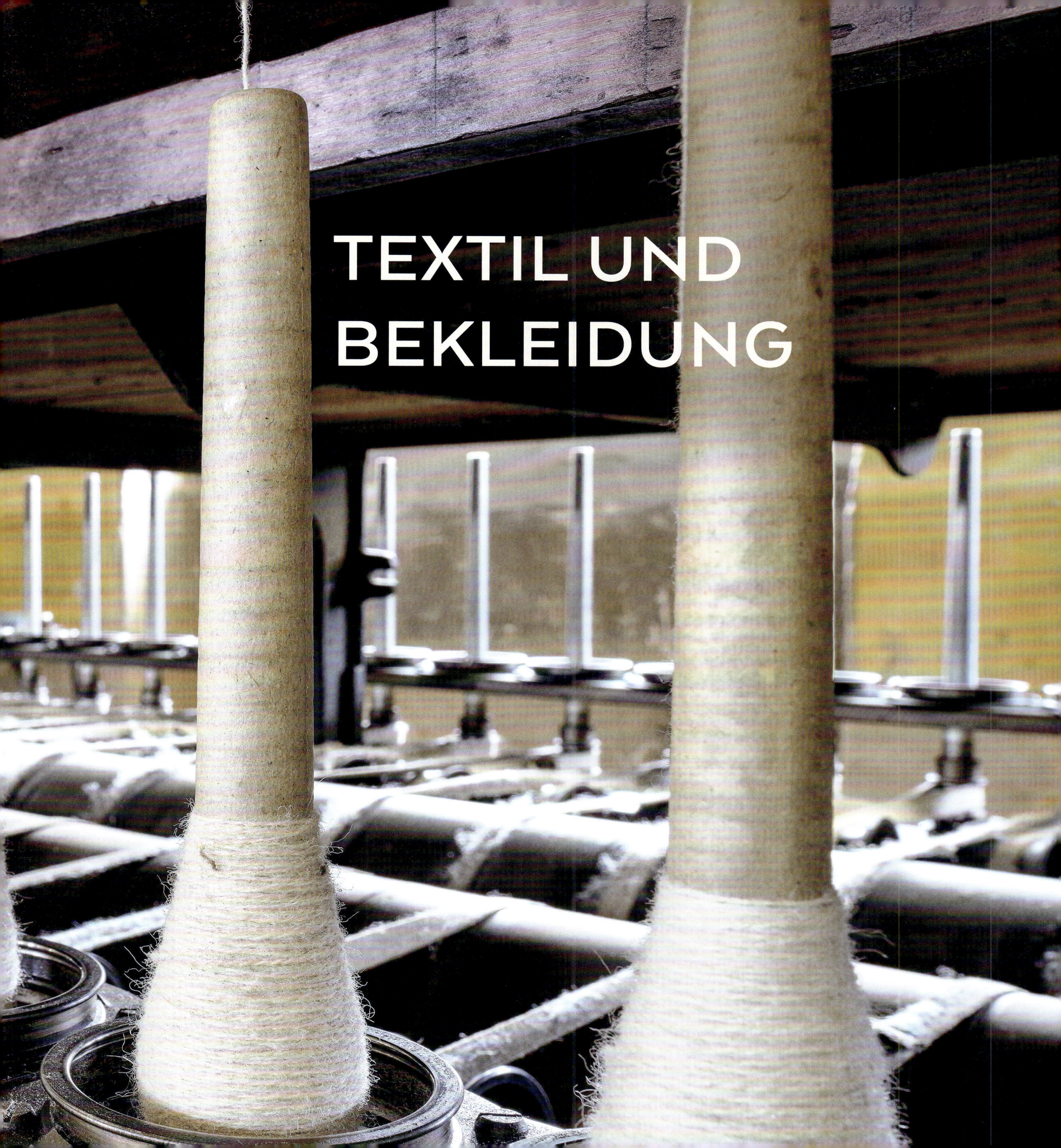

Die viergeschossige Fabrik mit Kesselhaus und Schornstein gilt heute als technisches Denkmal mit musealem Charakter. ▽
Noch im Originalzustand erhalten sind Spindeln und Webstühle der Tuchfabrik Pfau. ▷

TUCHFABRIK GEBR. PFAU · CRIMMITSCHAU

SCHIFFCHEN, SPINDELN UND WEBSTÜHLE

Mit edlen Stoffen verbindet man wohl eher Orte wie Paris oder Mailand, doch exportierten im 19. und 20. Jahrhundert viele sächsische Städte ihre Tuchwaren in alle Welt. Aus anfangs kleinen Handwebereien waren große Textilfabriken geworden, deren Ruf sich dank vieler technischer Neuerungen weit über die Region hinaus verbreitete. Und wenn auch nach der Wende 1989/90 die Branche zusammenbrach, konnten sich einige spezialisierte Betriebe bis heute auf dem Weltmarkt behaupten.

Einen Eindruck von der einst regen Textilindustrie in Sachsen verschafft die historische Tuchfabrik Pfau in Crimmitschau. Die altehrwürdigen Gebäude sind ein hervorragendes Beispiel für die Industriearchitektur des ausgehenden 19. und frühen 20. Jahrhunderts. Bei geführten Rundgängen durch die historischen Spinn- und Websäle, aber auch durch die Wasch-, Färbe- und Trockenanlagen wird Besuchern auf anschauliche Art und Weise und an authentischem Ort die Produktion von Textilien nahegebracht. Erklärt werden die einzelnen Schritte der Tuchherstellung von der Anlieferung der Wolle bis zu den fertig verpackten Stoffballen. Das laute Dröhnen der automatischen Sinnmaschinen, den Selfaktoren, vermittelt einen Eindruck von den damals harten Arbeitsbedingungen.

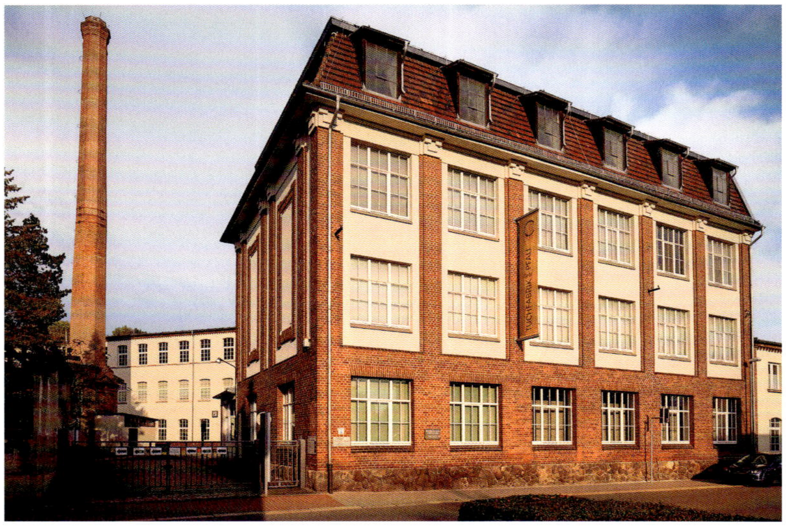

MANUFAKTUR, FABRIK, TECHNIKDENKMAL

Begonnen hatte alles in kleinem Maßstab. 1859 gründeten Friedrich und Antonie Pfau eine Handweberei, 26 Jahre später entstand eine viergeschossige Fabrik mit Kesselhaus und Schornstein. Nach einem Großbrand auf dem Gelände wurde das Werk Ende des 19. Jahrhunderts wieder aufgebaut. Einige Jahre später kam ein repräsentatives Verwaltungs- und Produktionsgebäude dazu, das heute noch steht. Die Tuchfabrik war lange Zeit ein Familienunternehmen und überstand zwei Weltkriege. Zu DDR-Zeiten wurde sie allerdings zusammen mit sechs anderen Crimmitschauer Textilfabriken in Volkseigentum umgewandelt und stellte bis zur Wende hauptsächlich Oberbekleidung, Jeans und Tapisseriewaren her.

1990 wurde das Werk mit allen Gebäuden und Maschinen unter Denkmalschutz gestellt und 1993 gründete sich der Förderverein Westsächsisches Textilmuseum Crimmitschau e.V. Es sollten noch weitere zehn Jahre vergehen, bis im Stadtrat der Beschluss zur Realisierung eines Museumskonzeptes vorlag, der allerdings nicht verwirklicht wurde. Daher ist die Tuchfabrik Pfau »nur« ein technisches Denkmal mit musea-

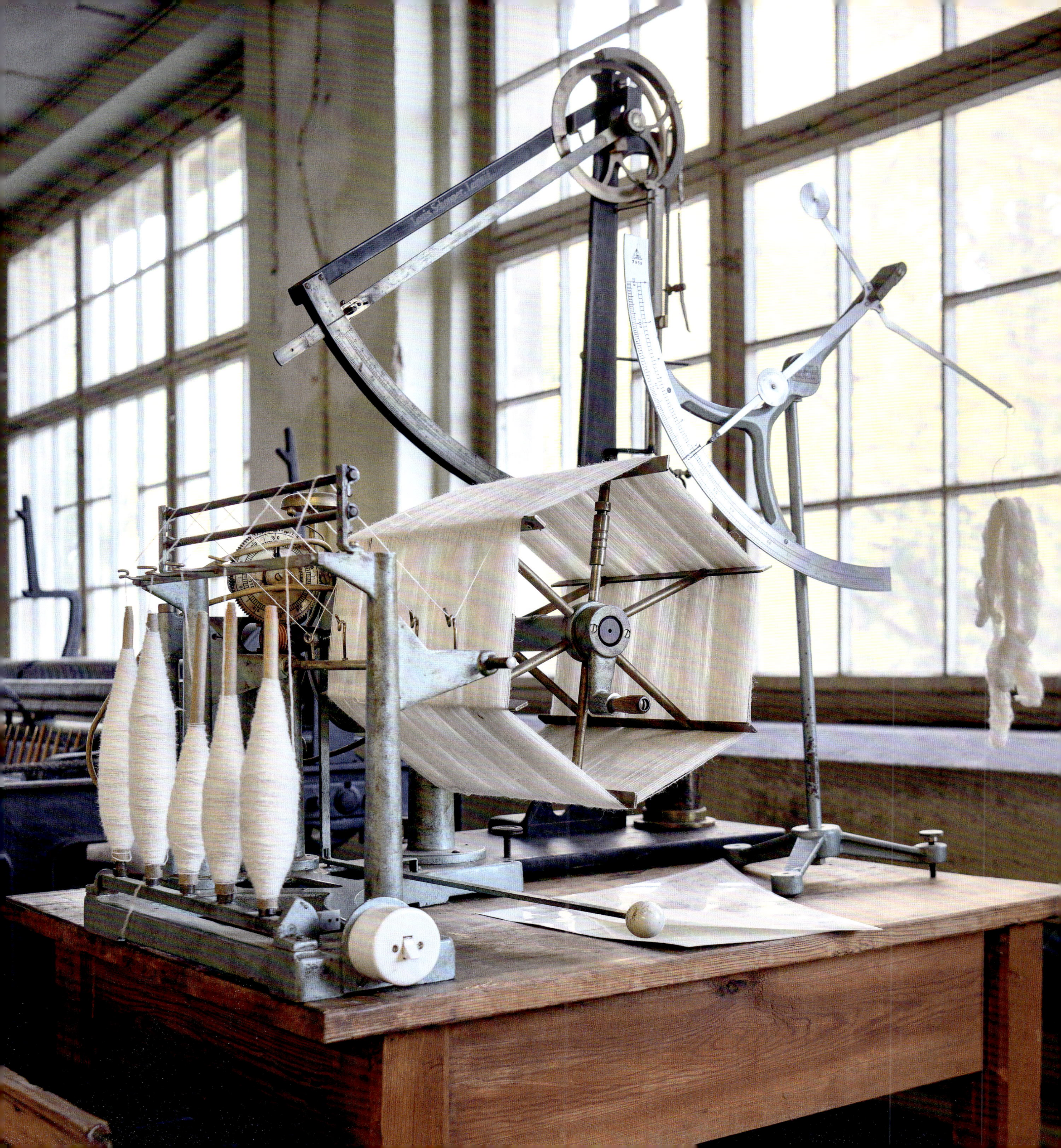

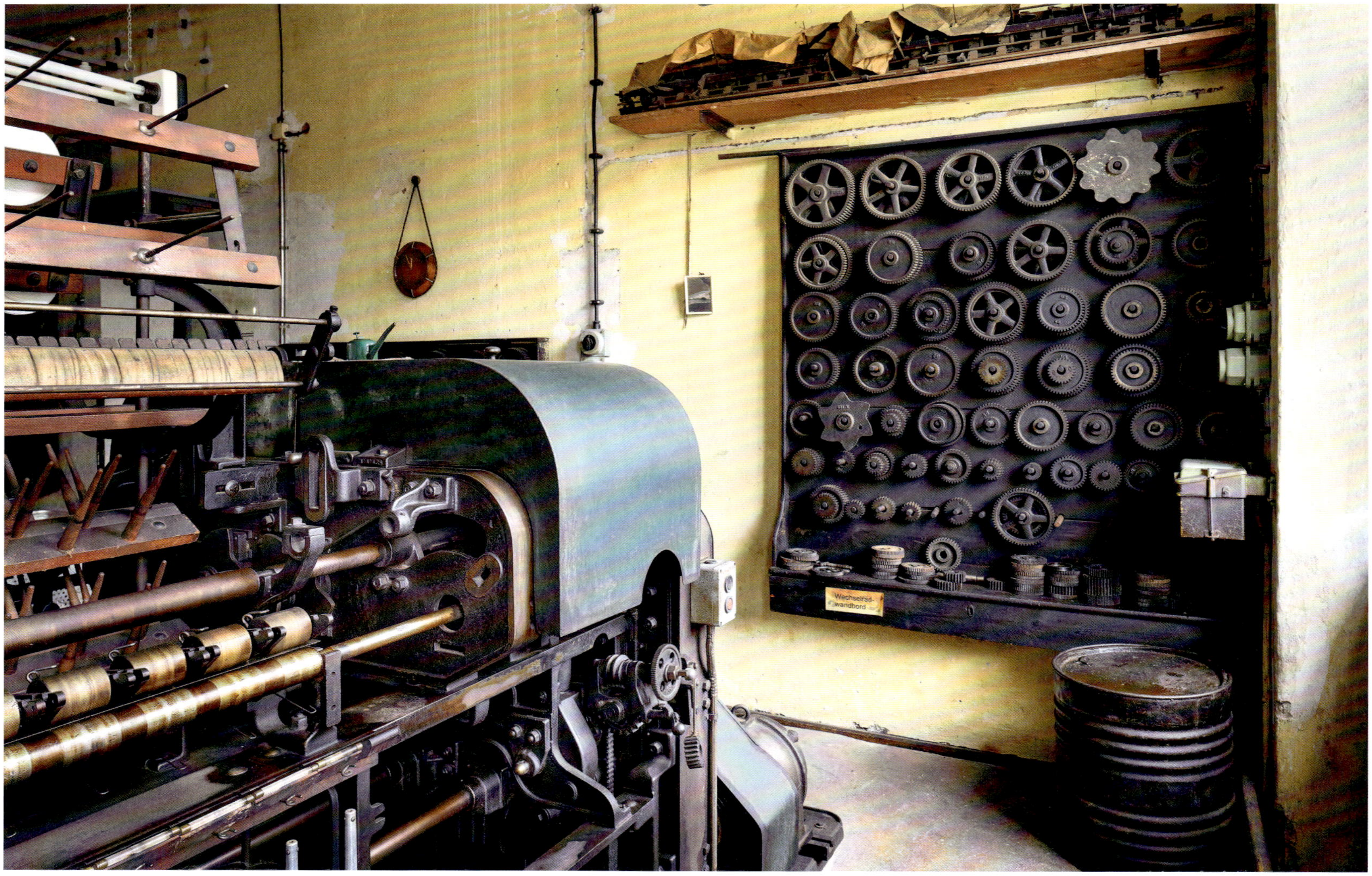

lem Charakter, das an die große Zeit der westsächsischen Textilindustrie erinnert. Crimmitschau gehört mit den Orten Meerane und Glauchau zum sogenannten Textildreieck in Sachsen. Mitte des 18. Jahrhunderts gründete David Friedrich Oehler dort eine Tuchmanufaktur und -färberei. Keine 30 Jahre später exportierte man Textilien bis nach Südamerika. Eine Erfolgsgeschichte nahm ihren Lauf. Im 19. Jahrhundert wurde die Maschinenspinnerei eingeführt und die erste Dampfmaschine in Betrieb genommen. Mit dem Anschluss Crimmitschaus an das deutsche Eisenbahnnetz verlängerte man die Transportwege bis nach Bayern. Der Beiname »Stadt der hundert Schornsteine«, den Crimmitschau um die Jahrhundertwende erhielt, verweist auf die hohe Dichte an Textilbetrieben, die das Stadtbild maßgeblich bestimmten.

STADT DER HUNDERT SCHORNSTEINE

40 Volltuchfabriken, 16 Vigognespinnereien, fünf Färbereien und zwei Baumwollzwirnereien brachten Ende des 19. Jahrhunderts Wohlstand in der Stadt – mit einem bemerkenswerten Phänomen: In Crimmitschau lebten im Verhältnis zur Gesamtbevölkerung des deutschen Kaiserreichs die meisten Millionäre, davon zeugen heute noch prächtige Villen. Auf der anderen Seite stand die Arbeiterschaft. In zahlreichen Streiks kämpfte sie für höhere Löhne. 1903/04 fand in Crimmitschau einer der längsten Textilarbeiterstreiks des Deutschen Reichs statt.

Noch bis weit ins 20. Jahrhundert blieb die Textilindustrie der bestimmende Wirtschaftsfaktor der Stadt, 1933 waren mehr als 80 Firmen direkt mit ihr verbunden: als Spinnereien, Tuchfabriken, Reiße-

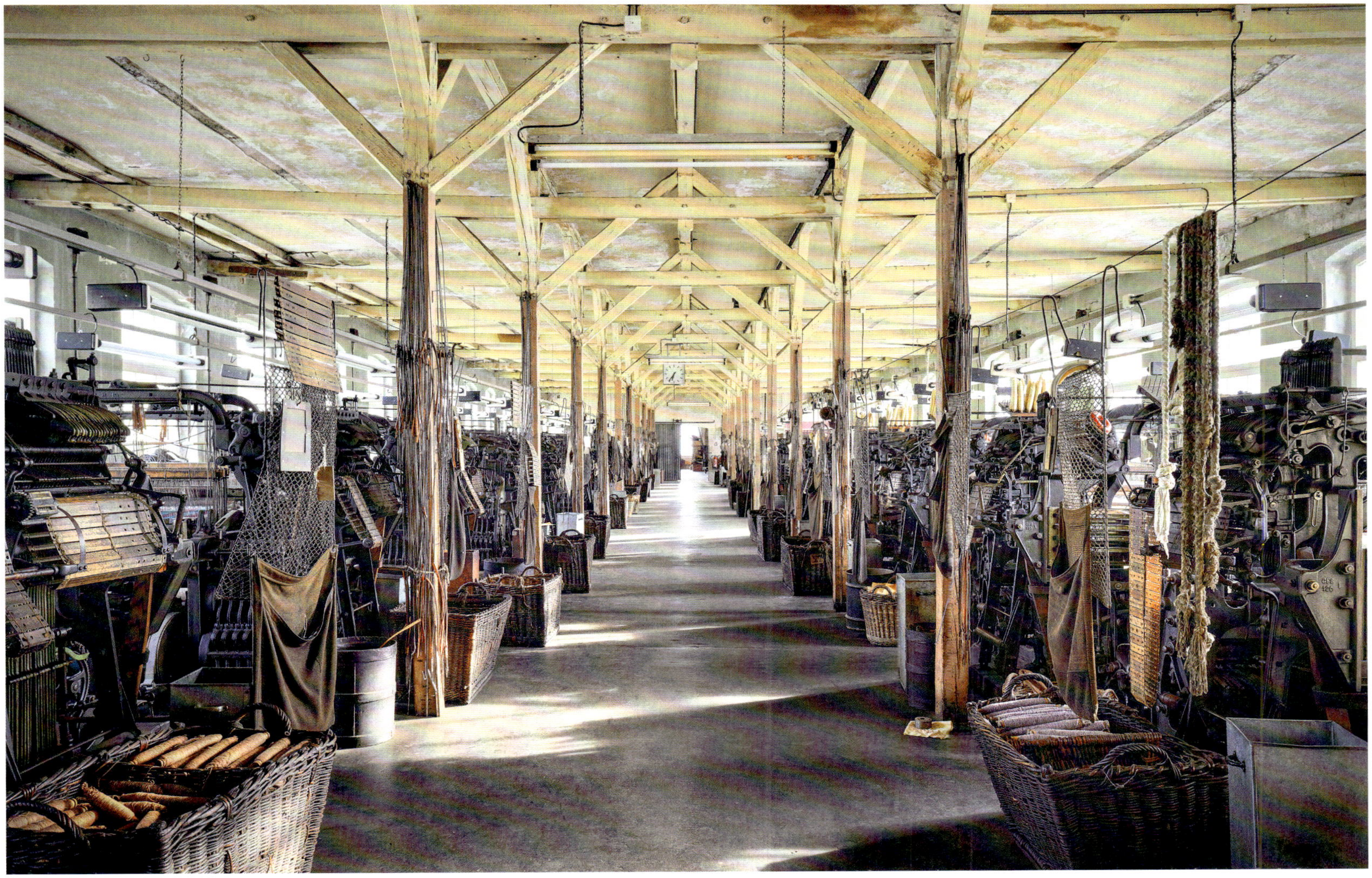

reien oder Textilhülsenfabriken. In der DDR wurden dann zu Beginn der 1960er-Jahre mehrere Fabriken zur VEB Volltuchwerke Crimmitschau zusammengeschlossen, bis in den kommenden 15 Jahren sämtliche Betriebe in Staatseigentum überführt waren.

Der wirtschaftliche Zusammenbruch nach der Wiedervereinigung traf die Textilbranche besonders hart. Von den Betrieben in Crimmitschau blieb nur die traditionsreiche Tuchfabrik Spengler & Fürst übrig.

Sachsen, insbesondere Westsachsen, war eine treibende Kraft des industriellen Fortschritts in Deutschland. Dazu gehörte zu Beginn der Industrialisierung im 19. Jahrhunderts die Textilverarbeitung. Entlang von Flussläufen entstanden mehr als 80 mit Wasserkraft angetriebene Spinnfabriken, die anfangs fast ausschließlich mit Maschinen in englischer Bau-

Alle technischen Einzelteile sind noch vorhanden und könnten jederzeit eingesetzt werden. ◁
Die wirtschaftliche Bedeutung der Tuchfabrik wird beim Anblick der großen Fertigungshalle deutlich. △

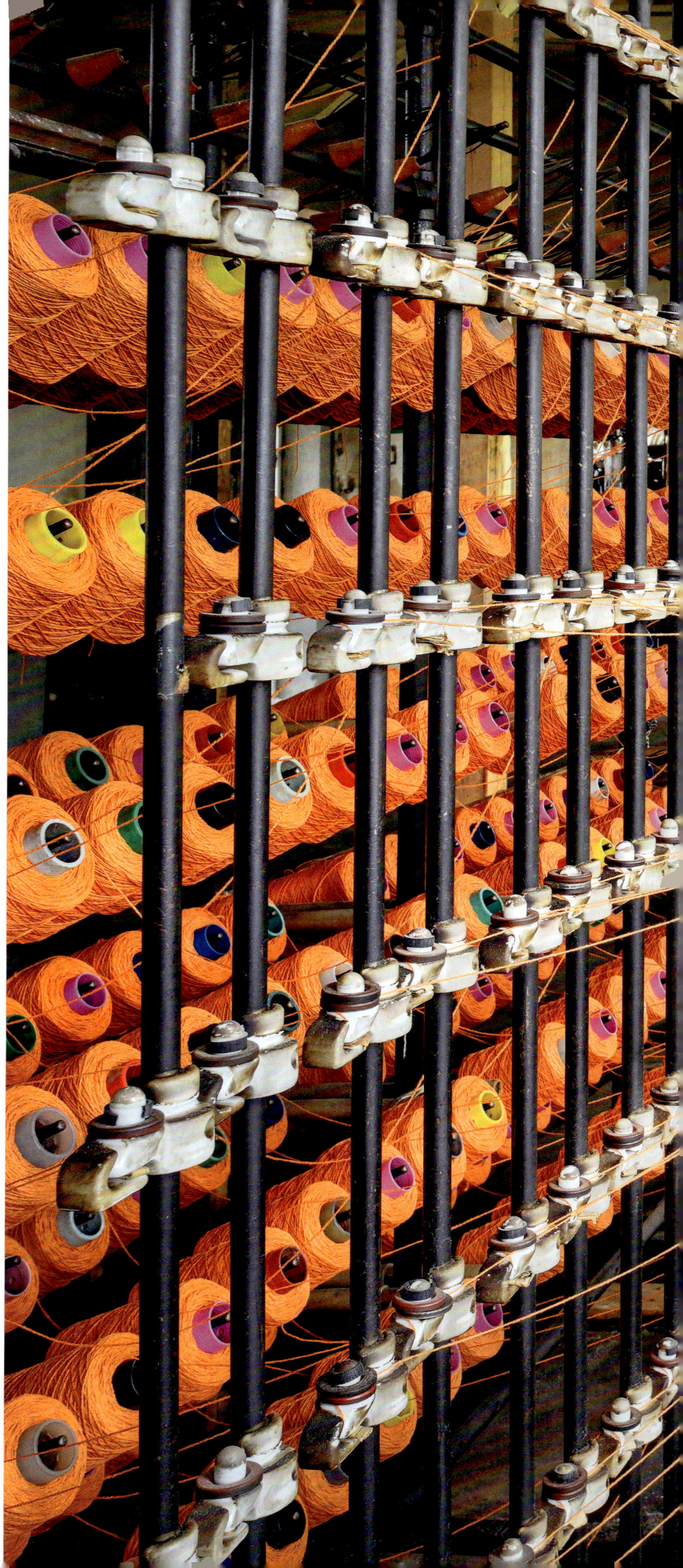

Ein Wunder, dass sich hier nichts verheddert: Spindeln im Websaal der Crimmitschauer Tuchfabrik

weise produzierten. Diese wurden bald durch heimische Technik verbessert und ersetzt. Sächsische Tuchfabriken lieferten ihre Ware in alle Teile Deutschlands und ins Ausland. Auf der sächsischen Textil-Route zwischen Zittau und Plauen werden sämtliche Facetten dieser Entwicklung gezeigt: Museen und technische Denkmale vermitteln einen guten Eindruck von der aufwendigen Garn- und Tuchherstellung. Von besonderer Bedeutung sind dabei die ersten Spinnerei-Fabriken in Schlettau und Harthau. Ihre palastartige Bauweise, die auf Johann Traugott Lohse (1760–1836) zurückgeht, gilt als eigenständiger Beitrag zur Fabrikarchitektur. Markante »Kolossal-Säulen« an den Gebäudeecken sowie das Mansardendach stehen für den neuen gesellschaftlichen Status der Fabrikbesitzer.

Doch es waren vor allem Innovationen im Maschinenbau, die die sächsische Textilbranche zu Weltmarktführern machte. Sie verwandelten kleine Manufakturen in Großbetriebe, die zu ihren besten Zeiten fast 600 000 Arbeiter in Sachsen beschäftigten. Eine ganze Region lebte vom Handel mit Textilien für industrielle Zwecke wie für die Bekleidungsbranche.

AUFERSTEHUNG IM DREILÄNDERECK

Mit der deutschen Vereinigung kam die Textilindustrie in Sachsen fast vollständig zum Erliegen, über 90 Prozent der Beschäftigten verloren ihre Arbeit. Doch mittlerweile hat die Branche einen beeindruckenden Strukturwandel durchlaufen, was vor allem dem hohen Innovationsgrad, gut funktionierenden Netzwerken, qualifizierten Mitarbeitern und nicht zuletzt acht textiltechnologischen Forschungs- und Bildungseinrichtungen zu verdanken ist. So kommen aus der Region edle Damast- und Seidenstoffe, Hand- und Badetücher, Bett- und Tischwäsche sowie Schauwerbe- und Deko-Textilien, die in Theatern, Kinos oder auf Messen ihren Einsatz finden. Die international prämierten Produkte festigen Sachsens Ruf als immer noch bedeutenden Standort, der mit den polnischen und tschechischen Textilregionen grenzüberschreitende Kooperationen eingeht. Besonders in der Automobilindustrie schätzt man die technischen Textilien aus dem Dreiländereck.

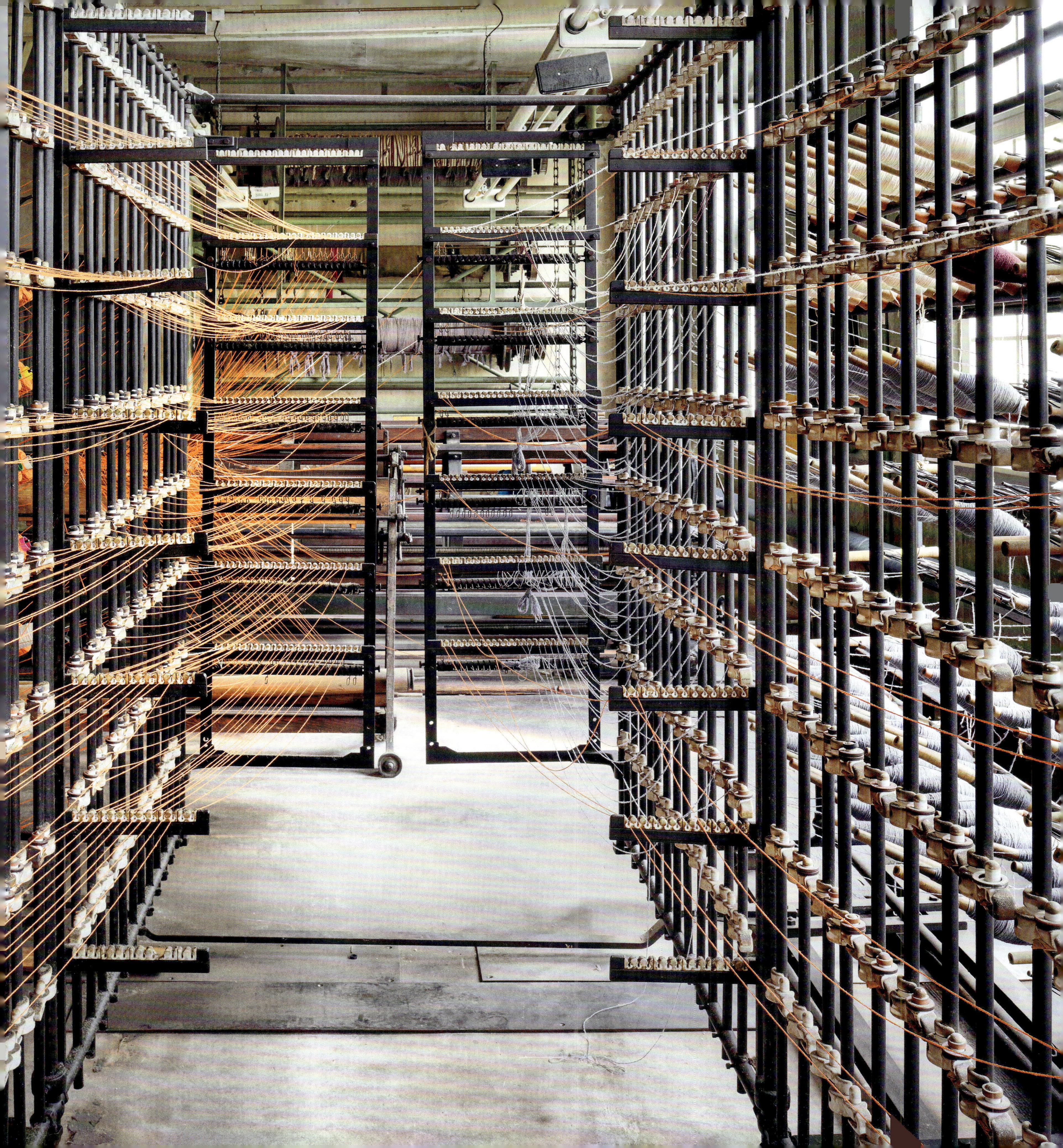

Es ist ein weiter Weg von der Wolle bis zum Garn: Wollverarbeitung bei der Nordwolle ▽
Nordwolle-Fabrikgebäude: Backstein, dekorative Fassadenelemente und Rundbogenfenster an allen Gebäuden vermitteln Einheitlichkeit. ▷

NORDDEUTSCHE WOLLKÄMMEREI UND KAMMGARNSPINNEREI · DELMENHORST

WIRTSCHAFTSKRIMI MIT WOLLE

Eher zufällig stieg Martin Christian Leberecht Lahusen 1873 in das Wollgeschäft ein, dabei so erfolgreich, dass er 1884 eine weitere Fabrik in Delmenhorst gründete. Die Norddeutsche Wollkämmerei und Kammgarnspinnerei (NW&K) avancierte innerhalb zweier Generationen zum Global Player und ließ gleichzeitig auf dem weiten Fabrikareal eine beeindruckende gründerzeitliche »Stadt in der Stadt« entstehen – eines der bedeutendsten Industriedenkmale Europas. Dann folgte der Niedergang.

Lahusen (1820–1898) entschied sich sehr bewusst für Delmenhorst als Standort für seine NW&K, bald auch Nordwolle genannt. Er lag an der Bahnverbindung Bremen–Wilhelmshaven, sodass per Schiff in Bremen angelandete Rohwolle weitergeleitet werden konnte. Delmenhorst bot auch ausreichend Gewerbeflächen und mit dem Fluss Delme genügend Wasser zum Waschen der Wolle. Lahusen hatte gute Beziehungen nach Argentinien. Von dort bezog er seine Rohwolle, die er in Delmenhorst zu feinem Garn weiterverarbeitete. 1888 übernahm sein Sohn Carl Lahusen (1858–1921) das Unternehmen und baute dessen Stellung innerhalb weniger Jahre auf dem internationalen Markt aus. Als nach dessen Tod Sohn Georg Carl (1888–1973) die Führung übernahm, stellte Nordwolle ein Viertel der weltweiten Wollrohproduktion her.

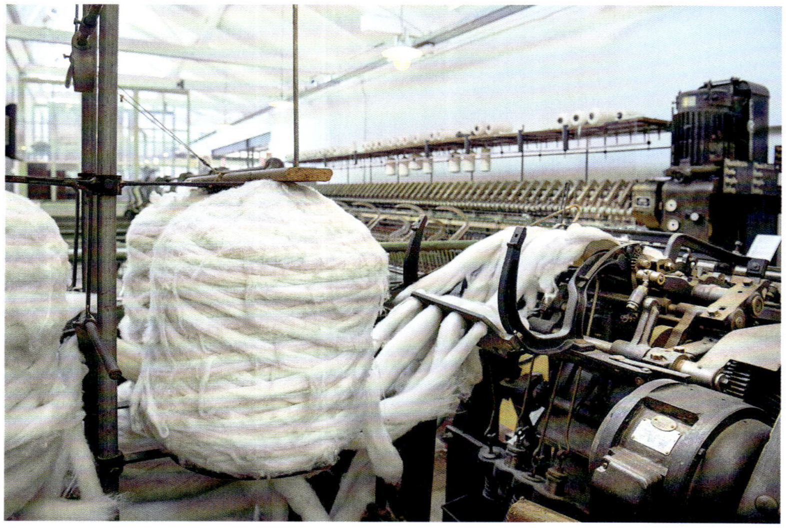

EINE EIGENE WELT

Etwa 20 Arbeitsschritte führten von der Rohwolle zum Kammgarn: Zuerst wurde die angelieferte Wolle in Qualitätsstufen sortiert, dann gewaschen, in aufwendigen Prozessen gekämmt und schließlich gesponnen. Der Großteil der dafür benötigten Gebäude auf dem 25 Hektar großen Gelände der NW&K entstand in den Jahren 1884 bis 1910. Dennoch ist ihr Erscheinungsbild einheitlich, denn für alle zeichneten zwei Architekten verantwortlich. Sie setzten auf roten Backstein, auf eine gleichartige Gliederung der Fassaden mit flachen Mauerstreifen und Rundbogenfenster. Die Bauten waren in ihrer Größe und Konstruktion durch die Funktion bestimmt. Das Dach der riesigen Produktionshalle (50 000 m^2) ruhte beispielsweise nicht auf tragenden Wänden, sondern auf unzähligen Pfeilern. So entstand variabel Platz für viele große Maschinen. Die Halle verfügte über ein Sheddach, ein aus England bekannter Trend, bei dem mehrere kleine sattelartige Dachaufbauten hintereinander gereiht werden. Sie erlaubten schattenfreien Lichteinfall und minimierten die Sonneneinstrahlung.

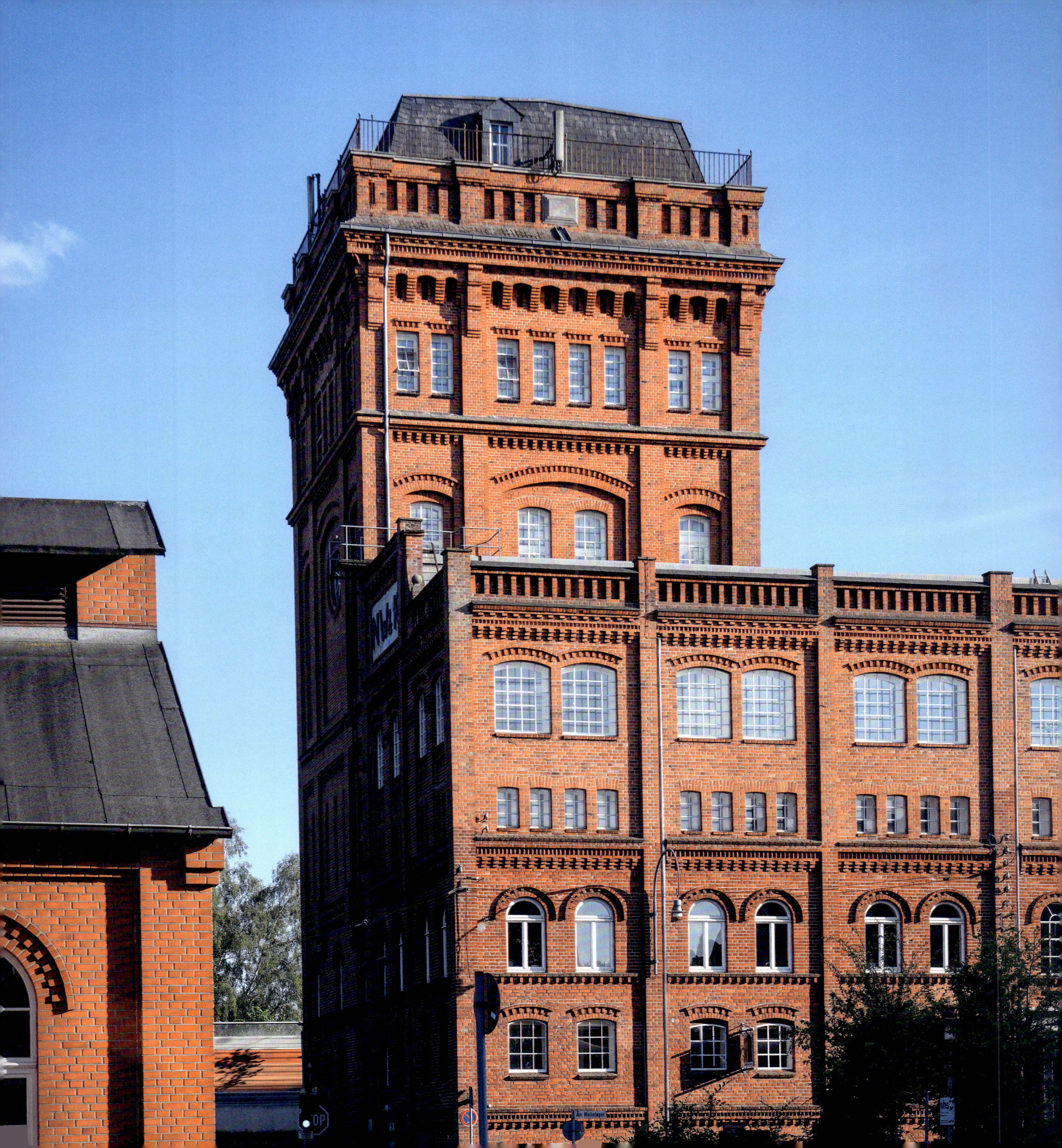

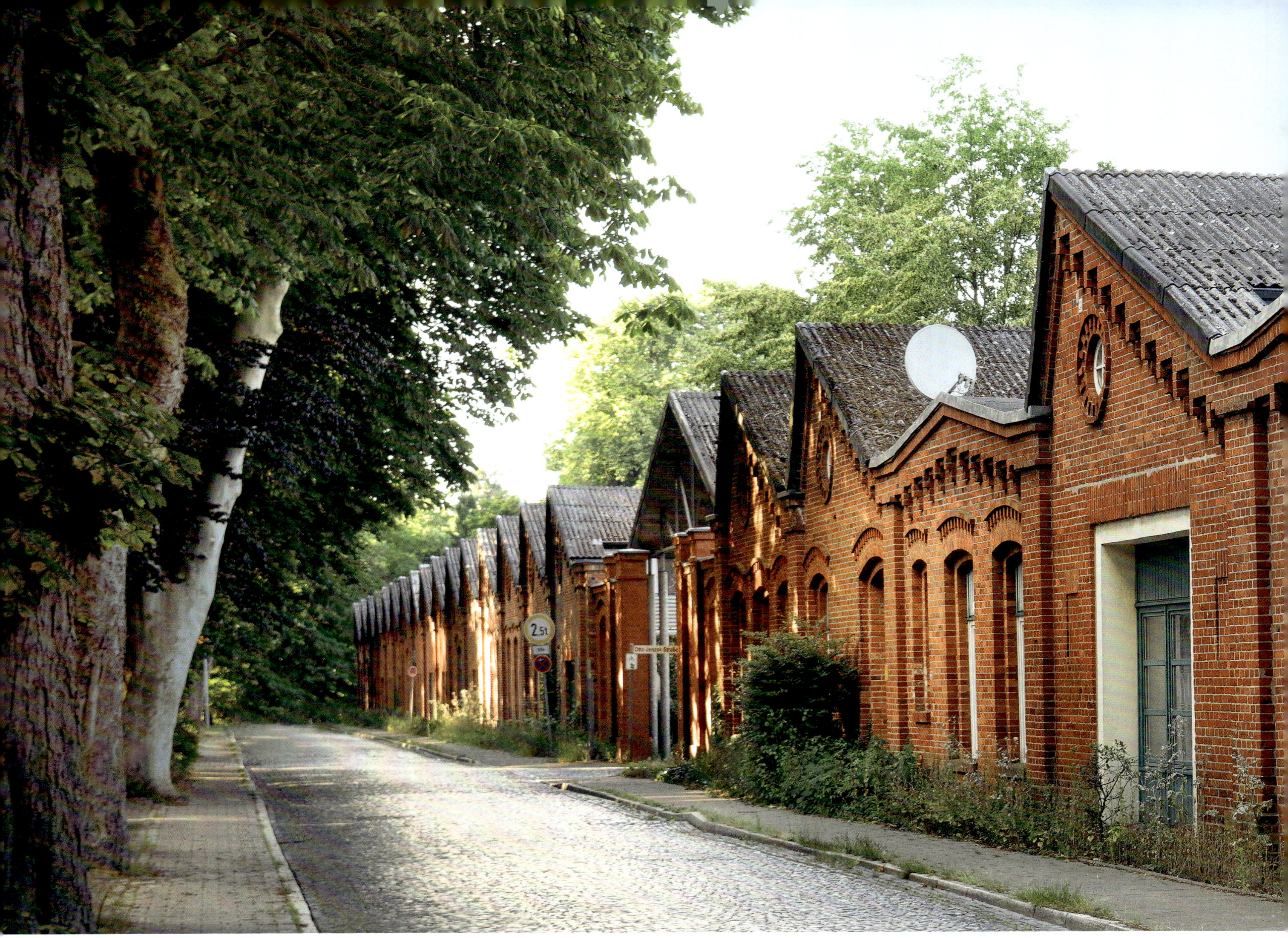

Das Unternehmen verfügte über eine eigene Wasserversorgung mit mächtigem Wasserturm. Die Energie für die Maschinen lieferte ab 1902 die Dampfmaschine aus dem Turbinenhaus, das mit Rundbogenfenstern und Rosette in der Fassade fast sakral anmutete. Die Gebäude für Kontor und Direktion nahmen sich eher schlicht aus. Dahinter lag die prunkvolle Unternehmervilla (1886) mit weißen, spätklassizistischen Fassaden. 1894 ließ sich Lahusen einen Villenpark mit künstlich aufgeschüttetem Hügel und See im Stil englischer Landschaftsgärten anlegen.

WOHLTATEN UND KONTROLLE

Immer weniger Einheimische waren zur Jahrhundertwende bereit, für wenig Lohn und unter schlechten Bedingungen zu arbeiten. Die Nordwolle warb deshalb junge Frauen aus Osteuropa an – schnell die »Wollmäuse« genannt. Für sie wie für ledige männliche Mitarbeiter ließ das Unternehmen Wohnheime bauen. Das war auch nötig, denn durch die starke Zuwanderung herrschten in der aufstrebenden Industriestadt Delmenhorst krasse Wohnungsnot und soziales Elend, sprichwörtlich als »Delmenhorster Verhältnisse« bekannt.

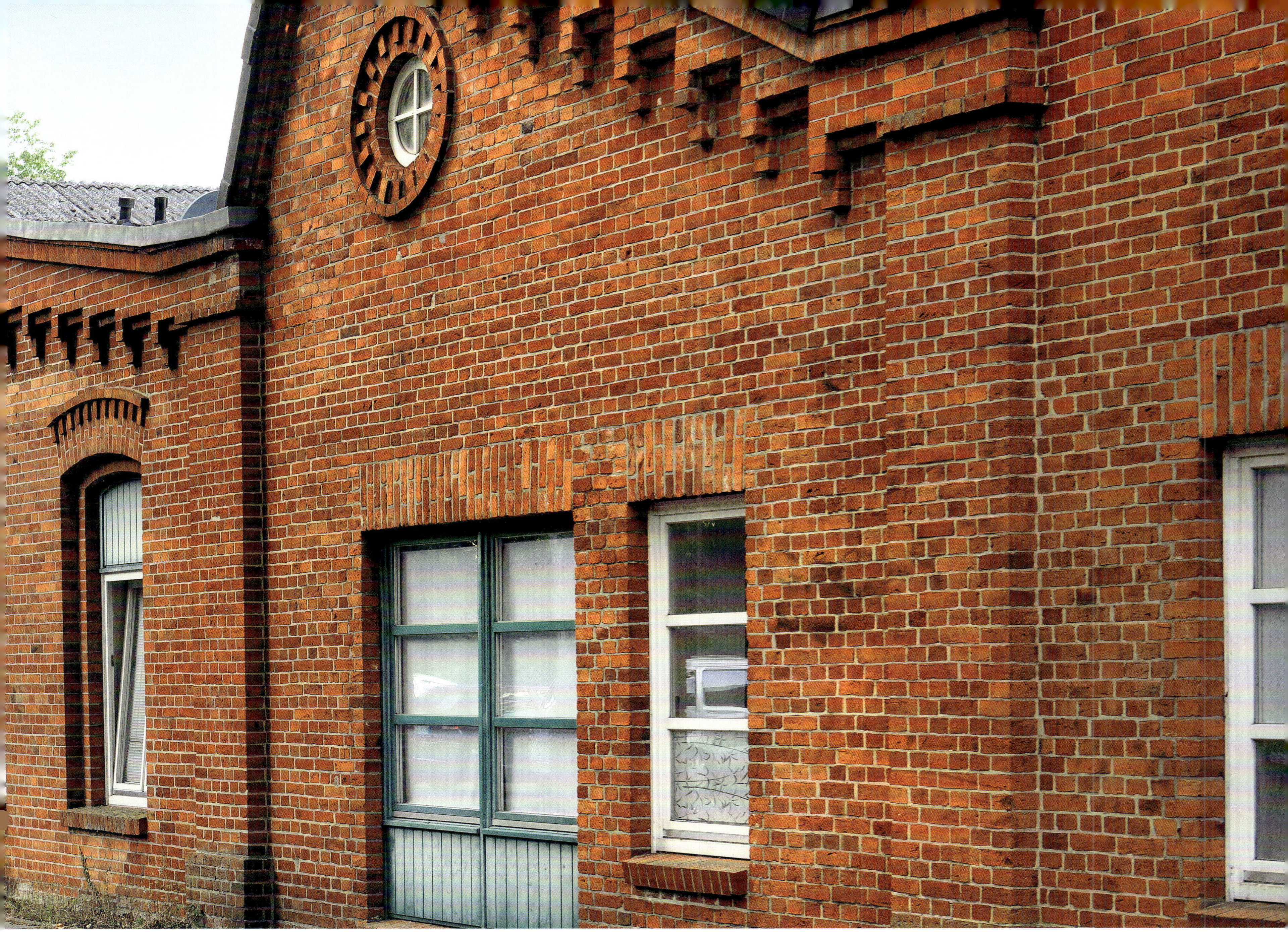

Also baute die Nordwolle Wohnungen für ihre Beschäftigten. Für die Arbeiter entstanden 1888–1924 zunächst schmucklose, kasernenartige Häuserblocks, später frei stehende Doppelhäuser mit Gärten. Leitende Angestellte erhielten repräsentative Häuser mit Garten zum Park, dem »Wollepark«. Diese Häuser nahe der Unternehmervilla am Westrand des Areals hatten den Vorteil, fern der Geruchs- und Rauchbelästigung durch die Fabrik zu sein.

Bei Nordwolle entstanden außerdem Sozialbauten wie Kantine, Badeanstalt, Konsumladen mit Bäckerei, Krankenhaus, Kinderhort und

»Stadt in der Stadt«: Wohn- und Fabrikanlagen nahmen insgesamt 25 Hektar ein.

Dampfturbinen sorgten anfangs für die nötige Energie, um all die Produktionsmaschinen der Nordwolle zu betreiben.

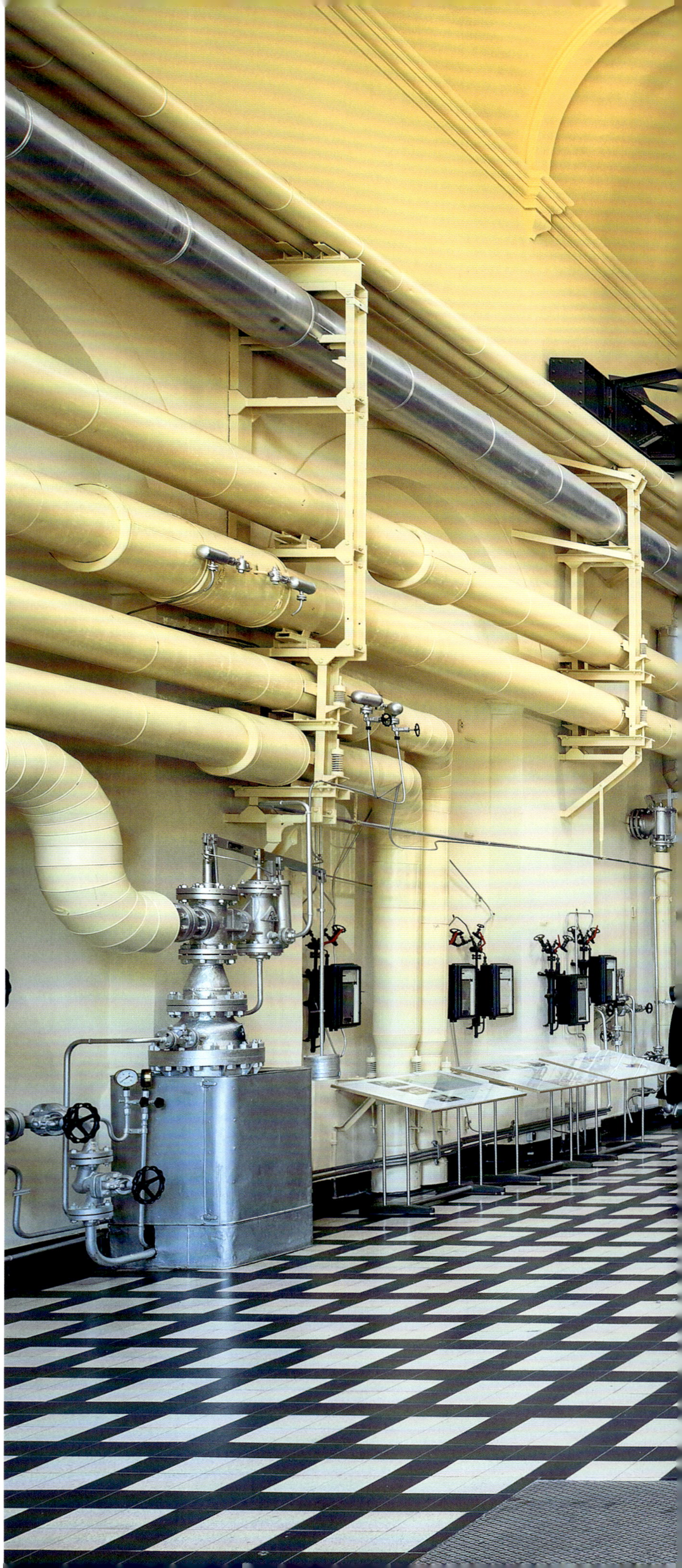

Bibliothek. Das Personal lebte in einer »Stadt in der Stadt« und konnte in allen Lebensbereichen vom Firmenchef wenn nicht kontrolliert, so doch in einem fabrikfreundlichen Sinn beeinflusst werden.

DER NIEDERGANG

Im Frühjahr 1931 umfasste die Nordwolle 22 300 Beschäftigte, elf Produktionsstätten, fünf Betriebe in anderen Branchen, sieben eng verbundene Gesellschaften, 22 Verkaufskontore und Einkaufsorganisationen in allen Hauptwollmärkten. Doch die von Georg Carl Lahusen und zwei seiner Brüder vorangetriebene Expansion war letztlich unsolide, hinzu kamen zwei enorm teure Bauvorhaben. Die Weltwirtschaftskrise und der Wollpreisverfall, Bilanzfälschungen und riskante Spekulationen sowie ein Schuldenberg von bis zu 240 Mio. Reichsmark führten im Juli 1931 in die Insolvenz, die die beteiligten Banken mit in den Abgrund riss. Georg Carl und sein Bruder Heinz mussten ins Gefängnis.

1932 entstanden zwei Nachfolgegesellschaften, eine davon war die NW&K AG. Während des Zweiten Weltkriegs war die Nordwolle Wehrmachtsbetrieb und produzierte auch mit Zwangsarbeitern für die Rüstungsindustrie. Ab 1945 wurde die Produktion des nun stark verkleinerten Unternehmens schrittweise wieder aufgenommen, zunächst mit Flüchtlingen und Vertriebenen. Viele Beschäftigte verließen das Werk in den 1950er-Jahren wegen schlechter Arbeitsbedingungen, Gastarbeiter aus Südeuropa und der Türkei ersetzten sie. Wirtschaftlicher Druck aus sog. Billiglohnländern und das Aufkommen von Synthetikfasern führten 1970 zur Fusion mit der Kammgarnspinnerei Düsseldorf. Vergeblich. 1981 stellte die Nordwolle endgültig ihren Betrieb ein.

Das Areal der Nordwolle verfiel zunächst, einige Bauten wurden abgerissen. Doch ab 1983 entstand dort ein Stadtteil mit moderner Wohnbebauung. Die verbliebenen Gebäude wurden Museen oder Veranstaltungsorte mit eigenem Charme. Mittelpunkt des neuen Quartiers sind die Museen »Nordwolle Delmenhorst – Nordwestdeutsches Museum für Industriekultur« im Maschinen- und Turbinenhaus, wo auch Konzerte und Veranstaltungen stattfinden.

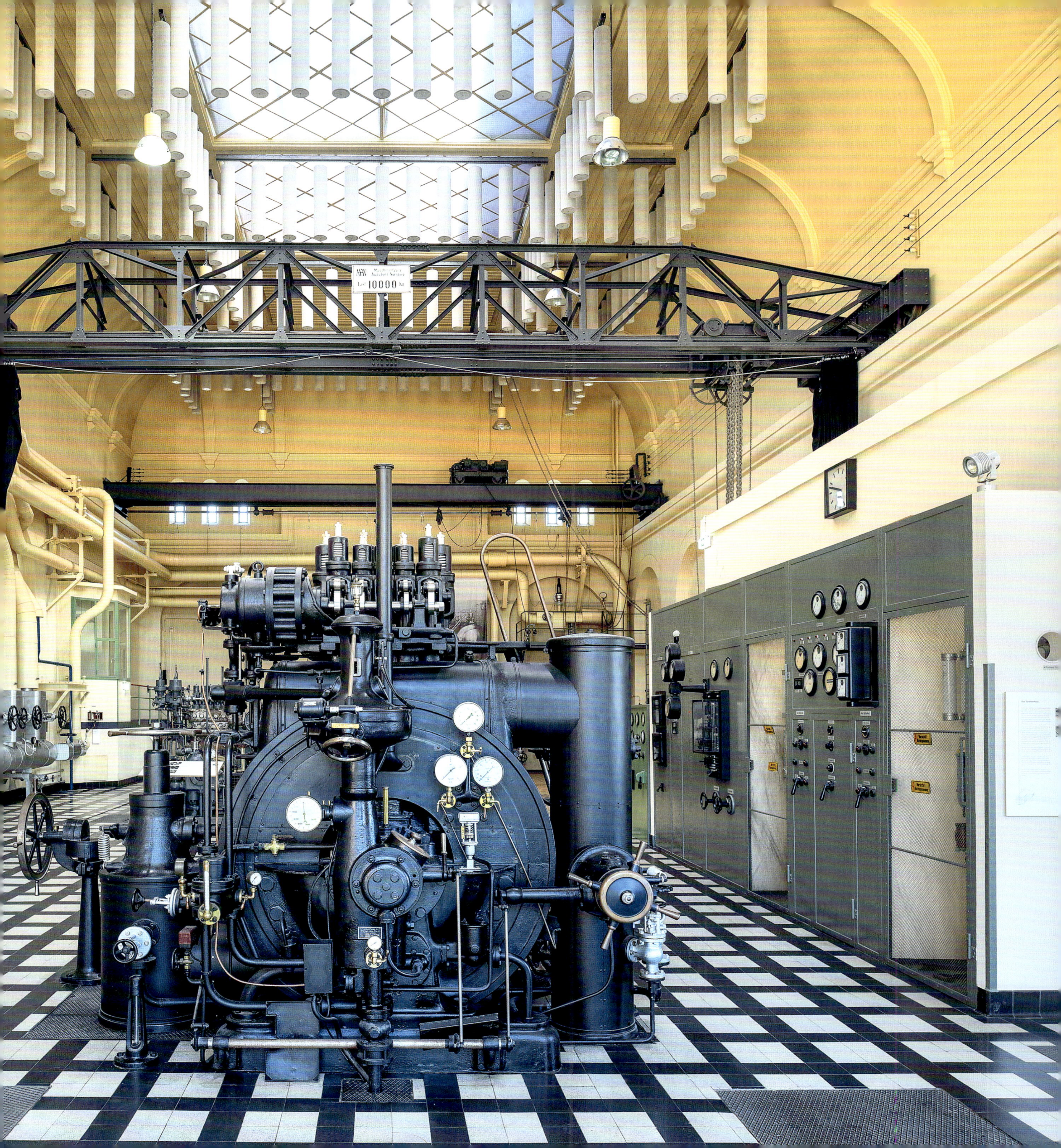
Last 10000 kg

Schuhleisten aus dem Holz der Buche (lat. fagus), daraus leitet sich der Firmenname ab. ▽
Revolutionäre Industrie-Architektur im Bauhaus-Stil – leicht, transparent, funktional ▷

FAGUS-WERK · ALFELD

SCHWERELOSE IKONE DER INDUSTRIEARCHITEKTUR

Ein mutiger Industrieller, der seine Mitarbeiter als größtes Kapital betrachtete und ihnen ein angenehmes Arbeitsumfeld schaffen wollte, und ein junger Architekt, der sich für klare Linien, Funktionalität und Transparenz beim Bauen begeisterte – das waren die Voraussetzungen, die dazu führten, dass in Alfeld eine Ikone der Industriearchitektur entstand: das Fagus-Werk.

Carl Benscheidt (1858–1947) hatte als Kind eine schwache Konstitution. Als Hoferbe kam er für seinen Vater nicht in Frage. Naturheilverfahren verbesserten nicht nur seinen Gesundheitszustand, sondern führten ihn auch nach Veldes (heute Slowenien) in eine Heilanstalt. Dort beschäftigte er sich mit den Fußleiden der Patienten – und fand deren Ursache heraus: Schuhe wurden damals über einen Leisten gearbeitet, d. h., rechte und linke Schuhe waren identisch, also eher unbequem für die Füße.

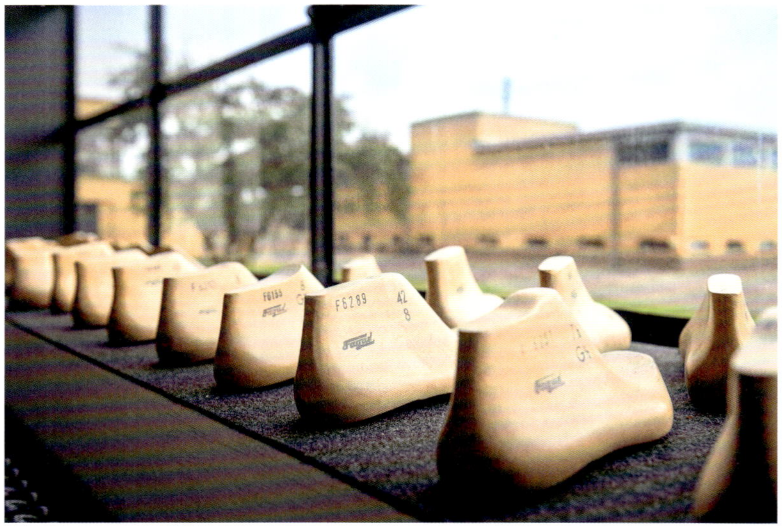

REVOLUTIONÄRE IDEEN

Benscheidt gründete in Hannover ein Unternehmen für Schuhleisten und ließ dort auch gleich Schuhe fertigen, die nach rechtem und linkem Fuß unterschiedlich waren. Er war damit so erfolgreich, dass ihm der »Alfelder Schuhleistenfabrikant Carl Behrens« 1887 die technische Betriebsführung anbot. Benscheidt machte das Unternehmen in der Leine-Stadt zu einem der größten Schuhleistenhersteller Deutschlands. 1910 schied er im Streit aus der Firma – und beschloss, seine eigene Schuhleistenfabrik zu eröffnen, direkt seinem früheren Arbeitgeber gegenüber.

Inspiriert von einer Bostoner Schuhfabrik, einem der modernsten Industriebauten der Zeit, wollte Carl Benscheidt etwas ganz Neues bauen. Mit den Plänen seines Architekten Eduard Werner (1847–1923) war er nicht zufrieden. Da lernte er den jungen Walter Gropius (1883–1969) kennen, für ihn der ideale Partner. Beide waren sich einig, dass die Fabrik die Bedürfnisse der Arbeiter berücksichtigen müsse. Denn: »Unser Reichtum sind nicht unsere Maschinen und Gebäude, sondern das Wissen und das Können und die Einsatzbereitschaft unserer Mitarbeiter«, glaubte Benscheidt. Helle Arbeitsplätze sollten alle Bereiche auszeichnen. Das waren revolutionäre Ideen, sah doch die damalige wilhelminische Industriearchitektur eher so aus: dicke Mauern, kleine Fenster, wenig Licht, dafür aber reichlich Prunk und Verzierungen im Stil des Historismus.

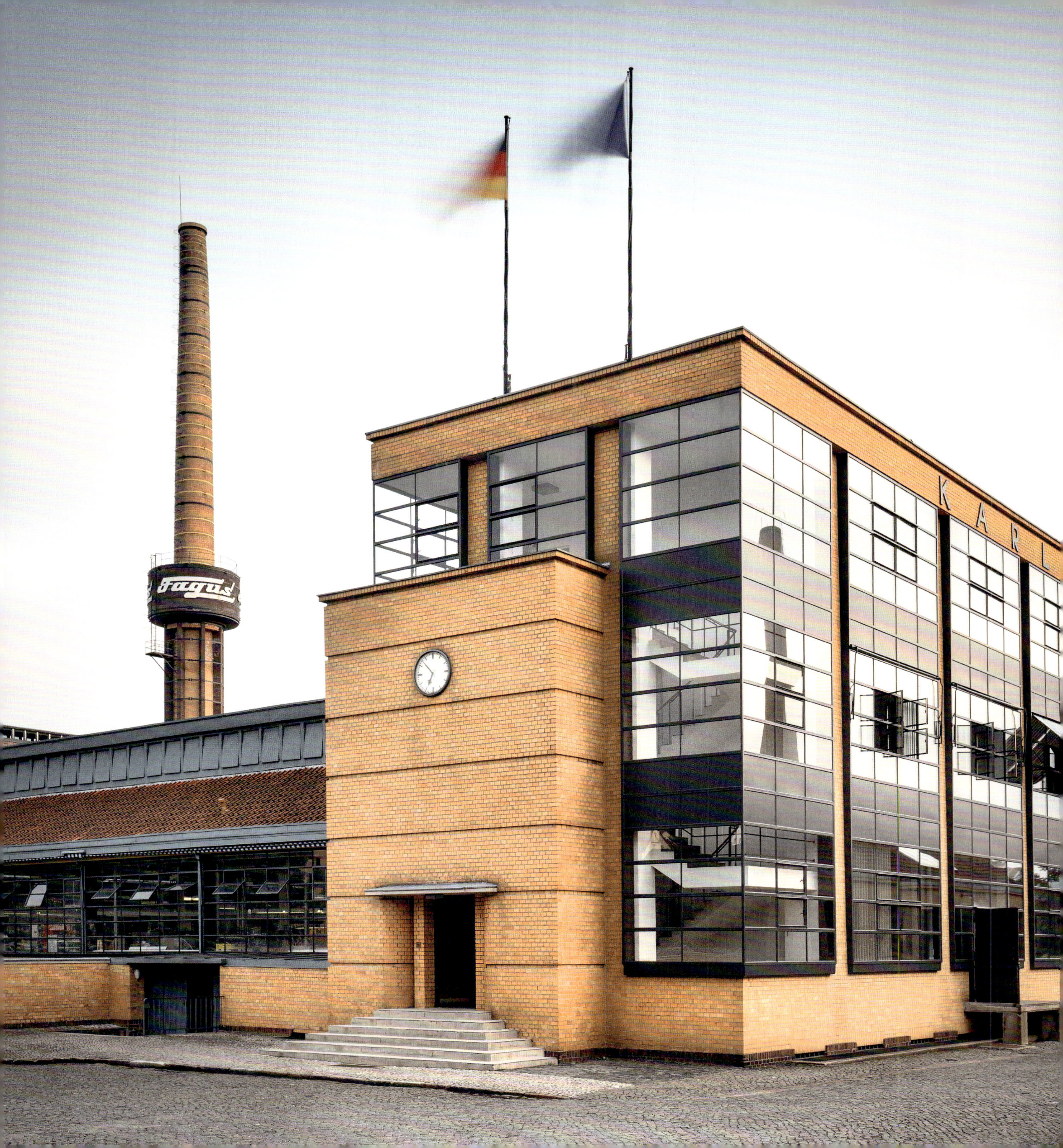
Fagus
KARL

» Unser Reichtum sind nicht unsere Maschinen und Gebäude, sondern das Wissen und das Können und die Einsatzbereitschaft unserer Mitarbeiter.

Carl Benscheidt

Gropius baute auf Werners Plänen auf und entwarf einen wahrlich innovativen Bau. Benscheidt dachte schon damals, dass man ein außergewöhnliches Fabrikgebäude sicher auch zu Werbezwecken nutzen könnte.

LICHTDURCHFLUTETE ARBEITSRÄUME

Den Mittelpunkt des Werks bildet das sog. Hauptgebäude mit den Büros, ein eher schmaler Bau, der weder monumental noch erdrückend wirkt. Hauptmerkmale sind die Glasfassade über alle drei Etagen, gestützt von neun nach oben hin immer schmaler werdenden Backsteinpfeilern. An den »offenen Ecken« treffen zwei Glasbahnen aufeinander, ohne jegliche Stützen. Sie signalisierten den Beginn der modernen Skelettbauweise, bei der ein Rahmengerüst die dazwischen gespannten Wände trägt. Beide Merkmale verleihen dem Gebäude Transparenz und eine schwerelose Eleganz. Eine klare Raumgestaltung und gute Lichtverhältnisse sollten die Arbeitsplätze aufwerten.

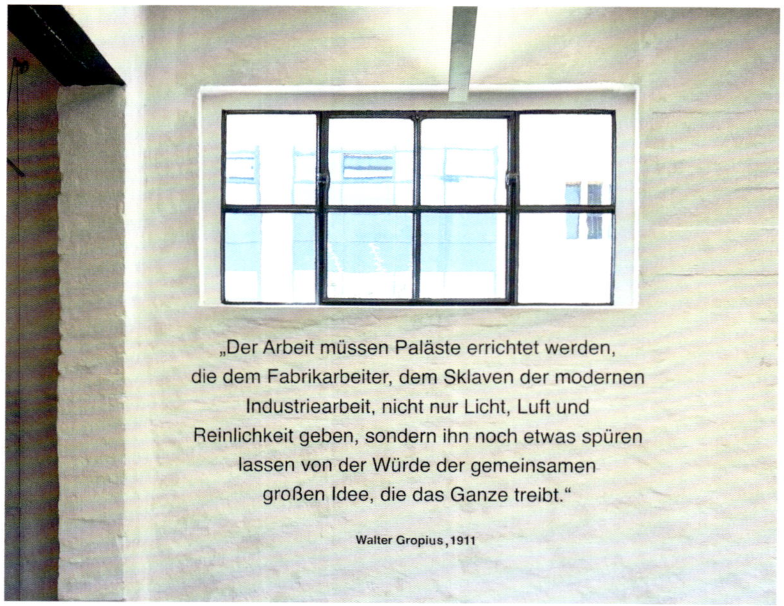

Die Werkshalle stellt sich mit ihrer gläsernen Front als lichtdurchfluteter Arbeitsraum dar. Das Lagerhaus für das Holz der Schuhleisten ist ein schlichter kubischer Ziegelbau. So bestimmt schon hier die Funktion die Architektur, ein Grundsatz, den Gropius als Gründer des Staatlichen Bauhauses konsequent weiterverfolgt. Das Fagus-Werk – so nennt Benscheidt seine Firma nach dem lateinischen »fagus« für Buche, dem Werkstoff der Schuhleisten – ist ein Pionierwerk der modernen Industriearchitektur. Einer der schönsten Räume des Hauptgebäudes ist das Treppenhaus mit seinen wie schwebenden Treppen. Glasfronten und Glasecken lassen es gleichzeitig als Innen- wie Außenraum erscheinen.

Gropius zeichnet auch für viele weitere Elemente der Inneneinrichtung verantwortlich: Bauhaus-Möbel für die Geschäftsräume, quadratische Lampen, geometrische Formen aus schwarzem Glas an den Wänden, zylindrische Türklinken und sanft geschwungene Treppengeländer. Einzig die Spirale unten am Geländer zur heutigen Kantine wirkt wie ein letzter, beinahe ironischer Gruß an die wilhelminische Epoche.

Im Laufe der Zeit wurde der Fabrikkomplex mehrfach nach Plänen des Ateliers Gropius oder seiner Mitarbeiter erweitert. Seit 1945 steht das Fagus-Werk unter Denkmalschutz, 2011 wurde es zum UNESCO-Weltkulturerbe erhöht.

MODERNISIERUNG MIT SCHUHLEISTEN

Benscheidt hatte etwa 40 Mitarbeiter von Behrens in die eigene Fabrik mitgenommen. Ihrem beliebten Chef folgten sie gern. So hatte er fachkundige Arbeitskräfte und legte einen guten Start hin. Anfänglich arbeiteten dort etwa 300 Menschen in verschiedenen Bereichen. Insbesondere die im Akkord arbeitenden Schuhleistenschleifer schätzten die Arbeitsatmosphäre und die Möglichkeit, ab und zu einen Blick nach draußen zu werfen. Beides wirkte sich positiv auf die Produktivität aus. Im Fagus-Werk arbeiteten in den 1930er-Jahren bis zu 500 Menschen. Schuhe fanden damals reißenden Absatz.

Besucherzentrum Faguswerk: Walter Gropius' Idee war schon zu Kaiserzeiten avantgardistisch. Schmuckstück des Fagus-Gebäudes: das lichtdurchflutete Treppenhaus

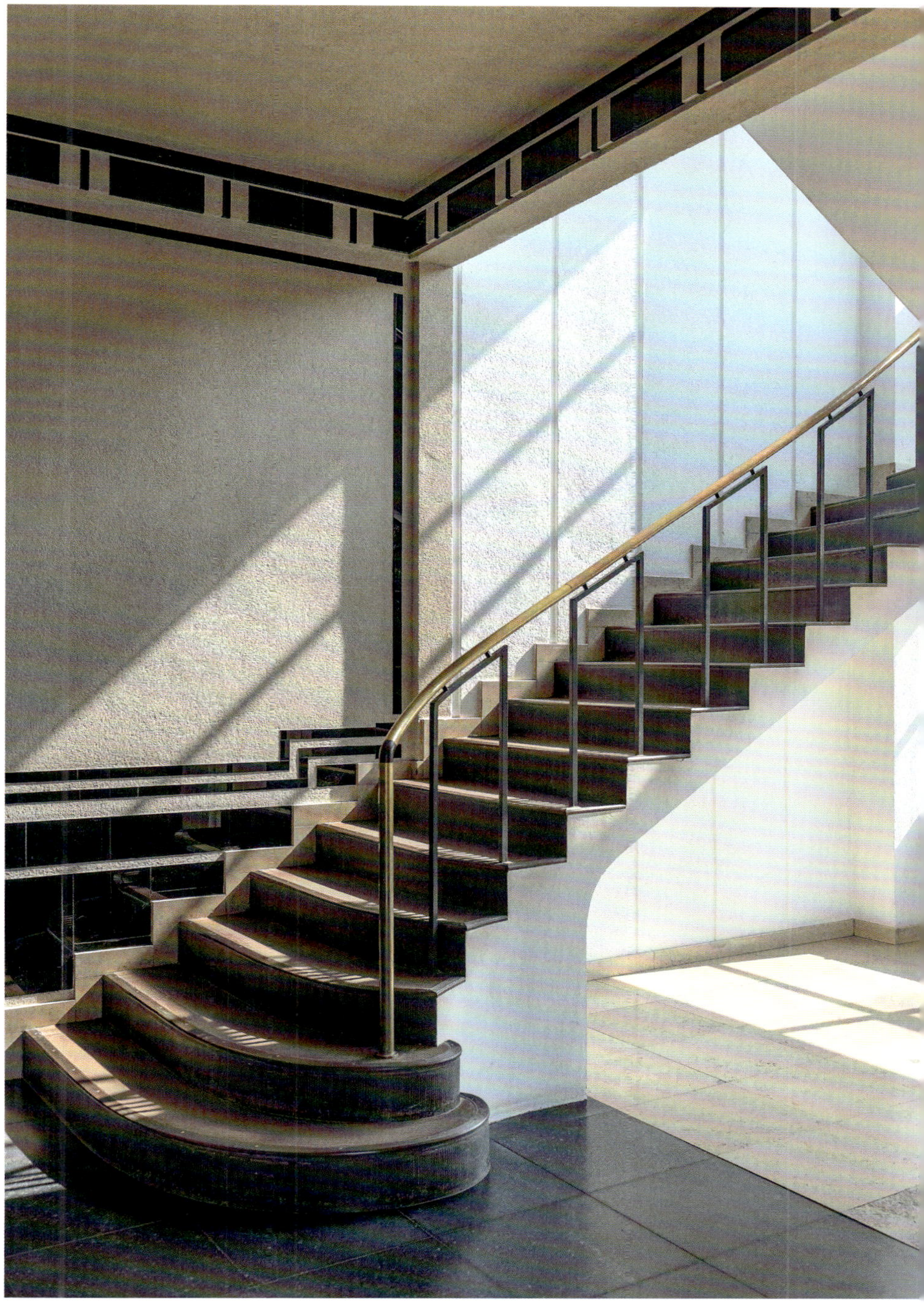

Auch nach dem Zweiten Weltkrieg, den das Fagus-Werk ohne größere Schäden überstand, war das Unternehmen zunächst erfolgreich, u. a. weil die eigene Maschinenfabrik, die ursprünglich Maschinen für den Eigenbedarf herstellte, nun auch für andere Bereiche tätig war. In den 1950er-Jahren erreichte die Produktion mit 450 000 Paar Schuhleisten ihren Höchststand. In den 1960er-Jahren musste dieser Produktionsbereich aufgrund geringerer Nachfrage verkleinert werden.

1974 übernahmen die Urenkel des Gründers, Ernst und Gerd Greten, die Geschäftsführung. Sie brachten die Firmen GreCon Anlagenbau und GreCon Electronics in das Unternehmen ein, die teils nicht mehr genutzte Räume bezogen. Der Schuhleistenverkauf lief immer schlechter, die Maschinen waren alt. Entlassungen versuchten die Gretens durch Umbesetzungen zu vermeiden. Die erneute Verkleinerung des Bereichs und die Möglichkeit, ihn mit den florierenden Geschäftsteilen finanzieren zu können, ließ die Schuhleistenherstellung überleben. GreCon Electronics wuchs, der Maschinenbau entwickelte neue Systeme für die Holzindustrie. So konnte das Fagus-Werk ab 1982 denkmalgerecht renoviert werden. Das dauerte 20 Jahre. Kai Greten führt Fagus-GreCon inzwischen in der fünften Generation. Das Unternehmen mit 460 Beschäftigten stellt neben Schuhleisten auch Brandschutz-Systeme und Messtechnik her.

ARBEITEN IM WELTERBE

Heute ist der historische Bau in einem hervorragenden Zustand, selbst der nicht mehr benötigte Schornstein wurde erhalten. Damit ist das Fagus-Werk das einzige UNESCO-Weltkulturerbe, in dem noch gearbeitet und produziert wird. Inzwischen können Besucher die immer noch erstaunlich modern anmutende Architektur bewundern und hautnah Industriegeschichte erleben. Auf fünf Etagen im einstigen Lagerhaus informiert die Fagus-Gropius-Ausstellung über die Entwicklung des Unternehmens, die industrielle Massivholzverarbeitung und die Schuhmode im Wandel der Zeit.

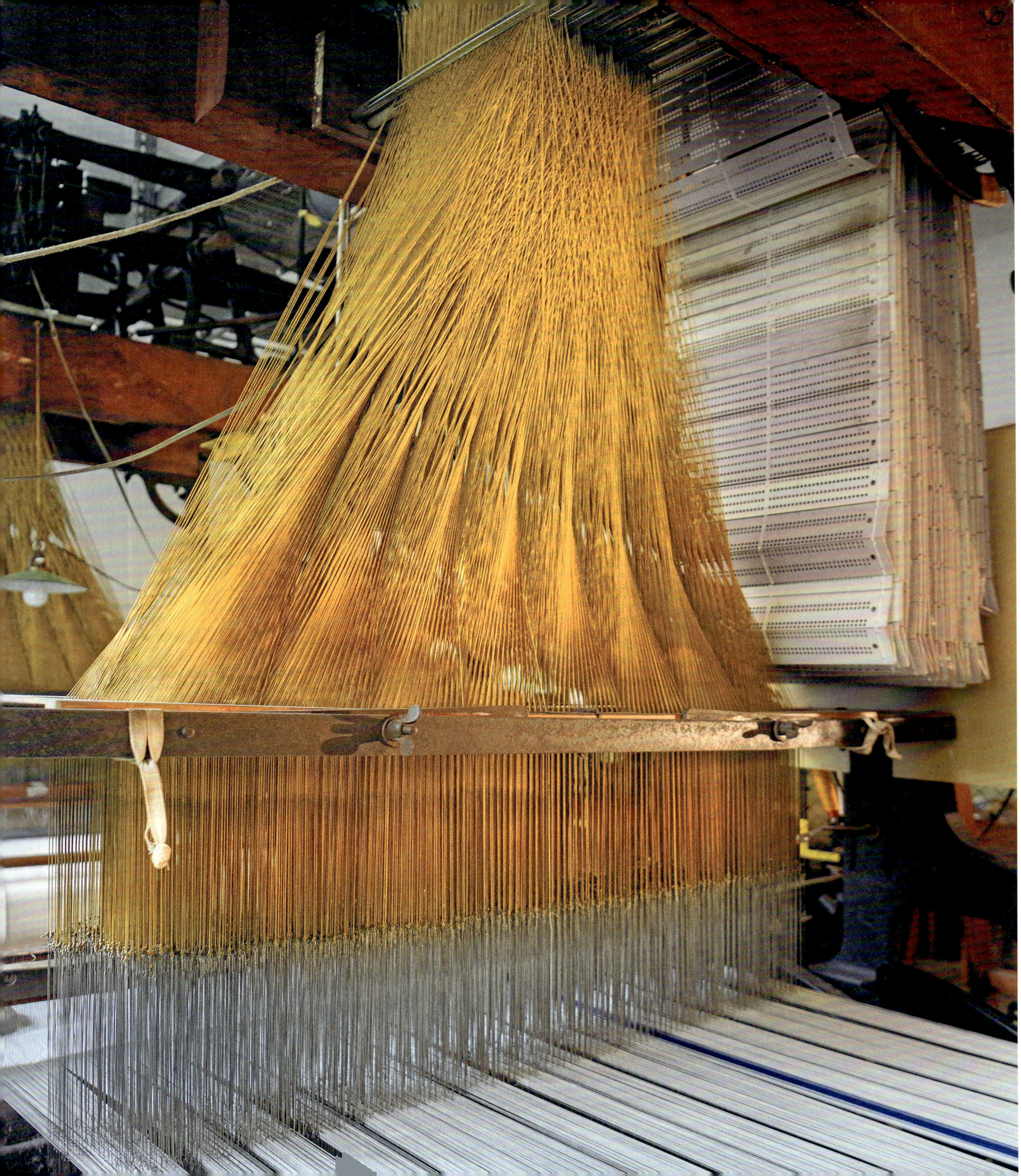

Historischer Webstuhl bei Wülfing & Sohn: Die Lochkarten an der Seite sagen ihm, wann er einen Faden anheben muss, damit ein bestimmtes Muster entsteht. ◁
Wolle ist nicht gleich Wolle: Muster in unterschiedlichen Farben und Qualitäten ▽

WÜLFING & SOHN · DAHLERAU

FEINSTES TUCH VON WELTRUF

Im 19. und 20. Jahrhundert war »Wülfingtuch« aus Dahlerau an der Wupper ein international gefragtes Spitzenprodukt und das Familienunternehmen Wülfing & Sohn mit einer der größten Textilfabriken Deutschlands ein Global Player. Die »Textilstadt Wülfing« zeigte sich stets aufgeschlossen für technische Innovation und soziale Verbesserungen.

Es war das Wasser der Wupper, das 1816 den Ausschlag für die Standortentscheidung der Tuchfabrik Wülfing & Sohn gab, denn Wasser ist für die Tuchherstellung unabdingbar. Das Unternehmen, das seit 1674 in Remscheid-Lennep bestand, wollte sich vergrößern. An einem Wupperbogen in Dahlerau übernahm Johann Friedrich Wülfing (1780–1842) ein altes Hammerwerk und baute auf dessen Fundamenten 1836 das erste Fabrikgebäude. Wülfing entstammte dem Elberfelder »Bürgeradel«, wohlhabenden Familien, häufig Unternehmer, oft auch Tuchfabrikanten, mit guten Verbindungen in die Politik. In diesen Kreisen heiratete man unter sich, was zur Folge hatte, dass Wülfing & Sohn – ab der folgenden Generation unter dem Namen Hardt – in wirtschaftlich schwierigen Zeiten stets genügend Geld hatte, um die Firma zu erhalten. Dieses Geld stammte Ende des 19. Jahrhunderts auch aus Aktien bei der Gründung der Deutschen Bank, die nur wenige Jahre später mit hohem Gewinn verkauft wurden. Bis zur Schließung 1996 blieb das Unternehmen in Familienhand.

Schon Mitte des 19. Jahrhundert arbeiteten in Dahlerau 450 Menschen an 46 Maschinenwebstühlen. Nach und nach entstanden am Ufer der Wupper Gebäude für weitere Unternehmensteile: Zwirnerei, Spinnerei, Weberei, Nopperei, Färberei und Schlosserei sowie 1950 noch ein Kesselhaus. Zuerst wurde Bruchstein als Baumaterial verwendet, dann Backstein. Die Hallen hatten die sägezahnartigen, damals modernen Sheddächer. Dadurch fiel aus Norden gleichmäßig viel Licht in die Produktions- und Arbeitsstätten. So entstand ein ebenso großes wie faszinierendes Ensemble aus Industriebauten verschiedener Epochen.

ALLES AUS EINER HAND

Wülfing & Sohn war eine Volltuchfabrik. Sie vereinigte alle Produktionsschritte von der Rohwolle bis zum fertigen Stoff unter einem Dach. Dafür spannen die Unternehmer ein großes Netz über die ganze Welt: Sie kauften hochwertige Wolle in Südamerika, Australien oder Neuseeland ein und transportierten sie mit eigenen Schiffen nach Deutschland. Mit der Eisenbahn ging es dann weiter bis Dahlerau, wo die Wolle zu Tuch

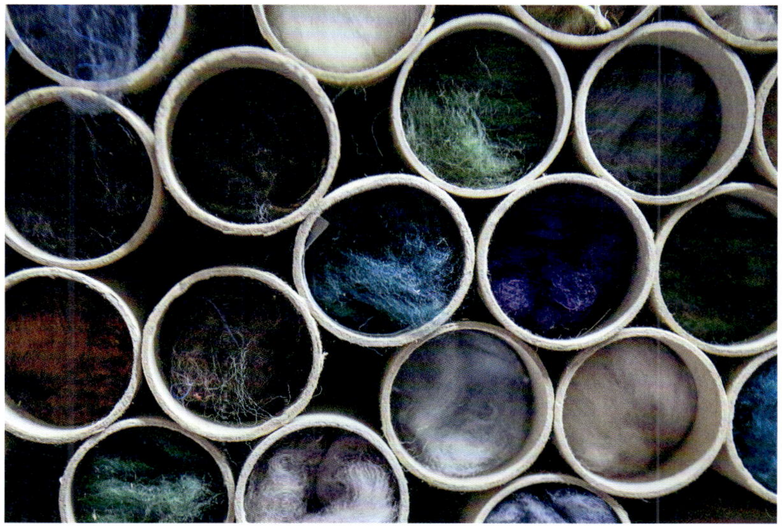

Die Zweizylinder-Compound-Dampfmaschine gilt auch heute noch als größte existierende Dampfmaschine des Bergischen Landes. ▽
Fabrikgebäude aus Bruchstein (rechts und hinten) und aus Backstein (links) bilden doch ein stilistisch zusammengehöriges Ensemble. ▷

verarbeitet wurde. Den Vertrieb übernahm die Firma ebenfalls selbst. Die Familie kümmerte sich um Einkauf, Produktion und Verkauf. Wülfing & Sohn hatte Niederlassungen auf allen Kontinenten außer Afrika.

Zentral für die Produktion war Energie. Sie stammte zum Teil aus dem Wasser der Wupper, das in einer eigenen Wasserkraftanlage zur Stromherstellung genutzt wurde. Ab 1834 unterstützte eine Dampfmaschine (50 PS) die Stromerzeugung und 1891 wurde eine Zweizylinder-Dampfmaschine (400 PS) von MAN angeschafft, die einen Drehstromgenerator antrieb – und so viel Strom produzierte, dass er teils in das öffentliche Netz eingespeist werden konnte. Damit war Wülfing & Sohn einer der Pioniere der Stromversorgung im Bergischen Land. Zudem hatte die Firma schon früh elektrische Beleuchtung in ihrem Werk installiert – wegen der großen Brandgefahr.

Ab Ende des 19. Jahrhunderts genügte es nicht mehr, einfache Stoffe für den Hausgebrauch herzustellen, sie mussten nun auch den neuesten Modetrends entsprechen. Wülfing & Sohn ging deshalb dazu über, jährlich zwei Kollektionen zu kreieren. Dafür stand eine eigene Musterweberei zur Verfügung, wo Dessinateure neue Stoffe entwarfen und Muster anfertigen ließen. Diese wanderten neben Farbkarten und Garnproben in dicke Musterbücher, weshalb auch eine Buchbinderei vor Ort war. In der Abmusterungskammer wurden die Stoffe unterschiedlichen Lichtverhältnissen ausgesetzt, um u.a. die Farbwirkung zu beurteilen. Schließlich gab es eine Art Qualitätskontrolle: Apparate im Prüflabor scheuerten, erhitzten und knautschten das Tuch, um seine Belastbarkeit zu testen.

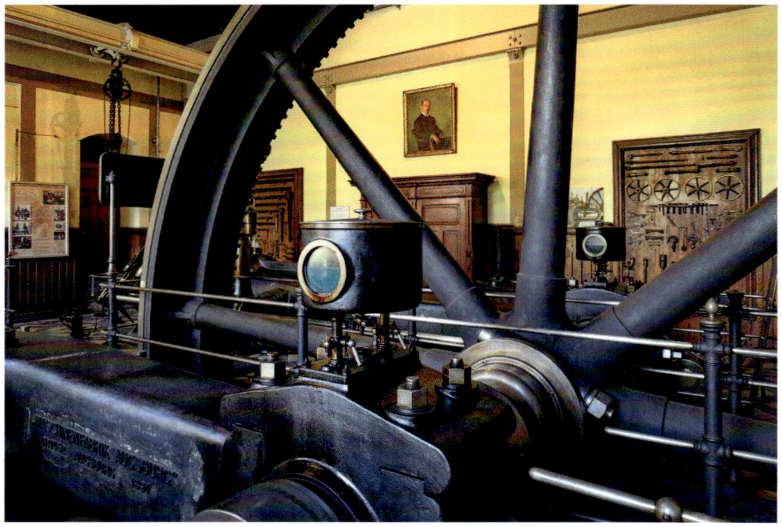

»DIE LEUTE AUS DEN HERRENHÄUSERN«

Die Mitarbeiter von Wülfing & Sohn sollten möglichst nahe an der Fabrik leben. Daher hatte die Unternehmerfamilie nicht nur ein Herrenhaus für sich selbst, sondern ab 1840 auch Werkswohnungen auf dem Fabrikgelände bauen lassen, zunächst in Häusern aus Fachwerk auf Bruchsteinsockel, später aus Backstein. Die Wohnungen in den mehrgeschossigen Bauten waren mit jeweils 47 Quadratmetern für damalige Verhältnisse großzügig bemessen und fortschrittlich ausgestattet. Alle verfügten über eine eigene Toilette außerhalb des Hauses; später wurde diese in einen erkerartigen Anbau gesetzt. Ab 1935 hatten alle Häuser Spülklosetts auf jeder Etage und alle Wohnungen Wasseranschlüsse. Zur Selbstversorgung mit Gemüse diente ein Garten. So entstanden 400 Wohneinheiten unter- und oberhalb der Fabrikgebäude.

Wegen der guten Wohn- und Lebensbedingungen in Dahlerau hießen die Arbeiterfamilien bald »die Leute aus den Herrenhäusern«. Schon Ende des 19. Jahrhunderts gab es einen Arzt und einen Zahnarzt in der Siedlung, alle Wülfing-Mitarbeiter waren in einer Betriebskrankenkasse versichert, eine Werksschwester, der »Blaue Engel«, kümmerte sich um Kranke und Alte. Es gab einen Laden, eine Post, einen Kindergarten, eine Schlachterei, eine Wäscherei und eine Badeanstalt mit Duschen und Wannen sowie ein eigenes Wasserwerk. Sogar eine Kirche. Die Hardts kümmerten sich um ihre »Wülfing-Familie«, die schnell zu einer eingeschworenen Gemeinschaft wurde. Auch Gastarbeiter, ab den 1950er-Jahren überwiegend aus Südeuropa, wurden dort heimisch. Darüber hinaus initiierten die Hardts zahlreiche Sozialprojekte in Lennep und Dahlerau.

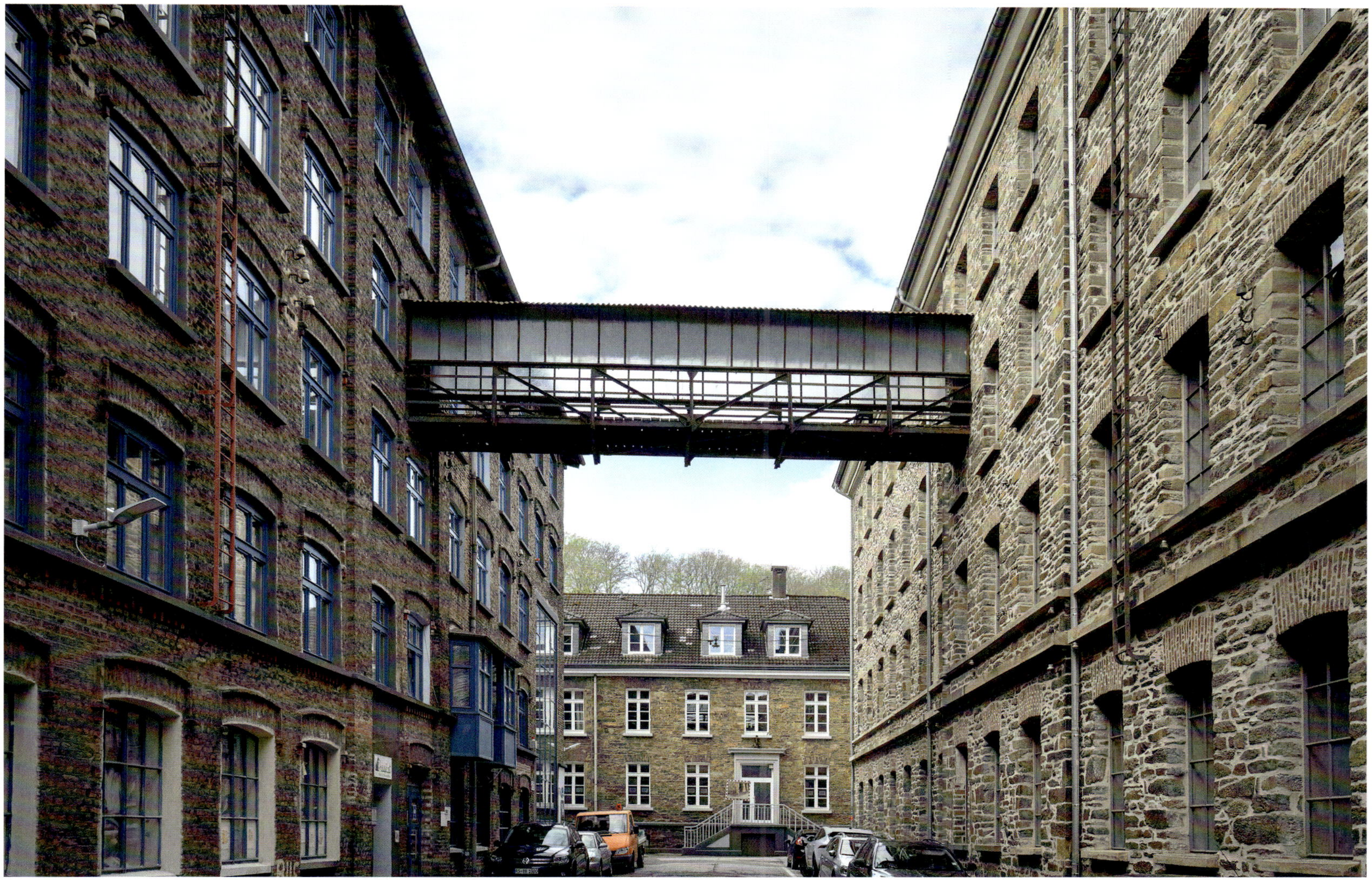

ENDE UND NEUER ANFANG

In den 1920er-Jahren waren 1000 Mitarbeiter für Wülfing & Sohn u.a. an 120 automatischen Webstühlen tätig, die mit ohrenbetäubendem Lärm im Drei-Schicht-Betrieb arbeiteten. Während des Zweiten Weltkriegs wurden Räumlichkeiten an Rüstungsbetriebe vermietet, teils wurde Kriegsrelevantes produziert. Es gab Fliegerangriffe auf die Fabrik, die aber keine großen Schäden anrichteten.

Nach dem Krieg ging die Erfolgsgeschichte weiter. Bis zu 3,6 Millionen Meter Tuch produzierte die Fabrik pro Jahr. Mit ihrem Privatvermögen glichen die Hardts das Auf und Ab der Textilindustrie aus. Doch die ausländische Billigkonkurrenz machte Wülfing & Sohn ab den 1960er-Jahren immer schwerer zu schaffen. 1996 gab das Unternehmen schließlich auf, die verbliebenen 160 Mitarbeiter verloren ihre Arbeit. Ein Großteil der Maschinen wurde nach China verkauft. Eineinhalb Jahrhunderte lang hatte das Unternehmen Dahlerau an der Wupper geprägt.

Inzwischen ist das riesige Areal an der Wupper mit historischen Produktionsstätten, Herrenhaus, Arbeiterwohnungen und Energieversorgungseinrichtungen ein Industriedenkmal und Museum. Die zwei Webstühle (um 1920) der Musterweberei sind noch vor Ort und intakt. Dessinatur und Prüflabor können besichtigt werden, ebenso die Dampfmaschine von 1891, die ebenfalls noch tadellos funktioniert. Das Wülfing-Museum entführt in die Blüte einer Schlüsselbranche im Bergischen Land.

Originalmuster in der Bielefelder Wäschefabrik ▽
Die historischen Nähmaschinen funktionieren teilweise noch einwandfrei. Sie sehen aus wie gerade eben verlassen. ▷

WÄSCHEFABRIK · BIELEFELD

NÄHEN, STICKEN, PLÄTTEN

Nach dem Tod des letzten Besitzers wurden die Türen der Wäschefabrik in Bielefeld einfach geschlossen. Das Wohnhaus der Unternehmer, die Fabrikräume und das gesamte Inventar blieben genauso erhalten, wie sie 1990 verlassen wurden. In der Wäschefabrik taucht man ein in die Zeit, als Bielefeld zur »Leinenstadt« aufstieg, und in die Geschichte zweier Unternehmerfamilien.

Hugo Juhl war bereits Inhaber einer kleinen Wäschefabrik, als er 1912 mit der Mitgift seiner Frau Klara das Grundstück Viktoriastraße 48 in einem Hinterhof im Spinnereiviertel Bielefelds für eine Fabrik mit integriertem Wohnhaus erstand. Hier wurde das gründerzeitliche Gebäude der »Vereinigten Wäschefabrik« 1913 errichtet. In einem repräsentativen Wohnhaus mit Turmaufsatz, Erker und vorspringender Loggia zog Juhl mit seiner Familie ein. In den angebauten Firmenräumen ließ er exquisite Bett-, Tisch- und Unterwäsche, Hemden und Blusen nähen und besticken.

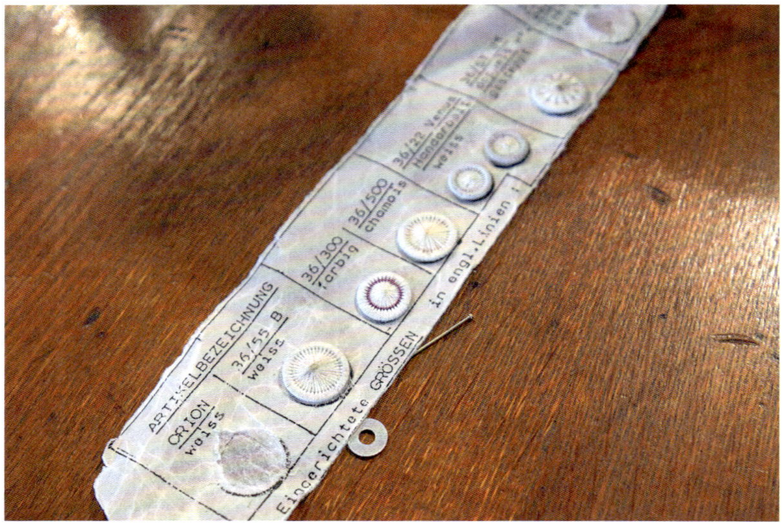

EXPANSION, KRISE, »ARISIERUNG«

Bielefeld war damals über die Grenzen Deutschlands hinaus bekannt für hochwertige Wäsche. Mitte der 1920er-Jahre gab es 200 Wäschefabriken in der ostwestfälischen Stadt. Edles Leinen, kunstvolle Stickereien und besondere Hohlsäume, häufig auch von hochherrschaftlicher Kundschaft bestellt, wurden in Bielefeld gefertigt. Jedes dritte Mädchen der Stadt war damals als Näherin, Stickerin oder Büglerin beschäftigt.

Hugo Juhl hatte Erfolg. Er expandierte in weitere Immobilien und beschäftigte Mitte der 1920er-Jahre 210 Näherinnen. Seine Wäschefabrik gehörte zu den größten der »Leinenstadt« Bielefeld. Mit der Weltwirtschaftskrise gab es einen Einbruch beim Textilabsatz, Juhl konzentrierte seine Produktion nun wieder allein in der Viktoriastraße 48. Dann kamen die Nationalsozialisten an die Macht. Das bedeutete für den jüdischen Unternehmer nichts Gutes. 1938 kam er der »Zwangsarisierung« seines Betriebs zuvor und verkaufte ihn. 1939 starb er an Nieren- und Kreislaufversagen.

Tochter Hanna war mit Ehemann Fritz Bender zu diesem Zeitpunkt bereits in die Niederlande emigriert. Ihre Mutter Klara und die Schwester Mathilde folgten nach dem Tod Juhls. 1940 marschierten die Deutschen in die Niederlande ein. Einzig Fritz Bender gelang die Flucht mit einem Ruderboot nach England. Dort erfuhr er über das

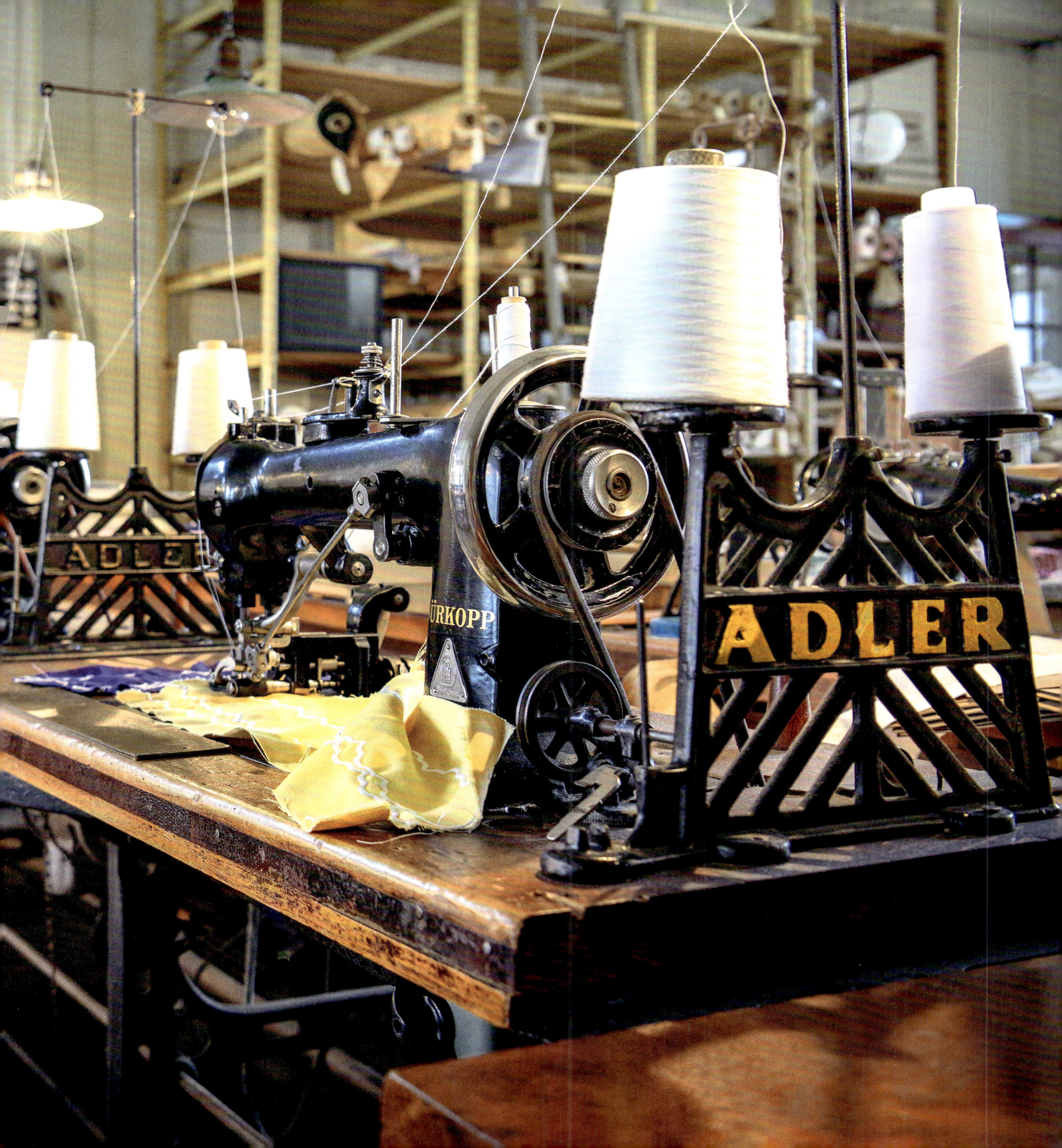
ADLER
DÜRKOPP
ADLER

Alles in der Bielefelder Wäschefabrik, vom Treppenhaus über die Volltext-Buchungsmaschine in der Buchhaltung bis zur Versandabteilung, wirkt, als sei es gerade eben erst verlassen worden. ◁
An die gründerzeitliche Unternehmervilla wurde das Fabrikgebäude im gleichen Stil angebaut. ▷

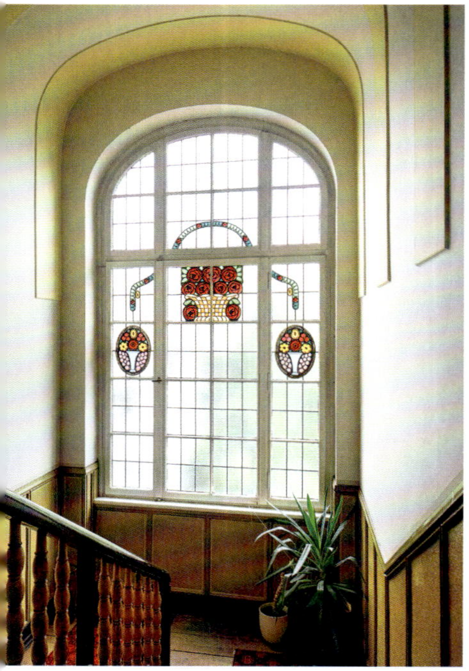

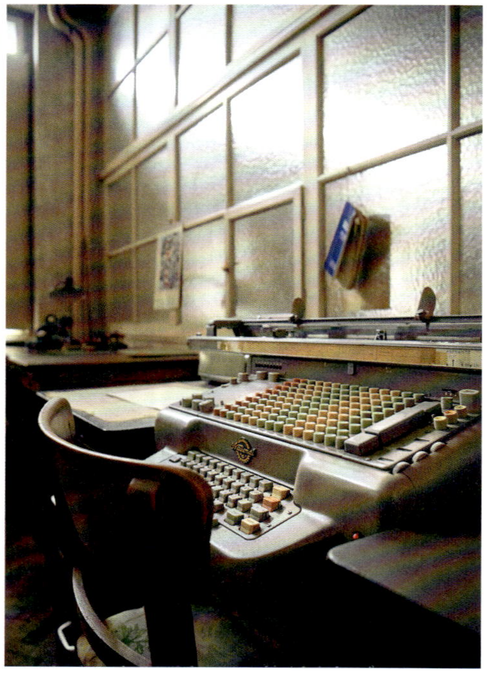

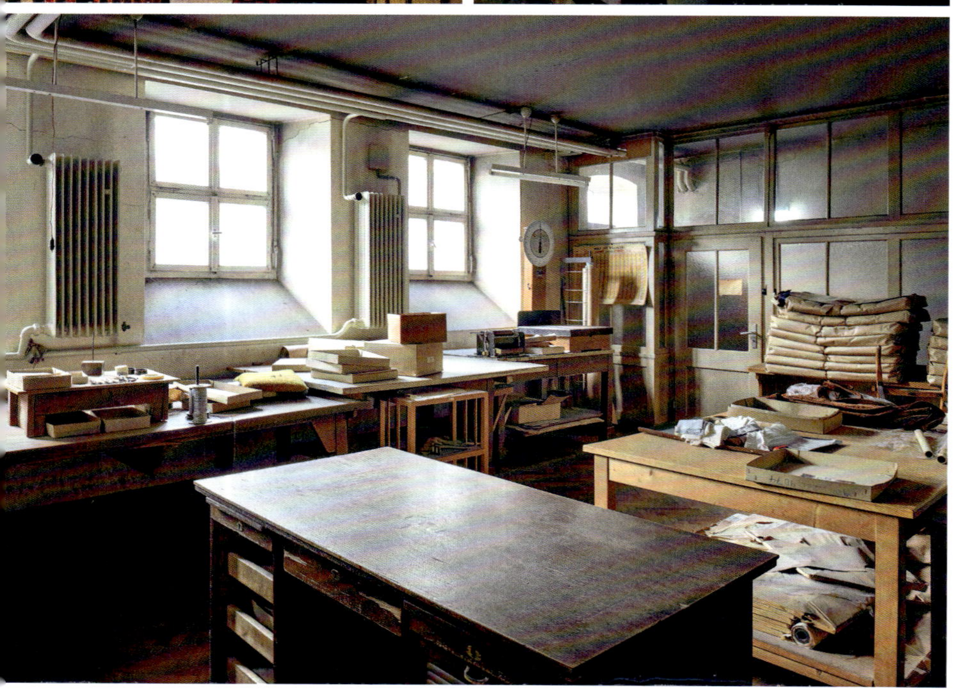

Rote Kreuz, dass sich Klara und Mathilde Juhl sowie seine Frau Hanna und Töchterchen Marianne in Amsterdam – wie viele Juden damals – das Leben genommen hatten.

Bender wurde in England interniert und emigrierte nach dem Krieg nach Kanada. Dort kontaktierte ihn der Förderverein des Museums Wäschefabrik 1994. Er war bereit, nach Bielefeld zurückzukommen und die Geschichte seiner Familie zu erzählen. Bender starb 2005 in Kanada im Alter von 99 Jahren.

VEREINIGTE WÄSCHEFABRIKEN

Die neuen Besitzer der Wäschefabrik, Theodor und Georg Winkel, betrieben in Dresden einen Verlag für katholische Schriften und waren in Konflikt geraten mit der nationalsozialistischen Pressepolitik. In der Wäscheproduktion hofften sie, sich ein zweites, unverfängliches Standbein aufbauen zu können. Ab 1941 firmierte die Fabrik unter »Vereinigte Wäschefabriken Th. und G. Winkel«. Zunächst leiteten die Winkels das Unternehmen von Dresden aus, Prokuristen verantworteten die Geschäfte vor Ort. Nachdem während des Zweiten Weltkriegs Maschinen ausgelagert worden waren, nahmen die Brüder Winkel 1945 die Produktion in den alten Räumen der Viktoriastraße mit den verbliebenen Maschinen wieder auf und erwarben nach und nach gebrauchte, teils aus Trümmern geborgene und reparierte Maschinen dazu. 1948 zogen die Unternehmer von Dresden nach Bielefeld in das Haus des einstigen Besitzers Juhl und übernahmen die Leitung der Fabrik nun selbst. Hatten zu Juhls Zeiten noch vier Personen die Villa bewohnt, waren es nun mit den Familien der Brüder Winkel vier Erwachsene und sieben Kinder. Für sie wurde das Haus in zwei Wohnungen unterteilt.

Mit dem Wirtschaftswunder florierte in den 1950er-Jahren auch das Geschäft mit Aussteuer und Leibwäsche. Doch schon ab den 1960er-Jahren machte sich die starke Konkurrenz aus sog. Billiglohnländern, überwiegend in Asien, bemerkbar. Das Auftragsvolumen verringerte sich stetig, ab 1962 gab es keine Investitionen mehr. Im gleichen Maße reduzierte sich die Zahl der Näherinnen in der Wäschefabrik; in den

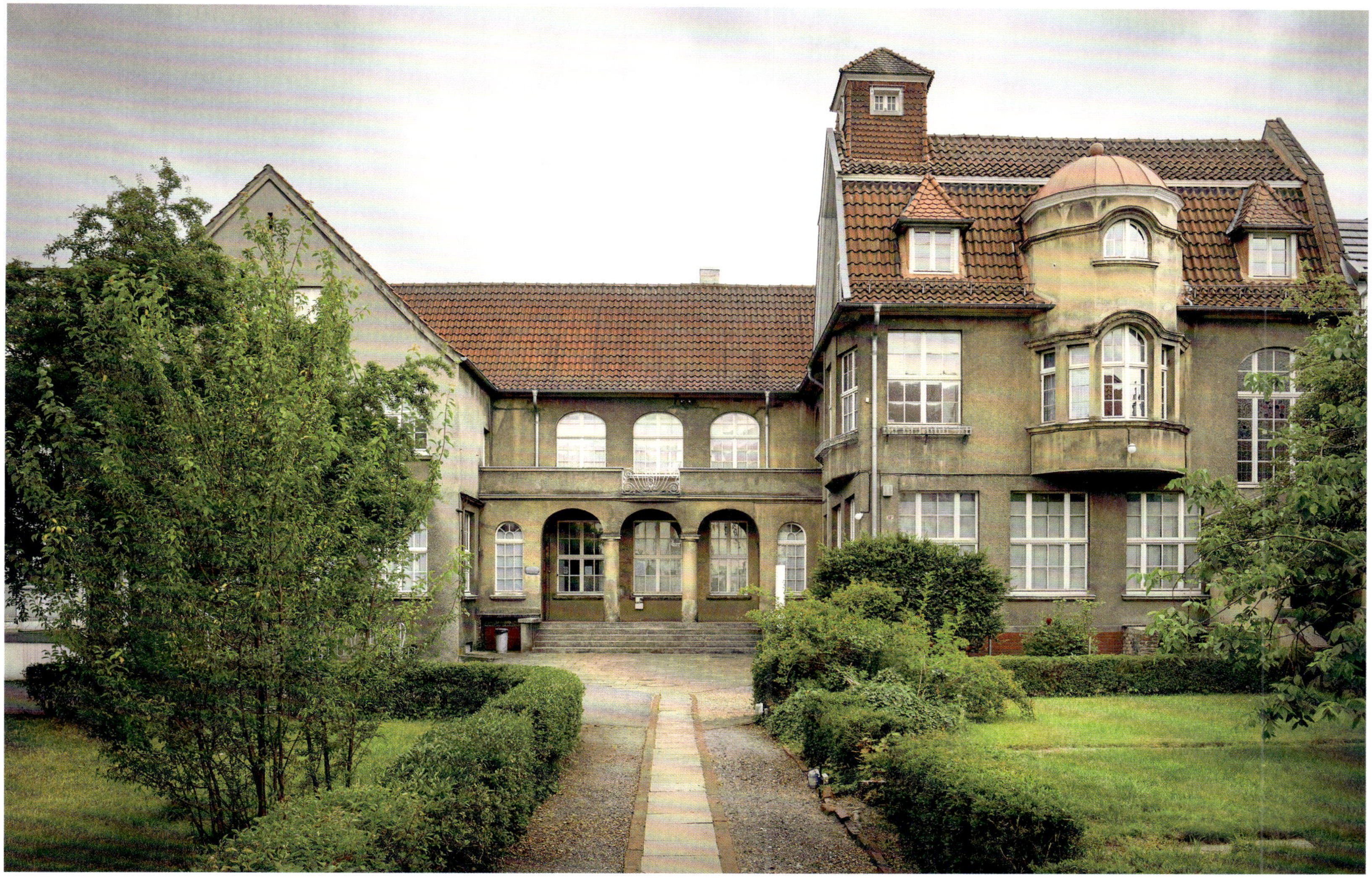

1970er-Jahren waren es nur noch vier. 1981 starb Georg Winkel, sein Bruder betrieb das kleine Unternehmen bis zu seinem Tod 1990 weiter. Dann schlossen sich die Pforten.

IM DORNRÖSCHENSCHLAF

Die Räume der Wäschefabrik sind in dem Zustand, wie sie 1990 von den letzten Mitarbeiterinnen verlassen wurden: Standuhr, Tischdecken und Aschenbecher im Besucherraum, wo u.a. die Verhandlungen mit den Stofflieferanten geführt wurden, Stoffrollen in den Regalen und teils aufgeschlagene Musterbücher aus sieben Jahrzehnten, Miniaturhemden und Wäschemodelle im Musterraum. Hinzu kommen Kundenkarteien, Schreib- und Buchungsmaschinen und jede Menge Akten in der Verwaltung, ein halb geöffneter Safe im Direktorenzimmer, schwere Bügeleisen sowie Sprühstärke und Utensilien zum Anfeuchten der Ware im Bügelzimmer. Ein Gerät zum Aufwärmen der mitgebrachten »Düppen« (Henkelmänner) im Pausenraum der Näherinnen, Pack- und Seidenpapier sowie Schnurreste im Versandkeller komplettieren das »eingefrorene« Ensemble. Herzstück der Wäschefabrik ist der Nähsaal mit seinen großen Fenstern und den sogenannten Kraftarbeitstischen – einmalig in Deutschland.

Von außen wirken Wohnhaus und Fabrik wie ein massiver Mauerbau, doch verbirgt sich dahinter ein Stahlbetonskelett. Das Bauprinzip erlaubte eine flexible Raumgestaltung in den Produktionsräumen. Hugo Juhl hatte den Nähsaal mit zeitgemäßer Technik ausgestattet,

Die gut ausgeleuchteten Arbeitsplätze im Nähsaal, dem Herzstück der einstigen Produktion

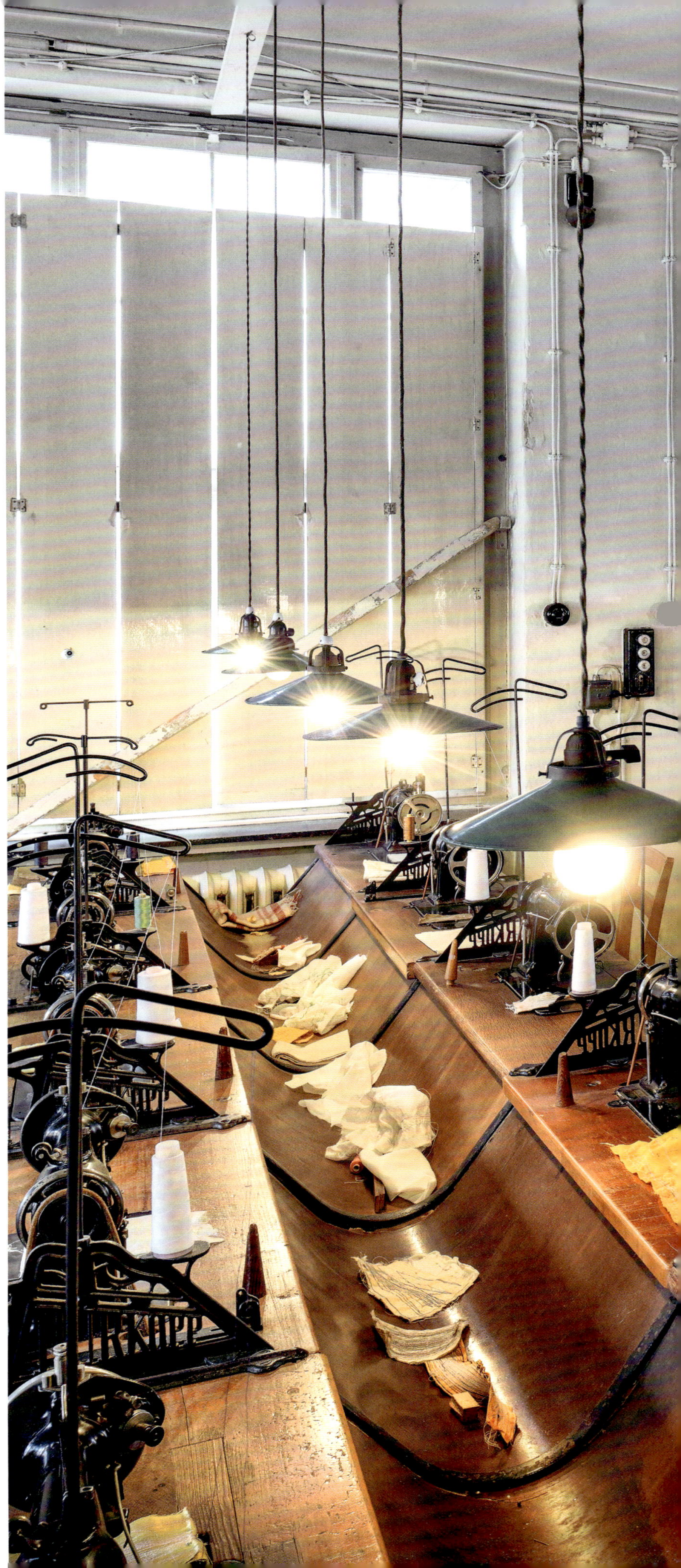

die eine Fließfertigung erlaubte: Jede Näherin führte nur wenige Nähschritte aus und gab die Arbeit dann an die Kollegin weiter. Die Frauen saßen in langen Reihen auf einfachen Holzstühlen einander gegenüber, zwischen sich die Nähmaschinen und der Arbeitstisch. Heute stehen im großen Nähsaal über 50 Näh- und Stickmaschinen, Maschinen aus den Jahren 1913 bis 1962 zum Nähen von Knopflöchern, Hohlsäumen, Falten und zum Annähen von Knöpfen. Je nach der Produktpalette und dem Stand der Technik wurden neue Maschinen angeschafft. Die Fabrik kaufte sie von namhaften Bielefelder Herstellern wie Dürkopp, Adler, Anker und Phönix, aber auch von Singer in den USA. Die Wäschefabrik erhielt häufig die Vorserienmodelle zum Test unter realen Bedingungen.

Die Brüder Winkel reagierten auf die Strukturkrise in der Textilbranche ab den 1960er-Jahren, indem sie die eigene Fertigung reduzierten und Fertigprodukte zukauften. 1960 wurden noch neue Schnellnäher angeschafft, die zwar schneller nähten, aber deren Nähte weniger reißfest waren. So wurde bis 1990 im Nähsaal produziert, häufig nun individuell für Privatkunden. Die Fäden der Garnrollen sind noch eingefädelt, alles wirkt, als sei gerade Pause und der Betrieb ginge gleich weiter.

ALLES ECHT

Seit 1997 ist die Wäschefabrik ein Museum der besonderen Art, denn es wurden keine Exponate gesammelt, um sie der Öffentlichkeit zugänglich zu machen. Alles ist einfach noch so, wie es mal genutzt wurde. Behutsam wurde das Gebäude nur insoweit instandgesetzt, als es Wind und Wetter wieder standhält – die Authentizität der Räume blieb erhalten. Der Besucher hat die Möglichkeit, die komplette einstige Produktion von der Auftragserteilung bis zur Verpackung der Textilien im Versandzimmer nachzuvollziehen.

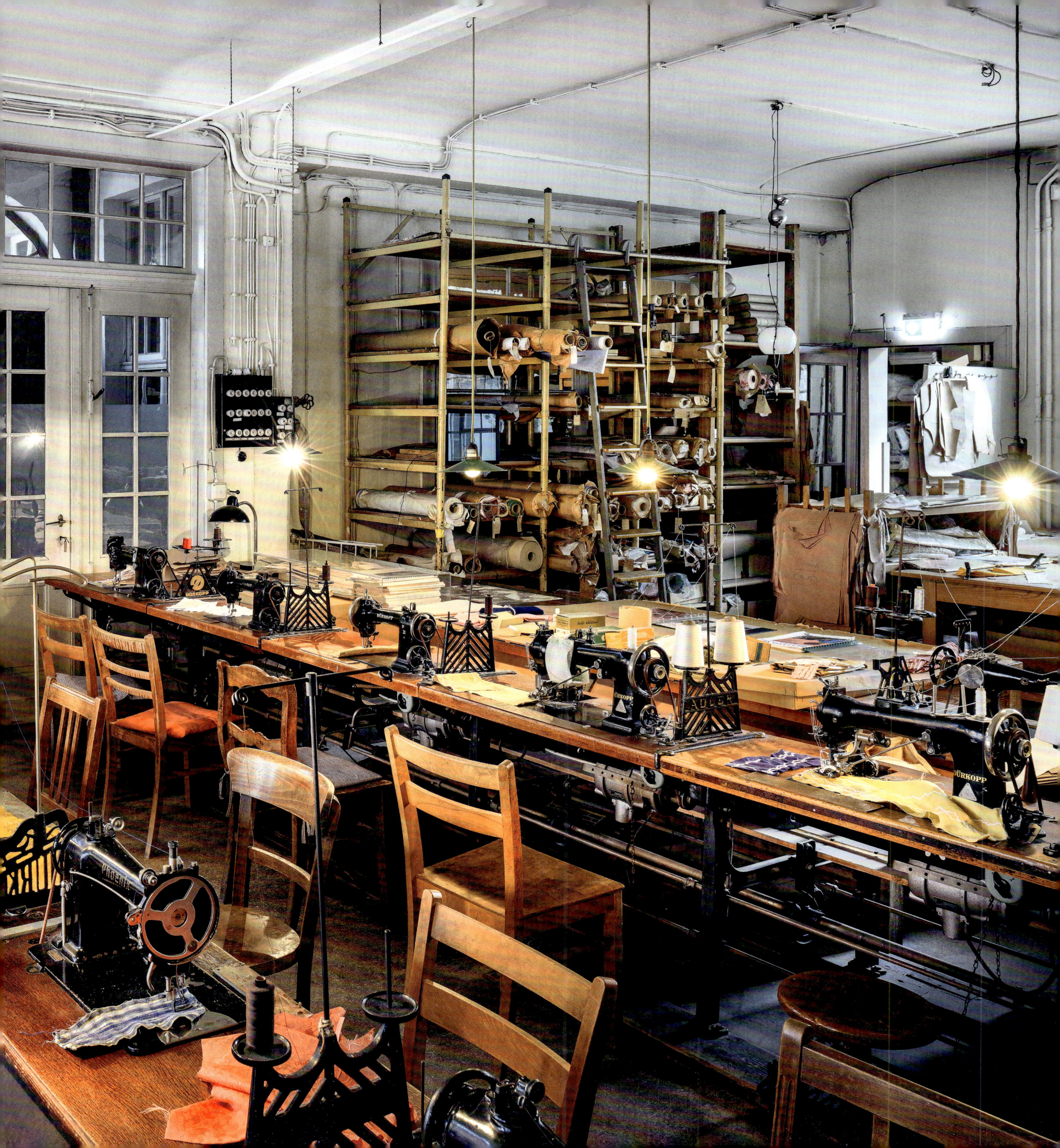
DÜRKOPP

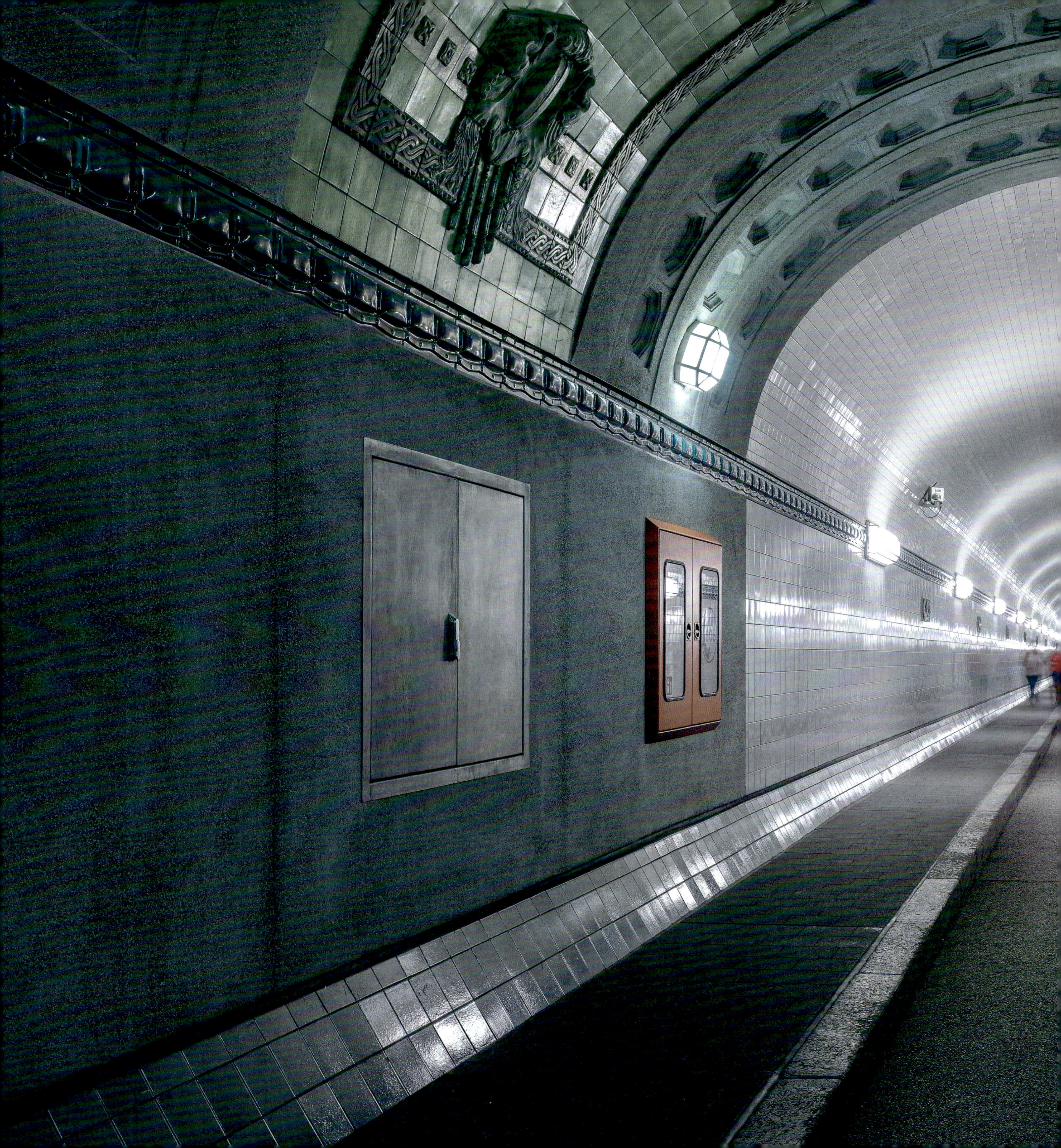

VERKEHR UND LOGISTIK

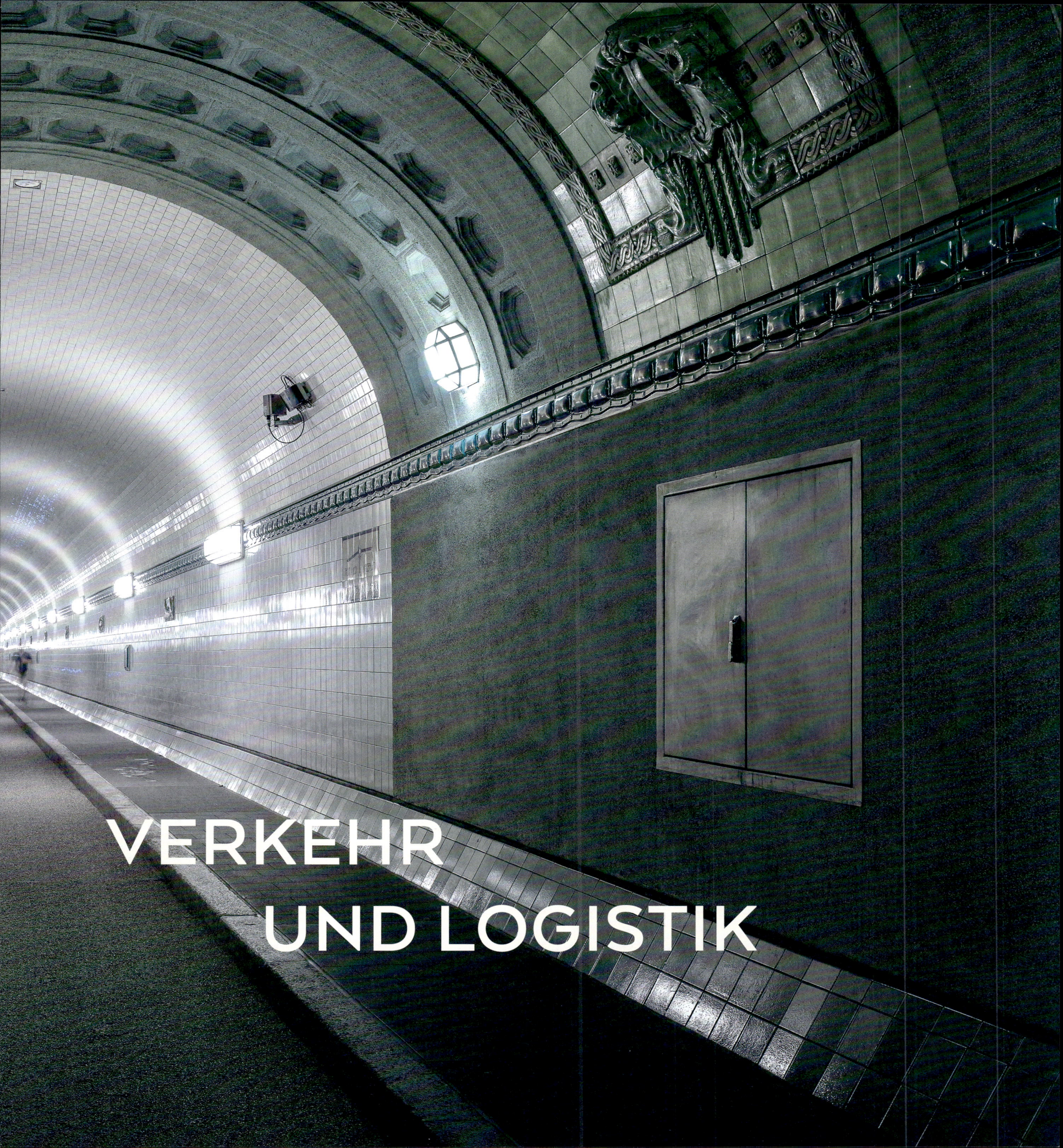

Durchzogen von Fleeten: die Hamburger Speicherstadt in gründerzeitlicher Backsteingotik – ein architektonisches Juwel ▽ Rautenförmige Klinkermuster sowie Symbole von Handel und Handwerk schmücken die Fassade des Kontorhauses Sprinkenhof. ▷

SPEICHERSTADT UND CHILEHAUS · HAMBURG

WELTHANDEL HINTER BACKSTEINFASSADEN

Für den Hamburger Freihafen mussten Lagerräume für den wachsenden Handel geschaffen werden. 1883–1927 entstand der weltgrößte Lagerhauskomplex, die Speicherstadt. Die zugehörigen Büroräume für die Kaufleute bot das von den 1920er- bis 1950er-Jahren nördlich davon erbaute Kontorhausviertel mit dem markantesten Gebäude, dem Chilehaus – hochmodern und architektonisch wegweisend.

Den unzähligen Grenzen und damit Handelszöllen innerhalb des Deutschen Reichs sollte der Deutsche Zollverein (ab 1834) ein Ende setzen. Hamburg, das bis dahin Handelsgüter zollfrei lagerte, veredelte und verarbeitete, trat dem Zollverein erst 1888 bei. Es rang dem Deutschen Reich aber einen Freihafen ab, in dem die alten Privilegien weiterhin galten. Die dort angelieferten Güter mussten auch dort, das heißt außerhalb des deutschen Zollgebiets, gelagert werden. Der Hamburger Senat beschloss, ausreichend Lagerräume auf den Elbinseln Kehrwieder und Wandrahm zu schaffen. Doch das war keineswegs brachliegendes Gelände, im Gegenteil, in mehr als 1000 Häusern wohnten rund 20 000 Menschen. In Barockvillen residierten Kaufleute, in armseligen Mietwohnungen des engen »Gängeviertels« hausten Hafenarbeiter und Handwerker. Sie alle mussten sich neuen Wohnraum suchen, Entschädigungen erhielten nur die Hausbesitzer.

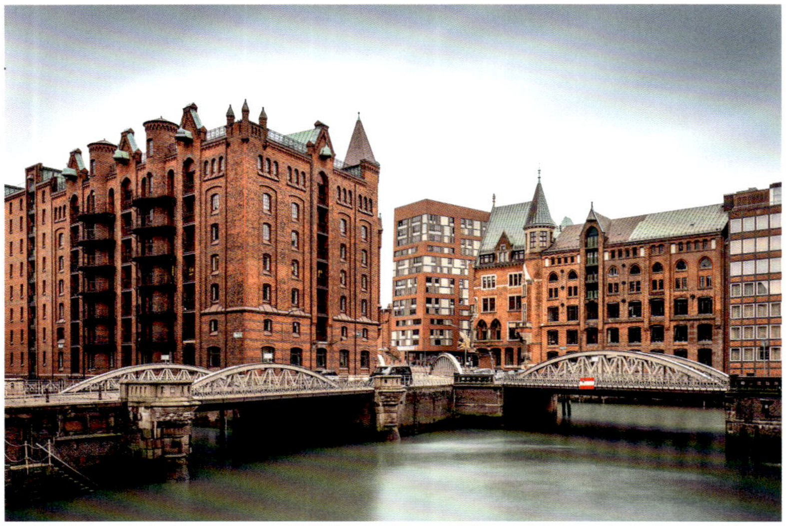

FUNKTIONAL UND ATTRAKTIV

»Zur Ehre Gottes, zum Besten des Reichs, zu Hamburgs Wohl!« Mit diesen Worten weihte Kaiser Wilhelm II. am 29. Oktober 1888 den ersten Bauabschnitt der Speicherstadt ein. Bis 1927 entstanden in zwei weiteren Abschnitten auf dem 1,5 Kilometer langen und bis zu 250 Meter breiten Areal insgesamt 15 nach den Buchstaben des Alphabets bezeichnete Blöcke und sechs Nebengebäude, durchzogen von sechs Fleeten (Kanälen), die insgesamt 23 Brücken überspannten. Die meist sechsstöckigen Gebäude ruhten auf insgesamt 3,5 Millionen Eichenpfählen, die zwölf Meter tief in den Schlick getrieben wurden.

Trotz ihrer Größe von 26 Hektar wirkt die Speicherstadt sehr einheitlich. Alle Häuser wurden im Stil der Backsteingotik der Gründerzeit errichtet: mit Türmchen und Zinnen, Erkern und Giebeln, Nischen, Friesen und Sandsteinornamenten – noch heute eine Augenweide. Charakteristisch sind die runden Treppentürme (Westphalentürme) an den Speichern. Sie beherbergen Fluchttreppen als Brandschutzmaßnahme.

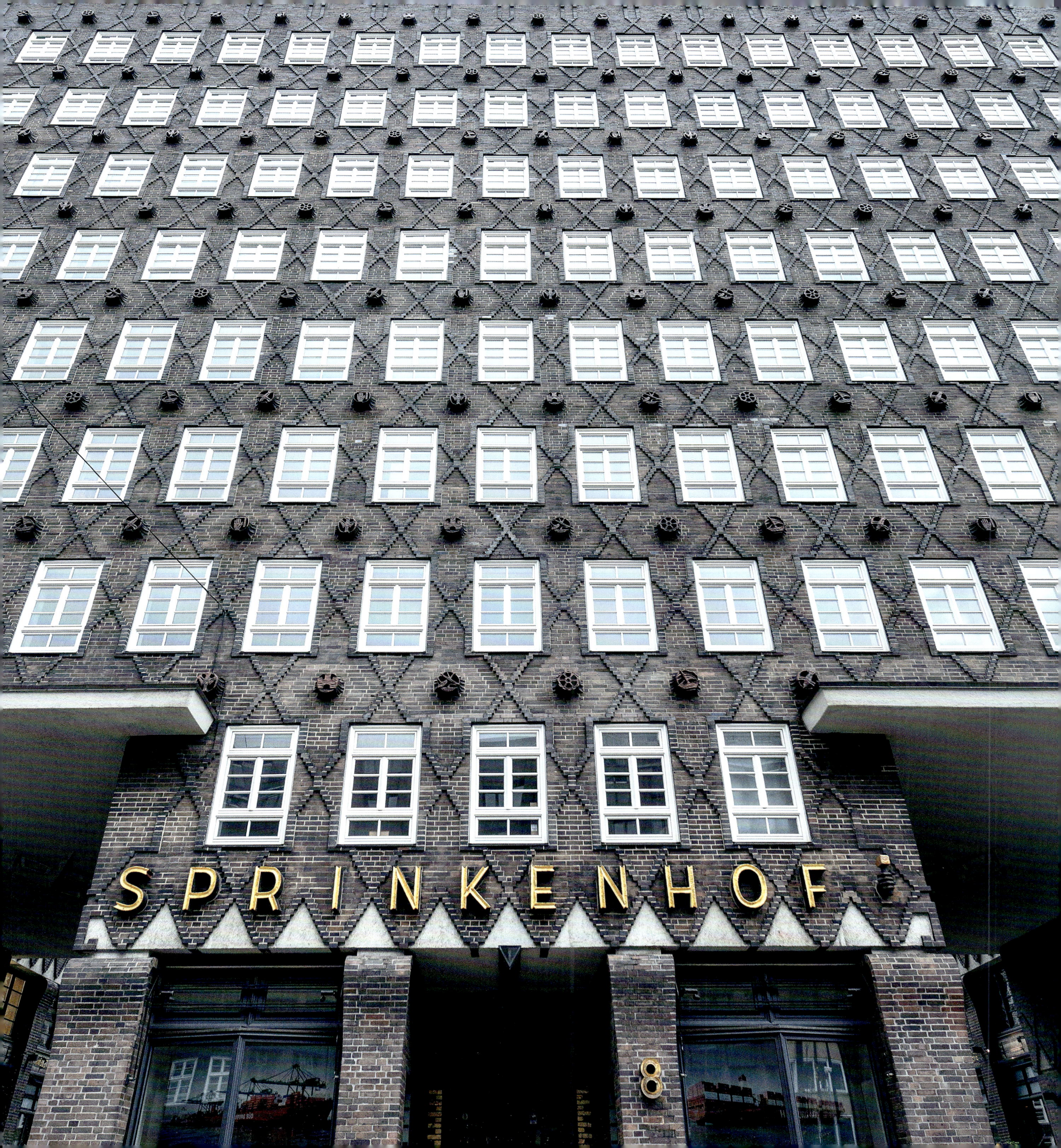
SPRINKENHOF
8

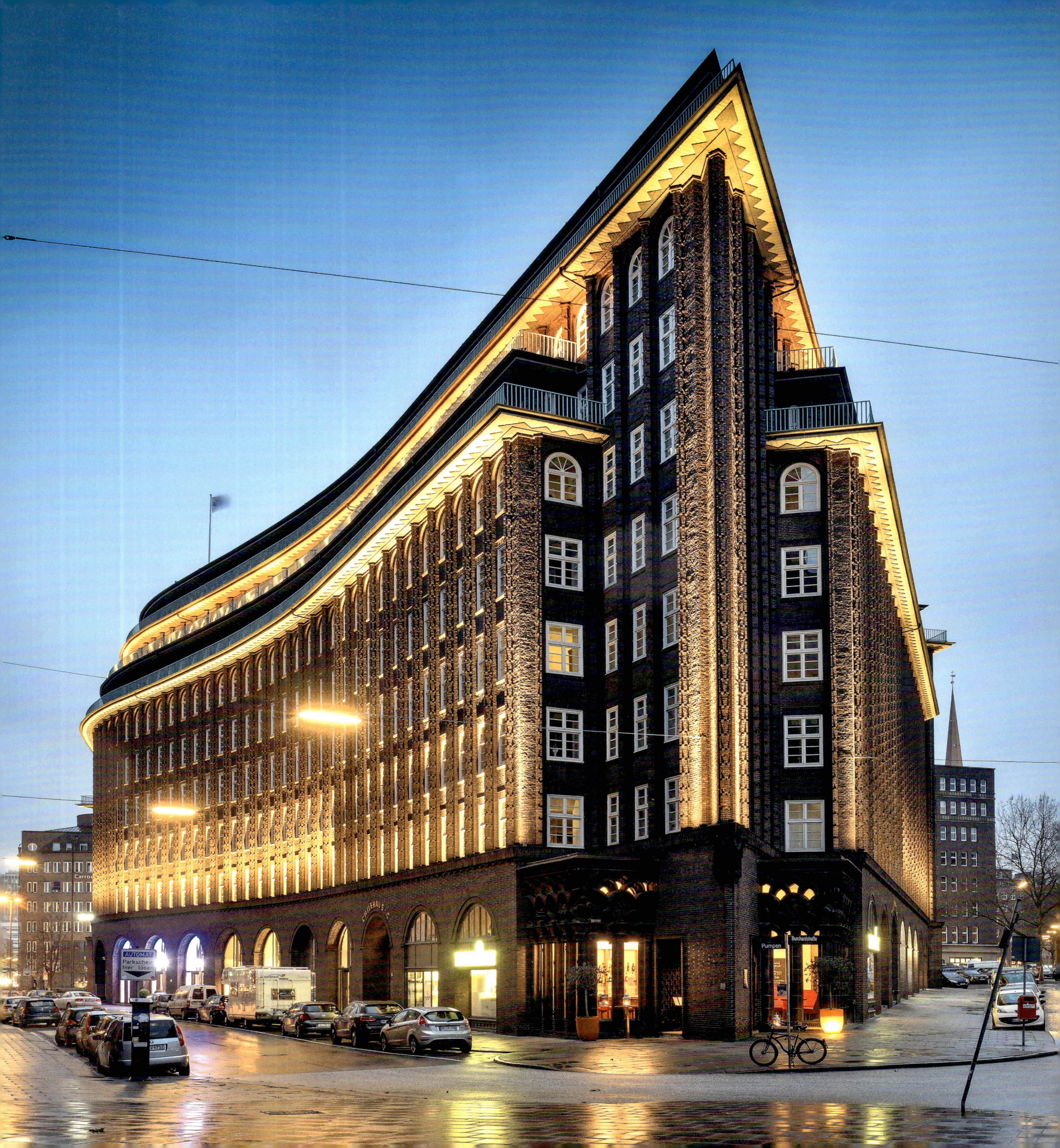
AUTOMAT
Parkschein
hier lösen
Pumpen
Burchardstraße

Nächtliche Beleuchtung unterstreicht die einem Schiffsbug nachempfundene Bauform des Chilehauses. Die Treppenaufgänge nehmen typische Architekturelemente der Fassade auf.

Die Lagerhäuser lagen nach vorne zur Straße, nach hinten zum Fleet. Mit hydraulischen Winden an den Hausgiebeln wurden Kolonialwaren wie Kaffee, Tee, Kakao, Gewürze, Tabak und Kautschuk von Fuhrwerken oder Schiffen in die oberen Böden (Stockwerke) gehievt und gelagert. In den unteren Etagen befanden sich die Verwaltungsräume. Die Energie, also das Druckwasser für die Winden, lieferten Dampfmaschinen des eigens dafür gebauten Kesselhauses (1887), technisch fortschrittlich und sehr anspruchsvoll: Über ein 14 Kilometer langes Rohrnetz aus Druck- und Rücklaufleitungen wurden die Winden versorgt. Die Speicherstadt war zudem 1888 der erste vollständig elektrifizierte Gebäudekomplex in Hamburg. Die Innenräume konnten flexibel gestaltet werden; es gab keine festgelegten Deckenmaße oder Raumgrößen. Zur Grundausstattung gehörten Dielenböden. Darüber zog der Duft der weiten Welt.

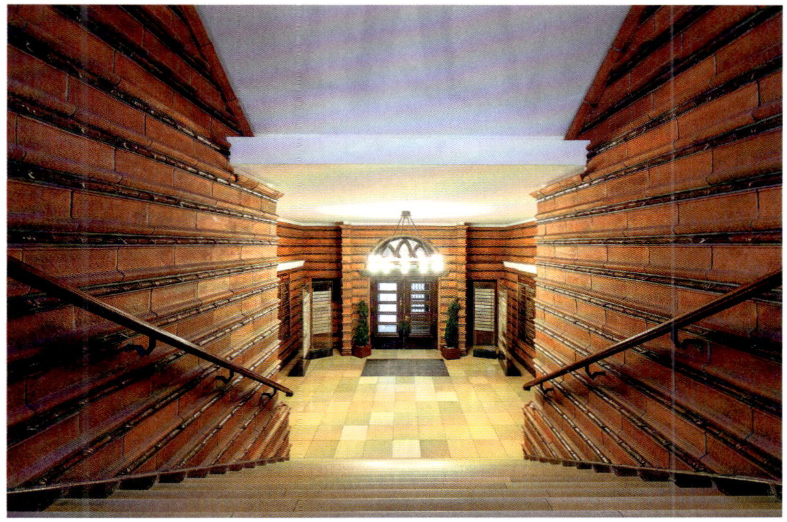

DAS ERSTE BÜROVIERTEL EUROPAS

Im Zweiten Weltkrieg wurde etwa die Hälfte der Speicherstadt beschädigt. Die meisten Gebäude baute man originalgetreu wieder auf. Vollständig zerstörte Bauten ersetzte die Stadt durch neue im Stil der Nachkriegsmoderne, die sich gut in die Umgebung einfügten, etwa die Kaffeebörse (1956) am Pickhuben. Mit dem zunehmenden Containerumschlag und der automatisierten Lagerverwaltung, die unverzollte Ware an jedem Ort erfassen kann, verlor der Freihafenstatus an Bedeutung und wurde 2013 komplett abgeschafft. Mittlerweile ist das weltbekannte und seit 2015 zum UNESCO-Weltkulturerbe zählende Ensemble der Speicherstadt eine Touristenattraktion mit zahlreichen Cafés und Restaurants sowie Angeboten wie dem Speicherstadtmuseum und dem Miniatur-Wunderland, der größten Modelleisenbahnanlage der Welt. Lediglich Teppiche lagern noch auf den Böden.

Seit dem 17. Jahrhundert war im Bereich des heutigen Kontorhausviertels in der Hamburger Altstadt ein »Gängeviertel« mit vielen schmalen Gassen (Twieten) und Fleeten entstanden, in dem das Hamburger Proletariat dicht an dicht in dunklen, altersschwachen Häusern lebte. Mit der Umsiedlung aus der Speicherstadt erhöhte sich die Zahl der Bewohner nochmals. Die hygienischen Bedingungen waren völlig unzulänglich – ein Grund, warum die Cholera-Epidemie 1892 dort verheerend wütete. Die Stadt musste handeln. Eigentlich sollte an Ort und Stelle neuer Wohnraum entstehen, doch Baudirektor Fritz Schumacher verfolgte eine andere Idee: Angesichts des prosperierenden Handels entstand ein Viertel, in dem Büros, in Hamburg Kontore genannt, Platz finden sollten. Erneut wurden Tausende zwangsumgesiedelt. Mit dem Kontorhausviertel entstand das erste reine Büroviertel in Europa.

Die Planungen sahen großzügige Bauten vor, alle mit Klinkerfassaden, doch jedes für sich individuell. Herausragend zur damaligen Zeit: Während sich die Bürohausarchitektur international noch an historisierenden Formen orientierte, war das Kontorhausviertel vom Expressionismus inspiriert. Einer der markantesten Bauten ist das Chilehaus, das Unternehmer Henry B. Sloman 1920–24 errichten ließ. Er hatte ein Vermögen mit Bergwerken und dem Handel von Salpeter aus Chile gemacht – daher der Name.

Von unten betrachtet wirken die Treppenhäuser im Chilehaus wie künstlerisch gestaltete Spiralen.

Das charmante Wasserschloss (1907) auf einer Halbinsel zwischen zwei Fleeten ist einer der ältesten und meistfotografierten Bauten der Speicherstadt. ▽▽

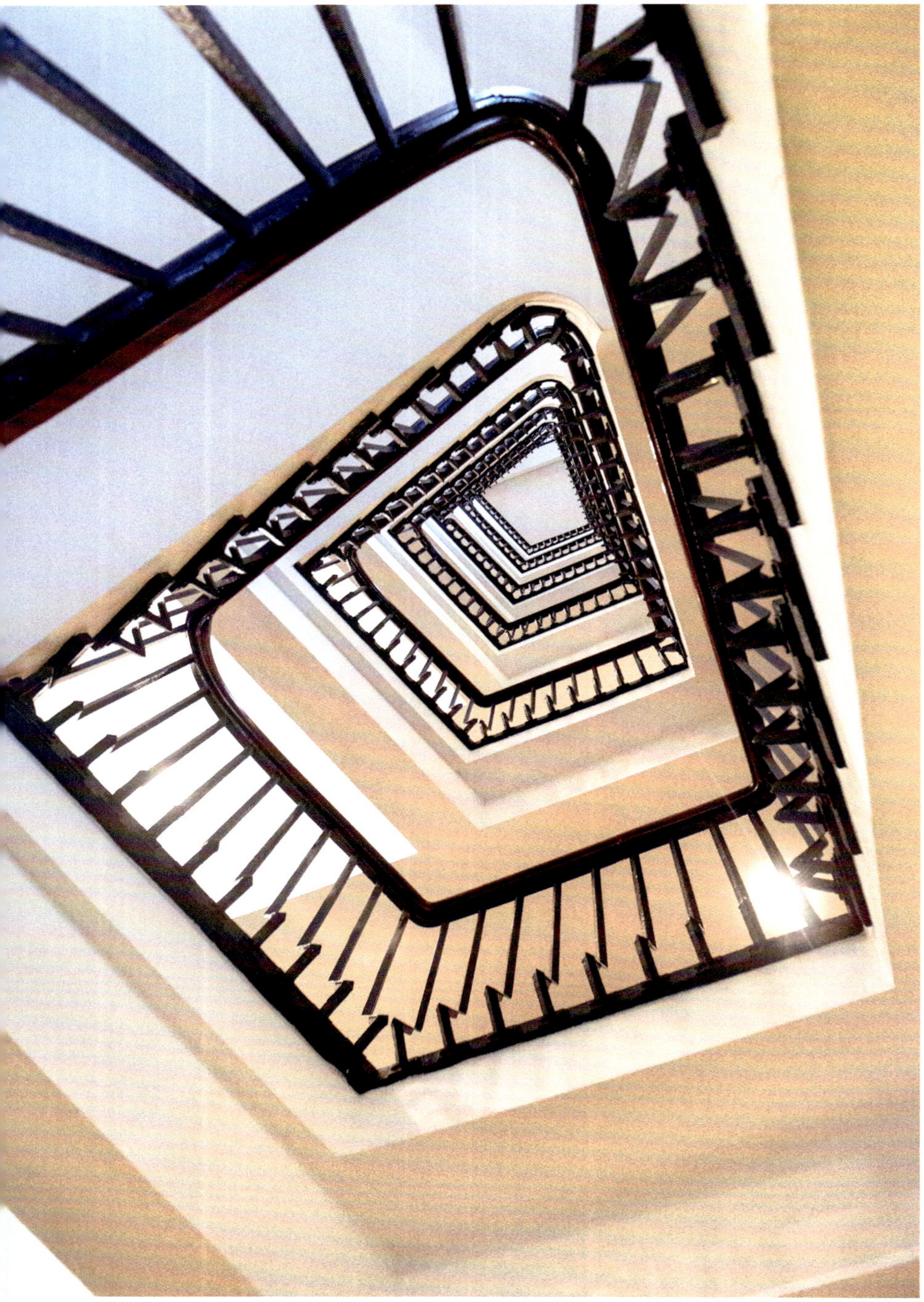

KLINKERWELLEN MIT RELING

Architekt Fritz Höger entwarf ein wahrlich einmaliges Gebäude. Es besteht aus zwei miteinander verbundenen Blöcken, welche die Straße Fischertwiete torförmig überwölben und mehrere Innenhöfe umschließen. Nähert man sich von der Südostseite, erkennt man sofort einen Schiffsbug. Eine Fassadenseite verläuft von dieser Spitze aus gerade, die andere ist S-förmig geschwungen. Die oberen der zehn Etagen sind als Staffelgeschosse zurückversetzt und mit einem weißen Geländer versehen, das an eine Schiffsreling erinnert. Dadurch wirkt der Bau trotz seiner Größe – knapp 6000 Quadratmeter Fläche und 42 Meter Höhe – leicht und dynamisch.

Virtuos ist die Fassade aus unregelmäßig gebranntem Klinker gestaltet, der je nach Tageslicht eine andere Farbe annimmt. Vorspringende Pfeiler zwischen den 2800 Fenstern ergeben in der Schrägansicht eine fensterlos erscheinende Wandfläche. So erhält der Bau immer wieder ein anderes Gesicht. Hinzu kommt ein aufwendiger Fassadenschmuck. Zu sehen sind Tiermotive aus Keramik, in den Nischen auch Figuren. Ein Andenkondor ziert wie eine Galionsfigur den »Bug« des Chilehauses, wogenartige Terrakotten schmücken die Arkaden. Treppenhäuser und Vestibüle wurden ebenfalls exquisit ausgestattet: mit geschwungenen Treppen, Marmor und Linoleumböden, Kassettentüren aus Mahagoni sowie reichem Keramik- und Ornamentschmuck an Decken und Wänden.

Raffiniert ist die Bauweise. In den Boden getriebene Pfeiler verleihen Standfestigkeit. Ein Stahlbetonskelett, das eine flexible Gestaltung der Innenräume erlaubt, wurde mit einer traditionell gemauerten Fassade ummantelt. Das Chilehaus stand weltweit für funktionelle moderne Büroarchitektur.

Auch heute noch ist das Chilehaus eine noble Adresse in Hamburg. Es wurde in den 1990er-Jahren saniert und mit zeitgemäßer Technik ausgestattet. Um den größten Innenhof gruppieren sich kleine Restaurants und Geschäfte, in den Büroräumen darüber residieren Anwälte, Ärzte und kleinere Unternehmen.

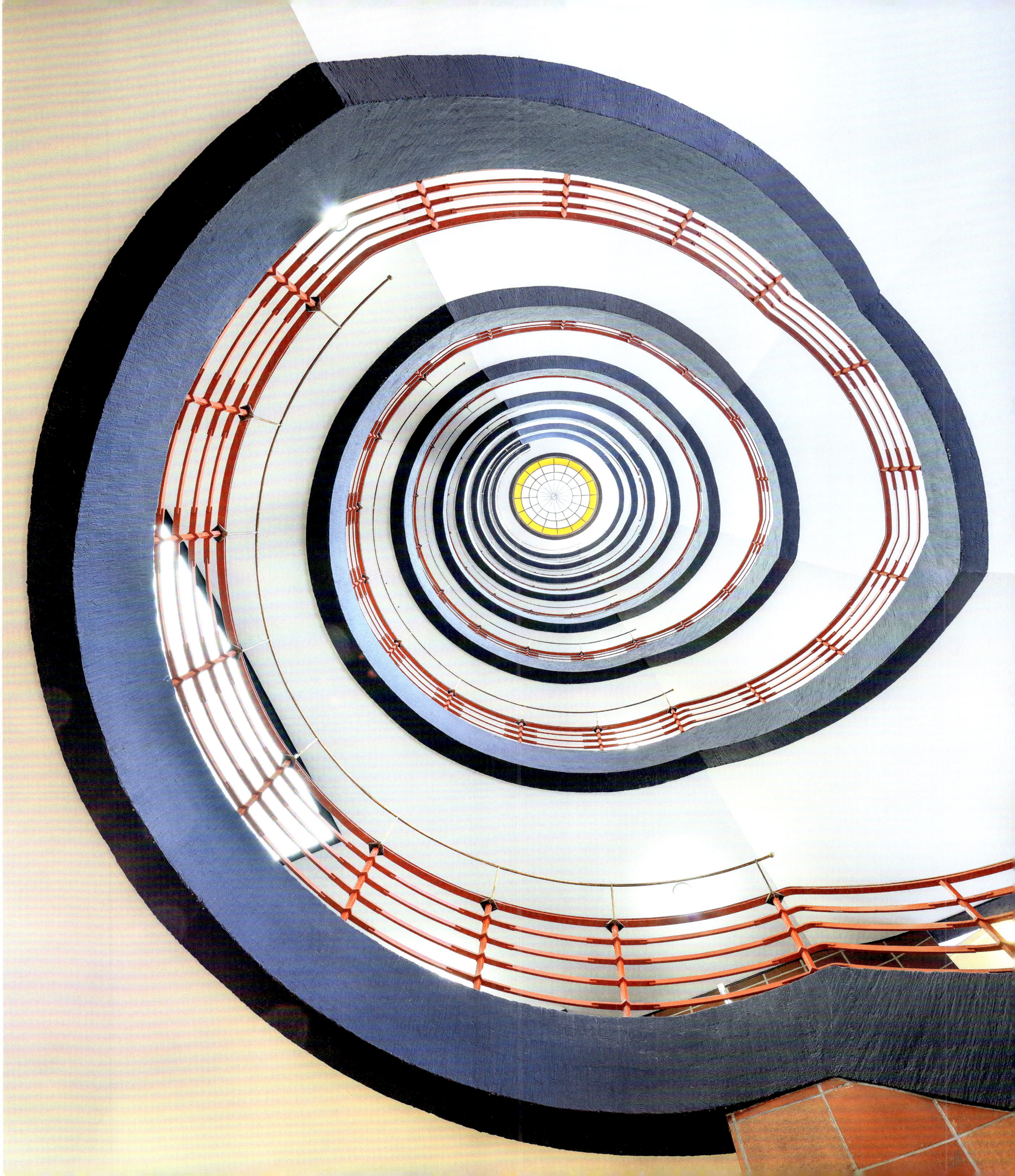

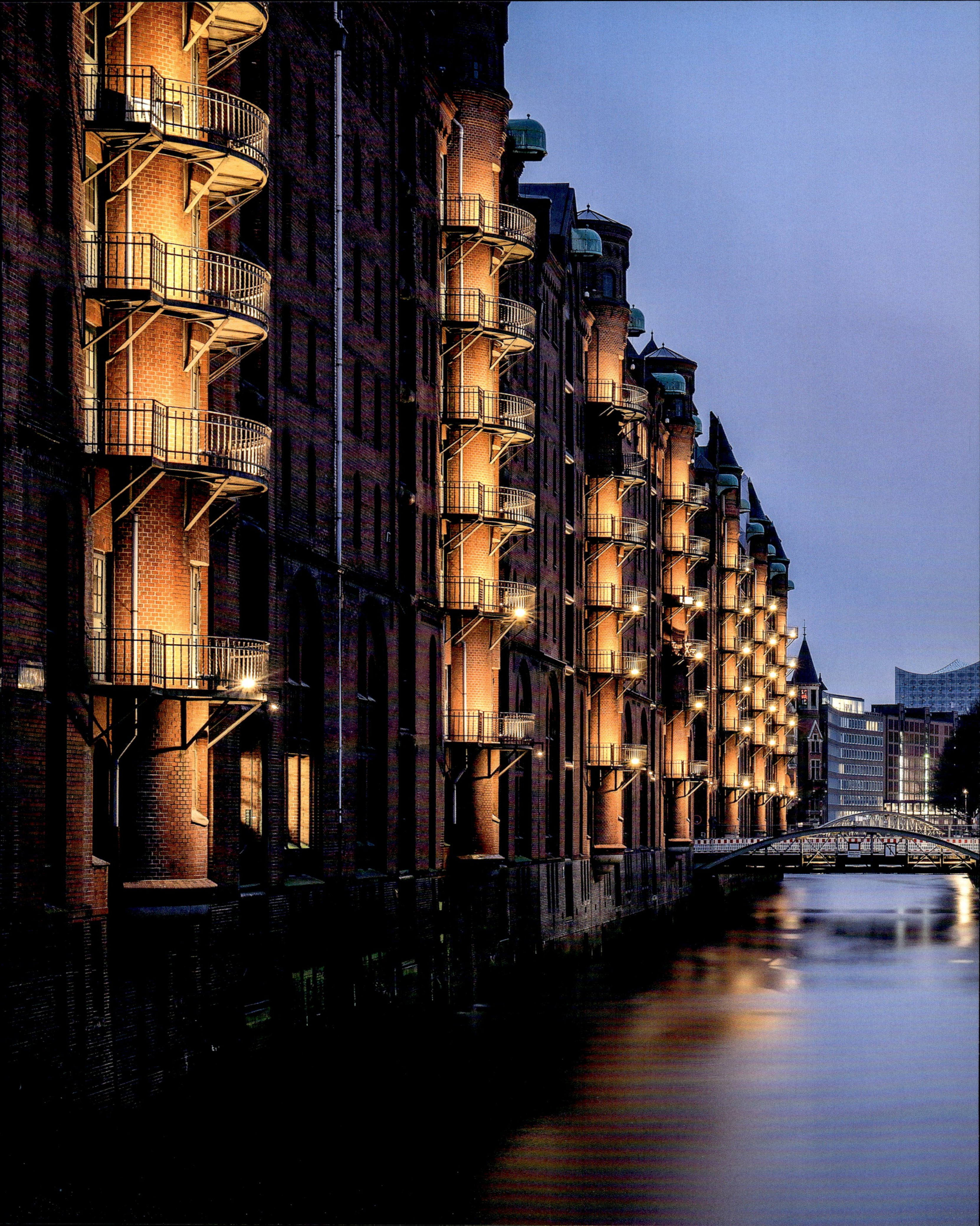

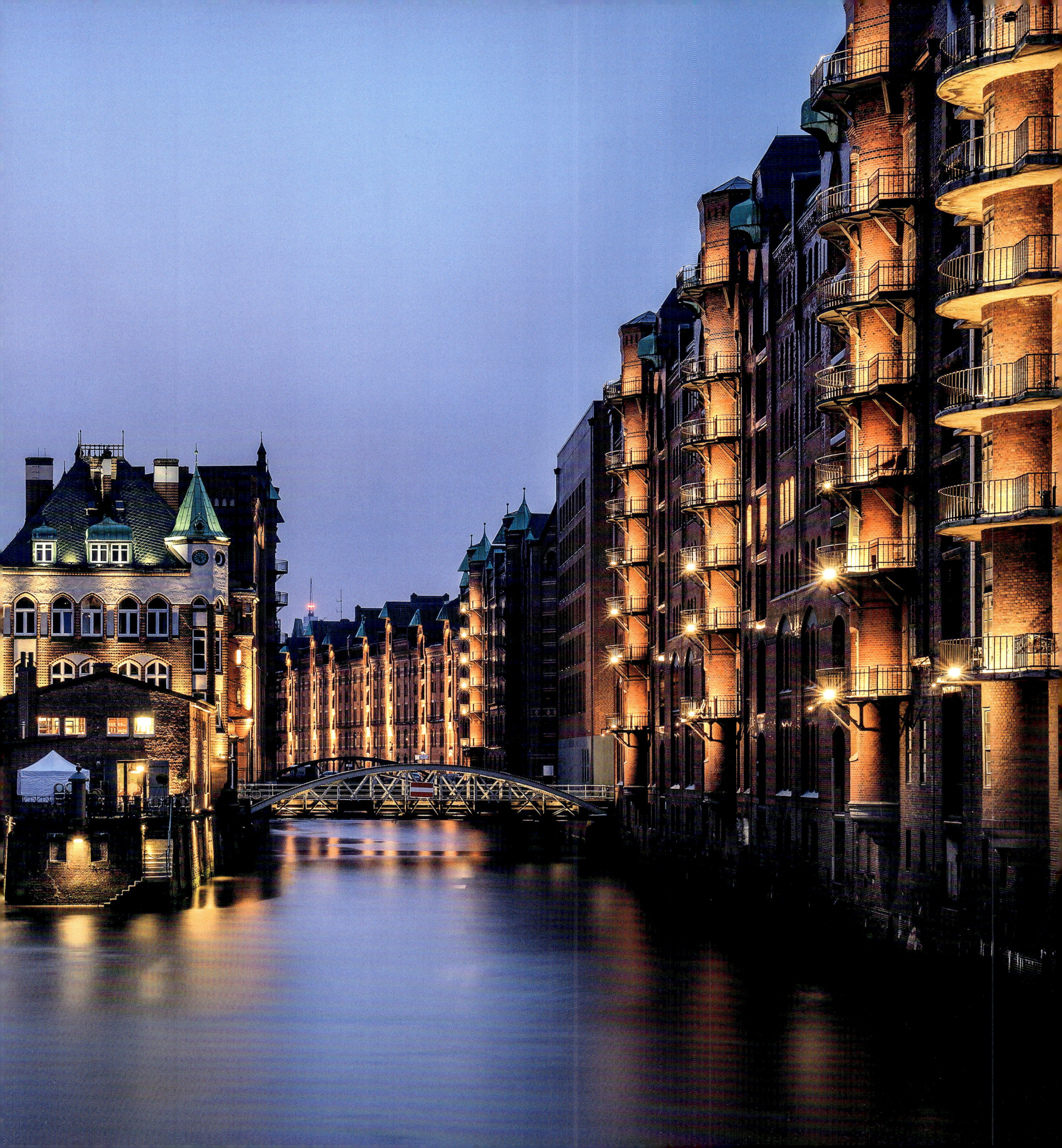

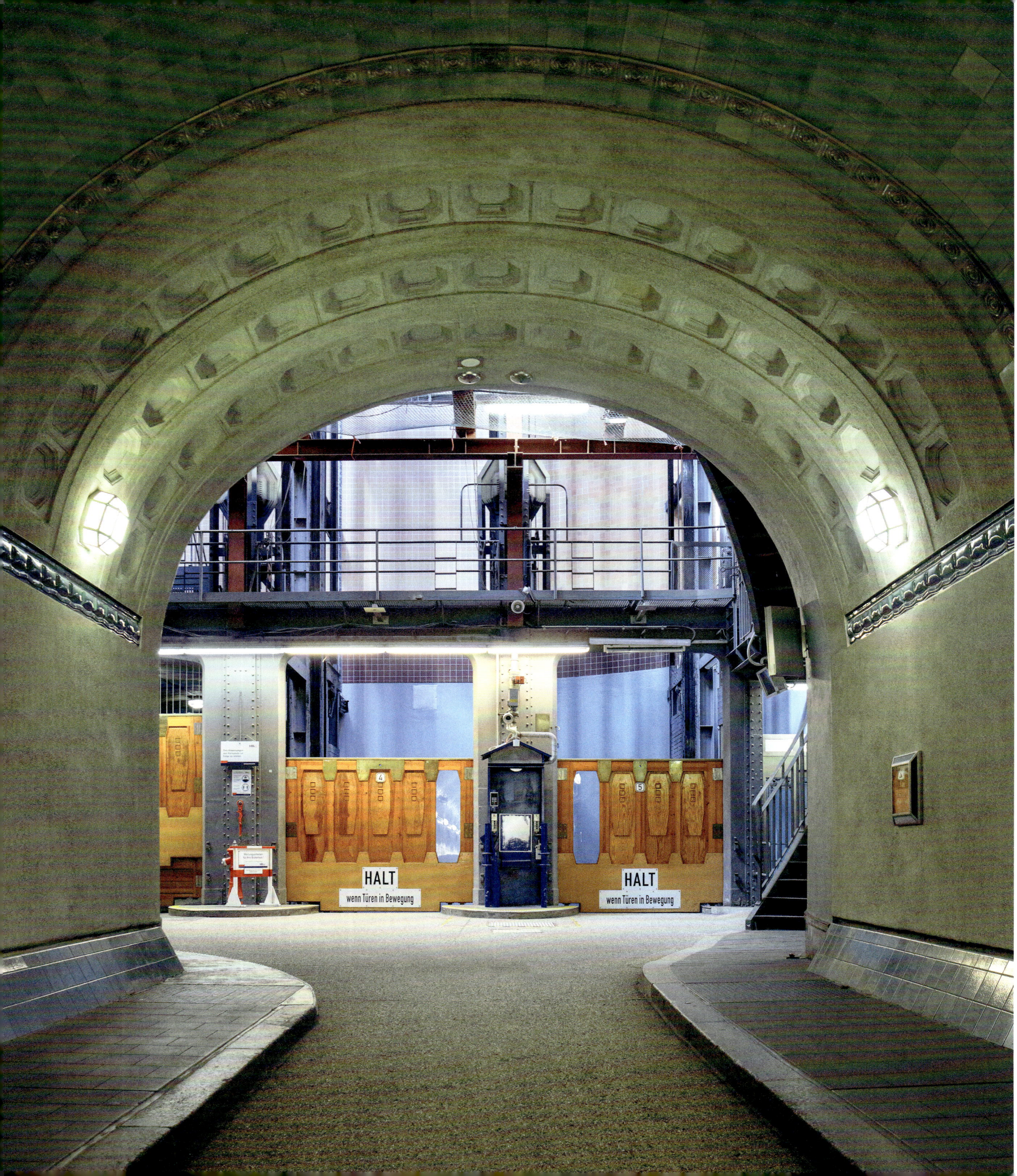
HALT
wenn Türen in Bewegung
HALT
wenn Türen in Bewegung

Die Türen gewähren Einlass in die Aufzüge für Fahrzeuge im Alten Elbtunnel. ◁
Der überkuppelte Eingang des Alten Elbtunnels in St. Pauli im Stil des Historismus befindet sich direkt an den Landungsbrücken. ▽

ALTER ELBTUNNEL · HAMBURG

SCHÖNHEIT UND TECHNIK KUNSTVOLL VEREINT

Es war ein kühner Plan! Für Zehntausende Hamburger Werft- und Hafenarbeiter, die auf dem Weg zu ihrem Arbeitsplatz die Elbe auf überfüllten Fähren querten, musste eine Lösung her. Eine bewegliche Brücke? Eine Schwebefähre? Nein, der Hamburger Senat entschied sich 1901 für den Bau eines Tunnels unter der Elbe durch – es wäre der erste dieser Art auf dem europäischen Kontinent.

Schon 1895 waren im Hamburger Hafen an die 25000 Arbeiter beschäftigt. Als der stetig wachsende Hafen auf die südliche Elbeseite, die Elbinsel Steinwerder, verlegt werden musste, bedeutete das für die Arbeiter, dass sie jeden Tag morgens und abends die Elbe queren mussten. Zunächst standen dafür die Fähren der Linie HADAG zur Verfügung, doch die platzten schon bald aus allen Nähten. Zudem verkehrten sie bei Nebel, Sturm, Schnee und Eis sehr unzuverlässig. Gerade bei schlechtem Wetter war die Überfahrt quer zu den ein- und auslaufenden Schiffen lebensgefährlich, erst recht mit den vielen kleinen Ruderbooten, auf welche die Arbeiter auswichen, die sich kein Fährticket leisten konnten. Umgekehrt behinderten die querenden Boote den großen Schiffsverkehr. Zustände, die den Protest der Hafenarbeiter und der Besitzer der großen Werften auf Steinwerder, Blohm & Voss, AG Vulcan und Reiherstiegwerft, auf den Plan riefen. Sie forderten vehement eine leistungsfähige Verbindung vom einen zum anderen Ufer.

Der Hamburger Senat aus ehrbaren Kaufleuten hatte bis dahin eine Alternative zur Fähre stets abgeblockt – aus Kostengründen. Doch der Protest zeigte Wirkung. So erwog man mehrere Lösungen: eine bewegliche Brücke oder eine Schwebefähre? Die hätten den Schiffsverkehr ebenfalls behindert. Eine Hochbrücke? Sie müsste eine lichte Höhe von 55 Metern haben, damit Schiffe mühelos hätten passieren können, und war damit zu teuer. Blieb der Plan, einen Tunnel zu bauen. Vorbild war der Clyde-Tunnel in Glasgow. Technisch machbar war die Lösung also, als erster Tunnel unter einem Fluss auf dem europäischen Kontinent aber ein Abenteuer!

SCHILDVORTRIEB MIT LUFTDRUCKSCHLEUSEN

Die Pläne sahen einen Ein- und Ausgang jeweils bei den Landungsbrücken in St. Pauli und auf Steinwerder vor. Da es keinen Platz für Rampen gab, entschied man sich, Menschen und Fahrzeuge per Aufzug 24 Meter nach unten zu befördern. Dort sollten zwei 426,5 Meter lange Röhren die beiden Elbufer verbinden. Am 22. Juli 1907 begannen die Bauarbeiten.

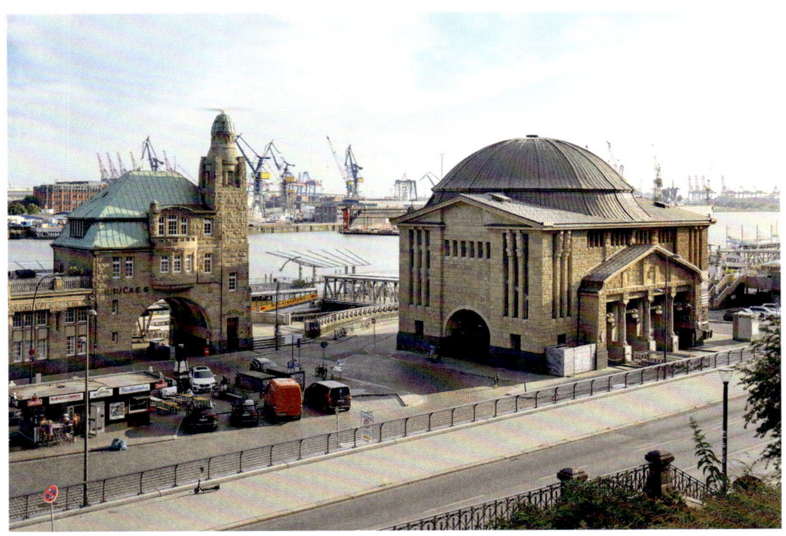

» Der 426,5 Meter lange Alte Elbtunnel in Hamburg galt bei seiner Eröffnung 1911 als technische Sensation.

Zunächst wurden die Schächte an den Endpunkten mittels Senkkästen angelegt. Man hob eine entsprechend große Öffnung aus und der Kasten rutschte selbstständig nach. Oberhalb wurde jeweils ein neuer Ring aus Beton gegossen. Für die Röhren unter der Elbe wurde das damals hochmoderne und auch heute noch verwendete Schildvortriebsverfahren eingesetzt. Ein hydraulisch angetriebener Bohrschild wird dabei schrittweise in Richtung der Tunnelachse vorgepresst. Er umschließt den Ausbruchraum, bis ein vorgefertigtes Ringsegment (Tübbing) eingezogen ist, das den zuvor provisorischen Tunnel nun endgültig auskleidet. Diese Stahlelemente werden dann vernietet, abgedichtet und verputzt. So arbeitete man sich Tübbing für Tübbing vor – bei 100 Prozent Luftfeuchtigkeit und 35 bis 40 °C Temperatur eine echte Knochenarbeit!

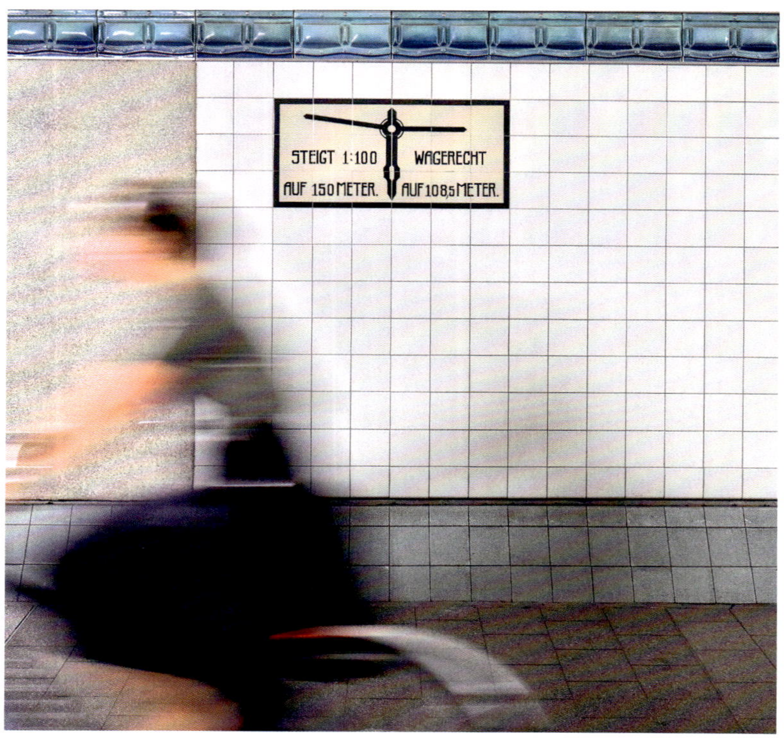

Um das Eindringen von Wasser in den Tunnel zu verhindern, wurden die Arbeiten zum Teil bei Überdruck ausgeführt. Die medizinischen Kenntnisse über die Folgen waren rudimentär. Das eigens zur Betreuung der Arbeiter engagierte Arztehepaar Arthur und Adele Bornstein erkannte, dass man die Menschen langsam an den Überdruck und nach der Schicht wieder an den normalen Luftdruck gewöhnen musste. Zu diesem Zweck wurden Luftschleusen installiert. Wurden die Arbeiter erst auf dem Nachhauseweg ohnmächtig, mussten sie zurückgebracht und in einer Notfallschleuse erneut an den Umgebungsluftdruck gewöhnt werden. Arbeiter, die in Wilhelmsburg wohnten, durften daher nur noch zu zweit nach Hause gehen. Im Überdruckbereich des Tunnels begleiteten ein Hund und ein Affe die Arbeiter, denn beide Tiere reagieren sehr sensibel auf Sauerstoffmangel. Verloren sie das Bewusstsein, drohte Gefahr. Von den 4400 Arbeitern auf der Baustelle erkrankten knapp 700, drei starben an den Folgen des Arbeitens bei Überdruck.

Trotz der Risiken waren die Jobs beim Tunnelbau begehrt, denn sie wurden weit besser bezahlt als andere. Der junge Ingenieur und Bauleiter Otto Stockhausen (1878–1914) setzte auf überwiegend osteuropäische Gastarbeiter mit Bergbauerfahrung. Und die leisteten ganze Arbeit: Nur 12 Millimeter wich die westliche Röhre letztlich von den Planungen ab. Am 7. September 1911 wurde der Tunnel für Fußgänger, am 30. November für Pferdefuhrwerke und Autos eröffnet.

VERBINDUNG FÜR MENSCH UND PFERD

Drei imposante Steinportale mit Pfeilern und Giebeln, überwölbt von einer großen Kuppel zieren den repräsentativen Rundbau aus Tuffstein im Stil des Historismus am Tunneleingang in St. Pauli. Im Inneren fallen die großen Fenster, die Plastiken an den Wänden und die Stahlkonstruktion der Fahrkörbe auf. Am Steinwerder Eingang befand sich ein identischer Bau, allerdings der Umgebung entsprechend aus Backstein. Er wurde im Zweiten Weltkrieg beschädigt und nicht gänzlich im alten Stil wiederaufgebaut. Die Reliefs an den Wänden zeigen in St. Pauli Motive von

Historisches Hinweisschild, das die Neigung des Wegs im Tunnel angibt. ◁
Stahlkonstruktion im Fahrstuhlschacht: Der Aufzug versieht auch nach über 100 Jahren seinen Dienst einwandfrei. ▽

Auftrag, Bau, Durchstich und Eröffnung des Tunnels, auf Steinwerder Darstellungen zu den Elementen Erde, Feuer, Wasser und Luft.

Lange Treppen, zwei Personenaufzüge und vier hydraulisch betriebene Fahrkörbe, einst für Pferdefuhrwerke, dann für Automobile, stehen in jedem Schacht zur Verfügung. Die Tunnelröhren sollten mindestens einen Durchmesser von 4,80 Metern haben, damit ein Fuhrwerk mit aufgestellter Peitsche auf dem Kutschbock hindurch passte. Sie waren hell gekachelt, unterbrochen von kunstvollen Reliefs mit Motiven zur Tierwelt in der Elbe: Muscheln, Krebse, Fische. Kein Zweifel, der Tunnel war nicht nur eine technische Sensation, er wurde auch ungewöhnlich schön gestaltet.

Seit der Eröffnung nutzten ihn jährlich 20 Mio. Menschen, die meisten von ihnen Hafen- und Werftarbeiter. Morgens und abends war der Elbtunnel schwarz von Menschen, dann war der Betrieb nur in eine Richtung möglich. Die Arbeiter sollten eigentlich für die Nutzung zahlen, doch das lehnten sie mit dem Verweis darauf ab, dass die Reitwege für die Hamburger Großbürger schließlich auch ohne Gebühr der Nutzer befestigt würden.

EIN MEISTERWERK WIRD ERFRISCHT

Mit dem Werftensterben in den 1970er- und 1980er-Jahren und dem Aufkommen des Containerfrachtverkehrs verlor der Elbtunnel an Bedeutung. Das änderte sich mit dem zunehmenden Freizeit- und Touristikangeboten im Hafengebiet. Seit 1994 wird der Alte Elbtunnel, wie er inzwischen im Unterschied zum Neuen Elbtunnel hieß, umfassend und mit viel Liebe zum historischen Detail restauriert. Die Technik wird auf den neuesten Stand gebracht, Fliesen und Reliefs sowie die alten Lampen erhalten mit viel handwerklicher Präzision neuen Glanz. 2019 wurde die Oströhre wiedereröffnet, 2024 soll auch die Renovierung der Weströhre abgeschlossen sein. 1,9 Millionen Menschen durchquerten und bestaunten die Oströhre 2019, die seitdem nur noch für Fußgänger und Fahrräder geöffnet ist. Kaum zu glauben, dass dieses technische Meisterwerk tatsächlich schon mehr als 100 Jahre alt ist!

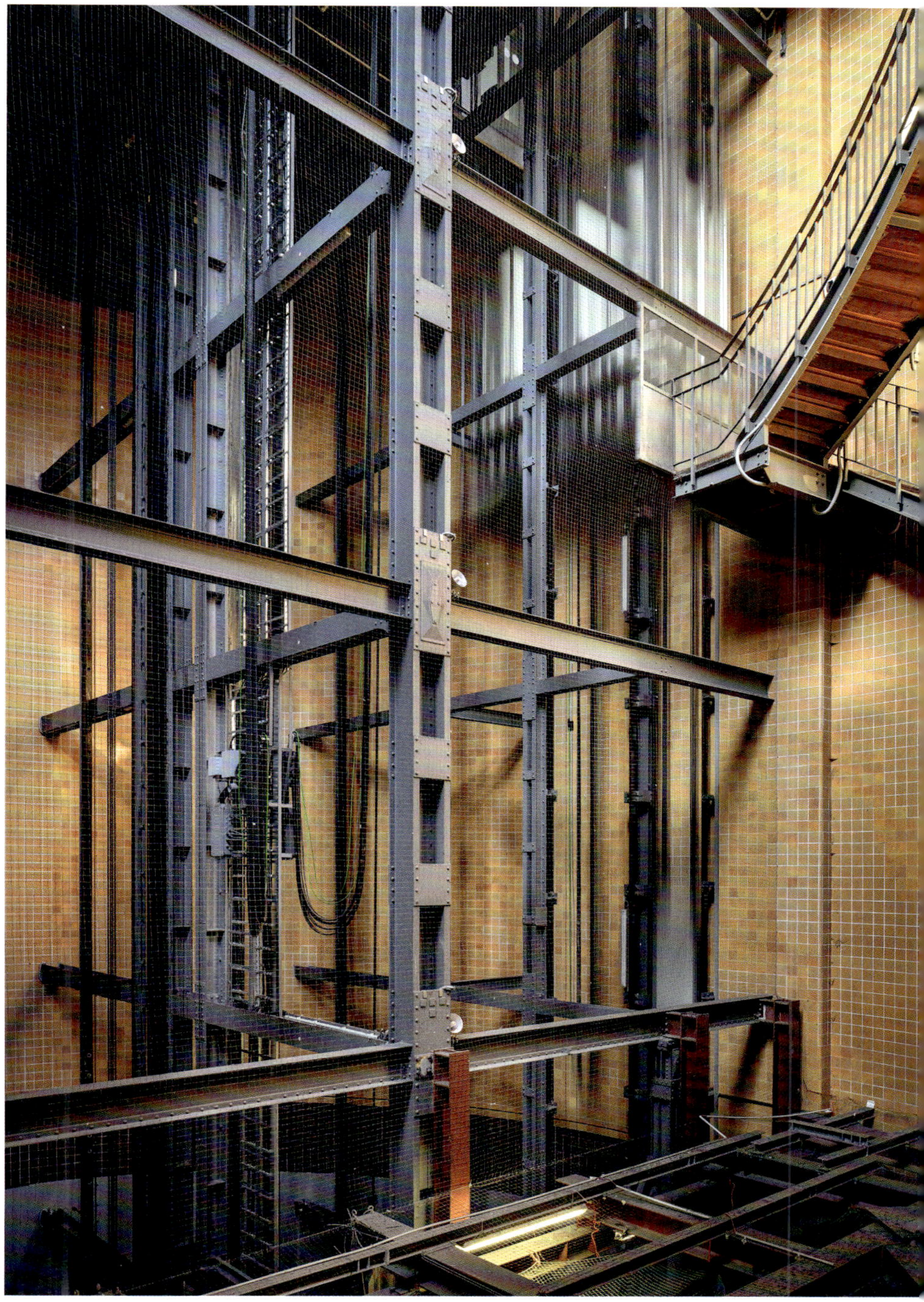

Eingebettet in eine parkähnliche Landschaft bieten die historischen Bauwerke des Alten Schiffshebewerks einen Rundgang durch ein Jahrhundert Schiffshebe- und Schleusentechnik.

ALTES SCHIFFSHEBEWERK HENRICHENBURG · WALTROP

SCHIFF AHOI – IM AUFZUG ZUM OBERWASSER

Etwa 45 Minuten dauerte der gesamte Vorgang: Zunächst wurden die mit Kohle und Erz beladenen tonnenschweren Lastkähne in die stählerne Aufzugswanne manövriert, um sie dann ganze 14 Meter hoch über die Wasserstufe des Dortmund-Ems-Kanals zu heben. Als Schlüsselbauwerk machte das Schiffshebewerk Henrichenburg Ende des 19. Jahrhunderts den Weg frei bis zum Dortmunder Hafen und schuf damit einen wichtigen Verbindungsweg für die westdeutsche Binnenschifffahrt.

Feierlich ging es zu, als das Schiffshebewerk nach siebenjähriger Bauzeit am 11. August 1899 in der Gemeinde Henrichenburg, früher ein Ortsteil von Waltrop, heute zu Castrop-Rauxel gehörend, eröffnet wurde. Alles, was Rang und Namen hatte, war ins nördliche Ruhrgebiet gekommen, um der Einweihungsrede Wilhelms II. zu lauschen. Der Kaiser hatte es sich nicht nehmen lassen, das preußische Prestigeobjekt selbst auf den Weg zu bringen. Denn das heutige Industriedenkmal war nicht nur eine technische Meisterleistung, sondern auch der sichtbare Beweis dafür, dass Preußen dabei war, einen neuen Verkehrsweg als Alternative zur Schiene zu schaffen. Die Binnenschifffahrt sollte die Eisenbahn ersetzen, die das stetig wachsende Gütervolumen des aufstrebenden Bergbau- und Hüttenwesens nicht mehr alleine bewältigen konnte. Die Verbindung der inländischen Flüsse mit den Seehäfen über künstliche Wasserstraßen wie den Dortmund-Ems-Kanal und den zur damaligen Zeit noch heftig umstrittenen Mittellandkanal wurde als aussichtsreiche Möglichkeit gesehen, den industriellen Aufschwung zu unterstützen. Der Bau des Schiffshebewerks Henrichenburg war ein kleines, aber wichtiges Teilstück bei der Errichtung dieses neuen zukunftsträchtigen Transportnetzes.

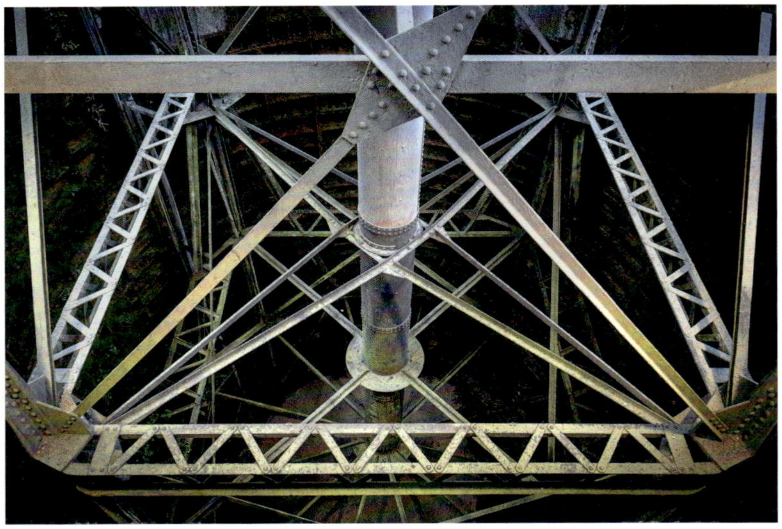

STÄHLERNE BADEWANNE

Die raffinierte Technik des Schiffshebewerks fand auch international große Beachtung. Schließlich war es das erste Senkrecht-Hebewerk, das mithilfe von mehreren Schwimmern auch große Schiffe bis zu 750 Tonnen Gewicht über eine Wasserstufe heben oder senken konnte. Aus Kostengründen hatte man sich gegen eine Schleusentreppe entschieden und stattdessen diese Lösung favorisiert. Errichtet wurde das Bauwerk von der Düsseldorfer Maschinenfabrik Haniel & Lueg nach den Entwürfen von Rudolph Haack, Schiffsbauingenieur aus Stettin. Die Konstruktion machte sich die im Archimedischen Prinzip beschrie-

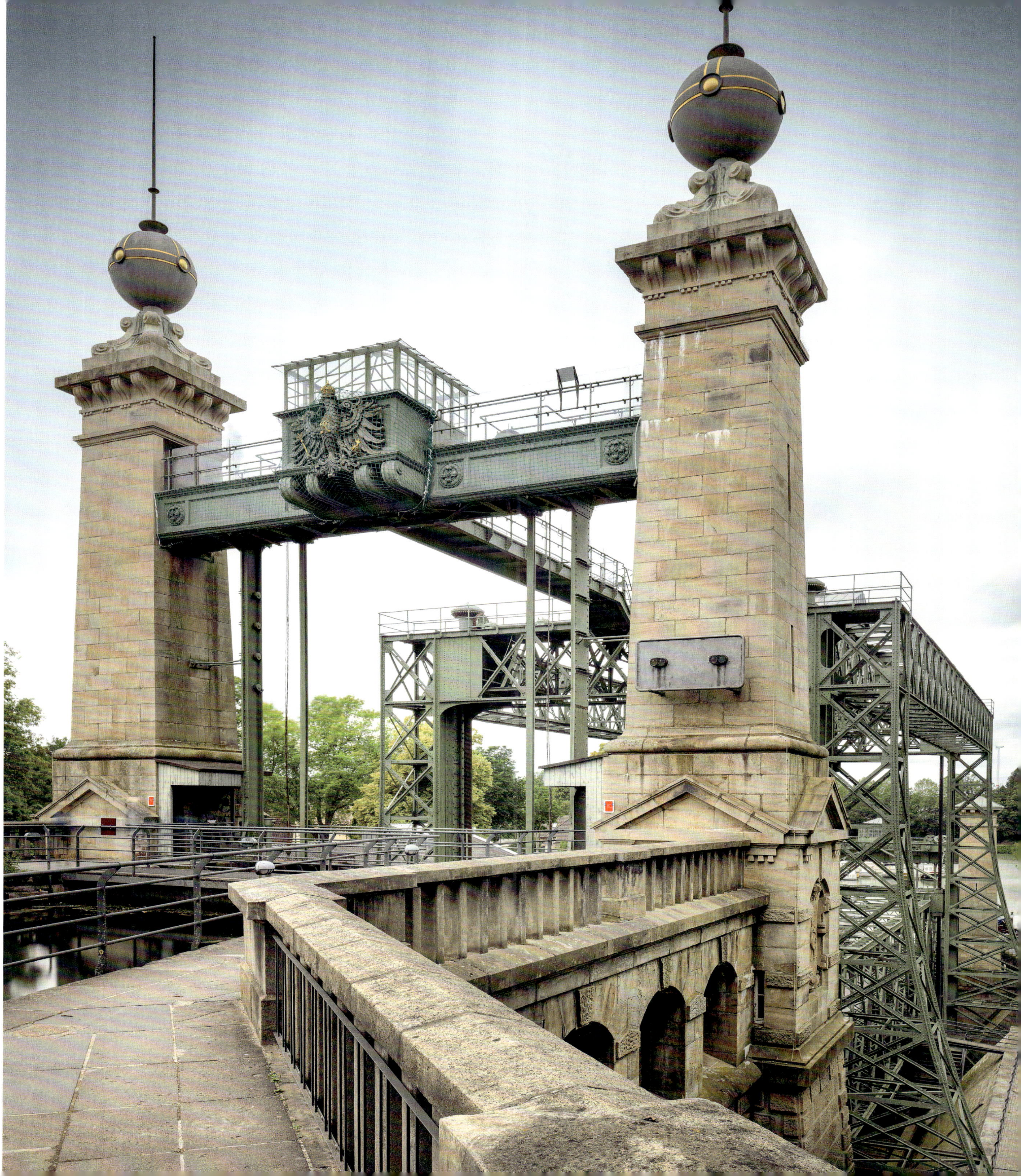

Ein Blick in den gewaltigen Schiffstrog lässt erahnen, warum das Bauwerk einst als innovatives technisches Meisterwerk gefeiert wurde. Die Wendeltreppe führt nach oben zu den Steintürmen.

bene natürliche Auftriebskraft eines Körpers im Wasser zunutze: Fünf mit Luft gefüllte eiserne Zylinder, sogenannte Schwimmer, wurden in fünf tiefe wassergefüllte Schächte getaucht. Auf diesen Schwimmern ruhte der 70 Meter lange, rund 8,8 Meter breite und 2,5 Meter tiefe Schiffstrog, der wie eine gigantische Badewanne die Lastkähne aufnahm. Das Gewicht des Troges stand der Auftriebskraft der Schwimmer entgegen. Wurde der Wasserstand im Trog nun geringfügig erhöht oder gesenkt, bewegte sich der Trog mitsamt seiner Schiffsladung nach oben oder unten. Auf diese Weise war es ein Leichtes, ein Gesamtgewicht von rund 3100 Tonnen zu heben. Während andere Schiffshebewerke mit hydraulischer Kraft nach dem Presskolbenprinzip arbeiteten, war in Henrichenburg nur ein vergleichsweise kleiner Motor nötig, um die Auf-und-ab-Bewegung zu unterstützen.

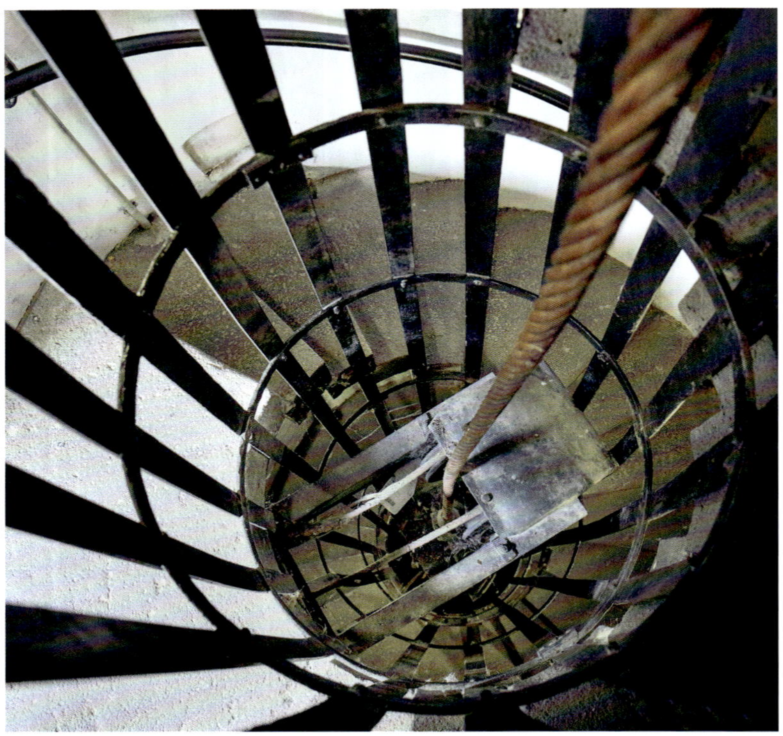

STAATSTRAGENDE ARCHITEKTUR

Das Schiffshebewerk bestach aber nicht nur durch seine Funktionsweise, sondern auch durch seine bauliche Eleganz. Denn den staatlichen Auftraggebern war Technik allein nicht genug: Das Bauwerk sollte auch ein repräsentatives Zeichen setzen für die Fortschrittlichkeit Preußens. Nach den Plänen von Carl Hinckeldey, seines Zeichens Oberbaudirektor im Berliner Ministerium der öffentlichen Arbeiten, errichtete man ein neobarockes Monument aus Stein und Stahl in perfekter Einheit. Zwischen den beiden mit großen Schmuckkugeln bewehrten Türmen prangt der Preußenadler mit den königlichen Herrschaftsinsignien Krone, Zepter und Reichsapfel. Auf der Südseite verweist das Westfalen-Ross auf den westfälischen Standort und die Nordseite schmückt das Wappen des Königreichs Hannover, jener Provinz, die der Dortmund-Ems-Kanal durchfließt. Auf dem Torleitstand im unteren Teil des Bauwerkes ist außerdem ein Kunstwappen mit dem Abbild Fortunas, der Glücks- und Schicksalsgöttin aus der römischen Mythologie, angebracht. Dank seiner spektakulären Architektur gepaart mit moderner Technik wurde das Schiffshebewerk zu einer herausragenden Sehenswürdigkeit und war von Beginn an ein beliebtes Foto- und Postkartenmotiv.

Da die Kanalschifffahrt immer weiter expandierte und der Dortmund-Ems-Kanal stetig für immer größere Kähne ausgebaut wurde, war das Alte Schiffshebewerk bald zu klein für die Flut an Lastkähnen und Frachtschiffen. Bereits 1914, zeitgleich mit der Fertigstellung des Rhein-Herne-Kanals, baute man in unmittelbarer Nachbarschaft eine Schachtschleuse mit mehreren Becken, die beim Schleusenvorgang vom Ober- zum Unterwasser Wasser sparen sollten. Doch auch diese Anlage reichte bald nicht mehr aus und so entstand 1962 hinter der Schachtschleuse das Neue Hebewerk, ebenfalls ein Schwimmer-Hebewerk, dessen Trog aber eine Länge von 90 Metern, eine Breite von 12 Metern und eine Tiefe von drei Metern aufwies. Noch einmal 27 Jahre später wurde daneben eine neue Schleuse errichtet. Beide Anlagen arbeiteten zunächst parallel, bis das Neue Hebewerk 2005

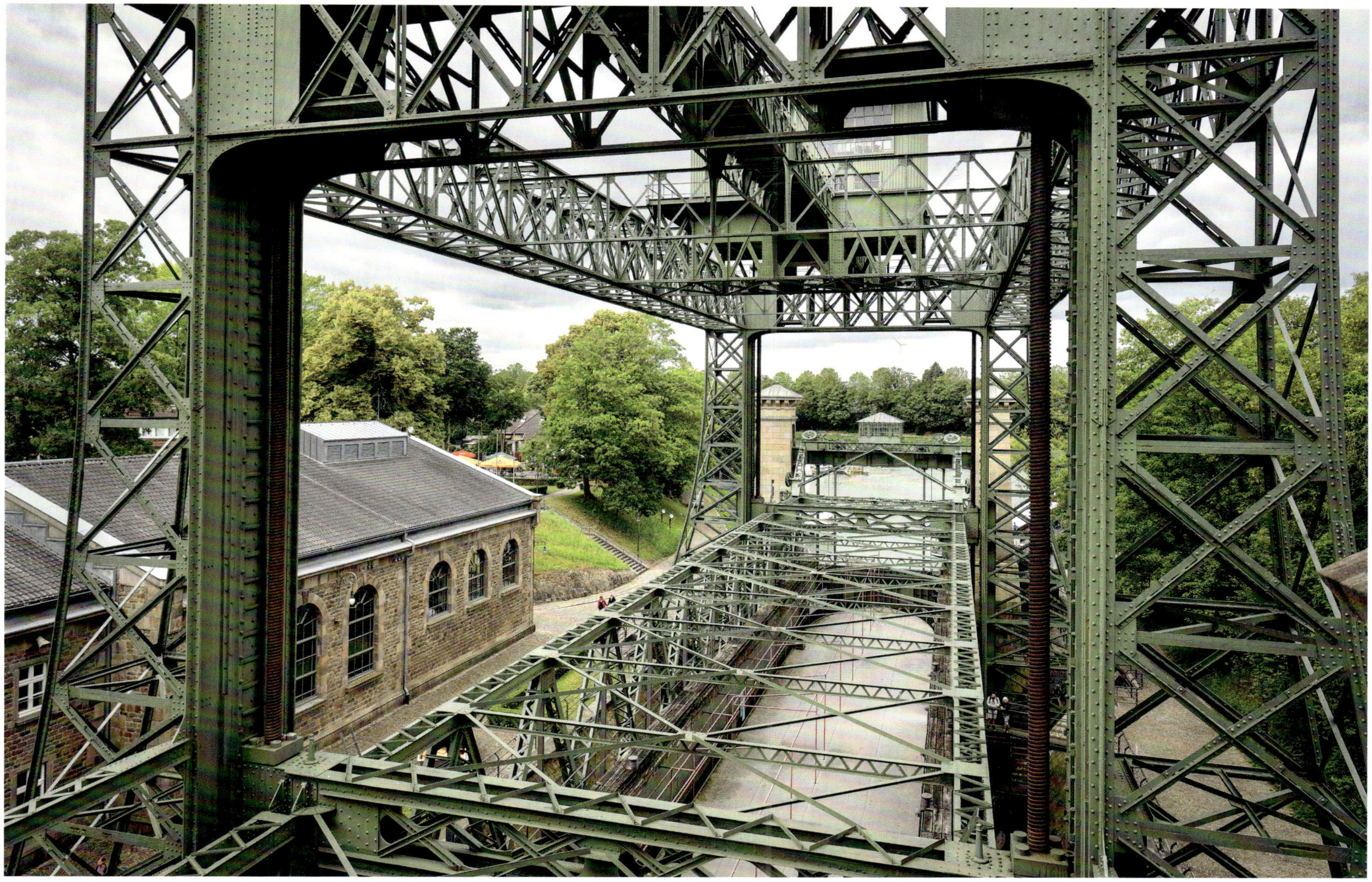

aufgrund technischer Probleme seinen Betrieb einstellen musste. Seitdem ist nur noch die moderne Schleuse in Funktion, um Schiffe bis zum Dortmunder Hafen zu bringen.

DEM ABRISS KNAPP ENTRONNEN

Das Alte Schiffshebewerk hatte 1969 seinen Dienst endgültig getan und schloss seine Tore. Dem Verfall überlassen, sollte es sogar ganz dem Erdboden gleichgemacht werden. Doch es kam anders: Eine lokale Bürgerinitiative zur Rettung des Hebewerks schaltete sich ein und 1979 übernahm der Landschaftsverband Westfalen-Lippe (LWL) das heruntergekommene Bauwerk, sanierte es behutsam, ohne jedoch die Betriebstechnik wiederherzustellen, und machte es zu einem weiteren Standort seines Industriemuseums. Das wieder in voller Pracht erstrahlende Alte Hebewerk wurde 1992 samt seiner Umgebung zu einem technischen Freiluftmuseum. Heute können Besucher selbst in den Trog steigen, die markanten Steintürme der Anlage über eine enge Wendeltreppe erklimmen oder auf dem angrenzenden Gelände bei einem kurzen Spaziergang eine kleine Schiffswerft und eine nachgebaute Verladeanlage, aber auch Hubbrücken und historische Dampfschiffe besichtigen.

Wer noch mehr sehen möchte, erkundet den gesamten Schleusenpark Waltrop, der neben dem Alten Hebewerk und der alten Schachtschleuse auch das Neue Hebewerk, die neue Schleuse und weitere Betriebsstätten sowie eine Siedlung umfasst.

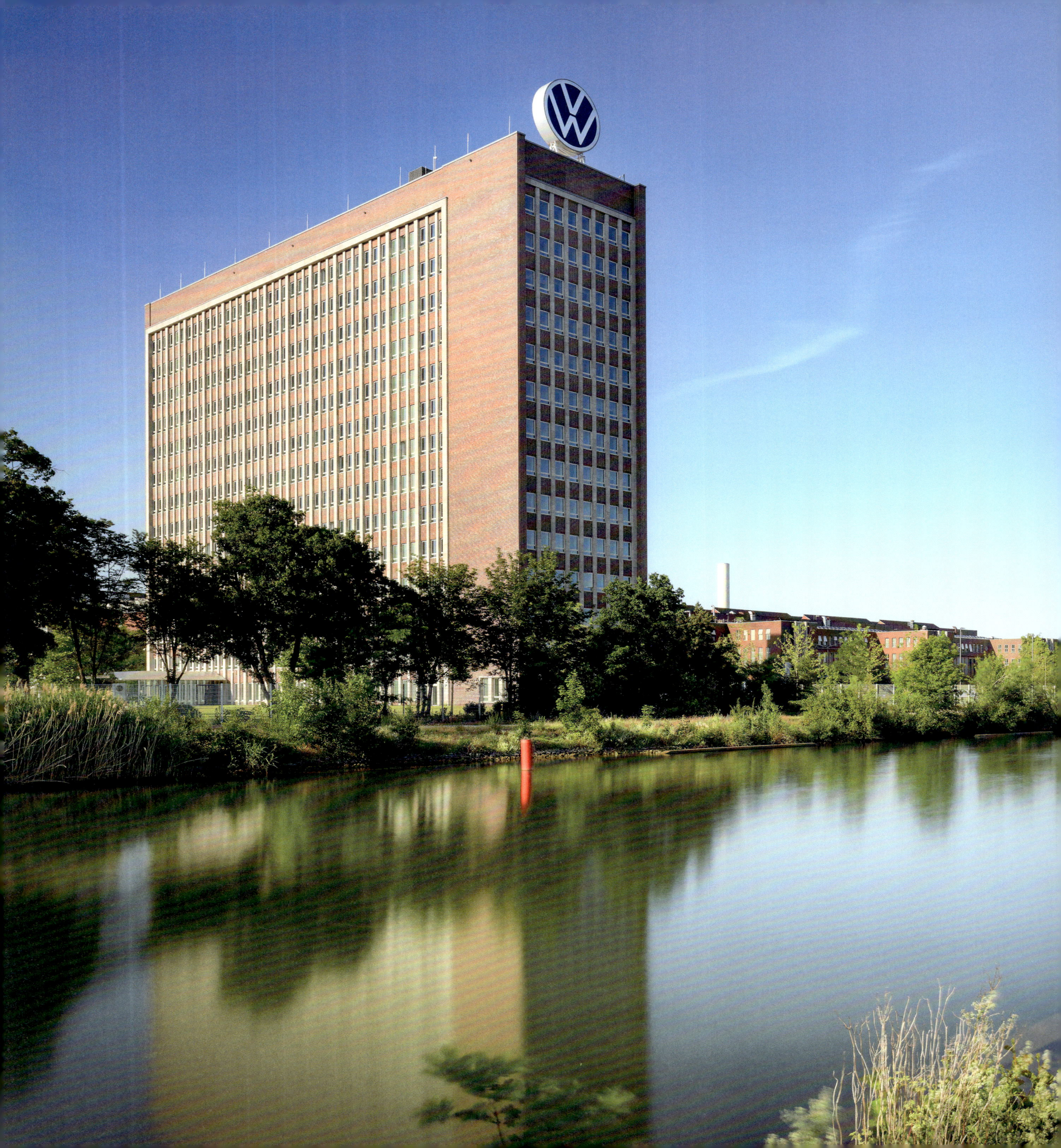

Auf dem 13-stöckigen Verwaltungshochhaus ist das VW-Logo weithin sichtbar. ◁
Mehr als zehnmal überarbeitete VW das Logo im Laufe der Firmengeschichte, ohne das grundsätzliche Design anzutasten. ▽

VW-WERK · WOLFSBURG

MISSION VOLKSWAGEN

Das Volkswagenwerk in Wolfsburg verkörpert wie kaum ein anderes Unternehmen ein Stück deutsche Geschichte – mit Licht- und auch Schattenseiten. Das gigantische Werksgelände bestimmte von Anfang an die Silhouette der Stadt Wolfsburg, die es ohne VW gar nicht gäbe.

100 km/h schnell, vier Sitze, sparsam im Verbrauch und das alles für weniger als 1000 Reichsmark. So stellte sich Adolf Hitler 1934 den »Volkswagen« für die Deutschen vor, die in den 1930er-Jahren im europäischen Vergleich untermotorisiert waren. Nur etwa 500 000 Autos rollten hier über die Straßen, in Frankreich oder Großbritannien waren es dreimal so viele. Die deutsche Automobilindustrie winkte ab, zu diesem Preis konnte sie nicht liefern. Also beauftragte Hitler die nationalsozialistische Massenorganisation Kraft durch Freude (KdF) mit dem Projekt und den süddeutschen Autokonstrukteur Ferdinand Porsche (1875–1951) mit der Planung von Auto und zugehörigem Werk.

MIT DEM KÄFER FING ALLES AN

Beim Standort fiel die Wahl auf die ländlich geprägte, aber verkehrsgünstig an Mittellandkanal, der Bahnstrecke Berlin–Lehrte und der Autobahn Berlin–Hannover gelegene Region um die Gemeinde Fallersleben nahe dem Schloss Wolfsburg. Im Mai 1938 wurde der Grundstein für das neue Werk gelegt. Da es auf dem platten Land für die künftige Massenfertigung weder genug Arbeitskräfte noch Wohnungen für sie gab, wurde eine Stadt gleich mit geplant. Es entstand eine 1,3 km lange Werksfront direkt am Mittellandkanal mit Hallen für moderne Fließbandfertigung, die Porsche sich in den USA abgeschaut hatte: Größe, technische Grundausstattung und Fertigungstiefe orientierten sich am Ford-Werk »River Rouge« in Detroit, das als modernste Automobilfabrik der Welt galt. Auf der südlichen Seite entstand die neue Stadt.

Doch das Auto, das »KdF-Wagen« heißen sollte, wurde dort zunächst nicht gebaut, denn mit Beginn des Zweiten Weltkriegs produzierte die Fabrik Fahrzeuge für Wehrmacht und SS sowie die Geheimwaffe V1 und Ersatzteile für die Flugzeuge der Luftwaffe – als eines der ersten Unternehmen auch unter Einsatz von Zwangsarbeitern und KZ-Häftlingen, die unter unmenschlichen Bedingungen arbeiten mussten.

Nach dem Krieg waren 20 Prozent der Werksbauten zerstört, die Produktionsanlagen aber immer noch zu 90 Prozent einsatzfähig. Unter britischer Militärregierung nahm das Werk die Arbeit wieder auf. Weihnachten 1945 lief der erste Volkswagen Typ 1 vom Band. Und dann

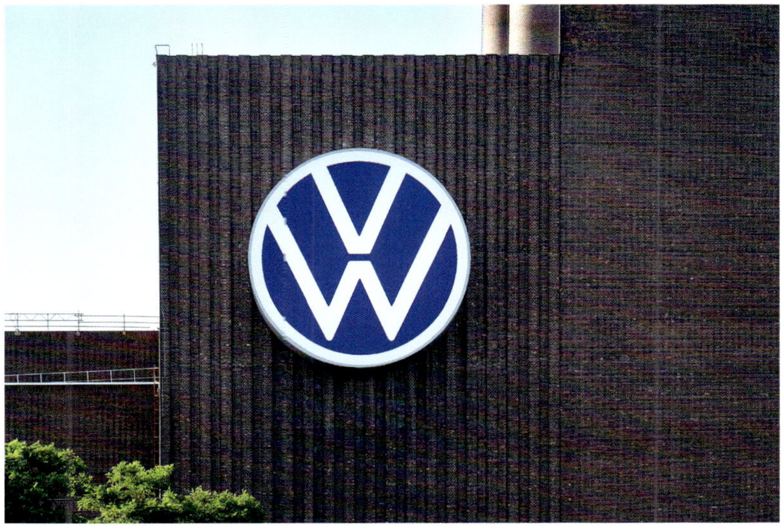

Viele Fassaden von VW-Gebäuden sind mit braunem Klinker verkleidet. Die Firmenbauten stehen großteils unter Denkmalschutz.

Mit ihren hohen Schornsteinen sind die VW-Kraftwerke bedeutende Wahrzeichen der Stadt Wolfsburg. ▽▽

lief und lief er, der fahrbare Untersatz und das Symbol des deutschen Wirtschaftswunders. 1946 wurden 10 000 hergestellt, 1950 schon 90 000, 1960 dann 1 Million Autos von etwa 60 000 VW-Beschäftigten. Beim Export in die USA erhielt das Auto auch seinen Namen, »Beetle« nannten es die Amerikaner liebevoll – der »Käfer« war geboren. Nach dem Krieg waren es vorwiegend Flüchtlinge aus dem Osten, die nach Wolfsburg kamen und den Arbeitskräftebedarf des Werks befriedigten. Gute Löhne lockten auch Menschen aus ganz Deutschland ins Zonenrandgebiet. In den 1960er-Jahren kamen viele Arbeiter aus Italien; Wolfsburg wurde zur größten »italienischen« Stadt nördlich der Alpen. In den 1970er-Jahren war der Käfer das meistgebaute Auto der Welt.

MARKEN-EXPANSION

Schon ab den 1950er-Jahren eröffnete VW weitere Standorte in Deutschland und baute auch weitere Modelle, in- und ausländische Tochtergesellschaften wurden gegründet. Andere Automobilfirmen wurden übernommen, darunter Audi, Seat, Škoda und Bentley. VW stieg zum Global Player auf. Inzwischen gehören zwölf Marken aus sieben europäischen Ländern zum Konzern, im Angebot: Motorräder, Pkw, Nutzfahrzeuge und Busse. VW lässt in 20 Ländern Europas, in Amerika, Asien und Afrika fertigen. Es entstanden weitere Geschäftsfelder wie Finanzdienstleistungen und Nahrungsmittel – es gibt sogar eine eigens für die Belegschaft hergestellte Currywurst. Ab 2019 trieb der Konzern den Umstieg auf Elektrofahrzeuge voran und engagierte sich zudem im Carsharing und Ridesharing.

Der Aufstieg verlief nicht geradlinig, immer wieder gab es Krisen und Skandale, Affären und Konflikte: einige wirtschaftliche Krisen, der Verdacht auf Industriespionage in den 1990er-Jahren, 2005 der Skandal um Korruption und »Lustreisen« auf Firmenkosten, die Übernahmeschlacht mit Porsche in den 2000er-Jahren, durch die Porsche letztlich in den VW-Konzern integriert wurde, und nicht zuletzt ab 2015 »Dieselgate« um die Manipulation von Abgaswerten. Nichtsdestotrotz ist VW heute der größte Autobauer Europas.

ENTWICKLUNG, PRODUKTION, ERLEBNISKAUF

Das VW-Werk in Wolfsburg bedeckt heute eine Fläche von mehr als 6,5 Quadratkilometern, das entspricht der Größe von Gibraltar. Die Produktionshallen (1,6 km^2) sind so groß wie das Fürstentum Monaco. Auf dem Werksgelände verlaufen 75 Kilometer Straßen und 60 Kilometer Schienen. VW verfügt über den größten privaten Verladebahnhof Europas.

Angefangen hatte alles mit den verklinkerten Produktionshallen am Mittellandkanal. Das ebenfalls verklinkerte Kraftwerk (Süd) lieferte ab 1938 die nötige Energie, in den 1950er-Jahren kam ein weiteres Kraftwerk (Nord) hinzu. Die hohen Schornsteine prägen das Werksgelände und geben der Stadt ihre Silhouette. Sie hieß anfangs »Stadt des Kdf-Wagens bei Fallersleben« und erhielt erst nach dem Krieg ihren heutigen Namen. Wolfsburg wuchs mit dem Volkswagenwerk. 1959 wurde das 13-stöckige, verklinkerte Verwaltungshochhaus nach den Plänen der hauseigenen Hochbauabteilung errichtet. Es beherbergte bis 2013 die Konzernzentrale und wurde nach der Renovierung 2016 »Markenhochhaus«. Weithin sichtbar prangt auf dem Dach das VW-Logo. Das Hochhaus bildet den westlichen Abschluss des Produktionsbereichs, an dessen östlichem Ende sich das Kraftwerk erhebt. In den 1960er-Jahren entstand als Entwicklungszentrum ein quadratischer viergeschossiger Bau mit begrüntem Atrium, angeschlossen die zweigeschossige Prüfhalle mit Prüfständen und Werkstatt. Die Außenfassade wurde in Anlehnung an die Gestaltung des Ursprungswerks teilweise verklinkert. 2019 kam direkt davor das Planungshaus hinzu. Technische Innovationen und neue Produktionsmethoden führten immer wieder zu neuen Werksteilen auf dem Gelände oder zu neuer Ausstattung der Bauten.

In modernem Glas und Beton präsentiert sich die im Jahr 2000 eröffnete Autostadt auf dem Areal des Kohle- und Öllagers: ein Ensemble aus Pavillons, Kundencenter, Konzernforum und dem Automuseum ZeitHaus sowie den zwei 20-stöckigen Glastürmen mit 500 auszuliefernden Fahrzeugen pro Tag. Mit dem Fahrstuhl schweben die Neuwagen hinunter und werden dort dem neuen Besitzer übergeben. Einen VW zu kaufen ist eben ein besonderes Erlebnis.

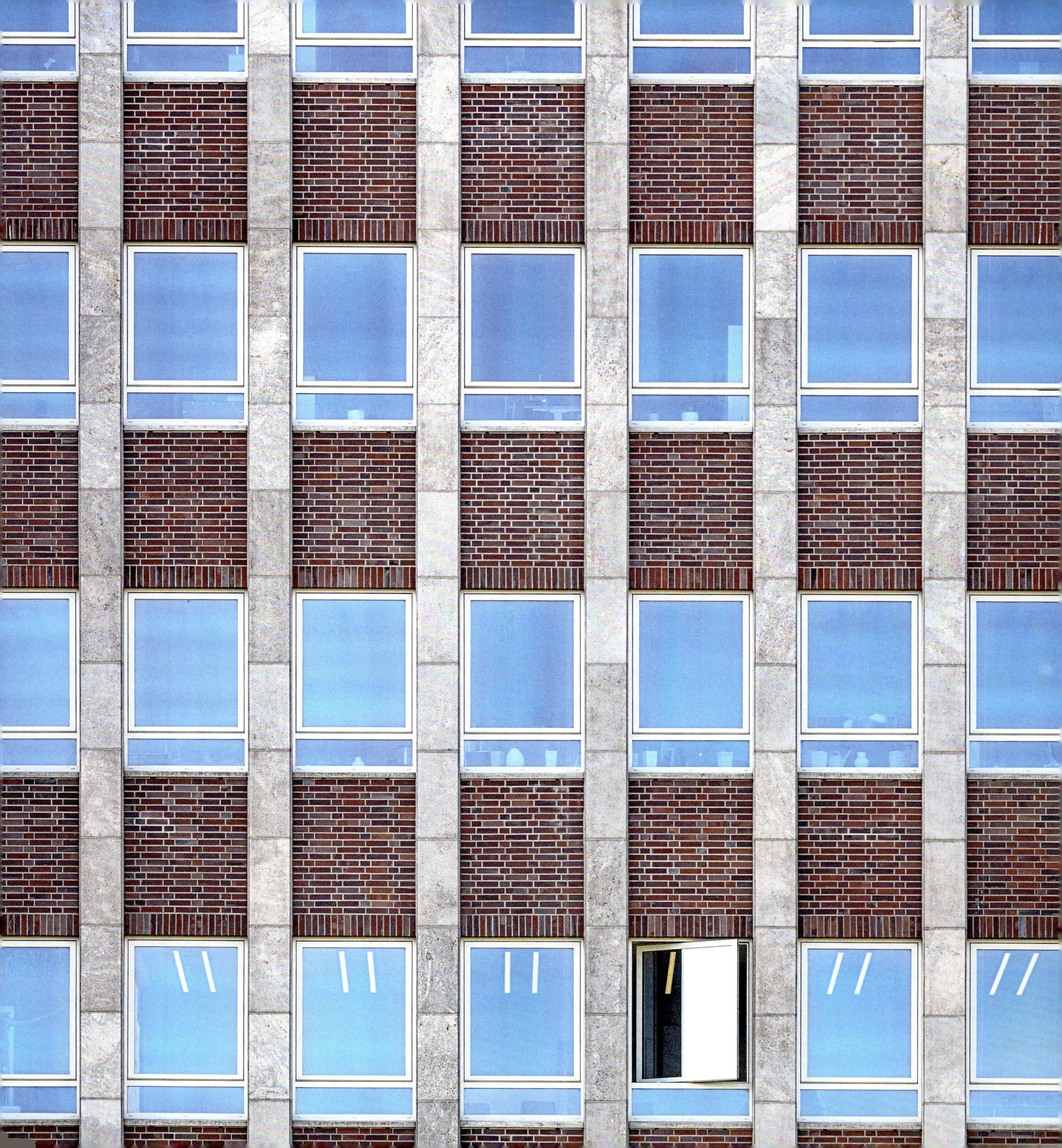

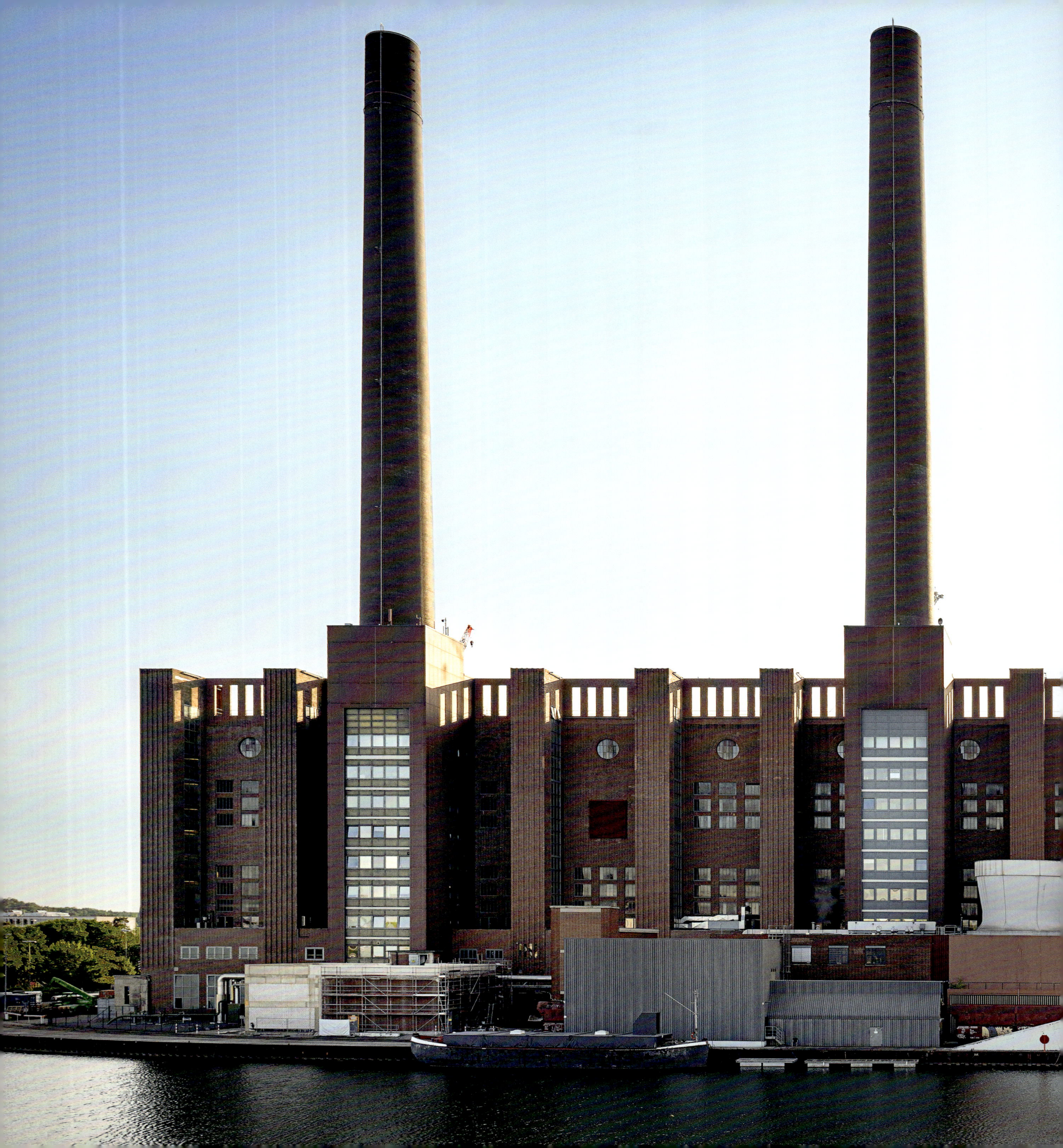

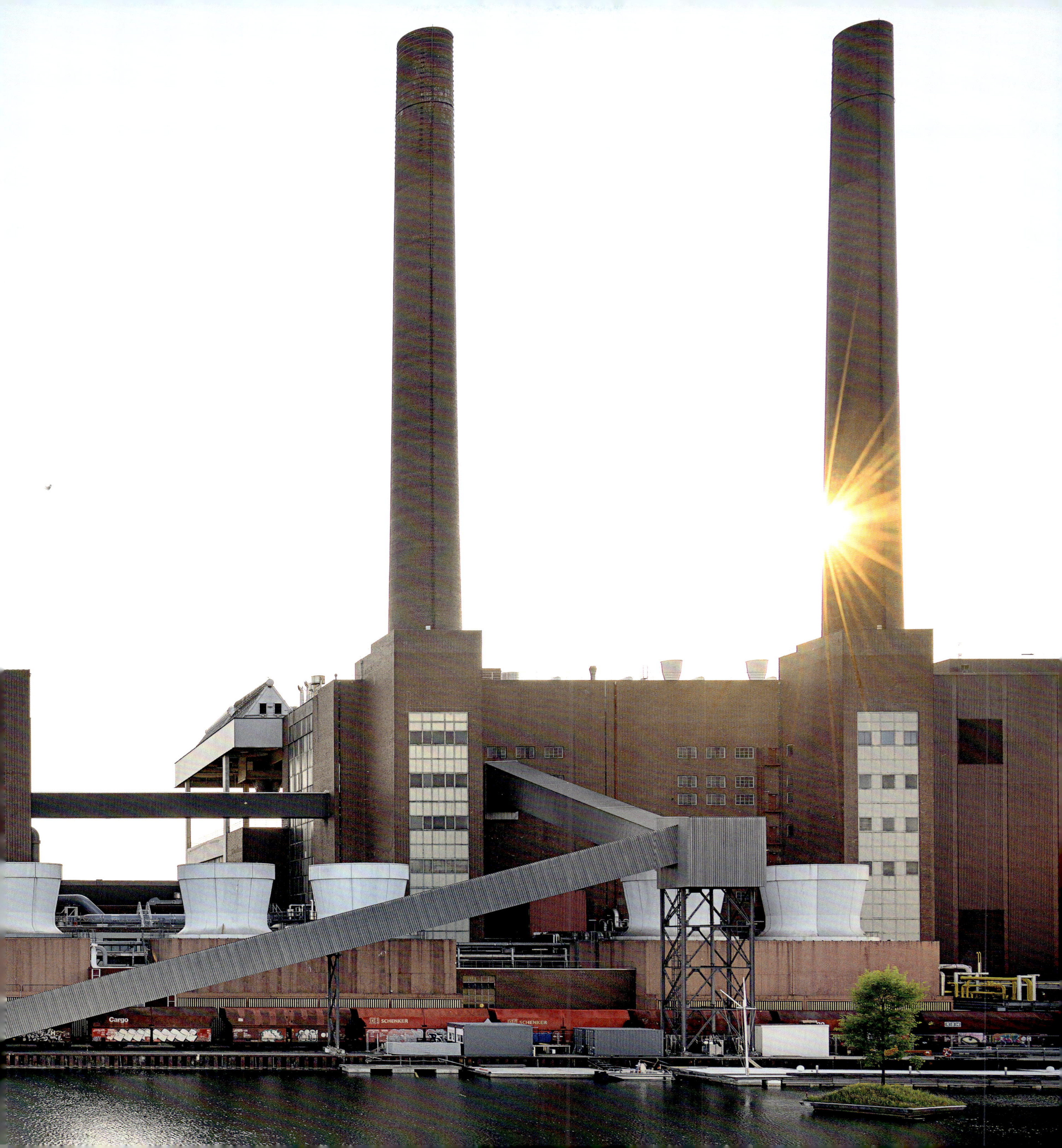
Cargo
DB SCHENKER
DB SCHENKER

Die gewaltigen Speichergebäude aus rotem Backstein, die von den regen Handelszeiten des Innenhafens zeugen, sind als markante Wahrzeichen inmitten moderner Architektur erhalten geblieben.

DUISBURGER INNENHAFEN

HISTORISCHE SPEICHER UND MÜHLEN

Wo einst massenhaft Getreide gelagert und umgeschlagen wurde, ist heute direkt am Wasser ein neues Quartier für urbanes Leben entstanden. Zwischen denkmalgeschützten Speichergebäuden und neuer beispielhafter Architektur bietet der Innenhafen eine gelungene Mischung von Arbeiten, Wohnen, Kultur-Erleben und Freizeit-Genießen, von Vergangenheit, Gegenwart und Zukunft.

An der Mündung von der Ruhr in den Rhein gelegen, hat die Stadt Duisburg von jeher einen besonderen Stellenwert für den Transport auf dem Wasser. Über Jahrhunderte entstand hier der größte Binnenhafen Europas, heute Drehscheibe für jährlich rund 50 Millionen Güter. Bereits im Mittelalter war Duisburg ein zentraler Hafen- und Handelsplatz am Rhein, der damals noch dort floss und strömte, wo heute der Innenhafen liegt. Von dort fuhren Schiffe stromaufwärts bis nach Straßburg und Richtung Norden bis nach England. In der Stadt wurden gut besuchte Messen und Märkte abgehalten. Ein starkes Hochwasser störte jedoch die aufstrebende Entwicklung: Zu Beginn des 11. Jahrhunderts verlagerte der Fluss sein Bett immer weiter nach Westen und trennte die Duisburger Rheinschlinge ab. Die Stadt war plötzlich ohne schiffbaren Zugang zum Rhein, was wirtschaftlich dramatische Folgen hatte: Durch die fehlende Wasserverbindung brach der lukrative Handel ein. Viele Bürger, die zuvor gut vom Güterumschlag gelebt hatten, waren nun wieder auf die Landwirtschaft und ihre Erträge angewiesen. Die Situation änderte sich erst wieder im 19. Jahrhundert mit dem Bau des Rheinkanals. Diese Verbindung von der Marientorschleuse bis zum Fluss bildet heute den Außenhafen. »Vater Rhein, Deine Welle spiele wieder klar und helle wie sie in der Vorzeit that bis zur Mauer unserer Stadt.« – So feierte eine Inschrift am Marientor 1828 den ersten Spatenstich, der in eine neue glorreiche Zeit führen sollte. Später wurde der Rheinkanal nach Osten Richtung Ruhr verlängert, sodass 1844 der Innenhafen entstand.

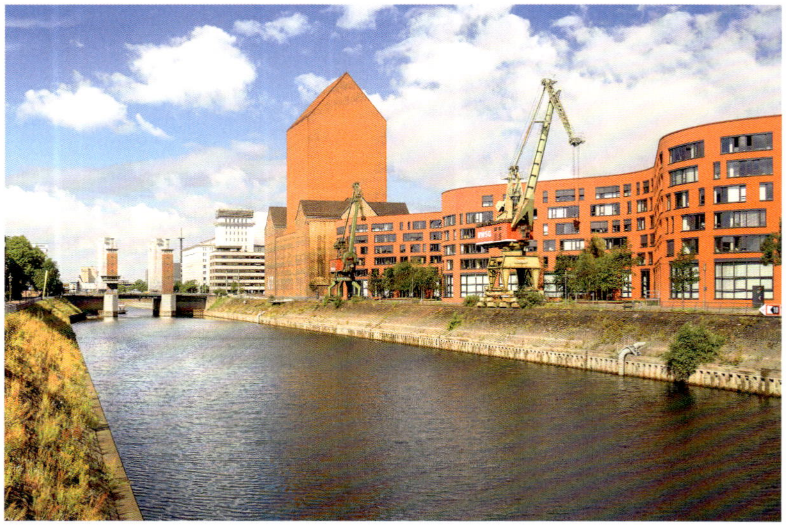

HOLZ UND KÖRNER

1889–93 veranlasste die Stadt den Ausbau des Innenhafens, der vertieft wurde und nun eine Sohlenbreite von 60 Metern und eine Länge von einem Kilometer einnahm. An jedem Ufer wurden Bahnverladegleise verlegt, dahinter Lagerplätze eingerichtet. Am Kopf der Anlage entstand ein Hafenbahnhof. Zuerst zog die Holzindustrie in den Hafen ein, die vorwiegend den Bergbau mit Grubenholz belieferte, später

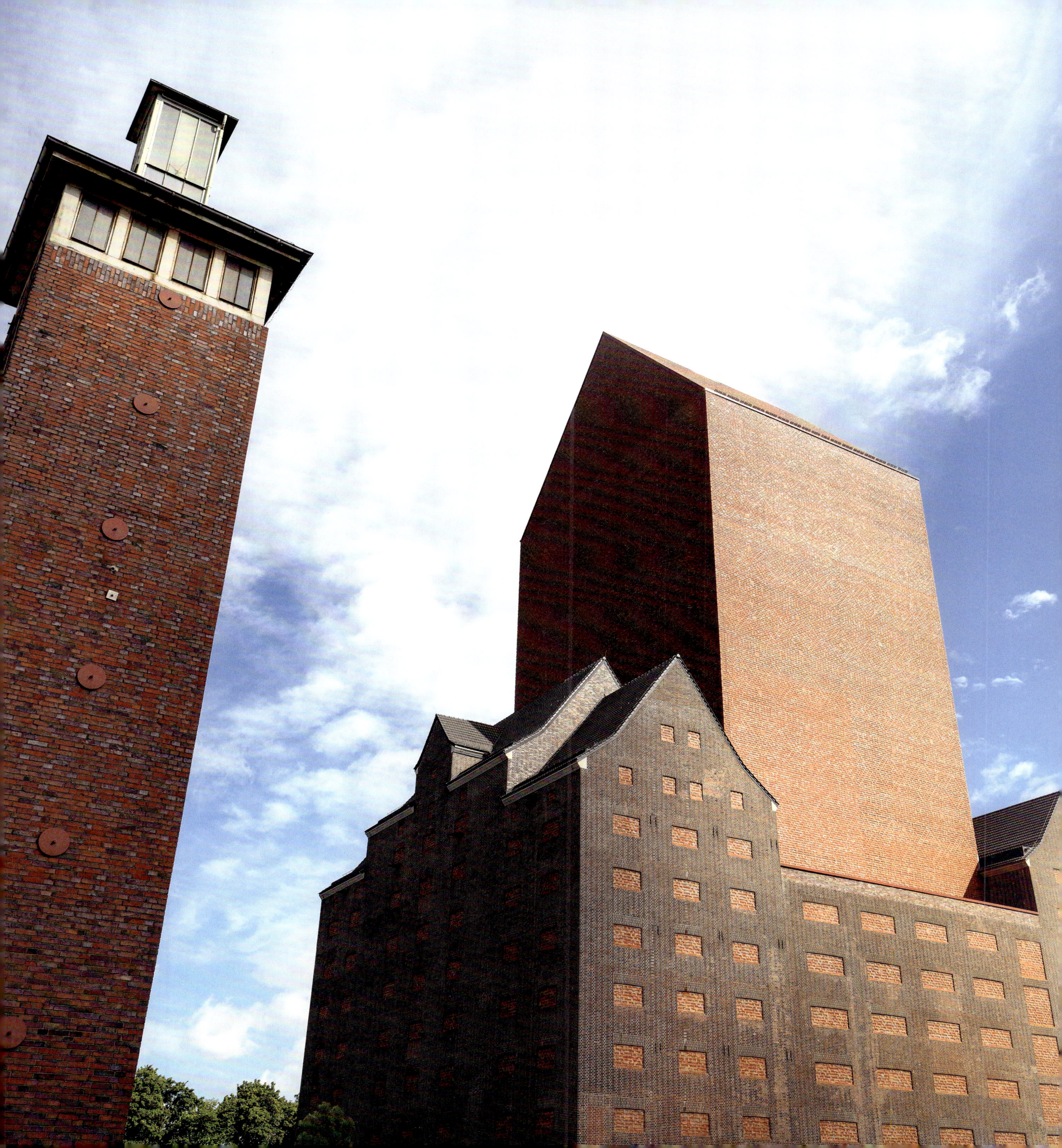

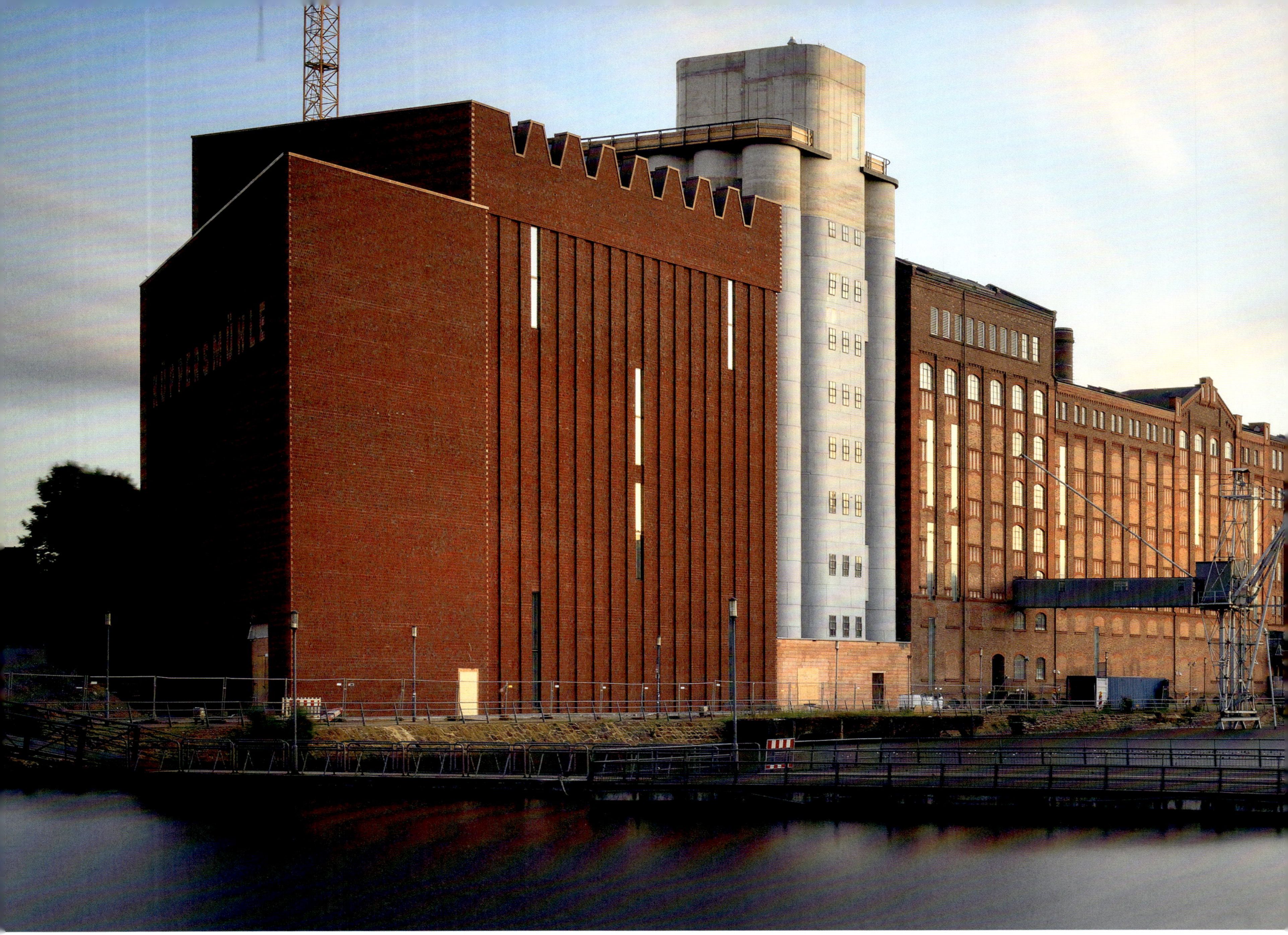

folgten die Getreidemühlen. 1860 wurde in Duisburg der erste Mühlenbetrieb, die spätere Küppersmühle, gegründet. Schnell entwickelte sich ein reger Handel, denn durch die schnell wachsende Bevölkerung im prosperierenden Rheinisch-Westfälischen Industriegebiet gab es eine große Nachfrage nach Getreide. Um das Jahr 1925 verrichteten im »Brotkorb des Ruhrgebiets« bereits 115 Mühlen, darunter die große Wehrhahnmühle, ihre Arbeit. Unzählige Arbeitskräfte bewegten pro Jahr bis zu einer Million Tonnen Getreide. Es entstanden große Speichergebäude, in denen in Säcken oder lose in Schütten die wertvollen Körner lagerten. Mit dem Niedergang des Getreidehandels in den 1960er-Jahren stand auch der Innenhafen still. Das fast 100 Hektar große Areal mitsamt seinen Lagerhäusern und Kornspeichern lag brach und schien dem Verfall überlassen. Erst etwa zwei Jahrzehnte später bemühte man sich wieder um die Fläche und sann über eine Neunutzung nach.

War der Innenhafen bis dahin hauptsächlich gewerblich genutzt worden, sollte er nun wieder stärker als Lebens- und Erlebnisraum in die Stadt integriert werden. Statt den Hafenarbeitern, die hier ihre

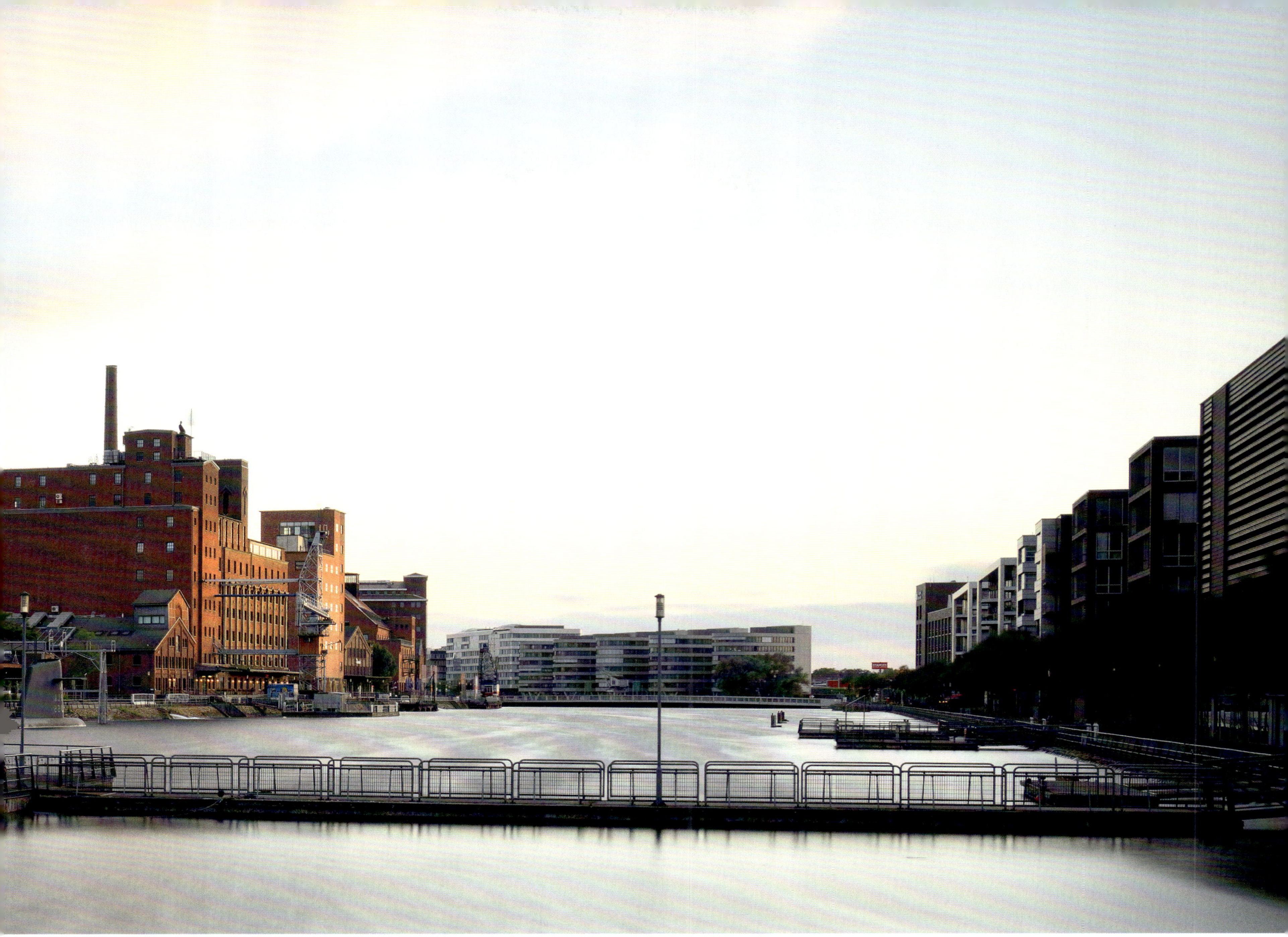

mühsame Arbeit verrichtet hatten, sollten nun Entspannung und Erholung suchende Stadtbewohner die Ufer bevölkern und die neue Nähe zum Wasser genießen. Im Rahmen der Internationalen Bauausstellung Emscher Park (IBA), die 1989–99 als Zukunftsprogramm den Strukturwandel im Ruhrgebiet begleiten und der Region zu neuem Selbstbewusstsein verhelfen sollte, wurde ein Architekturwettbewerb zur Neugestaltung des Innenhafens ausgerufen. Den Zuschlag bekam ein gemeinsamer Entwurf des britischen Architekten Norman Foster, der Landesentwicklungsgesellschaft, der Kaiser Bautechnik und der

Heute präsentiert sich der Innenhafen als gelungene Symbiose von Alt und Neu, als großflächiges, majestätisches Industriedenkmal, das von modernem Leben umgeben ist.

Auch die Flächen jenseits des Hafendamms wurden in das »Gesamtkunstwerk« Innenhafen einbezogen und beispielsweise als neuer städtischer Wohnraum bewusst gestaltet.

Treuhandstelle Essen. Ab Mitte der 1990er-Jahre entstand in jahrelanger Bautätigkeit ein moderner städtischer Raum, der alle Bereiche des Lebens verbindet. Die alten Industrie-, Speicher- und Logistikbauten wurden dafür aber nicht etwa abgerissen, sondern in vielen Fällen bis auf die tragenden Säulen entkernt, um sie dann von innen wieder neu aufzubauen. Andere trug man an ihrem Standort komplett ab und setzte sie an einem anderen wieder neu zusammen. Auf diese Art und Weise wurde beispielsweise aus den Silo- und Mühlengebäuden der alten Wehrhahnmühle ein beeindruckender Baukomplex. Neben modernen Büroräumen und Gastronomie beherbergt er auch das Explorado Kindermuseum, ein Mitmach-Museum zum Ausprobieren und Staunen. Auch das Kultur- und Stadthistorische Museum mit Exponaten zur Stadtgeschichte vom frühen Mittelalter bis zur Neuzeit befindet sich im Innenhafen in der 1902 errichteten ehemaligen Rosiny-Getreidemühle. In die Küppersmühle ist mit dem MKM Museum Küppersmühle moderne Kunst eingezogen. Zwischen den sanierten Speicherbauten glänzen aber auch neue Architekturwunder wie der Bürokomplex »Five Boats«, ein Entwurf des britischen Architekten Nicholas Grimshaw. Außerdem entstand unmittelbar vor dem Holzhafen ein Yachthafen mit über 100 Dauerliegeplätzen.

GRÜNES WOHNEN AM WASSER

Neben modernen Arbeitsplätzen und spannenden Kultur- und Freizeitangeboten bietet der neu gestaltete Innenhafen auch attraktive Wohnformen: Am östlichen Ende entstanden mit der Speicher-, Holz- und Hansegracht drei schmale Kanäle und an ihnen entlang Wohnhäuser mit viel Charme. Kein Kunststoff oder Aluminium, keine Tropenhölzer, stattdessen begrünte Dächer – die Gebäude wurden nach ökologischen Gesichtspunkten errichtet. Der von den Häuserdächern herabfließende Regen sammelt sich in den Grachten und läuft von dort in das große Becken des Innenhafens. Mit seiner kubischen Bauform und den lebendig gestalteten Fassaden wirkt der gesamte Komplex wie ein lebendes Schiffsdeck.

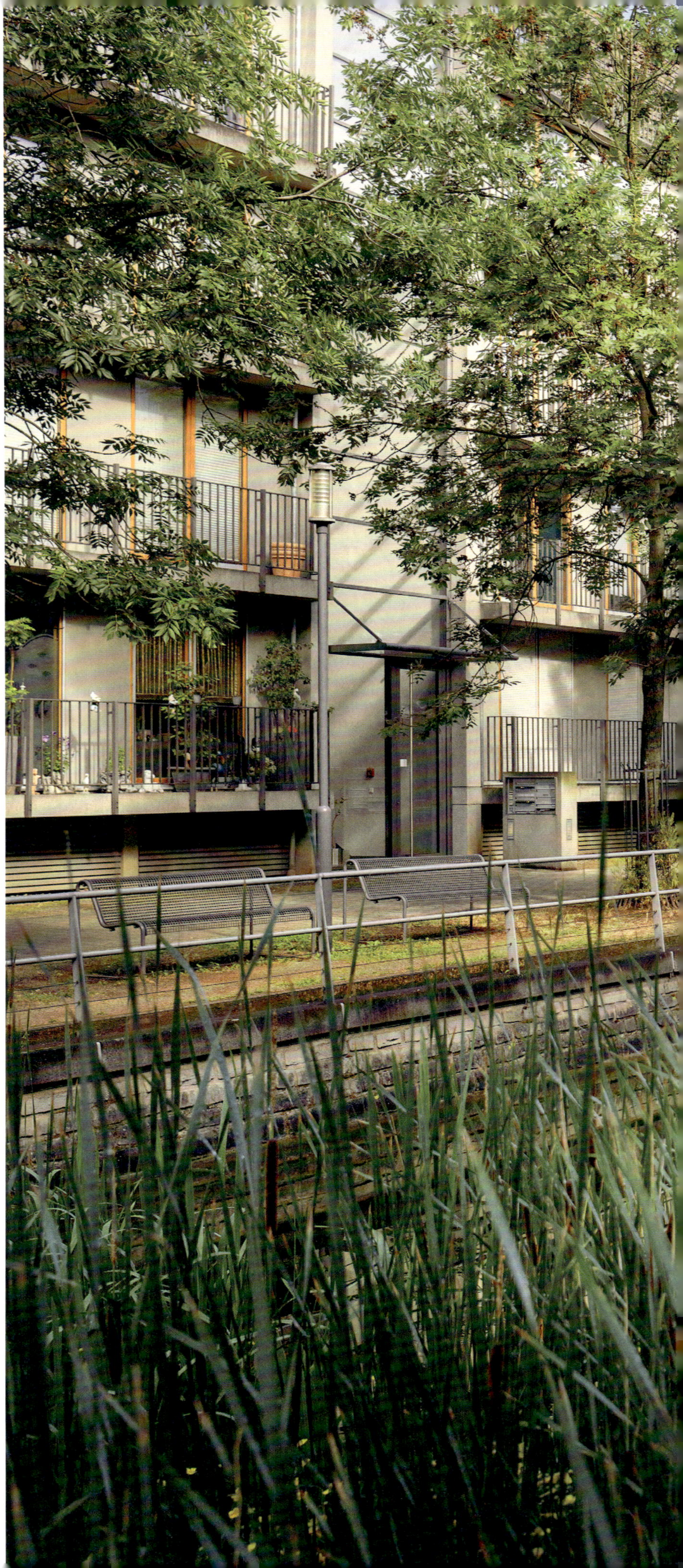

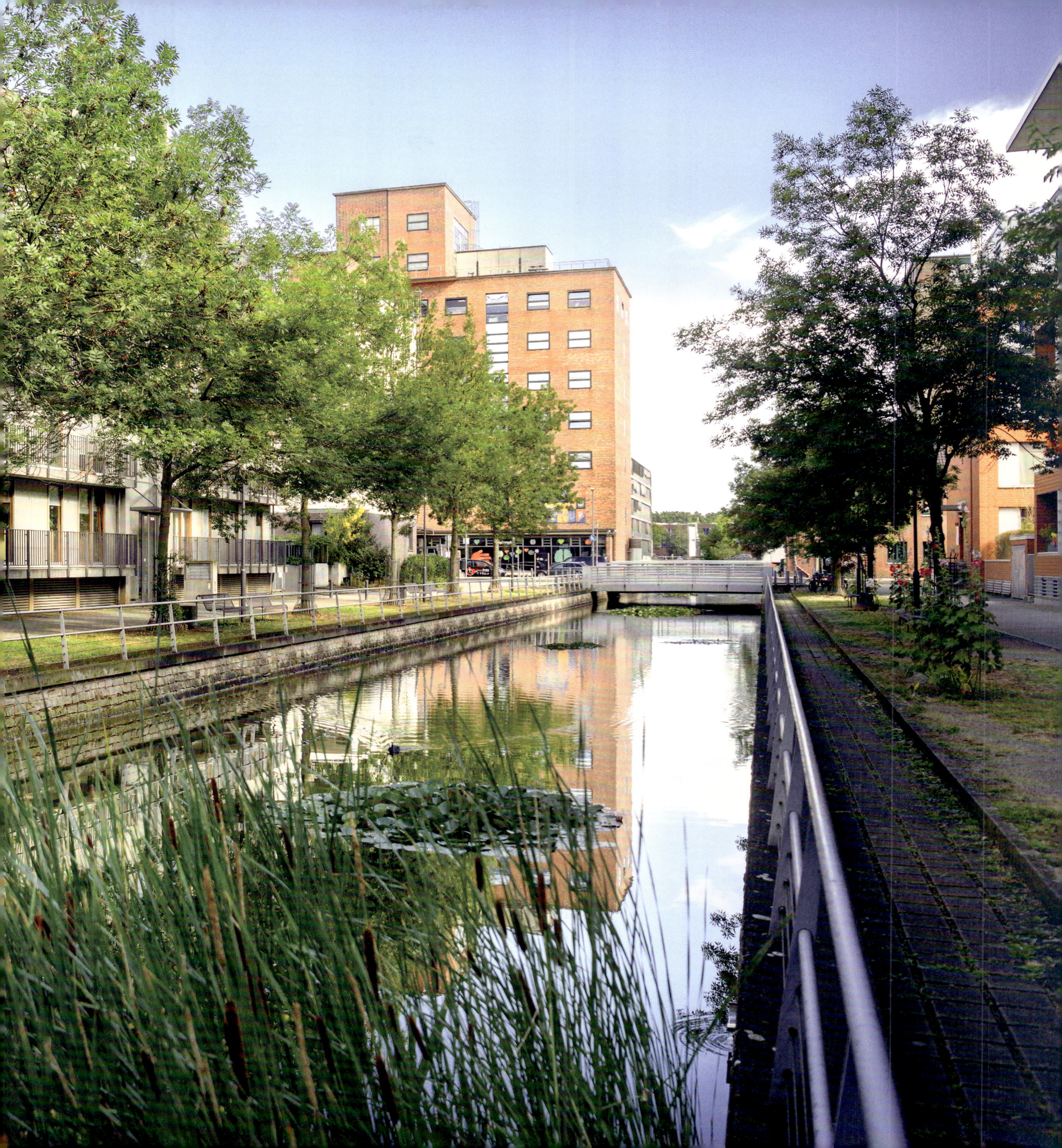

Ein »Wunder der Technik«: Mit einer Höhe von 107 Metern und einer Spannweite von 170 Metern überquert die Müngstener Brücke das tiefe Tal der Wupper.

MÜNGSTENER BRÜCKE · SOLINGEN

BRÜCKENSCHLAG ÜBER DIE WUPPER

107 Meter hoch über der Wupper, ist die Müngstener Brücke bis heute die höchste Eisenbahnbrücke Deutschlands und wird als Nahverkehrsstrecke nach wie vor viel genutzt. Bei der Einweihung 1897 als technisches Wunder bestaunt, wurde die Brücke zwischen Remscheid und Solingen zu einem Wahrzeichen des Bergischen Landes und einem beliebten Ausflugsziel.

Als im März 1897 der Brückenbogen geschlossen und der letzte der etwa 950 000 Niete eingeschlagen war, hatte der Bauleiter, der Ingenieur Anton Rieppel (1852–1926), eine technische Pionier- und Meisterleistung vollbracht. Galt die Überquerung des tiefen, von steilen Hängen gesäumten Tals der Wupper doch lange Zeit als kaum realisierbar. Bis heute imponieren die damals außergewöhnlichen Dimensionen der Stahlfachwerk-Bogenbrücke: ihre Höhe und die Spannweite ihres Brückenbogens von 170 Metern. Er ist der Blickfang der Brücke, die insgesamt eine Länge von fast 500 Metern aufweist. 5000 Tonnen Stahl wurden für sie verbaut, doch dank ihrer filigranen Konstruktion wirkt sie leicht und elegant.

FREIER VORBAU ÜBER DEM ABGRUND

Wegweisend war die Müngstener Brücke auch mit ihrer Bauweise: Als erste deutsche Bogenbrücke wurde sie im Verfahren des freien Vorbaus errichtet. Das heißt, die Arbeiter bauten von beiden Seiten aus Bogen und Trasse ohne zusätzliches Gerüst aufeinander zu. Für die schwierige Montage wurden die einzelnen Bauteile mit einem Kran von der niedrigen Behelfsbrücke über der Wupper nach oben gezogen, dort vernietet und provisorisch mit Rückverankerungen gesichert. Dieser freie Vorbau verkürzte die Bauzeit und senkte die Kosten. Angefertigt und vormontiert wurden die Brückenteile im Gustavsburger Werk der Maschinenbau AG Nürnberg, die den anspruchsvollen Auftrag erhalten hatte. Auf der Baustelle selbst waren etwa 200 Arbeiter beschäftigt, vermutlich sechs erlitten während der dreijährigen Bauzeit einen tödlichen Unfall.

Bei der feierlichen Einweihung am 15. Juli 1897 erhielt die Brücke den Namen Kaiser-Wilhelm-Brücke – zu Ehren von Kaiser Wilhelm I. Ihren heutigen Namen, der auf die nahe gelegene Siedlung Müngsten zurückgeht, trägt sie seit dem Ende des Kaiserreichs 1918.

Die Müngstener Brücke ist das Herzstück der Eisenbahnstrecke Solingen–Remscheid, die mit der Brückeneinweihung dem Verkehr übergeben wurde. Die Gesamtkosten der Strecke beliefen sich auf mehr als fünf Millionen Reichsmark, gut 2,6 Millionen entfielen auf die Müngstener Brücke.

LÜCKENSCHLUSS ZWISCHEN REMSCHEID UND SOLINGEN

Der neue Schienenweg schloss eine empfindliche Verkehrslücke. Remscheid wie Solingen war zwar seit Ende der 1860er Jahre an das Eisenbahnnetz angeschlossen, aber eine direkte Verbindung zwischen den beiden benachbarten und wirtschaftlich eng verflochtenen Orten gab es nicht, stattdessen musste ein Weg von 44 Kilometern über Elberfeld (heute Wuppertal) genommen werden. Die neue Strecke verkürzte ihn auf acht Kilometer. Remscheid erhielt zudem einen besseren Anschluss an den Schifffahrtsweg Rhein mitsamt seinen Wirtschaftszentren.

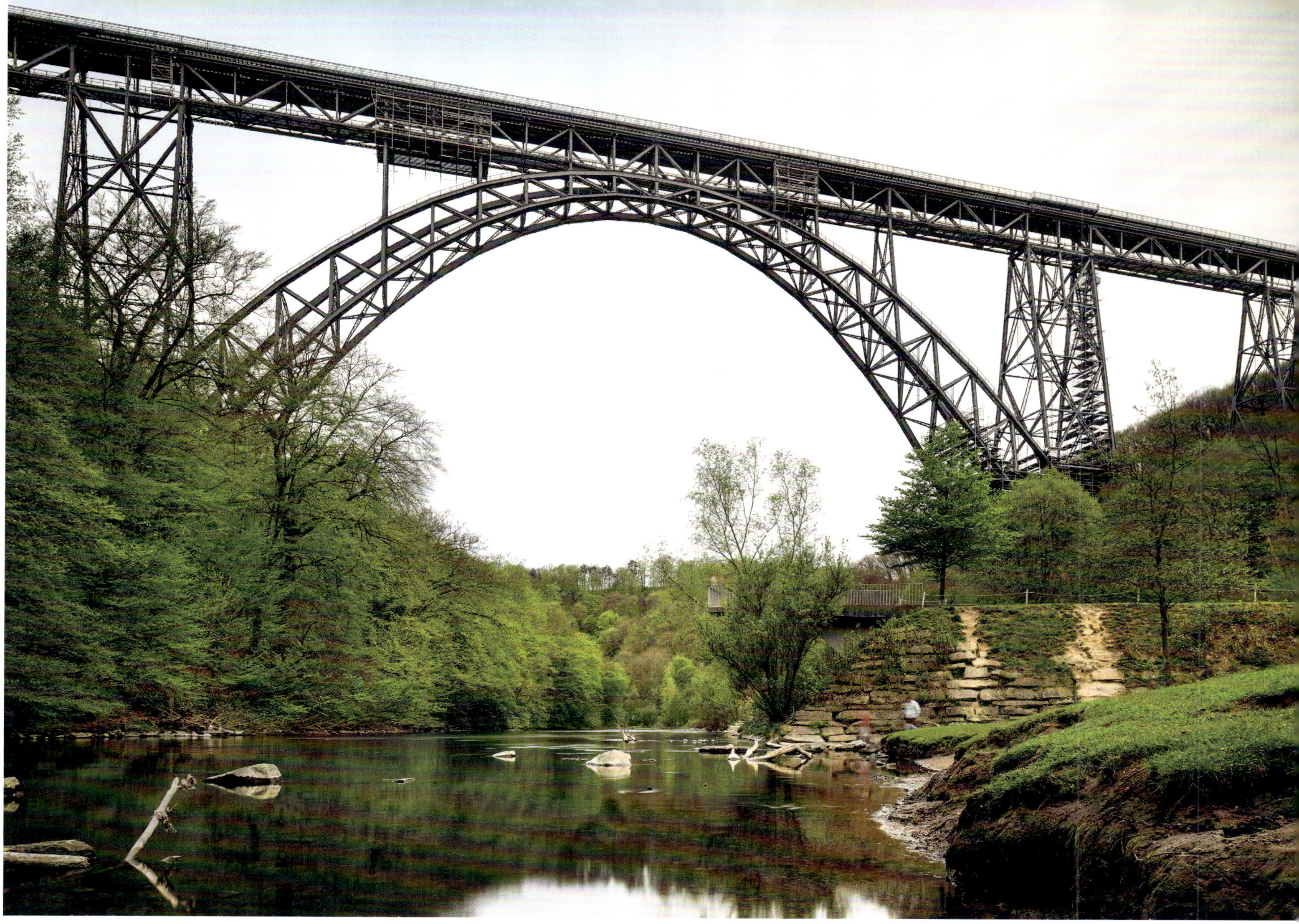

Remscheid und Solingen hatten lange auf den Bau der Direktverbindung gedrängt. Beide Kommunen unterhielten vielfältige, auch internationale Handelsbeziehungen. Solingen hatte sich mit seinen Schneid- und Schleifwaren, Remscheid mit seiner Metall- und Werkzeugindustrie einen Namen gemacht. Da sich der Warentransport jedoch mehr und mehr auf das damals neue Verkehrsmittel Eisenbahn verlagerte, waren sie dringend auf eine gute Zuganbindung angewiesen.

Bereits im ersten Jahr nach der Inbetriebnahme der Strecke nahmen Güter- und Personenverkehr stark zu. Die neue Verbindung stärkte den Handel zwischen beiden Orten und trug zur Weiterentwicklung der gesamten bergischen Industrieregion bei.

NÜTZLICHES WAHRZEICHEN

Auch heute ist die Brücke für die Region von großer Bedeutung. Täglich nutzen viele Pendler den »Müngstener«, die S-Bahn 7 zwischen Solingen, Remscheid und Wuppertal. Und wie schon zu ihrer Bauzeit ist die Brücke, die seit 1985 unter Denkmalschutz steht, ein beliebtes Ausflugsziel. 2006 wurde zu ihren Füßen der Brückenpark Müngsten eröffnet, ein Naherholungsgebiet mit vielen Freizeitangeboten.

Die Müngstener Brücke gehört zu den wenigen noch weitgehend original erhaltenen Großbrücken, die im Zuge der Hochindustrialisierung Ende des 19. Jahrhunderts im Deutschen Reich gebaut wurden. Als technisches wie ästhetisches Meisterwerk ist sie zu einem der Wahrzeichen des Bergischen Landes geworden.

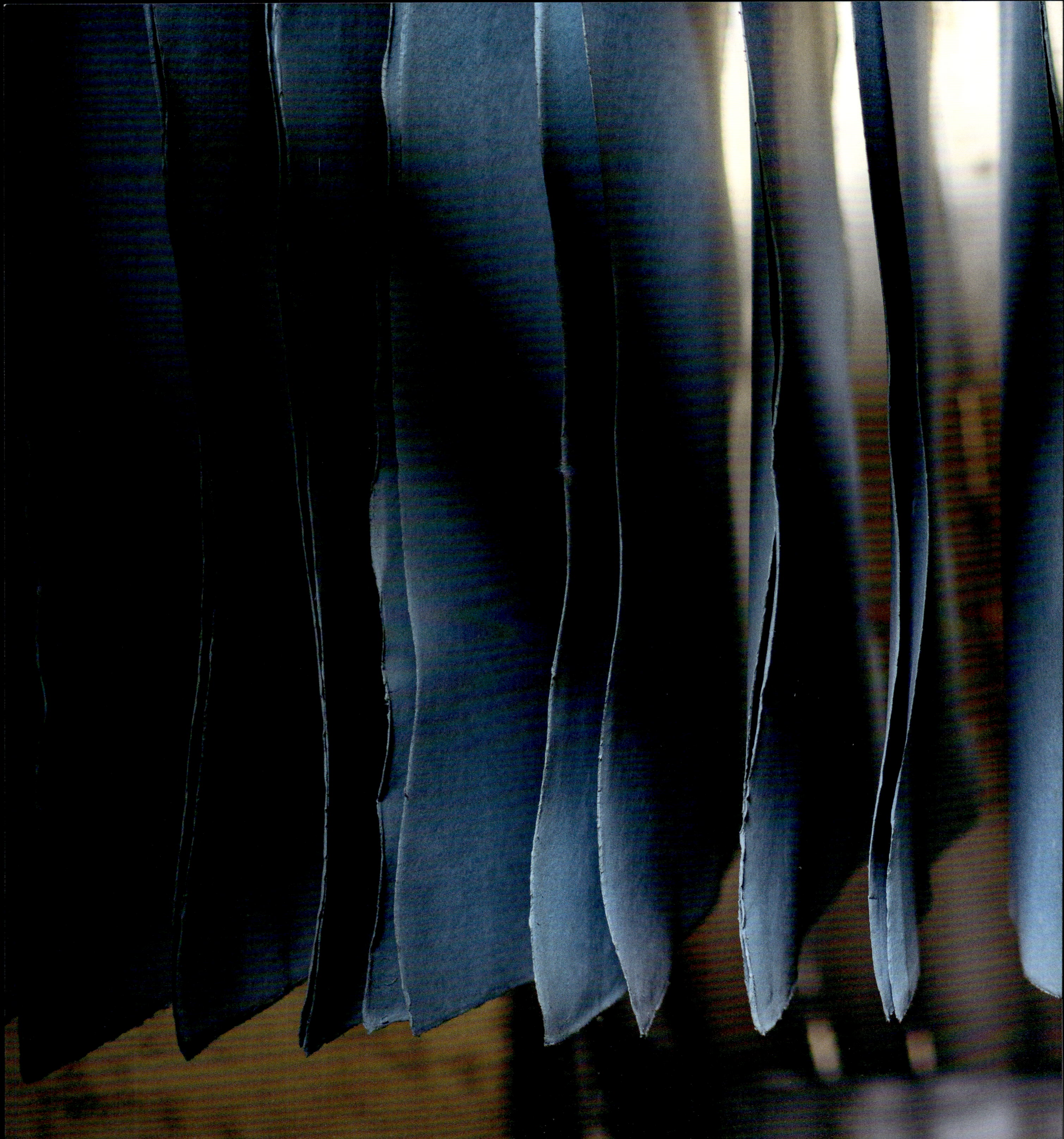

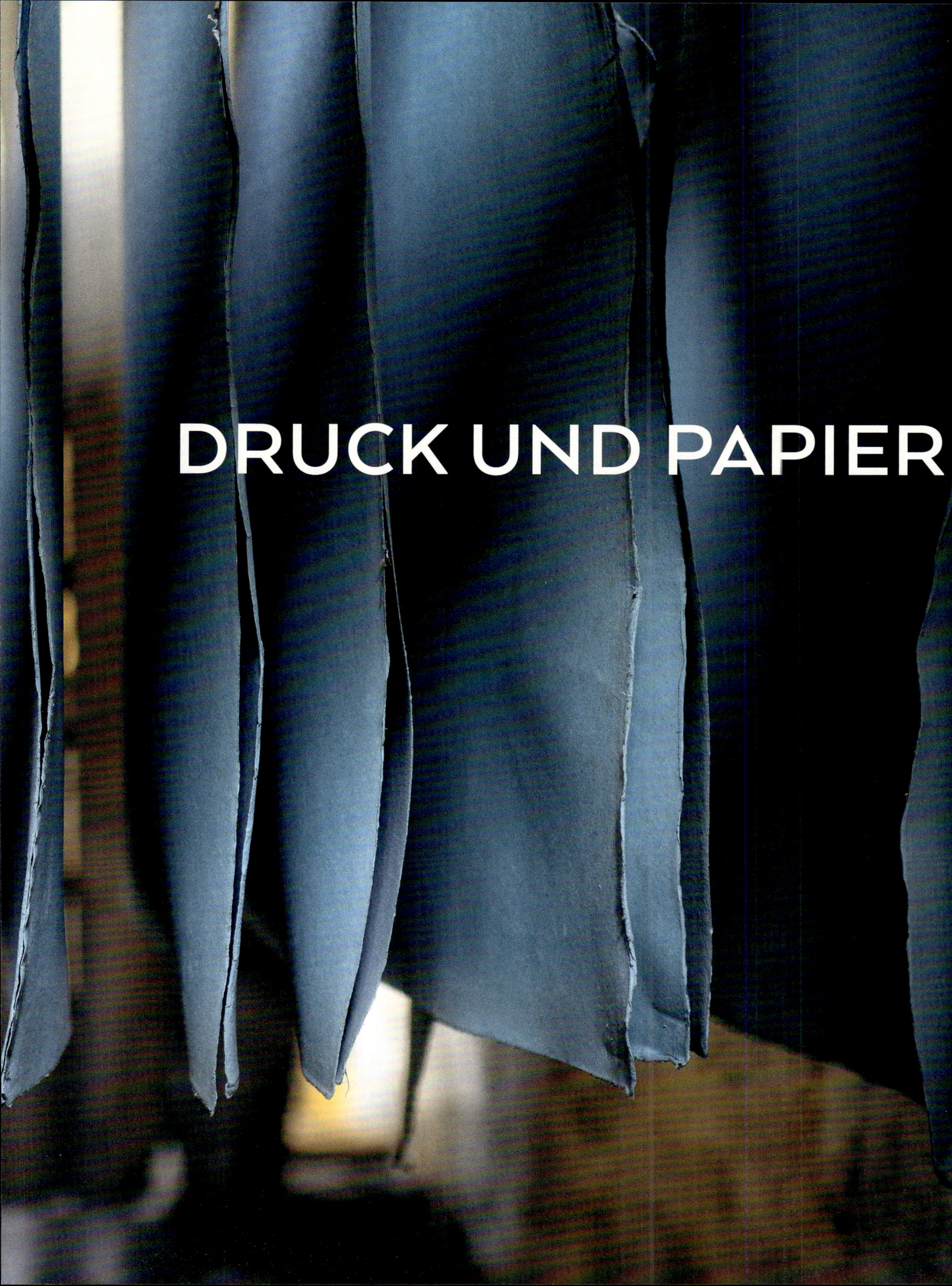

DRUCK UND PAPIER

Seit Generationen ist die Homburger Papiermühle in Familienbesitz und war Mitglied der Papiermacher-Berufsgenossenschaft, heute Teil der Berufsgenossenschaft Rohstoffe und chemische Industrie. Der Bischbach liefert die Energie zum Antrieb der Wasserradanlage.

PAPIERMÜHLE HOMBURG

DIE KUNST DES PAPIERMACHENS

Seit fast zwei Jahrhunderten wird im fränkischen Homburg am Main in nun fünfter Generation Papier hergestellt – bis 1975 in maschineller Produktion und heute auf hohem Niveau in einer Manufaktur. Gespeist wird die Papiermühle mit ihrem markanten Pagodendach vom Wasser des Bischbachs.

Zusammen mit drei anderen europäischen Papiermühlen hat sich die Homburger Papiermühle 2019 für eine Aufnahme in die Liste des UNESCO-Weltkulturerbes beworben. Diese historischen Papiermühlen vermitteln einen guten Eindruck, wie die Herstellung von Papier schon in vorindustrieller Zeit funktionierte. In den Mühlen, teilweise heute noch in Betrieb, lässt sich die Entwicklung der Papierherstellung nachverfolgen. Für die Anerkennung als Weltkulturerbe spricht die Tatsache, dass das Medium Papier ähnlich wie die Erfindung des Buchdrucks mit beweglichen Metalllettern durch Gutenberg zur schnellen Verbreitung von Wissen in der Gesellschaft beigetragen hat. Neben Homburg haben sich auch historische Papiermühlen aus Polen (Duszniki-Zdrój, Niederschlesien), Tschechien (Velké Losiny, Nordmähren) und Frankreich (Richard de Bas, Auvergne) als Welterbestätten beworben.

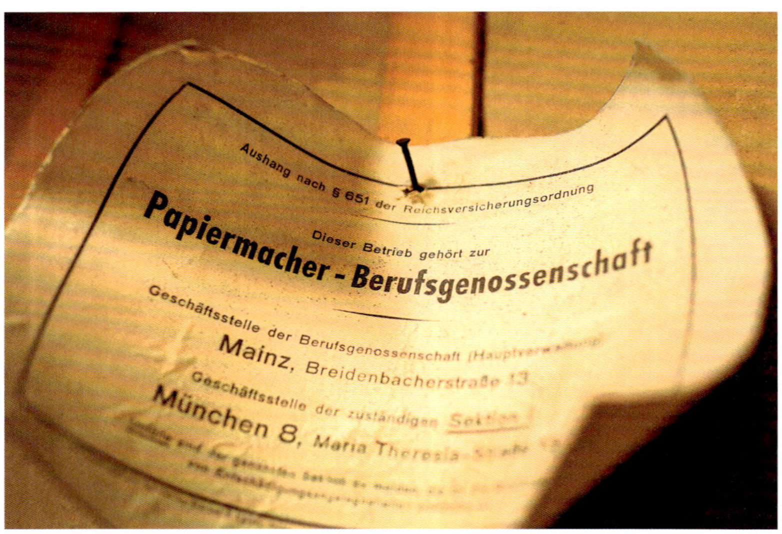

PACKPAPIER, PAPPEN UND AKTENDECKEL

Teile der Papiermühle im Ortsteil Homburg am Main der Marktgemeinde Triefenstein in Unterfranken, wurden 1807 an ihrem heutigen Standort wiedererrichtet, nachdem der damalige Mühlenbesitzer sich ein Jahr zuvor wegen periodischen Wassermangels zur Aufgabe der alten Mühle von 1682 im benachbarten Windheim entschlossen hatte. Den Ausschlag für die Verlegung gab der bei der Mühle entspringende Bischbach mit seinem sauberen Quellwasser. Noch heute dreht sich tagein, tagaus das oberschlächtige Mühlrad. Bei ausreichender Wassermenge speist es sogar Strom in das öffentliche Netz ein.

1853 übernahm der aus der Pfalz stammende »Blattmacher« Johann Follmer, Ur-Urgroßvater des heutigen Eigentümers, die Papiermühle. Produziert wurden neben handgeschöpftem Papier auch billigeres Schreib- und Druckpapier sowie Tabakpapier und Packpapier. Nach dem Erwerb einer kompakten Rundsiebmaschine begann in Homburg 1883 die maschinelle Herstellung von Pappen. Durch diese Spezialisierung und die Fertigung von Aktendeckeln konnte die Homburger Mühle lange dem Druck der industriellen Papierherstellung

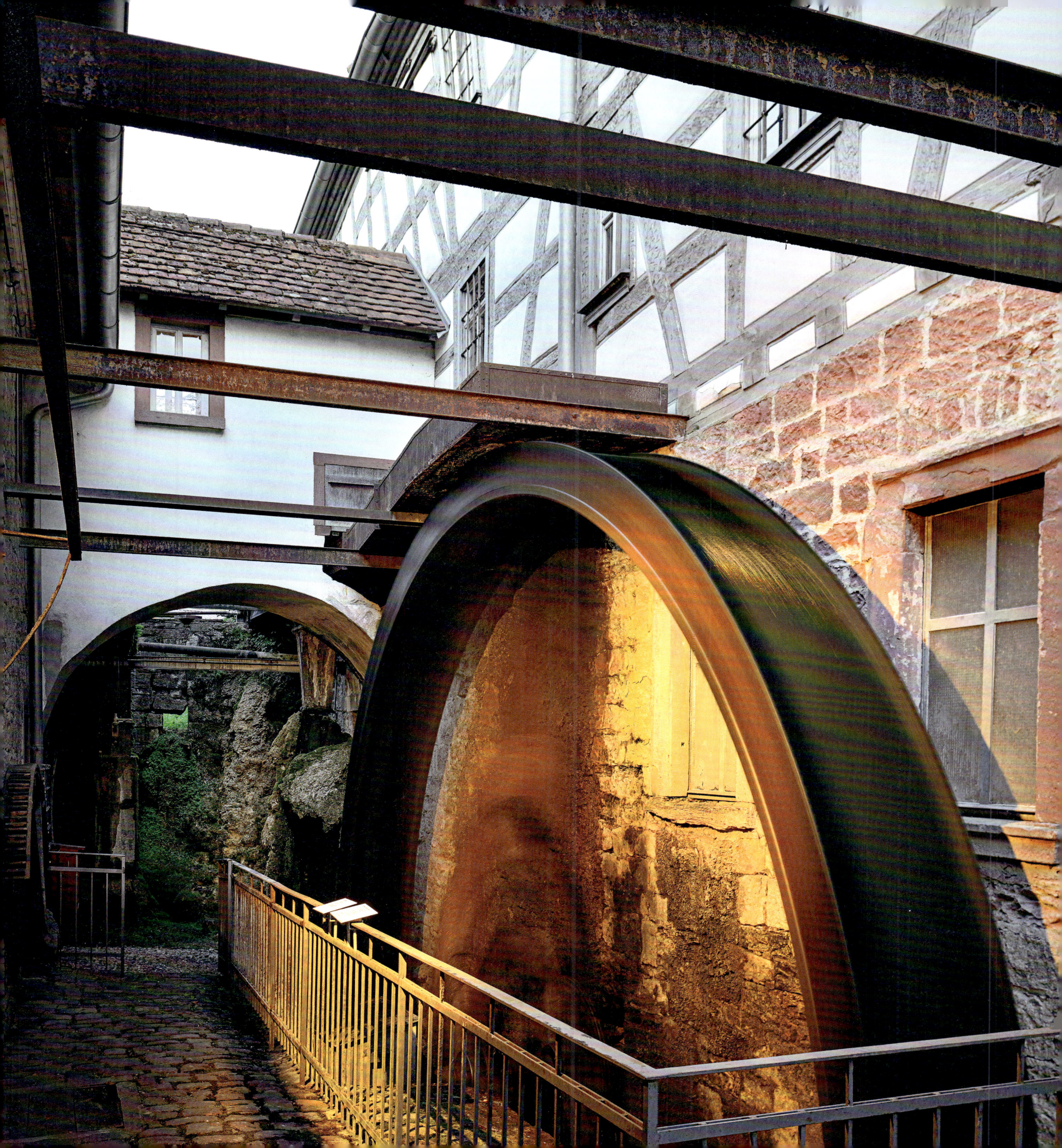

Die Rundsiebmaschine von 1883 ist das Herzstück der Anlage. Die aus mehreren Holzbalken und einer hydraulisch betriebenen Eisenspindel bestehende Papierpresse entwässert das gegautschte Vlies. ◁ Unter dem typischen Pagodendach der Papiermühle werden die Papierbögen getrocknet. ▷

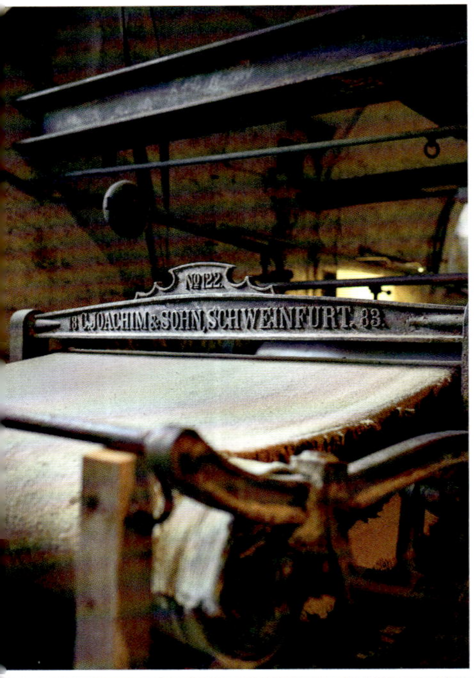

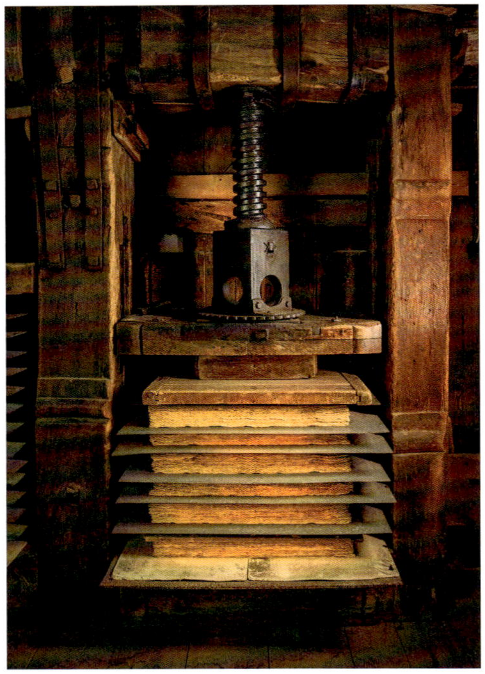

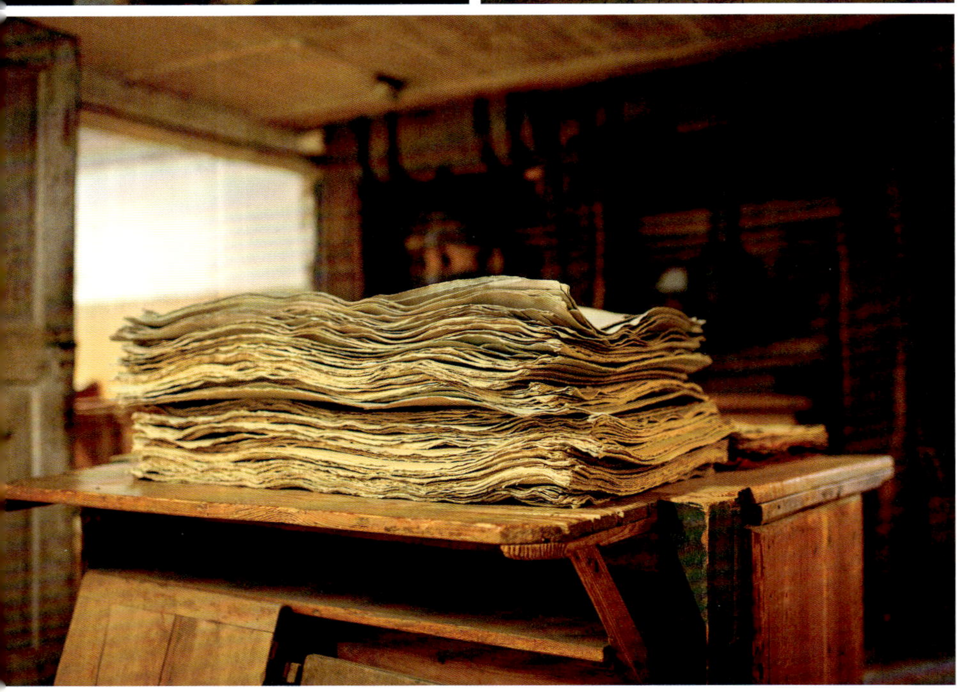

standhalten. Zusätzlich zur Wasserkraft wurden nun Dieselmotoren eingesetzt, die dann in den 1930er-Jahren durch Elektromotoren ersetzt wurden. Immer noch in Familienbesitz, wurde der Betrieb 1975 aufgegeben und fiel lange Jahre in einen tiefen Schlaf. Nach umfangreicher, öffentlich geförderter Restaurierung konnte 1997 die Papiermühle als Museum eröffnen. Zwei Jahre später nahm die Papiermanufaktur ihren Betrieb auf.

TROCKNEN UNTER DEM PAGODENDACH

Schon von Weitem fällt das beeindruckende, an eine Pagode erinnernde Mansardenwalmdach des zweigeschossigen Hauptgebäudes auf, das als Fachwerkbau über einem hohen Keller errichtet wurde. Der seitliche Teil des Zweiflügelbaus weist ein Halbwalmdach mit Mansarden auf. Im dreistufigen Walmdach des Hauptbaus, der eigentlichen Papiermühle, befinden sich zwischen den Dachstufen die beiden hohen Trockenböden. Ein ausgeklügeltes Lüftungssystem durch die rundum laufenden Fensterklappen, die bei Bedarf geöffnet oder geschlossen werden konnten, sorgte in den Dachböden für ein perfektes Raumklima zur Papiertrocknung. Obwohl die zwei Stockwerke viel Platz für die Aufhängung der Papierblätter boten, wurde 1913 noch eine beheizbare Trockenhalle gebaut, um von Witterung und Produktionsauslastung unabhängig zu sein. Die separate Halle wurde nach der Stilllegung des Betriebs abgerissen. Das Holz des Fachwerkensembles stammt nach dendrochronologischen Untersuchungen aus den Jahren 1721 und 1728.

Die Papierscheune gegenüber der Mühle, in der früher Stroh und Heu aus der eigenen Landwirtschaft und der Viehstall mit Rindern und Schweinen untergebracht waren, wird heute gern für Hochzeiten genutzt. Daneben steht, baulich mit der Mühle verbunden, die Papiermanufaktur mit Verkaufsraum. Ihr Inhaber Johannes Follmer setzt die Familientradition des Papiermachens fort. In seiner kleinen Werkstatt entsteht kunsthandwerklich gefertigtes, hochwertiges Büttenpapier. Künstler wie der Maler Georg Baselitz haben bei ihm

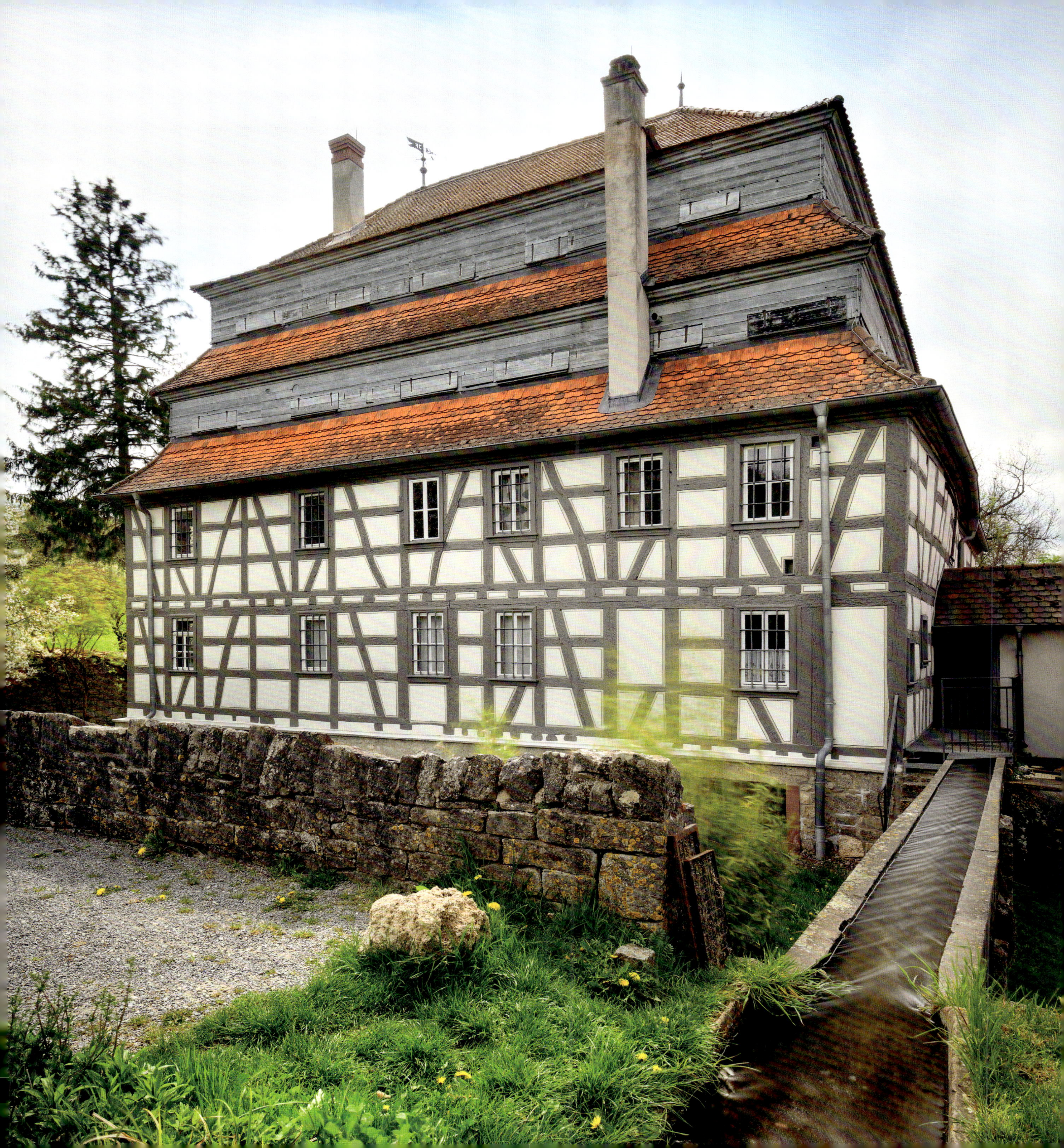

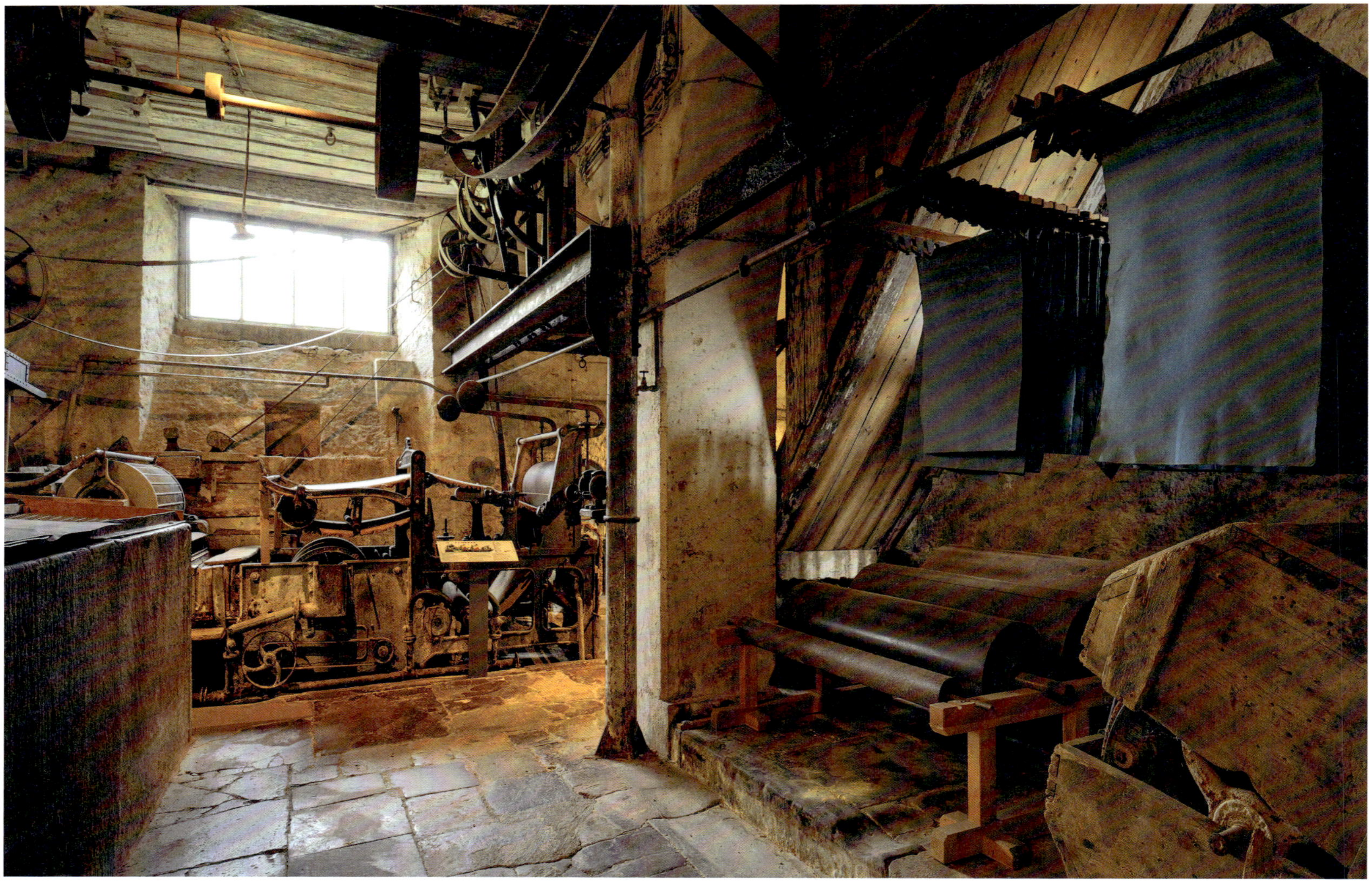

bestellt. Nach dem Brand der Herzogin-Anna-Amalia-Bibliothek in Weimar lieferte Follmer Papier für die Restaurierungsarbeiten.

HADERLUMPEN UND HOLLÄNDER

Als erster Beschreibstoff gilt der aus der Graspflanze Papyrus hergestellte Papyrus im Alten Ägypten. Fast ebenso alt ist die Verwendung von Pergament, der nicht gegerbten, getrockneten Haut von Kälbern, Schafen und Ziegen. Beide Materialien waren extrem teuer und verloren nach der Einführung des im 11. Jahrhundert aus China über Vorderasien nach Europa gelangten Papiers rasch an Bedeutung. Schon im 2. Jahrhundert gab es in China Papiertaschentücher. Die erste Papiermühle in Deutschland wurde 1390 in Nürnberg gegründet.

Bis ins 19. Jahrhundert bildeten Hadern den Faserrohstoff für die Papierherstellung. Hader oder Haderlumpen ist die Bezeichnung für abgerissene oder abgeschnittene Stofffetzen. Beim Papier kamen Hadern aus Hanf, Leinen, Nesseltuch oder Baumwolle zum Einsatz, oft vermischt mit Abfällen aus der Spinnerei oder Seilerei. Das Arbeiten mit den oft verschmutzten Hadern, die von Lumpensammlern zusammengetragen wurden, war unhygienisch und gesundheitsgefährdend. Die meist von Frauen und Kindern sortierten Lumpen wurden zunächst mit Hämmern im Stampf- oder Pochwerk zerfasert, das später, so auch in Homburg, durch den »Holländer« ersetzt wurde. Seine mit Messern besetzte Walze konnte den Faserrohstoff auch zermahlen. Der so entstandene Stampf kam zusammen mit Wasser, Leim oder

Im als Museum eingerichteten Hauptgebäude können, verteilt über fünf Stockwerke, alle Arbeitsschritte des Papiermachens an Originalmaschinen gezeigt werden. Mit beweglichen Lettern gedruckt wird allerdings an anderen Orten.

anderen Zusatzstoffen als Brei in die Bütte – daher auch der Name Büttenpapier – und konnte dort per Hand Blatt für Blatt mit einem Sieb geschöpft werden. Durch Drähte, die auf der Sieboberfläche angebracht sind, entsteht bei diesem Vorgang auch das Wasserzeichen. Der erste Schritt zur Entwässerung des Papiervlieses ist das Gautschen. Das auf ein Filztuch abgedrückte Vlies wurde stapelweise in einer hydraulischen Presse entwässert. Danach konnte das Papier vom Filz getrennt und zum Trocknen auf dem Dachboden aufgehängt werden.

Ein wichtiger Schritt zur industrialisierten Papierfertigung war die Umstellung auf die Rundsiebmaschine, die das Handschöpfen ersetzte. Diese Maschine hat ein zylindrisches Sieb, das sich ständig dreht und durch einen Trog mit dem nassen Faserbrei läuft. Dabei bleibt ein Teil der Fasern auf der Außenseite des Siebes hängen und kann herausgeschöpft werden. Holzschliff und Zellstoff ersetzten die immer schwieriger zu beschaffenden Lumpen als Ausgangsstoff.

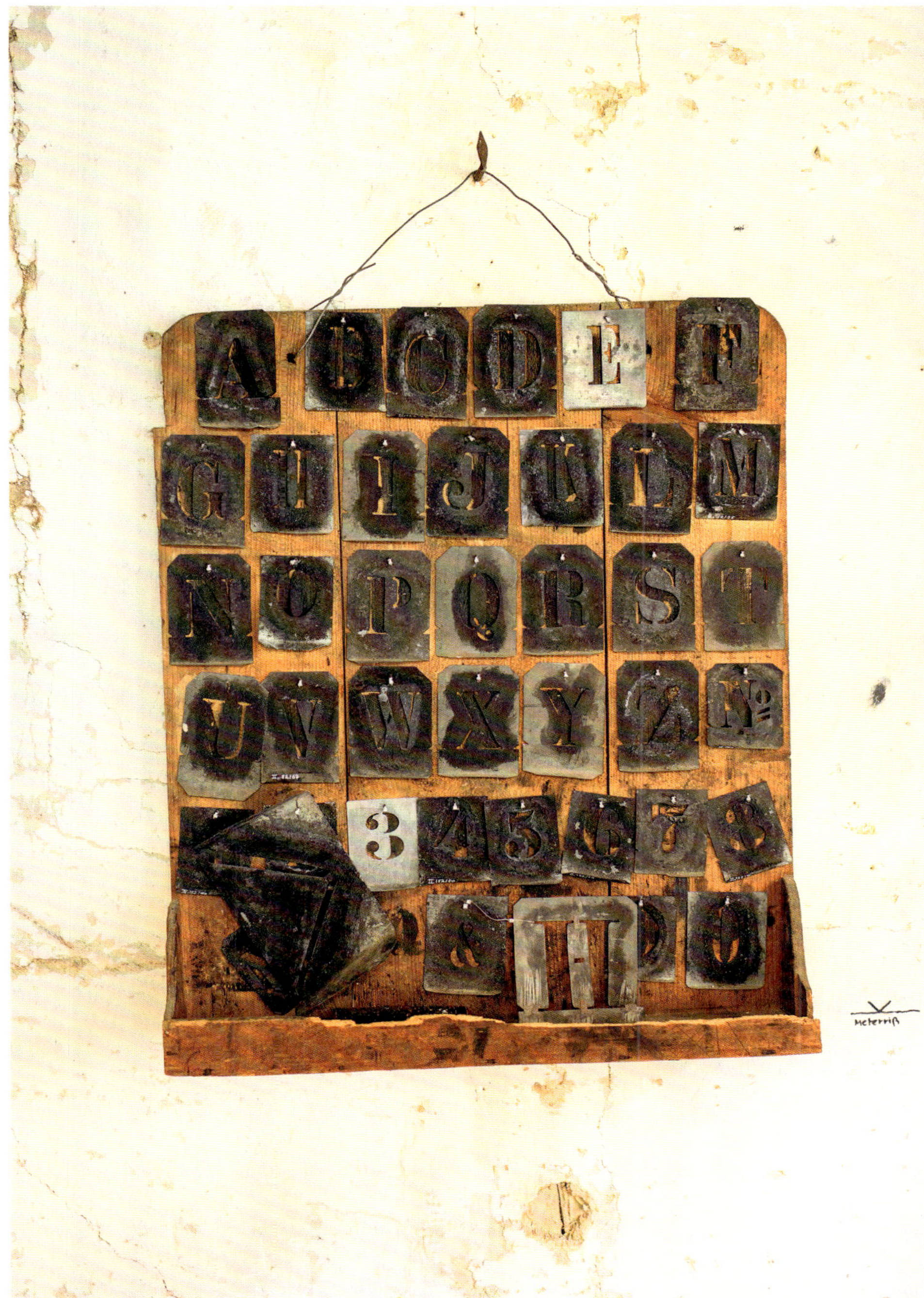

ORIGINALE PAPIERTECHNIK

Der jetzige Besitzer der Homburger Mühle Johannes Follmer hat in seiner Papiermühle seit der Stilllegung und Umwandlung in ein Museum nichts oder nur wenig verändert, angefangen von den durch Wasserkraft angetriebenen Transmissionsriemen bis zum Holländer und dem Herzstück der Anlage, der Rundsiebmaschine im Keller. Das mit großem Aufwand gestaltete Museum zeigt nicht nur die Technik des Papiermachens, sondern widmet sich auch den dort arbeitenden und lebenden Menschen zum Zeitpunkt der Betriebsaufgabe. In der Mühle wurde unter einem Dach gearbeitet, gewohnt und gelebt. Die Einrichtung des Wohngebäudes blieb im Originalzustand erhalten. Über fünf Stockwerke verteilt, werden die einzelnen Arbeitsschritte – Schöpfen, Gautschen, Pressen und Trocknen – den Besuchern (nach Voranmeldung) nahegebracht. Jeder darf auch selbst einen Papierbogen schöpfen.

Die Eule ist bis heute das Wahrzeichen des Ullsteinverlages. Sie wacht als Zeichen der Weisheit an der Fassade. ▽ Das ehemalige Hauptgebäude des Verlages spiegelt sich im Wasserbecken des Tempelhofer Hafens in Berlin. Stolz ragt der an ein Rathaus erinnernde Turm mit seiner großen Uhr aus dem Blockbau. ▷

ULLSTEINHAUS · BERLIN

IM ZEICHEN DER EULE

Alle Leseratten kennen die Eule. Seit 1902 ist sie das Logo des Ullstein Verlags. Seit 1927 sitzt das Symbol der Weisheit über dem Arbeitereingang des ehemals größten Verlags- und Druckhauses in Europa. Das Ullsteinhaus am Teltowkanal ist ein imposantes Zeugnis der Industriearchitektur und ein Wahrzeichen der deutschen Pressegeschichte. Das monumentale, mit rotem Backstein verkleidete Gebäude spiegelt sich im Wasser des Tempelhofer Hafenbeckens. 72 Meter hoch ragt der Büroturm wie ein Zeigefinger aus dem kompakten und klar strukturierten Bau im Stil des Expressionismus.Der Ullstein Verlag gehörte zu den erfolgreichsten Medienunternehmen Deutschlands. Sein Haus an der Kochstraße (heute Rudi-Dutschke-Straße) wurde zu klein. Mitte der 1920er-Jahre begann die Familie Ullstein daher mit dem Großprojekt eines Neubaus außerhalb der Innenstadt am Hafen in Berlin-Tempelhof. Die verlagseigene Druckerei mit ihren schweren Druckerpressen und der Verlagssitz für Zeitschriften und Bücher zogen ins neue Ullsteinhaus. Der Zeitungsverlag blieb im städtischen Pressezentrum an der Kochstraße. Dort wo er einst seinen Sitz hatte, steht heute ein Denkmal für die Ullstein-Eule.

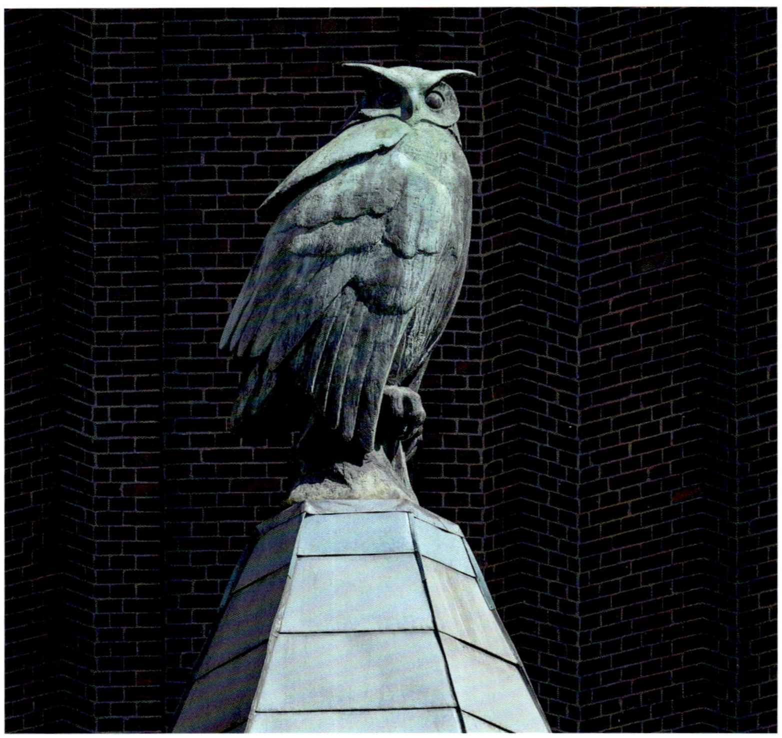

SENSATION IM BILD, DIE MASSE IM BLICK

Der Gründer und Verleger Leopold Ullstein (1826–1899) ist die Schlüsselfigur in der Verlagsgeschichte. Er kam aus einer jüdischen Papiergroßhändlerfamilie im fränkischen Fürth und besaß genug Wissen über den notwendigen Rohstoff, als er 1855 nach Berlin kam. Als liberales Sprachrohr und journalistische Gegenstimme zu den Preußisch-Konservativen gründete Ullstein 1877 den gleichnamigen Zeitungs- und Zeitschriftenverlag. Schnell stellte sich Erfolg ein. Ullstein kaufte kleine Zeitungsblätter hinzu und landete mit der 1894 erworbenen »Berliner Illustrirten Zeitung« einen Coup. Sie wurde das erste deutsche Massenblatt. Fotos auf dem Titelblatt wie auch auf den Innenseiten lockten zahlreiche Käufer. Es gab nicht nur Sensationsnachrichten zu lesen, sondern auch Sensationsfotos zu sehen: etwa von der »Titanic« am Tag ihres Untergangs. Die technisch weiterentwickelten und nun einfach zu handhabenden Fotoapparate sowie neue Papier-

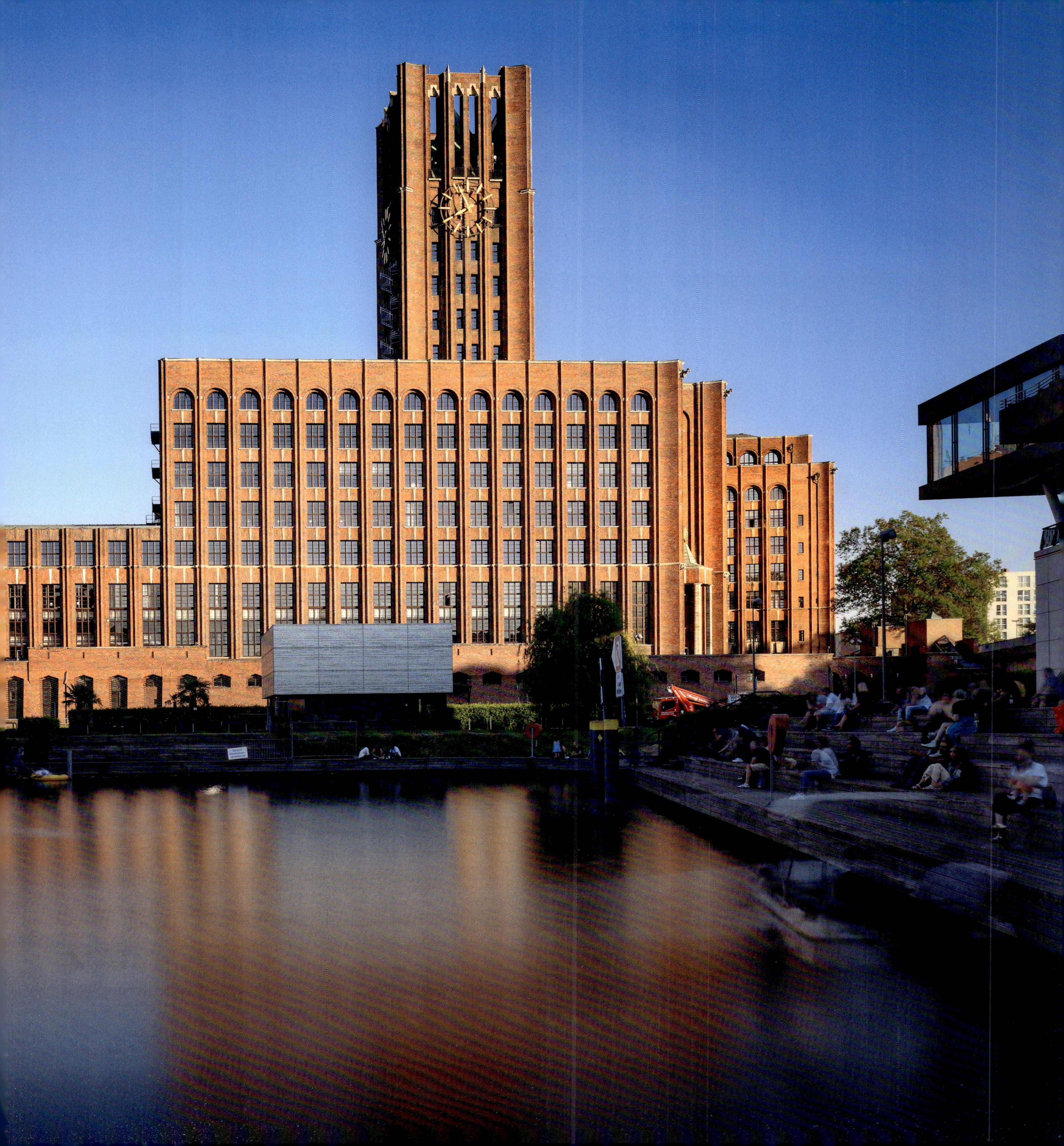

> » Ihr Motto war politischer Liberalismus und moderne Kultur.
>
> Arthur Koestler

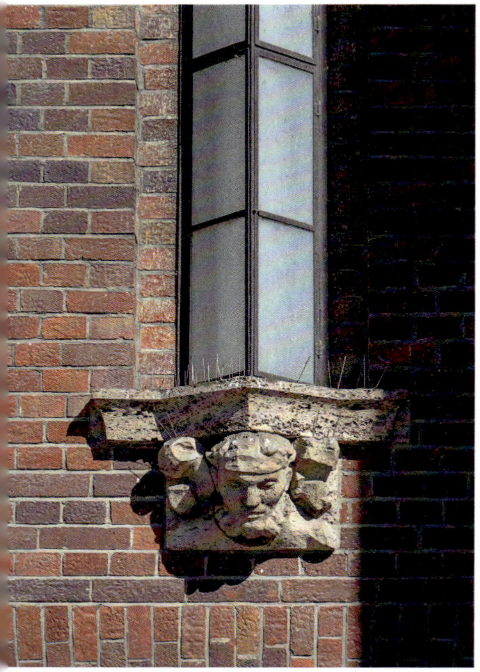

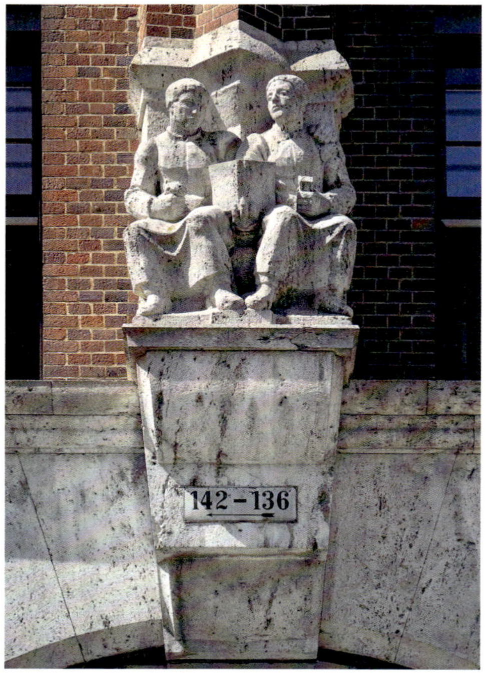

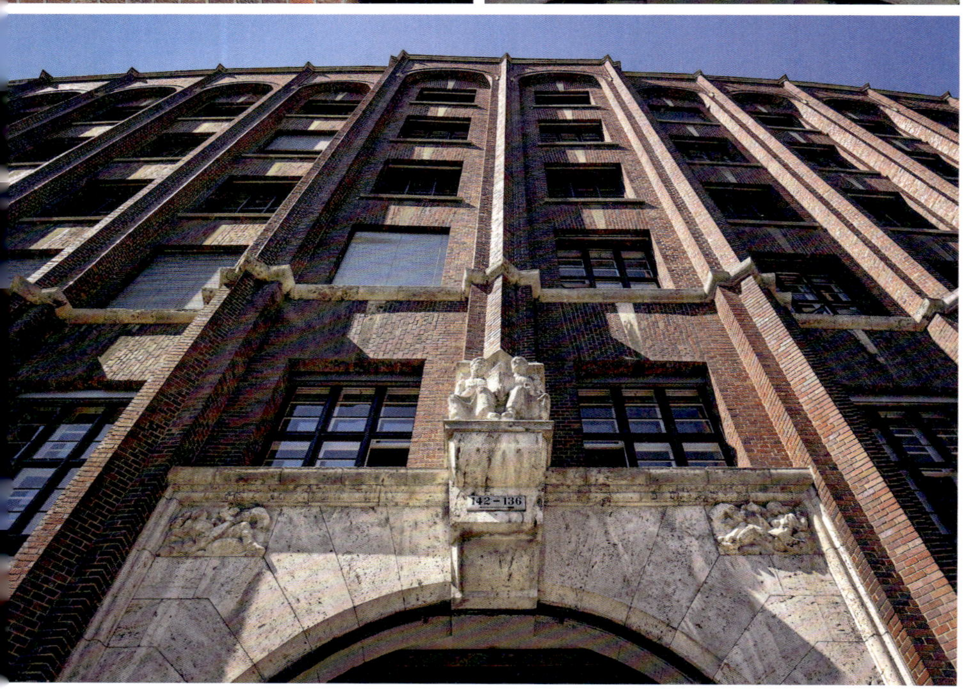

herstellungs- und Druckverfahren verhalfen der »Berliner Illustrirten Zeitung« zu einer großen Leserschaft. Leopold Ullstein verfolgte weitere Verkaufsideen, um den Absatz seiner Zeitungen zu steigern. Von der bislang üblichen Vorauszahlung im festen Abonnement nahm er Abstand. Nun konnte jeder spontan eine Zeitung kaufen. Am Ende der Weimarer Republik hatte die »Berliner Illustrirte Zeitung« eine Auflage von fast zwei Millionen Exemplaren. 1898 gründete Ullstein die »Berliner Morgenpost«, die sich einem unparteiischen Journalismus verschrieb – und heute, nach über 120 Jahren, immer noch existiert, allerdings als Produkt der Funke Mediengruppe.

Mit dem beginnenden 20. Jahrhundert gab es eine weitere Neuerung: Ab 1904 wurde der Straßenverkauf von Zeitungen erlaubt. Louis Ullstein (1863–1933), Erbe seines Vaters Leopold, hielt das Unternehmen auf der Überholspur und machte aus der Straße den Boulevard. So wurde aus der Straßenzeitung das »Boulevardblatt« mit der »B.Z. am Mittag« als Nr. 1. Kurz zuvor hatten die Ullsteins unter dem Symbol der Eule einen eigenen Buchverlag gegründet. Bald erschienen nicht nur Romane und Sachbücher, sondern unter einem eigenem Label auch die erste große »Weltgeschichte« – der Propyläen Verlag für anspruchsvolle und mehrbändige Werke war geboren.

MEDIENKATHEDRALE

50 Jahre nach der Gründung des Verlags ließ Ullstein das modernste und größte Druckhaus in Deutschland errichten, um den Verlag angemessen zu darzustellen und natürlich um zu imponieren. Als Architekt wurde Eugen Schmohl beauftragt. Er hatte seine Expertise bereits bei der Planung des Borsigturms in Tegel gezeigt und war Professor an der TU Berlin. Die ausführende Firma war Hut Hoch-und Tiefbau. Sie hatte sich auf die relativ neue Stahlbetonbauweise spezialisiert. Diese Konstruktion sorgte für eine enorme Deckentraglast. So konnten die schweren Druckerpressen und die gewaltigen Papierlager in den oberen Stockwerken Platz finden. Und so überstand das Druck- und Verlagsgebäude auch den Zweiten Weltkrieg.

Die Kragsteine aus Travertin zeigen Menschen, die mit dem Verlegen und Drucken von Büchern verbunden sind. Sie hängen und Stehen an der expressionistischen Fassade. Der Eingangsbereich in die große Halle beeindruckt wie der Bau einer Kathedrale.

Der fünf bis siebengeschossige Klinkerbau mit seinen rechteckigen Fenstern ist ein Blickfang. Vier Flügel, ein Innenhof und an der Nordwestseite der Turm. Gestaffelte Wandpfeiler und neogotische Details rhythmisieren die Fassade. Der lanzettfensterbekrönte Turm ragt über den wuchtigen Bau. Eine Ähnlichkeit mit den Bauformen der mittelalterlichen Backsteingotik in Norddeutschland ist nicht zu leugnen. Die große Uhr ist der einer Kirche ebenbürtig.

In der Medienkathedrale herrschte keine andächtige Stille, vielmehr war sie vom Lärm der unablässig ratternden Maschinen erfüllt. In den oberen Stockwerken befanden sich die Farbätzerei und die Druckplattenherstellung. Weiter unten schlossen sich Drucksäle und die Buchbindereien an. Im Erdgeschoss befand sich die Auslieferung. Es gab Entlüftungs- und Befeuchtungsanlagen, um das hygroskopische Material Papier in einem optimalen Verarbeitungszustand zu halten. Technik und Betriebsabläufe ließen bis Ende 1932 jährlich 50 000 Besucher staunen.

ENTEIGNUNG UND NEUANFANG

1934 wird die Familie Ullstein enteignet und das Unternehmen »arisiert«. Die Nationalsozialisten brachten den durch die Ullsteins verkörperten kosmopolitischen Geist der Weimarer Republik zum Schweigen. »Ihr Motto war politischer Liberalismus und moderne Kultur«, schrieb Arthur Koestler. »Sie waren anti-militaristisch, anti-chauvinistisch und im besten Sinne europäisch.«

Zwar erhält die Familie Ullstein ihren Besitz 1952 zurück, jedoch kann sie, auch aufgrund der Demontage von 80 Prozent ihrer Maschinen durch die sowjetische Besatzungsmacht, nicht an die glanzvollen alten Tage anknüpfen. 1959 übernimmt Axel Springer das Unternehmen, das Ullsteinhaus geht 1963 an einen Stuttgarter Verleger. 1985 kommt mit der Insolvenz des Eigentümers auch das Ende der hergebrachten Produktion. Seitdem wird im Ullsteinhaus nichts mehr gedruckt. Heute haben verschiedene Unternehmen sowie das Deutsche Pressemuseum im Ullsteinhaus dort ihr Domizil.

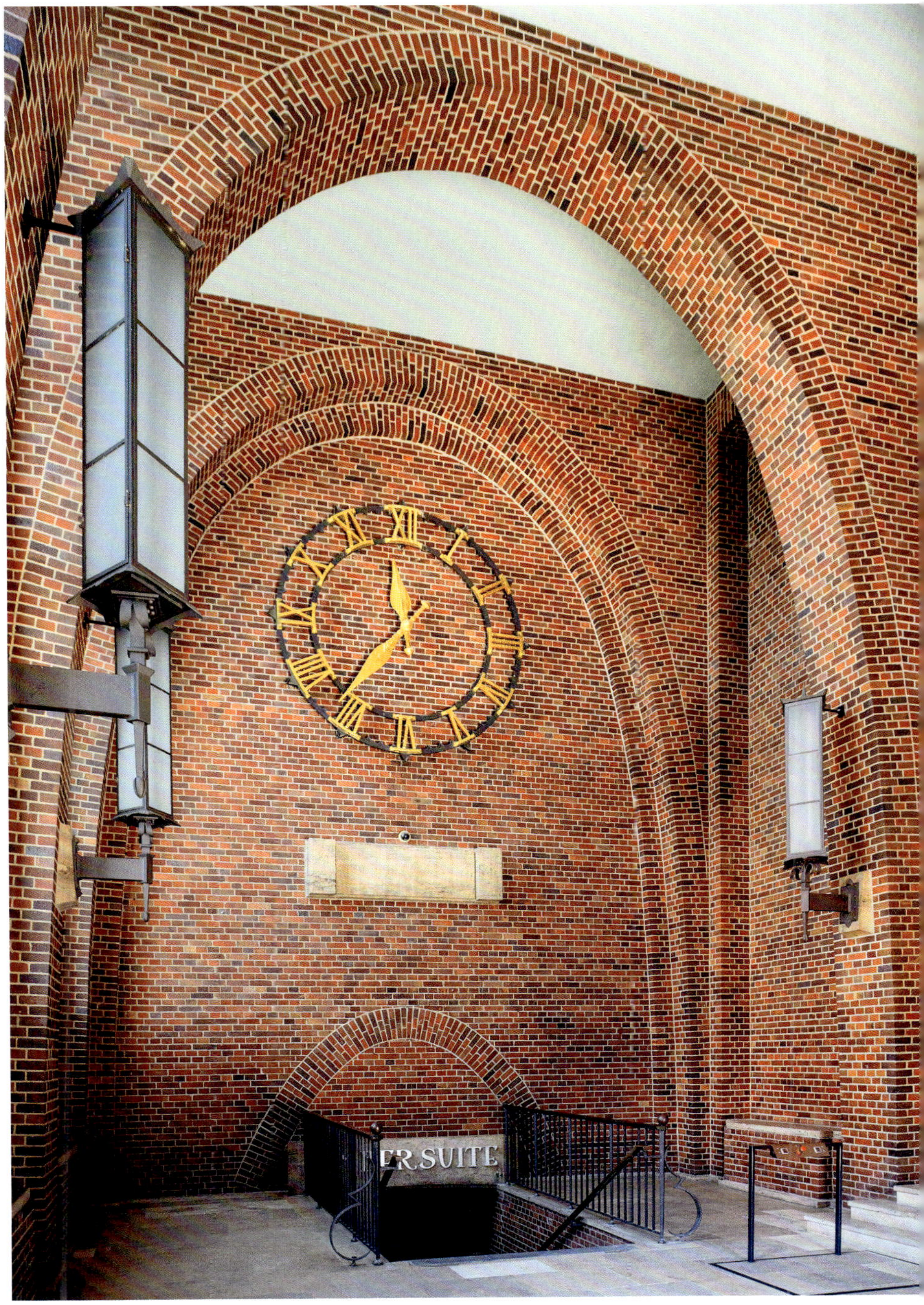

INDUSTRIEERBESTÄTTEN IM ÜBERBLICK

ALFELD

FAGUS-WERK, S. 178
Die soziale Einstellung von Carl Benscheidt und die revolutionären Ideen von Architekt Walter Gropius ließen in Alfeld mit dem Fagus-Werk eine helle, lichtdurchflutete Fabrikanlage entstehen, die inzwischen zum Weltkulturerbe zählt. Schuhleisten werden dort immer noch gefertigt, unter anderem.

AUGSBURG

GASWERK AUGSBURG, S. 95
Bis 2001 versorgte das alte Gaswerk die Stadt Augsburg und ihre Bürger mit Stadtgas, später mit Erdgas. Das Gebäudeensemble aus den Jahren 1913 bis 1955 mit dem schmucken Ofenhaus und den vier Gasbehältern entwickelt sich derzeit zu einem Areal für Kultur- und Kreativwirtschaft.

WASSERWIRTSCHAFT AUGSBURG, S. 86
Augsburgs Pionierleistung in der Kunst des Wasserbaus wurde 2019 mit der Auszeichnung als UNESCO-Weltkulturerbe belohnt. Zu den insgesamt 22 Einzelobjekten zählen mittelalterliche Kanalsysteme, Prachtbrunnen, Wasserwerke mit Wassertürmen und Wasserkraftwerke, die noch heute Strom erzeugen.

BAD REICHENHALL

ALTE SALINE, S. 143
Das Hauptbrunnhaus der Alten Saline mit der aufgesetzten Kapelle setzt ein prunkvolles Zeichen für den Reichtum der Region durch die jahrhundertealte Gewinnung von Salz, dem weißen Gold. Stationen über und unter Tage zeigen den Weg des Salzes von den Solequellen bis zur Salzproduktion.

BENDORF

SAYNER HÜTTE, S. 68
Vor mehr als 250 Jahren wurde die filigrane dreischiffige Gießhalle der auf Gusseisen spezialisierten Sayner Hütte erbaut. Mit ihrer innovativen Gusseisenkonstruktion gehört sie zu den herausragenden Zeugnissen der frühen Industrialisierung.

BERLIN

AEG-WERKE, S. 113
Das Herz der einstigen »Elektropolis« Berlin schlug hier, denn die AEG-Werke versorgten die Hauptstadt nicht nur mit Strom, sondern schenkten ihr mit den Ausnahmebauten von Peter Behrens auch einige der berühmtesten Industriebauten der Welt.

BORSIGWERKE, S. 116
Die Firma Borsig war ein Lokomotivenimperium, gegründet vom »König von Feuerland« wie August Borsig mit Spitznamen hieß. Nach mehreren Umzügen und Erweiterungen wurde 1898 in Berlin-Tegel das Werk für Maschinen- und Lokomotivbau eingeweiht.

KINDL-BRAUEREI, S. 153
Der Eingang gleicht dem einer Kathedrale, im Inneren stehen die einst größten Sudpfannen Europas, die Fenster ragen 20 Meter hoch bis zur Decke – welchen Wert die Berliner ihrem Bier beimaßen, erkennt man heute noch an dem beeindruckenden Brauereigebäude ganz im Stil des Backsteinexpressionismus der »Goldenen Zwanziger«.

SIEMENSSTADT, S. 100
Alles begann in einem Berlin-Kreuzberger Hinterhof. »Siemens & Halske« gründeten eine Telegraphenbauanstalt, die zu einer Stadt in der Stadt heranwuchs. »Siemensstadt« wurde vor dem Zweiten Weltkrieg der Arbeitsplatz für 60 000 Menschen, eine Kleinstadt der Industrie mit Werks- und Wohngebäuden.

ULLSTEINHAUS, S.232
Das ehemalige Druck- und Verlagshaus des Ullstein-Verlages in Berlin-Tempelhof ist ein Wahrzeichen der Pressegeschichte. Um die schweren Papierlager und Druckpressen des größten Zeitungs- und Buchverlages zu tragen, wurde das Gebäude in den 1920er-Jahren in damals ganz neuer Stahlbetonweise errichtet und außen im expressionistischen Stil imposant mit Ziegeln verkleidet.

BIELEFELD

WÄSCHEFABRIK, S. 186
Die Wäschefabrik in Bielefeld steht für die Schicksale der Unternehmerfamilien Juhl und Winkel im Vor- und Nachkriegsdeutschland. Die originalen Räume und ihr Inventar geben einen Einblick in die einstige Wäscheproduktion und ihren Verkauf von der »Leinenstadt« in die Welt.

BREMEN

KAFFEE HAG, S. 133
Kaffee ohne Koffein – das war die bahnbrechende Erfindung, die das Bremer Unternehmen Kaffee-HAG Anfang des 20. Jahrhunderts zu den größten Kaffeeröstern der Welt machte. Das einstige Fabrikgelände am Holz- und Fabrikenhafen ist heute ein beeindruckendes Industriedenkmal.

CRIMMITSCHAU

TUCHFABRIK GEBR. PFAU, S. 166

Wo einst die Schiffchen und Spindeln hin- und hersausten, kann man heute noch in der historischen Tuchfabrik die alten Webmaschinen und Selfaktoren bewundern. Auf geführten Rundgängen durch die historischen Spinn- und Websäle, die Wasch-, Färbe- und Trockenanlagen lernen die Besucher alles über die sächsische Textilproduktion.

DAHLERAU

WÜLFING & SOHN, S. 183

1816 legte die Familie Wülfing, später Hardt, den Grundstein zu einer der größten deutschen Textilfabriken in Radevormwald-Dahlerau, »Wülfingtuch« wurde zum internationalen Luxusartikel. Um die weitläufigen Fabriken herum entstand die »Wülfing-Stadt« mit vielen innovativen Ideen. 1996 gab das Unternehmen auf.

DELMENHORST

NORDDEUTSCHE WOLLKÄMMEREI UND KAMMGARNSPINNEREI, S. 172

Innerhalb von nur zwei Generationen ab 1884 machte die Familie Lahusen die »Nordwolle«in Delmenhorst zum Global Player. Auf dem Fabrikareal entstand eine »Stadt in der Stadt« mit Produktionsanlagen, Wohnungen und sozialen Einrichtungen, Gärten und einem Park. Kriminelle Machenschaften und zunehmende Billig-Konkurrenz führten schließlich zum Niedergang.

DORTMUND

ZECHE ZOLLERN II/IV, S. 46

Eine aufwendige architektonische Gestaltung und die moderne technische Ausstattung machten Zollern zur Musterzeche. Ihre Maschinenhalle von 1902/03 markiert mit ihrer funktionalen Stahlfachwerkkonstruktion den Beginn der modernen Industriearchitektur im Deutschen Reich.

DRESDEN

ZIGARETTENFABRIK YENIDZE, S. 126

Ein architektonisches Märchen aus 1001 Nacht: Jeder, der die prächtige Kuppel und das Minarett bei Nacht über der Stadt leuchten sieht, ist ganz verzaubert von dem Bau, der eigentlich »nur« für die Produktion von Zigaretten errichtet wurde. Die Yenidze steht für die traditionelle Zigarettenindustrie von Sachsens Elbmetropole.

DUISBURG

DUISBURGER INNENHAFEN, S. 216

Als »Brotkorb des Reviers« war der Duisburger Innenhafen in der ersten Hälfte des 20. Jahrhunderts ein wichtiger Umschlagplatz für Getreide. Noch immer prägen die markanten Mühlen- und Silogebäude das Areal am Wasser, das heute mit neuem, modernen Leben gefüllt ist.

LANDSCHAFTSPARK DUISBURG NORD, S. 14

Auf dem riesigen ehemaligen Industriegelände des Meidericher Hüttenwerks wurden einst von unzähligen Händen Millionen Tonnen Roheisen produziert. Heute ist das Areal ein einzigartiger Erlebnisraum, der Hochofenvergangenheit und moderne Freizeitgestaltung verbindet.

ESSEN

VILLA HÜGEL, S. 21

Der imposante Wohnsitz der Familie Krupp, die zu den einflussreichsten deutschen Industriellendynastien gehörte, bot einen glanzvollen Rahmen, um hochrangige Persönlichkeiten zu empfangen und lukrative Geschäfte anzubahnen.

ZECHE UND KOKEREI ZOLLVEREIN, S. 36

Zollverein war eines der größten und leistungsstärksten Steinkohlebergwerke der Welt; seine Schachtanlage XII von 1932 wurde richtungweisend für den weiteren Zechenbau. Nach der Stilllegung 1986 gewannen Zeche und Kokerei neue Bedeutung als Kulturstandort und Touristenattraktion.

ERZGEBIRGE

MONTANREGION ERZGEBIRGE, S. 28

Das Erzgebirge zählt zu den ältesten Industrieregionen Deutschlands. Auf beiden Seiten der deutsch-tschechischen Grenze finden sich zahlreiche Bergbaustätten, deren Ursprünge im Mittelalter liegen und die 2019 zum UNESCO-Welterbe ernannt wurden.

FRANKFURT AM MAIN

I.G. FARBEN-HAUS, S. 56

Das monumentale von Hans Poelzig entworfene Verwaltungsgebäude der I.G. Farben galt einst als das modernste Bürohochhaus Europas. Aber als Sitz des mit dem NS-Regime kooperierenden Konzerns und danach als amerikanisches Hauptquartier war es auch Schauplatz deutscher Geschichte. Seit 1996 hat der Poelzig-Bau als Campus Westend der Johann-Wolfgang-Goethe-Universität eine neue Bestimmung gefunden.

HAMBURG

ALTER ELBTUNNEL, S. 203

Er war ein Meisterwerk der Ingenieurskunst und der erste auf dem europäischen Kontinent: der Tunnel unter der Elbe in Hamburg (1911). Das Bauwerk, durch das einst Hafen- und Werftarbeiter zu ihrem Arbeitsplatz gelangten, ist technisch ausgeklügelt und ausgesprochen schön gestaltet.

SPEICHERSTADT UND CHILEHAUS, S. 194

Mit dem Lagerhauskomplex Speicherstadt in Hamburg und dem Chilehaus im ersten Büroviertel Europas nördlich davon entstanden Architektur-Ikonen von Weltrang. Zeichnet sich die Speicherstadt durch reich verzierte Backsteingotik aus, so ist das Chilehaus vom Expressionismus inspiriert.

HANNOVER

KEKSFABRIK BAHLSEN, S. 136

Die größte Erfolgsgeschichte der Süßwarenindustrie ist ein Butterkeks mit 52 Zähnen. Er wurde in Hannover an der »Podbi« produziert. Das dortige Verwaltungsgebäude der Firma unter dem Zeichen der goldenen Brezel ist das bedeutendste Jugendstilensemble in Hannover.

HOMBURG

PAPIERMÜHLE HOMBURG, S. 226

Die Faszination des Mediums Papier und seine handwerkliche Fertigung von der vorindustriellen Zeit bis in die Gegenwart führt die Papiermühle in Franken an originalen Maschinen vor. Unter dem dreistufigen Walmdach des Fachwerkgebäudes hängen auch heute die handgeschöpften Papierbögen zum Trocknen.

HOYERSWERDA

ENERGIEFABRIK KNAPPENRODE, S. 81

Verpresst in Brikettform lieferte sie Energie für Millionen aus der Lausitz. Seit 1918 produzierte die Energiefabrik Knappenrode in ihren damals technisch hochmodernen Anlagen Braunkohlebriketts. Seit 1994 ist sie ein kolossales Museum.

KÖLN

KÖLNISCH WASSER, S. 148

Die Familie Mülhens kreierte mit »4711 – Echt Kölnisch Wasser« den Duft, der die Welt seit mehr als 200 Jahren begleitet. Es entstand ein internationales Imperium mit vielen weiteren Produkten für Sie und Ihn. Anhaltende Streitigkeiten führten 1994 zum Ende der Duftdynastie.

MEININGEN

DAMPFLOKWERK MEININGEN, S. 119

Das zur Deutschen Bahn AG gehörende Dampflokwerk Meiningen ist einer ganz wenigen Unternehmen in Europa, die noch historische Dampflokomotiven fachgemäß warten und reparieren können. Jedes Jahr werden etwa ein Dutzend Loks wieder flott gemacht, um Eisenbahnfans auf der ganzen Welt zu erfreuen.

MÜNCHEN

MUFFATWERK, S. 76

Das frühere Dampf- und Wasserkraftwerk zwischen Isar und Auer Mühlbach versorgte von 1893 bis 1973 München mit Elektrizität. Mit seinem ockerfarbenen Jugendstil-Schornstein bildet das heutige Kulturzentrum Muffatwerk eine dekorative Landmarke.

OBERHAUSEN

GUTEHOFFNUNGSHÜTTE, S. 54

Das von Peter Behrens erbaute einstige Zentrallager der Gutehoffnungshütte zählt zu den herausragenden Fabrikbauten der frühen Moderne. Heute nutzt es das LVR-Industriemuseum als Depot für seine Sammlungen zur Arbeits- und Lebenswelt im Revier.

SAALFELD

SCHRAUBENFABRIK GRABA, S. 44

Das thüringische Saalfeld ist für seine Feengrotten bekannt, doch hier befindet sich auch mit der hiesigen Metallschraubenfabrik das deutschlandweit einzige noch vollständig im Original erhaltene Industriedenkmal dieser Art. Nichts wurde weggenommen oder hinzugefügt und das seit über 30 Jahren.

SCHRAMBERG

UHRENINDUSTRIE SCHRAMBERG, S. 106

Untrennbar ist Schramberg, die Stadt der Uhren, mit den Namen der Uhrenfabriken Junghans und Hamburg-Amerikanische Uhrenfabrik (H. A. U.) verbunden. Nicht nur der spektakuläre Terrassenbau von 1916 bis1918 gehört zu den stilprägenden Industriebauten des Architekten Jakob Philipp Manz.

SOLINGEN

MÜNGSTENER BRÜCKE, S. 222

Bei ihrer Einweihung als technische Pionier- und Meisterleistung bestaunt, ist die Müngstener Brücke, die das Tal der Wupper in einem weiten Bogen überspannt, bis heute die höchste Eisenbahnbrücke Deutschlands.

STEIN BEI NÜRNBERG

FABER-CASTELL, S. 156

Im mittelfränkischen Stein befindet sich noch immer der Stammsitz der Stifte-Dynastie Faber-Castell, die seit Generationen exquisite Schreib-, Zeichen- und Malutensilien produziert. Waren es früher Handwerker, die in mühevoller Tätigkeit Bleistiftminen herstellten, haben heute große Maschinen diese Arbeit übernommen.

VÖLKLINGEN

VÖLKLINGER HÜTTE, S. 60

Die Völklinger Hütte ist der weltweit einzige erhaltene Hüttenkomplex aus der Blütezeit der Eisen- und Stahlproduktion im 19. und 20. Jahrhundert.
Als erstes Industriedenkmal überhaupt wurde sie 1994 mit dem UNESCO-Welterbetitel ausgezeichnet.

WALTROP

ALTES SCHIFFSHEBEWERK HENRICHENBURG, S. 206

Wichtiges Verbindungsstück für die Binnenschifffahrt und bauliches Prestigeobjekt in einem war das Schiffshebewerk, als es Ende des 19. Jahrhunderts feierlich eröffnet wurde. Sein stählerner Trog konnte bis zu 750 Tonnen schwere Lastkähne aufnehmen und nahezu mühelos auf- und abbewegen.

WOLFSBURG

VW-WERK, S. 211

Das Volkswagenwerk in Wolfsburg steht wie kein anderes für ein Stück deutsche Geschichte. Die Industrieanlage auf der grünen Wiese stieg auf zum größten Autobauer Europas, ohne den es die Stadt Wolfsburg gar nicht gäbe. Auf dem teils denkmalgeschützten Werksgelände werden immer noch Autos entwickelt, gebaut und ausgeliefert.

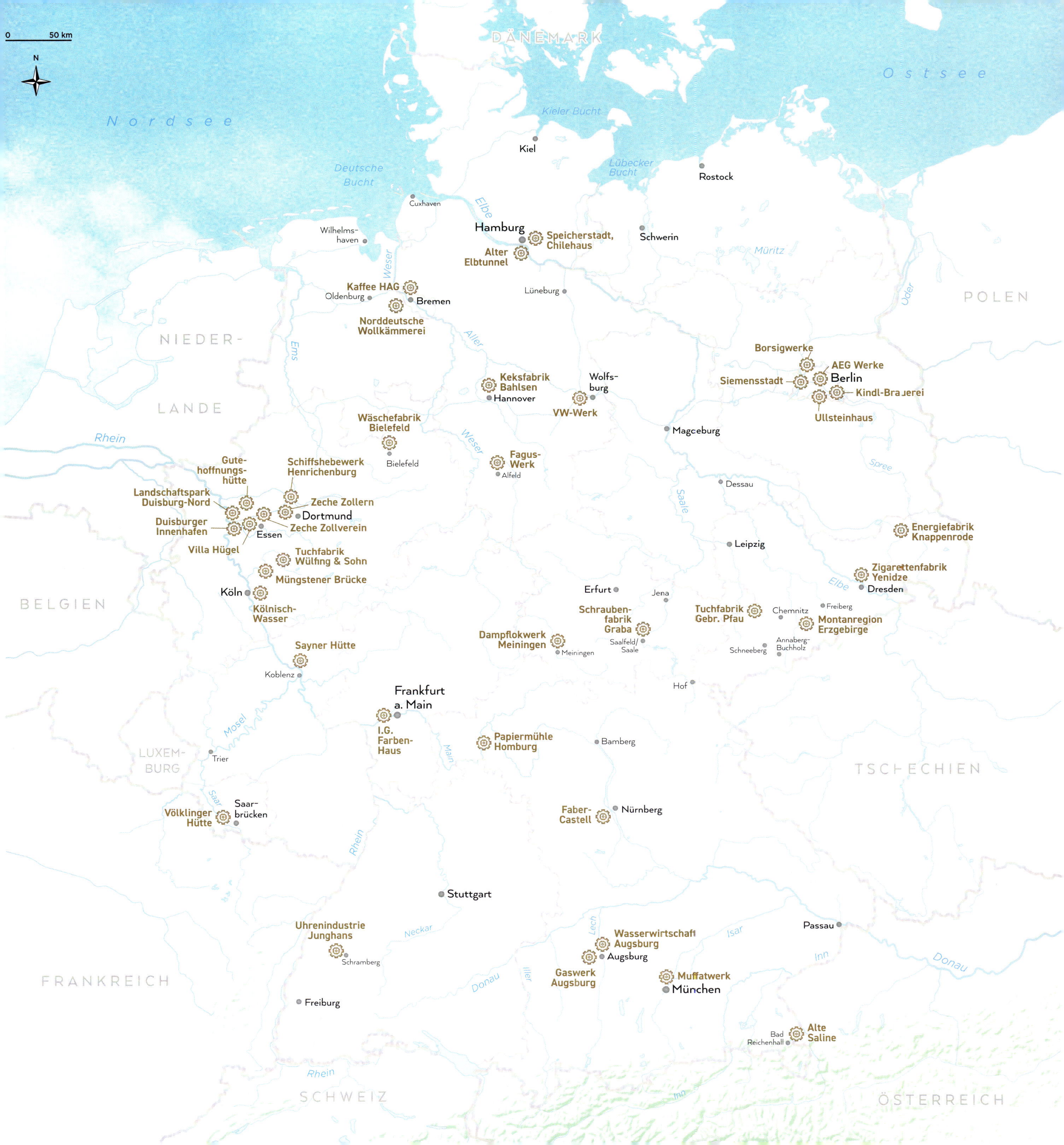

0 50 km
N
DÄNEMARK
Ostsee
Nordsee
Kieler Bucht
Kiel
Lübecker Bucht
Rostock
Deutsche Bucht
Cuxhaven
Elbe
Hamburg
Speicherstadt, Chilehaus
Alter Elbtunnel
Schwerin
Wilhelms-haven
Müritz
Weser
Kaffee HAG
Oldenburg
Bremen
Norddeutsche Wollkämmerei
Lüneburg
Oder
POLEN
NIEDER-LANDE
Ems
Aller
Borsigwerke
AEG Werke
Siemensstadt
Berlin
Kindl-Brauerei
Ullsteinhaus
Keksfabrik Bahlsen
Hannover
Wolfs-burg
VW-Werk
Magdeburg
Wäschefabrik Bielefeld
Bielefeld
Rhein
Fagus-Werk
Alfeld
Spree
Gute-hoffnungs-hütte
Schiffshebewerk Henrichenburg
Landschaftspark Duisburg-Nord
Zeche Zollern
Dortmund
Duisburger Innenhafen
Zeche Zollverein
Essen
Villa Hügel
Dessau
Saale
Leipzig
Energiefabrik Knappenrode
Tuchfabrik Wülfing & Sohn
Müngstener Brücke
Köln
Kölnisch-Wasser
BELGIEN
Erfurt
Jena
Zigarettenfabrik Yenidze
Dresden
Schrauben-fabrik Graba
Tuchfabrik Gebr. Pfau
Chemnitz
Freiberg
Montanregion Erzgebirge
Dampflokwerk Meiningen
Meiningen
Saalfeld/Saale
Schneeberg
Annaberg-Buchholz
Sayner Hütte
Koblenz
Hof
Frankfurt a. Main
I.G. Farben-Haus
Mosel
Main
Papiermühle Homburg
Bamberg
LUXEM-BURG
Trier
TSCHECHIEN
Saar
Völklinger Hütte
Saar-brücken
Faber-Castell
Nürnberg
Stuttgart
Uhrenindustrie Junghans
Schramberg
Neckar
Lech
Wasserwirtschaft Augsburg
Augsburg
Isar
Passau
Inn
Donau
Gaswerk Augsburg
Muffatwerk
München
Iller
FRANKREICH
Freiburg
Bad Reichenhall
Alte Saline
SCHWEIZ
ÖSTERREICH

DER FOTOGRAF

Günther Bayerl studierte Digitale Medien in Ulm und erweiterte sein Studium mit konzeptioneller Fotografie an der »School of Arts« in Tasmanien. Seit 2011 arbeitet er als selbstständiger Fotograf mit Schwerpunkt Architektur und Landschaftsfotografie. Bei Frederking & Thaler ist bereits sein Buch »Welterbe« über die deutschen UNESCO-Welterbestätten erschienen. Für den vorliegenden Band reiste er kreuz und quer durch Deutschland, um dessen industrielles Erbe gebührend in Szene zu setzen.

IMPRESSUM

Verantwortlich: Susanne Then
Redaktion: Henning Aubel
Korrektorat:Christiane Gsänger
Satz und Layout: VerlagsService Gaby Herbrecht
Umschlaggestaltung: Nina Andritzky
Kartografie: Huber-Kartographie, Heike Block
Repro: Ludwig:media
Herstellung: Bettina Schippel
Printed in Slovakia by Neografia, Martin

★★★★★

Sind Sie mit diesem Titel zufrieden? Dann würden wir uns über Ihre Weiterempfehlung freuen.

Erzählen Sie es im Freundeskreis, berichten Sie Ihrem Buchhändler, oder bewerten Sie bei Onlinekauf.
Und wenn Sie Kritik, Korrekturen, Aktualisierungen haben, freuen wir uns über Ihre Nachricht an Bruckmann Verlag, Postfach 40 02 09, D-80702 München oder per E-Mail an lektorat@verlagshaus.de.

Unser komplettes Programm finden Sie unter

www.frederking-thaler.de

In diesem Buch wird aus Gründen der besseren Lesbarkeit das generische Maskulinum verwendet. Weibliche und anderweitige Geschlechteridentitäten werden dabei ausdrücklich mitgemeint, soweit es für die Aussage erforderlich ist.

Textnachweis:
Ellen Astor: S. 60, 68, 76, 86, 95, 106, 143, 226
Henning Aubel: S. 8, 119
Dr. Petra Gallmeister: S. 21, 36, 46, 54, 57, 222
Marike Langhorst: S. 81, 100, 116, 136, 232
Brigitte Lotz: S. 14, 133, 156, 206, 216
Martina Schnober-Sen: S. 148, 172, 178, 183, 186, 194, 203, 211
Sabine Zitzmann-Starz: S. 28, 44, 113, 126, 153, 166

Bildnachweis:
Alle Bilder stammen von Günther Bayerl bis auf
S. 135: © mauritius images/Bildarchiv Monheim GmbH/Alamy sowie
S.150 unten: © FREO Group S.A.

Umschlagvorderseite: Chilehaus, Hamburg
Umschlagrückseite: von li. nach re.: Völklinger Hütte

Vor- und Nachsatz: Jugendstilfenster in der Maschinenhalle der Zeche Zollern II/IV, Dortmund
S. 1: Marmorschalttafel in der Maschinenhalle der Zeche Zollern II/IV
S. 2/3: Historisches Wasserwerk, Kraftwerk Langweid, Augsburg
S. 4/5: Innenhof des Kontorhauses Sprinkenhof, Hamburg
S. 6/7: Gießhalle der Sayner Hütte
S. 12/13: Beleuchtetes Industriedenkmal Landschaftspark Duisburg Nord
S. 74/75: Stillgelegte Turbine im Lech-Wasserkraftwerk Langweid
S. 104/105: Dampflokwerk Meiningen
S. 124/125: Anlässlich der Weltausstellungen zweimal Gold für das Gebäck aus Hannover.
S. 164/165: Zwirnmaschine in der Tuchfabrik Gebr. Pfau in Crimmitschau
S. 192/193: Alter Elbtunnel in Hamburg
S. 224/225: Zum Trocknen aufgehängte Papiere in der Homburger Papiermühle

Abdruck mit freundlicher Genehmigung von:
Vor- und Nachsatz, Seite 1, 11, 46-52: Westfälisches Landesmuseum für Industriekultur; 2-3, 74-75: LEW/Lechmuseum Bayern; 6-7: 68-73 Stiftung Sayner Hütte; 9, 12-13, 60-67: Weltkulturerbe Völklinger Hütte; 10 o. li., 44-45: Industriearchäologie Thüringen e. V.; 10 o. re., 124-131: Papiermühle Homburg; 10 u., 164-171: Sächsisches Industriemuseum, Tuchfabrik Gebr. Pfau; 14-18: Landschaftspark Nord Duisburg; 20-27: Alfried Krupp von Bohlen und Halbach-Stiftung; 36-37, 39, 42-43: Stiftung Zollverein; 38, 40-41: Stiftung Ruhrmuseum; 54-55: LVR-Industriemuseum; 56-59: Goethe-Universität Frankfurt, Campus Westend; 78-79: Muffathalle Betriebs GmbH; 80-85: Energiefabrik Knappenrode, Sächsisches Industriemuseum; 86-92: Augsburger Wassersystem, Welterbe-Büro Augsburg; 95-99: SWA KreativWerk GmbH & Co. KG; 104-105, 118-122: DB Fahrzeuginstandhaltung GmbH, Werk Meiningen; 106-111: Junghans Terrassenbau Museum Schramberg; 112, 114: GSG-Hof »AMPERIUM am Humboldthain«, Berlin-Mitte; 115: »Berliner Unterwelten e. V.«; 124-125, 36-141: Bahlsen GmbH & Co. KG; 128-129: EB Immobilienmanagement GmbH; 132-134: Kaffee HAG; 135: mauritius images/Bildarchiv Monheim GmbH/Alamy; 142-147: Südwestdeutsche Salzwerke AG Salzbergwerk Berchtesgaden; 150-151: MAEURER & WIRTZ GmbH & Co. KG ; 150 u.: FREO Group S.A.; 152-155: KINDL-Zentrum für zeitgenössische Kunst; 157-161: FABER CASTELL AG; 172-177: NORDWOLLE DELMENHORST, Nordwestdeutsches Museum für IndustrieKultur; 178-181: Fagus-GreCon Greten GmbH & Co. KG; 182-185: Johann Wülfing & Sohn Museum; 186-191: Museum Wäschefabrik Bielefeld; 192-193, 202, 204-205: Hamburg Port Authority AöR/St. Pauli Elbtunnel; 198-199: Behörde für Kultur und Medien, Hamburg; 206-209: LWL-Industriemuseum, Westfälisches Landesmuseum für Industriekultur

Die Deutsche Nationalbibliothek verzeichnet diese Publikation in der Deutschen Nationalbibliografie; detaillierte bibliografische Daten sind im Internet über http://dnb.d nb.de abrufbar.

ISBN 978-3-95416-329-8

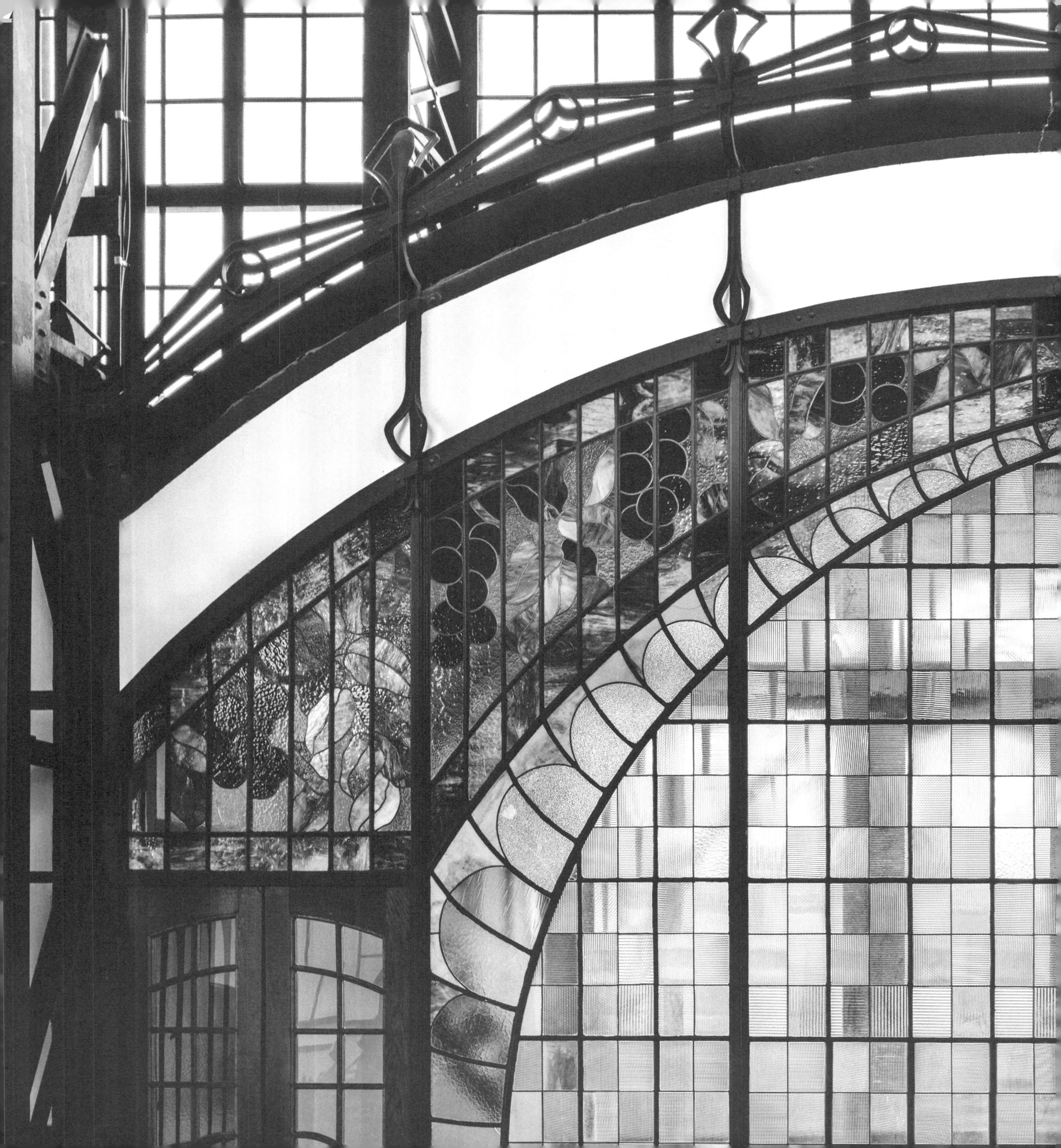